LE LIVRE ROUGE D'EU

1151-1454

LE LIVRE ROUGE D'EU

1151–1454

AVEC INTRODUCTION, NOTES ET TABLE

PAR

L'Abbé A. LEGRIS

<table>
<tr><td>ROUEN</td><td>PARIS</td></tr>
<tr><td>A. LESTRINGANT</td><td>A. PICARD Fils et Cie</td></tr>
<tr><td>Libraire de la Société de l'Histoire
de Normandie,</td><td>Libraires de la Société de l'Ecole
des Chartes,</td></tr>
<tr><td>11, RUE JEANNE-DARC, 11</td><td>82, RUE BONAPARTE, 82</td></tr>
</table>

1911

EXTRAIT DU RÈGLEMENT

Art. 16. — Aucun volume ou fascicule ne peut être livré à l'impression qu'en vertu d'une délibération du Conseil, prise au vu de la déclaration du Commissaire délégué, et, lorsqu'il y aura lieu, de l'avis du Comité intéressé, portant que le travail *est digne d'être publié*. Cette déclaration est imprimée au verso de la feuille du titre du premier volume de chaque ouvrage.

Le Conseil, vu la déclaration de M. Le Verdier, Commissaire délégué, portant que le Livre rouge, préparé par M. le chanoine Legris, lui a paru digne d'être publié par la Société de l'Histoire de Normandie, après en avoir délibéré, a décidé que cet ouvrage sera livré à l'impression.

Fait à Rouen le 5 juillet 1909.

Le Secrétaire de la Société,

CH. DE BEAUREPAIRE.

INTRODUCTION

*Le manuscrit; ce qu'il contient. — La commune d'Eu et
ses comtes. — Organisation intérieure de la commune;
jurés, maire, échevins, conseil; sentences de l'échevinage;
finances municipales. — Les établissements hospitaliers;
léproserie, hôpitaux. — Le commerce d'Eu; corporations;
le port d'Eu. — La banlieue d'Eu; Pont, Tréport (1).*

La ville d'Eu conserve soigneusement dans ses archives
deux volumes manuscrits, registres municipaux, dont le premier va de l'an 1271 à 1524; le second, de 1523 à 1717.
Tous deux, à cause de leur couverture en veau rouge bruni
par le temps, sont désignés sous le nom de *Livre rouge*.

La publication qu'en commence la *Société de l'Histoire de
Normandie* comprend les deux tiers environ du premier
volume et s'arrête à l'année 1454, alors que, le manuscrit
recouvré, le clerc de ville recommence à y insérer la liste
annuelle des maire, échevins, conseillers et jurés.

Formé de deux cent cinquante-cinq feuillets en parche-
min, hauts de 305 millimètres et larges de 230, ce volume a
reçu, pour atteindre ce nombre de feuillets, des additions
successives. La partie la plus ancienne, celle qui commence
à 1271 et se poursuit jusqu'en 1393, comprend les feuillets 9-
152, 187-198. Elle est facilement reconnaissable à son par-

<hr>

(1) Les chiffres supérieurs que l'on rencontrera dans cette Introduction
renvoient aux pages du volume.

vilj

chemin plus soigné tracé à la pointe sèche. Vers 1340, toutes
les chartes relatives à la commune d'Eu ont été transcrites
sur un cahier de huit feuilles qui a pris place en tête du
volume. Puis, celui-ci rempli, on y a intercalé des feuilles
nouvelles, en reléguant à la fin le dernier cahier dont une partie contenait la comptabilité de la ville, et l'on a atteint ainsi
l'année 1475. Alors, pour continuer à se servir du volume,
d'autres feuilles y ont été ajoutées, ce qui a permis de le pro-
longer jusqu'en 1524.

Dans ces remaniements, l'ordre chronologique a été inter-
verti. Il faut, pour le retrouver, partir du folio 9 et poursuivre
jusqu'au folio 152, sauter alors au folio 187 et continuer jusqu'au folio 198, reprendre du folio 153 au folio 186, puis du
folio 199 jusqu'à la fin. C'est l'ordre adopté pour la publication.

Quelques feuillets, des plus anciens, ont pu disparaître. On
a en effet quelque surprise à voir le folio 9, sans titre, sans
même une de ces lettres ornées si fréquentes en tête des
pages suivantes, commencer brusquement par cette phrase :
« il est assaveir que le goutiere », [20.] et l'on se demande si le
ou les feuillets précédents n'ont pas été supprimés par le
relieur.

Ce volume a été parfois présenté comme un cartulaire,
dénomination impropre qui ne répond pas à son contenu. Il
ne comprend guère, pour la ville d'Eu, d'autres chartes que
celles réunies dans les huit premiers feuillets : charte de la
commune de Saint-Quentin, chartes octroyées aux bourgeois
d'Eu par les comtes d'Eu, les rois d'Angleterre, Philippe-
Auguste. C'est un registre municipal, à l'origine destiné à
recevoir en même temps que les décisions du Corps des
échevins et du Conseil, des actes privés passés devant les
échevins en vertu de la charte de 1151. Chaque année sont
inscrits, au haut d'une page, les noms du maire et des éche-

vins, dans les marges ceux des jurés entrés cette année dans la commune. Bientôt la liste s'allonge des noms des conseillers d'Eu, [37.] des échevins et conseillers du Tréport, [47.] et de Pont, [48.] des gardes des métiers, [56. 77. 88.] Peu à peu les actes privés deviennent plus rares. Au xiv° siècle, on ne rencontre plus, à la suite des listes, que les sentences de l'échevinage, les délibérations du Conseil, les ordonnances sur les métiers.

On chercherait vainement dans ce volume des faits relatifs à l'histoire de France. L'horizon du clerc de ville est fort restreint, son regard ne va pas au delà de la banlieue. L'histoire locale elle-même n'y trouve place que dans la mesure où la Municipalité a à intervenir. Aucune trace de l'occupation de la ville par les Anglais, de 1419 à 1435. S'il est fait antérieurement mention des descentes des Anglais au Tréport, c'est que la milice municipale a été appelée à les repousser.

Il faut ajouter que les clercs de ville ne montrent pas tous la même régularité à tenir au pair le registre municipal. Çà et là des pages entièrement blanches ont été réservées pour des actes et des délibérations qu'elles n'ont jamais reçues. Les listes annuelles sont loin d'être toujours complètes. En de nombreuses années les échevins et conseillers du Tréport et de Pont sont omis. Les gardes des métiers n'y figurent pas régulièrement ; après 1380, il n'en est plus fait mention. Un jour, vraisemblablement sur un ordre de la Municipalité, le clerc de ville allait transcrire sur le *Livre rouge* les statuts de la léproserie. Il s'est arrêté après en avoir écrit le titre, [305.]

On ne peut se défendre d'un sentiment de regret en relevant sur le manuscrit ces trop fréquentes lacunes. Tel qu'il se présente, il n'en offre pas moins le tableau intéressant de la vie municipale et commerciale d'une petite·ville aux xiii° et xiv° siècles. Dans ces délibérations, prises au jour le jour, à travers la prose parfois obscure du clerc de ville, on y voit une aristocratie bourgeoise défendre jalousement ses libertés, sa juridiction contre le seigneur et les officiers du comté, assurer l'observation de la charte communale, frapper de peines rigoureuses ceux qui en violent les statuts, réglementer le travail des corporations, prendre les mesures propres à développer le commerce et la prospérité de la ville. « Avec ces deux registres dans lesquels ont été écrits, jour par jour, les faits de tout genre qui eurent lieu dans la Municipalité et hors de son sein, il est facile d'en reconnaître toutes les vicissitudes et tous les triomphes ; on peut aussi mesurer l'étendue du pouvoir municipal et en poser les limites ; on voit que tout le commerce, toute la police intérieure de la ville, le prix de la viande et du pain, celui du droit établi sur les marchandises nationales et étrangères, étaient réglés par le maire et ses échevins. » (1).

Eu paraît avoir été la première des villes normandes dotée de franchises municipales. Sa position à la frontière du duché, ses actives relations commerciales avec les villes du Nord, déjà constituées en commune, ont dû faire naître de meilleure heure chez ses bourgeois le désir de jouir de semblables franchises. Quelles circonstances ont déterminé, en 1151, le comte Jean à les leur octroyer? Fut-ce après une lutte vio-

---

(1) Leroux de Lincy : *Notice sur le Livre rouge conservé aux archives de la mairie de la ville d'Eu.* Envoyé à Eu par Augustin Thierry pour prendre copie de la charte de Saint-Quentin, Leroux de Lincy a parcouru tout le *Livre rouge* et dit dans la *Nouvelle Revue encyclopédique* tout le plaisir qu'il y avait pris. Vers le même temps Lebeuf en insérait de nombreux extraits dans son ouvrage sur la ville d'Eu. Mais Lebeuf était peu familiarisé avec la lecture des manuscrits ; son texte, presque toujours fautif, altère si profondément le sens de l'original, qu'on ne saurait s'en servir. A part la charte de Saint-Quentin publiée par M. Giry, le texte du *Livre rouge* peut être considéré comme inédit.

lente, ou simplement par suite d'un accord où l'argent des bourgeois emporta l'assentiment du comte ? On l'ignore. Déjà, sous le comte Henri, père du comte Jean, les corporations et les bourgeois avaient acquis des libertés qui les acheminaient vers les franchises communales : exemption pour les tisserands de toute redevance corporative ; pour les bourgeois, privilège de ne comparaître devant d'autre tribunal que celui du comte à Eu, [1].

D'autre part, à en juger par les quelques documents venus jusqu'à nous, tout le temps que le comte Jean posséda le comté d'Eu, il vit son autorité contestée. Il a permis que, à l'abbaye d'Eu, des chanoines de Saint-Victor remplacent ceux d'Arouaise; tout le pays s'en émeut, chaque dimanche dans les églises on fulmine contre lui l'excommunication. L'administration de ses biens le retient en Angleterre, il y apprend que, au mépris des dispositions inscrites dans leurs chartes par ses aïeux, un seigneur voisin d'Eu, celui de Flocques, veut s'arroger le patronage de cette paroisse, et il s'en plaint à l'archevêque (ap. 1164) en termes qui laissent voir que la révolte avait plus d'extension : « *Audivi in Anglia et aliquantulum graviter sonuit in auribus meis, quod mei insurgentes adversum me, non solum de temporali hæreditate velint me deheritare, sed de æterna Ecclesia...* (1). Pour comble, lorsque la guerre reprend entre le roi d'Angleterre et le roi de France, les incursions que ce dernier fait dans les comtés d'Aumale et d'Eu ont vite mis son trésor à sec. Dans une heure de détresse, il s'empare de force du trésor de l'abbaye du Tréport pour payer ses hommes d'armes. En de telles conditions, les bourgeois d'Eu n'avaient pas à se soulever et à user de violences pour obtenir les franchises dont jouissaient déjà les villes voisines de Picardie. Leur richesse, les

---

(1) *Cartul. des comtes d'Eu*, ms. lat. 13901 de la Bibl. nat., f° 45.

sommes importantes dont ils paieraient ces libertés, la perspective de droits plus abondants à percevoir sur le commerce dont elles allaient favoriser l'extension, ne suffisaient-elles pas à triompher des hésitations du comte?

Une fois en possession de la charte communale, les bourgeois avaient à se mettre en garde contre les reprises possibles du comte. Ils en demandent la confirmation à leur suzerain, le duc de Normandie. Ce sont successivement Geoffroy Plantagenet, Henri d'Angleterre qui se constituent leur garant, [17]. Tel est l'empressement des bourgeois que, à peine Henri Court-Mantel, révolté contre son père, a-t-il mis le siège devant Neufchâtel, ils y courent lui demander d'être leur garant lui aussi, [17].

Vers la fin du siècle, les bourgeois d'Eu sont assez puissants pour que Richard Cœur-de-Lion, en lutte avec Philippe-Auguste, fasse appel à leur concours, [19], et les aide de ses subsides à entourer d'une nouvelle enceinte leur ville agrandie.

A l'époque où commence le *Livre rouge*, 1271, le comté d'Eu est passé dans la maison de Brienne. A Alphonse, le chambrier de Saint-Louis, vient de succéder son fils Jean Ier. Il prend assez tardivement possession de son comté, 1279. Le maire, les échevins, toute la commune lui prêtent serment selon les us et coutumes de leurs ancêtres; après quoi, la main sur les Evangiles, le comte leur jure fidélité aux us et coutumes de ses aïeux, [33].

La même cérémonie se renouvelle à l'avènement de Jean II. Toutefois, le style du clerc de ville témoigne d'une plus grande déférence envers lui : le maire... ont fait hommage à leur seigneur au château d'Eu, [33]. C'est d'ailleurs la dernière mention au *Livre rouge* de serments échangés entre le comte et les bourgeois.

La richesse des bourgeois devait tenter les comtes souvent

à court d'argent. Jean I⁰ʳ avait recueilli de son père Alphonse une succession obérée. Il obtient des bourgeois des sommes importantes en retour de la confirmation de leurs franchises. En 1286, c'est l'intégralité des tailles qu'il leur assure contre les entreprises de sa sergenterie, et la commune lui remet 400 liv. tourn., [50] en 1291, c'est la juridiction municipale « pour aucuns plusieurs services que eux nous ont fait », [65].

Jean II, son fils, pour garder moins de mesure avec les bourgeois, rencontre de leur part une vive résistance. Lui aussi a « grant besoing », car il s'apprête à rejoindre avec ses hommes d'armes le roi à l'armée de Flandre. Il exige des bourgeois l'avance de sommes que, ils le savent bien, il ne leur rendra pas. Les bourgeois refusent ; le comte fait saisir leurs biens, en quoi il viole la charte communale. Quelle violente émotion il a soulevée dans la commune, on n'en peut douter quand on le voit contraint de reconnaître par une charte que les bourgeois « n'estoient de riens tenus a faire chelle ayde... », [91].

Le souvenir de cet attentat aux libertés communales ne devait pas s'effacer de suite. Quelques années plus tard, le comte rassemble de nouveau ses hommes d'armes pour retourner en Flandre. Aussitôt le conseil de rappeler que si les gens du comte se saisissent des biens du bourgeois, tout le quemun est tenu de lui porter secours. « Et est contenu es privilèges de le vile et u fondement de le quemune en le grant charte », [104].

Il semble, au siècle suivant, que l'indépendance de la commune a souffert sur ce point quelque atteinte. Quand le jeune comte, Raoul I⁰ʳ de Brienne, va prendre les hommages de la terre de sa femme, le clerc de ville écrit : « Raoul d'Eu est tenu envers le ville en cc liv. tour. de prest fait à li, les quiez furent baillés et délivrez à son quemandement », [13] Et de même au cours du siècle, qu'il s'agisse d'assurer le douaire de la veuve de Raoul II, [242] ou de garantir un emprunt fait au nom de Charles d'Artois, encore enfant, [304] les bourgeois sont constitués répondants « en corps et en biens ». Les fonctions importantes, dont le roi investit ces derniers comtes, leur donnent, vis-à-vis de la commune, une autorité prépondérante, on le sent à l'attitude plus déférente des bourgeois, [103, 191] Quand disparaît la famille de Brienne, 1350, Jean d'Artois, qui la remplace, continue les bons rapports avec la commune. Un de ses premiers soins est de confirmer aux bourgeois, par une charte, tous leurs privilèges, [220]

D'ordinaire le comte est représenté auprès de la commune par le bailli et les vicomtes. Le bailli rend la justice en son nom ; à son tribunal sont déférées les contestations survenues entre le maire et les échevins, d'une part ; de l'autre, quelque juré. Les vicomtes perçoivent ses droits, et comme les droits prélevés sont nombreux, on rencontre les vicomtes un peu partout, au marché, emprès le Machacre, [84] au champ-de-foire, [95] au Tréport, [19]

Autant qu'on en peut juger par les textes du *Livre rouge*, les baillis ne cherchent pas à empiéter sur la juridiction de la commune. Dans les causes portées à leurs assises, [203, 213, 205] ils déclarent que « ce n'est pas l'entente de Monsg' ne de nous d'empescher la juridiction du maire », [213] et, contre les revendications du vicomte, ils lui confirment « la congnoissance des enfans en petit âge », [213] Dans les cas douteux, ils s'en remettent au témoignage des sages, [265] et des bonnes gens, [47, 65, 95]

Il n'en est pas de même des vicomtes naturellement enclins à exagérer les droits du seigneur. Ce n'est pas toujours assez de la vigilance du maire et des échevins pour les réprimer, [47, 53, 64, 83, 95] il est parfois nécessaire que le comte lui-même intervienne et les blâme, [143]

Le comte Jean a octroyé aux bourgeois d'Eu la commune
selon les statuts de Saint-Quentin, en usage déjà dans quelques villes picardes, dont les plus rapprochées sont Gamaches
et Airaines. C'est, en effet, cette charte qui la régit. Elle est
invoquée encore à la fin du xiiie siècle par les bourgeois dans
leurs conflits avec le comte Jean II, [91, 104] par les jurés en
contestation avec l'échevinage, [55, 56]

Mais, comme l'a remarqué M. Giry (1), dans sa forme
actuelle, la charte de Saint-Quentin est incomplète. On y
chercherait vainement une organisation intérieure de la commune. Rédigée, à ce qu'il semble, en vue de défendre les
franchises municipales contre les entreprises du comte et des
seigneurs, comme aussi de prévoir les infractions de la part
des jurés et de les réprimer, elle fait intervenir pour cela le
maire et les échevins, sans que l'on sache comment, par qui
et pour combien de temps ils ont été institués. Si elle
pressent les difficultés que la commune rencontrera dans le
plein usage de ses franchises, elle ne laisse pas entrevoir
comment est organisée cette commune.

Cette charte avait subi à Saint-Quentin même des modifica-
tions et des retouches. Les communes qui l'ont choisie comme
type de leurs franchises se sont également réservé de l'adap-
ter aux circonstances de temps et de milieu.

A Eu, autant qu'on en peut juger par ce que nous en révèle
le *Livre rouge*, on s'inspira, pour l'administration intérieure
de la commune, des usages introduits dans les villes normandes. Avec son maire et ses échevins, qui constituent le

(1) Tout ce qui paraît singulier dans ce texte, lorsque l'on veut y voir
une traduction de la charte du comte, s'explique très simplement si on
le tient pour une sorte de notice, de « record » des droits, privilèges et
usages de Saint-Quentin, rédigé par quelque clerc de la commune.
(Archives anciennes de la ville de Saint-Quentin : *Etude sur la commune
de Saint-Quentin*, p. xviii.)

pouvoir exécutif, son Conseil appelé à délibérer sur toutes les questions qui intéressent la vie communale, Eu se rapproche plus de Rouen que de Saint-Quentin (1).

La commune d'Eu a sa banlieue « bone lieue », écrit le clerc de ville, [93] qui comprend : à l'Est, le village de Pont ; à l'Ouest, le port du Tréport. Au lendemain du jour où le comte Jean a concédé les franchises communales, le seigneur de la Chaussée, tout voisin, l'a prié de les étendre à ses vassaux. Les autres habitants de la banlieue n'ont pas tardé de solliciter la même faveur. Le Tréport et Pont sont compris dans la commune d'Eu. S'ils ont leurs échevins (2), leur Conseil, leurs sergents et leurs jurés, échevins et conseillers prennent part aux délibérations du Conseil d'Eu, [101, 166]. Jurés du Tréport et de Pont sont confondus avec ceux d'Eu sur les marges du *Livre rouge*.

« La porte est ouverte à tous », dit la charte, [3, 9]. Pour être admis dans la commune, les seules conditions à remplir sont : résider dans la ville ou sa banlieue, fournir des garants, [79] faire serment d'observer les statuts de la commune, [208] payer une cotisation qui semble varier selon la fortune du sujet. « Et poet chascun aveir ley desi au nombre de 2 sous, [116] ». Les quelques cotisations dont fait mention le clerc de ville sont toutes inférieures à ce chiffre, parfois 14 deniers, [103, 141, 147, 156], d'autres fois 3 ou 2 deniers seulement, [61, 117, 208].

En prévision des sanctions que le juré peut encourir, la commune exige de lui des gages, des namps, [101, 194, 266]. Veut-il

---

(1) A l'époque où les documents peuvent montrer le fonctionnement de la Municipalité, c'est-à-dire à la fin du xiiie siècle, l'on constate que l'organisation d'Eu, telle qu'elle ressort des plus anciens documents du *Livre rouge*, se rapproche beaucoup plus du type des communes normandes que de celui de Saint-Quentin. *Ibid.*

(2) On trouve un échevin du Tréport pour l'année 1258 dans le Cartulaire de l'abbaye de Saint-Michel.

quitter le pays, il les réclame, [203]. Par là il renonce à tous ses droits. il a sa loy perdue, [212]. Si, plus tard, revenu à Eu, il desire les recouvrer, il lui faudra prêter serment de nouveau. *Juravit quod juraverat,* [78] *juravit communionem quam juraverat,* [83] écrit alors le clerc de ville.

Chaque année s'alignent dans les marges du *Livre rouge* les noms des jurés. Démesurément longue aux époques de prospérité, la liste en est encore de quatre-vingt-six en 1349, de quatre-vingt-dix en 1350. Au cours de la guerre de Cent Ans, le nombre en décroît rapidement. Il est rare au xve siècle d'en compter plus de vingt. Bien souvent, plusieurs personnes du même endroit se présentent ensemble pour prêter le serment. Le clerc de ville enferme alors leurs noms dans une accolade sur le côté de laquelle il écrit : d'Eu, du Tréport, de Pont. On voit ainsi, en 1285, entrer dans la commune vingt-huit jurés du Tréport.

Là encore on relève des omissions du clerc de ville. Çà et là dans les marges se rencontrent des jurés d'une autre année. D'autres sont obligés, pour attester qu'ils sont jurés, de produire des témoins, [150]. Guifferot de Velli « cheu mesel » demande a être admis à la maladrerie du Glans. Il n'y a droit que s'il est juré, et son nom ne se lit pas aux marges du *Livre rouge.* Mais voici les époux Catel qui l'accompagnent « en l'esquevinage ». Ils l'y avaient mené douze ans plus tôt, ils l'ont vu « à genoux devant les sains faire le serment de le jurée et baillier ij deniers. » [208]

L'ensemble des bourgeois assermentés constitue la commune. Elle est administrée par un maire, des échevins au nombre de douze, un Conseil dont les membres s'élèvent parfois jusqu'à trente, [84] tous renouvelables chaque année.

Au Conseil de délibérer sur toutes les affaires qui intéressent la commune. Le maire et ses échevins exécutent les décisions, défendent sa juridiction et ses drcits, la représentent en toute circonstance. « Le maire et les esquevins de le ville de Eu tiennent le corps de le commune et le banlieue sous Monsg^r le conte de Eu. » [261].

Lors de l'élection du maire, le comte intervient directement. A lui est réservé de le choisir parmi trois noms que les échevins lui présentent. Une fois nommé, le maire fait entre ses mains le serment « de bien et loialement garder son droit et le droit de le commune. » [264]. Avant l'entrée en fonction, autre serment devant l'Assemblée des bourgeois. Le beffroy, construit en 1399, a « une fenestre bauvaisine où l'on sermente le maire. » [305].

Il n'est d'ailleurs emploi si modeste où l'on soit admis sans serment. Chaque année, avant d'entrer en fonction, les échevins prêtent serment « jurent eskevinage. » [21, 24, 35, 55].

Le maire, comme l'a remarqué M. Luchaire, n'est que le premier d'entre les échevins. Aussi veut-on que, en sortant de charge, il fasse partie de leur corps, [22]. Il agit constamment de concert avec eux; toujours quelques-uns d'entre eux l'accompagnent. Avec eux, il reçoit les actes privés, en vertu de la charte de 1151, il revendique devant le bailli la juridiction municipale, défend les bourgeois contre les entreprises des vicomtes, examine les causes appelées à son tribunal. Toutes les affaires se traitent dans l'échevinage, c'est là que tout est reconnu, [26]. accordé, [27]. jugé, [39]. Afin de mettre de suite au courant les nouveaux échevins, le maire doit, lors de leur installation, leur remémorer les sentences dernièrement portées, [21, 24, 35, 55].

Pour peu que l'affaire soit grave, le Conseil s'adjoint à eux. Le maire, entouré des échevins, appelle devant lui le coupable, instruit la cause ; mais la sentence est prononcée par tous.

Le *Livre rouge* contient dix-neuf sentences rendues en échevinage pour différentes causes, toutes intéressant la commune : procès intenté à la ville, [35] affaire portée au tribunal du bailli au mépris de la juridiction du maire, [55] insultes au maire et aux échevins, [24] refus opposé à leur réquisition, [134] voies de fait contre des jurés, [44, 116, 190, 191, 212, 214, 347] déclarations frauduleuses, [54, 120, 121, 212, 213] manœuvres nuisibles au commerce de la ville, [116] gardes parjures, [75] mesures frauduleuses, [44] jeu de dés, [347] Les peines sont le banissement, [191, 347] la mise hors de la jurée, [214] la loy perdue, [120, 134, 212] la maison abattue, [116, 292] Parfois on semble ne condamner qu'à regret ; avant de prononcer la sentence, le maire somme le coupable d'amender, [135] s'il y consent, le coupable devra se présenter en l'échevinage avec le nombre d'hommes qui lui aura été fixé, tous, comme lui, nu-pieds, nu-tête, et verser une amende. A cette condition, il pourra demeurer dans la ville, [191]

En septembre 1344, en la fête de Notre-Dame, deux bourgeois coupables de violences sur des jurés devaient faire amende. On vit d'abord se présenter Guiffroy le jeune. « Il xiij^e de hommes nus chiés nus piés, et bailler 100 sous. » [190] L'autre vint « tout veslu, sans compaignie. Et pour che que el ne fist mie son devoir de x hommes amener et d'aporter c. s., il fut mis en beguynelé, et après chén, il fut bany par jugement de tous. » [191]

On est frappé, en parcourant les listes annuelles, d'y rencontrer presque toujours les mêmes noms. Sur une période de vingt ans, la fonction de maire est remplie par trois ou quatre personnages qui se remplacent alternativement. Ceux qui une fois ont été élus échevins ou conseillers ne cessent plus de l'être. Il s'est ainsi constitué une petite aristocratie bourgeoise. Tous les intérêts de la commune sont entre ses mains ; et en raison de ses fonctions elle ne veut supporter qu'une faible part des charges qui pèsent sur la ville.

Le *Livre rouge* donne, pour certaines années, le taux de la taille, ordinairement 2 deniers, mais, avec cette distinction, les petits paieront 16 deniers. La distinction n'a pas toujours existé. En 1281, on décide que, tous, riches et pauvres, prêteront serment, chacun paiera 15 deniers de la livre, [37]. Vingt-cinq ans plus tard, on fait des ordonnances, et on y introduit cette disposition : « pour le quemun d'Eu espargnier, le livre ne seroit que a 3 deniers, et les petis d'ici a 2 sous, et poet chascun aveir ley desi au nombre des 2 sous. » [115]. La taille descend même à 2 deniers, de 1312 à 1341, mais les petits alors paient 16 deniers ; elle monte à 6 deniers, de 1365 à 1375 ; en 1419, quand les Anglais se sont emparés d'Eu, elle est à 2 sous, [321].

En sont exempts, le bailli, le vicomte, le receveur, le chastelain et les quatre barriers « non marchandanz. » [303]. D'autres voudraient aussi s'en exonérer ; mais le maire et les échevins les poursuivent. Ils présentent à la comtesse une supplique contre son trésorier qui « en veult estre franc et exent soubz ombre de son office. » [303]. Ils défèrent au tribunal du bailli Guill. Bourgois « soi disant estre clerc » et refusant de payer les « taillez et faisances de le ville. » [303].

Tous les clercs d'ailleurs ne jouissent pas de l'exemption. Une décision prise en 1278 veut que les collectes, tailles et autres droits qui pèsent sur tous les hommes de la commune d'Eu, soient supportés également par les croisés, les veuves et les clercs qui s'adonnent au commerce, *prout moris est,* [31].

La répartition de l'impôt est basée sur les déclarations des bourgeois. On exige alors d'eux le serment, [37] ; néanmoins, plus d'un est tenté d'user de tromperie d'autant qu'on les admet à réclamer une réduction de l'assiette de la taille, [90]. Mais aussi le maire peut contrôler leur déclaration, aller à leurs biens, et si le bourgeois est convaincu d'en avoir célé quelque chose, cette part revient de droit à la ville, lui se voit exclu à jamais des fonctions municipales, il a « se loy perdue », [120, 212, 213].

De 1355 à 1366, le clerc de ville donne la situation financière de la ville. Elle accuse toujours un déficit qui monte à 220 écus en 1358, l'année suivante à 310 écus. Une des charges qui pèsent le plus lourdement sur son budget sont les rentes à vie. Quand une forte dépense s'impose à la ville, elle emprunte à des particuliers (pour le Kay, [331, 332]) et leur assure une rente jusqu'à la fin de leurs jours. Si elle traite avec des époux, le plus souvent elle stipule que la rente sera réduite de moitié au décès de l'un des deux, [58]. De ces rentes le clerc de ville a tenu liste à la fin de son manuscrit jusque vers 1340, [330-339]. En 1305, la ville doit encore annuellement de ce chef 875 livres, [116] en 1355, 420 livres, [230].

Une autre partie de sa comptabilité concerne la gestion des biens des mineurs, [339-346]. C'est un droit reconnu par le bailli. De tout temps, le maire et les échevins ont eu « le congnoissance des biens muebles des enffans en petit aage demourant en leur communauté », [213] Le maire confie l'enfant mineur à un bourgeois; il lui remet, prise sur la succession, une somme dont le revenu paiera l'entretien de l'enfant. Le tuteur ainsi désigné devra trouver à l'enfant « touz ses cous comme de boire et de mengier, de vestir et de cauchier », [69, 127]. Le reste de la succession est placé sur particuliers à un taux élevé, 20 livres pour 25 livres, [342].

Ce ne sont pas les seuls dépôts confiés à l'échevinage. Parmi les différentes caisses et armoires mentionnées au *Livre rouge*, petit huchel, [78] huche, [57] grant huche, [49] huche à chartes, [97] boiste, [57] grant boiste, [47] boiste à cyrographes, [78] dont les clefs sont remises chaque année aux trésoriers, il en est de destinées à recevoir les chartes des particuliers. Nombre d'actes passés devant le maire et les échevins sont ainsi enroullés, [46] déposés *in rotulo ville*, [39] Parfois ces particuliers veulent s'assurer qu'elles sont intactes, et demandent qu'on les leur montre, [38, 45]. Comme les officiers de la commune, clerc, sergents, [130] avocats, [213] le maire perçoit des gages à raison de ses fonctions, 40 écus, [136, 250] Il est de plus chef de la milice bourgeoise, capitain de la ville ; aux années de guerre, on lui vote « pour cause de le capitainnerie chent et dis escus », [250] Les bienfaiteurs des églises et des hôpitaux, [110] le chargent bien souvent aussi de veiller à l'exécution de leurs dernières volontés ; ils lui assurent pour cela une légère rétribution, [110] (1), car les établissements hospitaliers sont soumis au contrôle du maire et des échevins.

Sous l'ancien régime, Eu offrait cette particularité de dépendre de deux diocèses. La partie de la ville assise sur le versant du coteau était du diocèse de Rouen. Une fois franchi le premier bras de rivière, on se trouvait dans le diocèse d'Amiens. C'est l'antique chaussée d'Eu, la Cauchie, à l'origine de la commune habitée dans sa partie Nord par les seigneurs de la Chaussée et leurs vassaux, [16] et depuis reliée à la ville par l'industrie de la draperie.

De là deux hôpitaux, l'hôpital normant, appelé aussi domus Dei de Augo, [45] l'hôpital de la Cauchie, [30] Tous deux sont desservis par des frères et des sœurs, [32, 225] ont à leur tête un maître et une maîtresse, [30, 110] Mais les admissions, comme aussi l'examen des comptes sont réservés au maire et aux échevins.

Le clerc de ville n'a enregistré que peu d'admissions. On y voit que si Gilles le Mignot est reçu gratuitement, c'est qu'il a été échevin « et d'autre partie à la requeste messire Challes d'Artois », [128] Les autres donnent de leur avoir, les uns 43 livres une vaque et un porc, [225] ceux-là 23 francs d'or, « un lit fourni et estofé, » 8 livres de rente, [272] Les muni-

(1) « Et pour prendre garde ausdiz religieux fere ledit service, mondit seigneur a commis les maire et eschevins qui a ce sont submis, moyennant xl sols de rente qu'il leur a donne proffit de leur dite ville. » Inscription de l'église d'Eu.

ments et privilèges de l'hôpital normand sont affermés en 1271, 70 sous, [20].

L'hôpital est aussi un abri pour les pauvres étrangers de passage. Un maire, Robert du Mesnil, y fonde « un lit pour gesir chascune nuit le plus poure, soit privé ou estrange, à l'enscient des ospitaliers, sans nul des abitanz de l'ostel », [109]. Tout le personnel de la Municipalité, maire, échevins, clerc, sergents est intéressé à surveiller l'exécution de cette fondation. Chacun reçoit pour cela une modique rétribution. « Le maire et les esquevins d'Eu aront deuz s. de rente chascun an, en remembranche que le maire est kief sus tous du dit ospital », [110].

Eu eut aussi de bonne heure sa léproserie, située au delà de la chaussée, dans le vallon qui remonte à la Croix-en-Bailly. Au début du *Livre rouge* se trouve le capitre des Ladres, règlement pour l'admission à la maladrerie du glans, [21]. Seuls les jurés ou fils de juré y sont admis, reçus comme frère. Ils devraient y porter leur mobilier ; que s'ils n'en ont pas, les échevins ou autres bonnes gens quêteront pour eux par la ville l'habit et le lit car « il convient que il porte se vesteure en abit de le meson et sen lit. » Les non-jurés sont logés au dehors, en de pauvres cabanes. En 1506, procès fut intenté au maire et aux échevins devant l'officialité de Rouen par un Eudois qui prétendait avoir droit à la maladrerie. L'avocat du maire lui objecta qu'il n'était pas juré, son nom ne se lisait pas dans les marges du *Livre rouge*, conséquemment il n'avait pas été incorporé à la bourgeoisie et n'était pas apte à être reçu dans la maladrerie mais seulement dans un des abris situés hors de l'enceinte (1).

Entre les personnes non lépreuses autorisées à se retirer à la maladrerie, [107] on compte un rendu du dehors, Ernoul de

(1) Sed solum capax usu domorum extra et prope dictam leprosariam edificatarum. V. A. Legris, *Les Etablissements de Charité d'Eu*. Eu R. Odic, 1909.

Tilloi en Seri, reçu pour 30 livres, [29] Johan d'Alenay qui donne 16 écus, [224] Pierres Triquet admis à avoir « son vivre u dit hostel, pour les bons et agreables serviches que le dit Pierres et ses ancheseurs ont fait a le ville en temps passé. » [133].

Les comptes sont rendus en présence du maire et du Conseil de l'échevinage, de tous les frères et sœurs de l'ostel du Val de Glans, [286].

La petite ville d'Eu était, pour un rayon de quatre à cinq lieues, un centre de production fournissant tout ce qui devait servir à la vie de cette région. Son importance, son activité commerciale s'accroissaient encore de la proximité de la mer avec laquelle la mettait en relation la rivière de Bresle. Aussi n'est-on pas surpris d'y rencontrer des corporations nombreuses et florissantes.

Dès avant la charte de 1151, quelques-unes ont donné leur nom à leur rue. Il y a ainsi la rue de la Cordouennerie, la rue de Taintuerie. Longtemps la draperie y a été l'industrie principale. De la Taintuerie où les « eavages », [122] s'étaient établis sur les bords d'un bras de rivière, où les drapiers avaient leurs pentoirs, [13, 35] elle a vite débordé et rempli la majeure partie de la Chaussée. Et bien qu'il n'y ait qu'une seule corporation, la Taintuerie et la Cauchie ont chacune leurs gardes corporatifs qui visitent les métiers, comptent les fils, apposent le boujon sur les métiers et les poulies, [160]. C'est aussi de la draperie d'Eu que la Municipalité a à s'occuper le plus souvent dans ses délibérations et ses sentences.

Il est de son devoir de maintenir à la ville le bon renom de son industrie. Dans ce but tout est réglementé, les heures de travail et de repos, [122, 135] les attributions de chaque métier ; tout est prévu, la qualité, les dimensions de la marchandise confectionnée, [61] « Noz seigneurs les contes d'Eu, disent les maires et les échevins, nous ont donné la justice cohercion et police sur le fait de tous les mestiers estant en icelle ville et communaulté par don et ottroy especial. » [109]

Après 1475, quelques corporàtions se plaignirent que leurs statuts eussent été consumés dans l'incendie de la ville. Il en est pourtant peu parlé au *Livre rouge*. L'échevinage s'inspire plutôt des circonstances lorsqu'il rédige des ordonnances sur les serruriers, [123] les pareurs et les tisserands, [234] la draperie, [61] celle sur les estaminiers tient en une ligne, [113] Si des contestations s'élèvent entre corporations rivales, on s'enquiert de l'usage des villes voisines, Abbeville, Aumale, [187] Dieppe, [66] Ce n'est qu'à la fin du xve siècle, qu'on y trouve des statuts de corporations en la forme reçue.

Chaque corporation a ses gardes de métier renouvelables chaque année. Leurs fonctions consistent à veiller à la bonne qualité du travail, à assurer l'observation des statuts et des ordonnances faites par l'échevinage. En cas de délit, ils en réfèrent à l'échevinage. C'est ainsi que les draps de mauvaise qualité peuvent être apportés en l'échevinage et brûlés, [300, 302] D'autres fois, comme pour Hue de Penlieu, quand les draps ne leurs semblent pas « passans », [84] ils se refusent à les eswarder, c'est-à-dire à y apposer la marque et le sceau de la ville sans lesquels les draps ne peuvent être exposés en vente, [168] Parfois, quand ils ont affaire à un des membres influents de l'aristocratie bourgeoise, qui gère les intérêts de la commune, ils hésitent et se taisent. Le cas du maire Guillaume du Mesnil en est un curieux exemple, [166]

Il remplissait pour la seconde fois les fonctions de maire quand les gardes de la draperie trouvèrent de lui chez un tisserand « un drap qui n'avoit pas toutez ses portées ». Ils s'en saisirent et vinrent trouver le maire qui, prenant le drap, leur dit : « N'en pallez plus, nos en chevirons bien ». Ils cessèrent dès lors d'inspecter ses draps.

Guillaume du Mesnil ne s'en tint pas là. L'interdit avait été jeté sur les draps d'un autre bourgeois, Guillaume de Corbery. Défense de leur apposer la marque et le sceau de la ville, défense de les vendre aux Halles. Le maire lui acheta quatre draps, se fit remettre par surprise la marque et le sceau dont il les scella « et les fist mener au camp du lendit, comme des draps de Eu ».

L'année suivante, Guillaume du Mesnil sorti de charge, il fallut qu'un bourgeois prît sur lui de menacer le maire de l'intervention des gens du comte pour que le maire consentît à se saisir de l'affaire. Justice fut faite. Guillaume du Mesnil, exclu de toute fonction municipale, fut « débouté du mestier de le drapperie, duques au rapel du maire et des eskevins ».

La draperie était l'industrie la plus florissante à Eu, il est naturel que l'Echevinage et le Conseil aient eu à s'en occuper plus souvent. Le *Livre rouge* contient d'autres ordonnances sur les métiers, [218.] Aux années de disette, le Conseil fixe, d'après le prix courant du blé, le prix des différentes sortes de pain, tourte, pain claret, molete, seminel, [115, 218, 225.] A noter encore une corporation qui ne paraît guère avoir été moins prospère que la draperie, la cordonnerie. Dans les listes des gardes de métiers, on rencontre fréquemment les gardes des sueurs de nuit, [147, 178.]

Situé à trois kilomètres seulement du littoral et en communication avec la mer par la rivière de Bresle, Eu a son port et son quai, appelé la Portelette, immédiatement au-dessous de la terrasse qui porte l'église et le château. Depuis longtemps, les vaisseaux, poussés par le flux, remontent jusque-là le cours de la Bresle et, après avoir mis à quai les produits de l'étranger, s'en retournent chargés de ceux du pays. Aussi, comme beaucoup de villes maritimes, Eu a, dès la fondation de la commune, un tarif des droits à percevoir

sur les « marcheandises alans et venans o quay de la ville de
Eu. » [133].

Tous peuvent s'y installer en payant un droit. « Et
quiconques vourra avoir planque il peut avoir. » [134]. A proximité du quay sont des entrepôts, grandes et petites voûtes, [104]
[130]. Sur le port on rencontre des hommes de peine, desquarqueurs, [104]. bienneus, [118, 255], bremens, [180, 228], compteur de
bos, [114]. mesureur de carbon, [190]. dont les gages sont réglés
par le Conseil. Toute corvée, mettre en carete, enguansteler,
descendre dans le selier du bourgeois, porter le charbon en
deçà ou au delà des vieux murs, [106]. a sa taxe que le Conseil
révise selon les temps et la valeur de la monnaie courante, [104].
[106, 130, 180, 255]. Avant d'être admis à exercer leur profession,
ces hommes doivent présenter garant « pour rendre les aventurez du desquarquage. » [69, 92, 93].

Le long du quai, près des vaisseaux, s'empressent les courtiers de blé, de vin et de drap, [132]. Là sont des navires venus
du Poitou, [66]. et de l'Espagne, [172]. apporter le vin et le sel, [178].
A lire le dispositif du tarif, on peut juger combien étaient
variées les marchandises déposées sur le quai, [133].

Le désir d'étendre le commerce de la ville a amené plus
d'une fois la bourgeoisie d'Eu à imposer au Tréport, qu'elle
tenait dans sa dépendance, des conditions désavantageuses.
Eu prélève des droits élevés sur les menus bateaux du Tréport, [117, 214]. Ce ne lui suffit pas. Sur décision du Conseil, les
couretiers d'Eu opérant au Tréport avec les couretiers du
Tréport gagnent une fois plus que ceux-ci, [132]. les deux tiers
des marchandises venues au Tréport par mer remontent
jusqu'à Eu, [191].

Vers le milieu du xiiie siècle, la population d'Eu, pour la
seule partie appartenant au diocèse de Rouen, s'élevait à
1,120 feux. Elle dut augmenter encore avec le siècle suivant.
A voir chaque année le nombre considérable de jurés qui y

acquièrent droit de bourgeoisie, on devine l'appoint que ces recrues apportaient à l'industrie et à la prospérité de la ville. Rarement inférieur à 40, le chiffre des jurés monte parfois à 80 et au delà, [43, 63, 99, 211, 215]. Mais, dès la seconde moitié du xive siècle, s'accuse un déclin rapide. Le chiffre annuel des jurés atteint rarement 20. Les gardes des métiers apparaissent moins nombreux sur les listes ; après 1380 on n'en trouve plus. Il y a aussi moins de conseillers ; le nombre en tombe à 12, [195], puis à 5, [321].

Il semble que toute vie commerciale se soit retirée. Si l'on consulte les documents contemporains l'impression est la même. En 1378, la ville avait été imposée pour le fait de guerre à six cents francs d'or. Dans la requête présentée au roi, le maire et son Conseil exposent que « à cause des guerres pour lesquelles ils ont eu et souffert et soustiennent de jour en jour très grans perilz, oppressions et dommages, plusieurs des habitans d'icelle s'en sont partis et absentez, ils sont si diminués de feux, de peuple et de biens, et devenus en si grant poureté que bonnement et senz très grant grevance deulz ilz ne pevent paier la somme (1). »

A la veille d'Azincourt, c'est le comte d'Eu, Charles d'Artois, qui, en des lettres patentes, témoigne de cette détresse : « Il est de nouvel venu à notre congnoissance que, pour cause des grans rentes et charges qui pour cause de seurcens se font de present et ont esté fetes en temps passé sur plusieurs manoirs, maisons et édiffices de notre ville de Eu, plusieurs diceulx maisons manoirs et édiffices sont du tout cheuz, wagans, desolez et tournez en ruyne, et encores pourroient les autres plus decheoir pour le temps à venir en desheritement de nos subgiet, destruction et adnullement de notre ville. » (2)

(1) Mandements de Charles V, 1854.
(2) *Ord. des Rois de France*, t. XIV, p. 506.

Quelques années après, les Anglais s'emparaient d'Eu, et la taille montait à deux sous la livre, [321].

La banlieue d'Eu comprenait le Tréport et Pont. Le petit village de Pont (90 feux en 1240) tient peu de place dans les délibérations de la ville. Il approvisionne ses drapiers de chardon. Et l'on a fait un règlement qui fixe ce que les lieurs de chardon gagneront du mille, [74]. Eux aussi prêtent serment et présentent pleges pour le dommage éventuel « par le reson de son liage », [93].

Le Tréport fut-il à l'origine autre chose qu'un gros village de pêcheurs? La rivière de Bresle se jetait alors dans la mer au-dessous de Mers. La population du Tréport occupait le vallon qui du Mont Huon descend à la vallée. C'est le comte Henri Ier qui, en reportant plus au Sud le cours de la rivière (1), a donné, semble-t-il, au port du Tréport le moyen de se transformer, d'avoir, comme le port d'Eu, son quai, ses entrepôts, « grans et petits voutes », [53]. tout ce qui devait y attirer les navires étrangers.

Au xiiie siècle, le port a, comme celui d'Eu, ses courtiers d'ablais, [56]. de vins et d'autres choses, [202]. ses compteurs de bos, d'astelle, [287]. ses mesureurs de sel et de carbon, [223]. ses desquarqueors, [53]. porteors, [99]. bremens aplegiés, [226]. en si bon nombre qu'en une même année quatorze entrent dans la commune, [99]. Dans les années les plus prospères, le *Livre rouge* réserve une place à part aux officiers du Tresport, [186]. [202], [223], [232], [245], [254], [258], [261], [263], [268].

Ce n'est pas que les bourgeois d'Eu n'aient tenté d'enrayer ce progrès. Il semble trouver trace de leur intervention dans cette charte où le comte Henri II reconnaît que les navires de commerce, à l'exception des bateaux de pêche, ont coutume

(1) *Destruxerat molendinum sancti Michaelis subtus villam de Maribus, quando fecit aquam de Eu convertere de antiquo cursu suo, per novum alveum, juxta villam de Ultrisportu.* Cart. du Tréport, p. 21.

de remonter jusqu'à Eu, [13]. On les a vus réserver à leurs courtiers la plus belle part du gain sur le quai même du Tréport, [132]. décider que sur les marchandises apportées au Tréport par mer, il en viendrait à Eu « les ij pars pour illucques demourer », [191]. Le clerc de ville ajoute, non sans ironie : « A chen furent presens les esquevins vieux et nouveaux du Tresport. » Vieux et nouveaux, les échevins ne formaient qu'une infime minorité au regard des échevins et du Conseil d'Eu.

Eu perçoit sur les bateaux de pêche un droit, le lot de ville, [117]. qu'il afferme, [338]. Un moment les pêcheurs de Mers ont voulu s'en affranchir, le maire a fait une enquête qui a confirmé le droit, [214].

De l'avis des « maistrez pesqueurs » défense est faite de s'associer pour la pêche en deux lieux à la fois pour la même saison, [232]. La sanction est rigoureuse : « Et qui de che sera ataint, que il soit bani a cri, que nul ne le herbege, sus l'amende de le vile. E aprez l'an et le jour, se il veut raveir le vile, que il l'amende et trueve bons plegez, et se il estoit trouvé puis le cri fet, il sereit amené au maire d'Eu et fusté hors desi à le banliue, a xiij vergez », [92].

Une autre sentence ferait croire que les matelots du Tréport étaient peu empressés de secourir les étrangers abordant dans leur port : « tous cheuz du Tresport seront tenus à faire aide à leur voisins venanz de le mer au hable du Tresport et ensement as estrangez ». Le crieur ou le « sergeant » devaient les en requerir; le refus entraînait alors une amende de 12 deniers « u profit de le vile », [101].

Au commencement du XIVe siècle, le Tréport est devenu un bourg très commerçant. Il a ses corporations de brasseurs, [78]. et de marchands de vin, [49]. dont les boîtes sont sous la garde de l'échevinage d'Eu. D'autres figurent parmi les gardes des métiers ou sur les listes des jurés, pains et chervoises, [182]. chars crues et cuites, [186]. sueurs de nuit, [182]. sauniers, [89, 138].

Néanmoins, la principale industrie est celle qui fournit les agrès pour les bateaux de pêche.

Mais, plus qu'Eu, le Tréport eut à souffrir des luttes avec l'Angleterre. Quand la guerre se rallume, les vaisseaux anglais débarquent dans le port des soldats qui donnent l'assaut au bourg du Tréport, et presque toujours y mettent le feu, [83, 174, 175]. Les faits rapportés par le *Livre rouge* trouvent leur complément au Cartulaire du Tréport, dans les requêtes présentées par les religieux au roi Charles VI. « 1384. L'abbeie par iceulx anemis a esté arse et tellement exilié et par tant de fois, de piecha et de nouvel, que il y a peu ou habiter, fors es demourans des arsins et vieillès masieres ; et est leur grant eglize arse, passé a xxx ans. » « 1413. Depuis le mois de jullet derrain passé que la dicte abbeie, avec tous les biens meubles des dis religieux aient esté et soient ars et destruis par les Englez, noz anemis (1). »

La population, de quatre cents feux vers 1240, tombe à deux cents.

Le marin tréportais n'en était que plus animé à courir à l'Anglais et à lui donner la chasse sur mer. Tel ce Jehan Tuin « bon hommes d'armes et doubté des Englois, qui, ayant acheté un baleinier et pris avec lui quelques marineaux, s'en alla attaquer deux bateaux sur les côtes d'Angleterre, prit l'un après deux heures de combat, et poursuivit l'autre jusque devant Bruges (2). »

Pour qui veut en faire un sujet d'étude, le *Livre rouge* est encore intéressant par d'autres côtés. 1271 n'est pas trop éloigné de l'origine des noms patronymiques. A parcourir les listes des jurés, on reconnaît facilement les différentes causes

(1) P. 308, 321.

(2) De Fréville, *Mémoire sur le commerce maritime de Rouen*, t. II, p. 280.

qui leur ont donné naissance, lieu d'origine, profession, condition sociale, aspect physique, avantage ou défaut, qualités morales, noms de saints devenus noms de famille et leurs dérivés, noms empruntés au règne animal, sobriquets si communs encore en certains milieux comme le Tréport. De ceux-ci on ferait aisément un assez joli recueil : Peu belo, [39], Beque en vin, [154], Becquetarce, [60], Bele barbe, [158], Lenasor, [63], Rouge eule, [138], Teste de lime, [89], Mallefesse, [60], Cuissediu, [64], Biauderiere, [39], Char de porc, [106], Faudenier, [131], Courtefey, le Cokin, [89], Demisot, [126], Le sot, [25], Let bouli, [132], Le Pipeur, [89], Le Vittu, [98], Torcapel, [86], Tirevaque, [88], Torneveel, [63], Caqueleu, [89], Enguelevent, Rungemast, Maupekié, [44], Nuspiés, [128], Bon amor, [98], Dame Eude, Huit fame, [139], Cachediu, [100], Jean qui ne croit, Jean qui tout set, [43], et le non moins singulier de tous, Guill. Lasnier qui mena sa vaque ferer o saint, [141].

Le latin par trop incorrect du clerc de ville cède bientôt la place à la langue en usage aux xiiie et xive siècles dans la région d'Eu, sur la limite de deux provinces, à la rencontre de deux patois, le picard et le patois du pays de Caux. C'est le premier qui domine; M. Guy l'a remarqué à propos de la charte de Saint-Quentin. Il est cependant fréquent d'y rencontrer des mots empruntés au patois cauchois, il palla, [180], [121], sakier, [53]. Peut-être quelque jour la lecture du *Livre rouge* inspirera-t-elle à un philologue une étude sur le parler du pays d'Eu au moyen âge.

Je dois, en achevant ce volume, remercier ceux qui m'ont secondé dans sa préparation. M. Paul Bignon, maire de la ville d'Eu et député de la première circonscription de Dieppe, a mis le manuscrit à ma disposition tout le temps nécessaire pour cela. L'archiviste en chef du département, M. Vernier, m'a guidé de son expérience dans la lecture des endroits difficiles. A tous les deux, j'offre ici l'expression de ma reconnaissance.

[LE LIVRE ROUGE D'EU]

[F° 1 v°.] Incipit carta de communione Augensi facta anno ab Incarnatione Domini millesimo centesimo quinquagesimo primo, data Augi, testibus his qui subscribuntur (1).

Johannes, comes Augi (2), baronibus suis, equitibus, burgensibus et omnibus suis subditis, salutem et debite fidei stabilitatem.

Notum sit omnibus presentibus et futuris, pauperibus et divitibus, quod ego dedi in perpetuam hereditatem burgensibus Augi communionem secundum scripta Sancti Quintini, salvo meo dominio et salvis meis rectis. Sic juravi meoque sigillo confirmavi, ne liceat in posterum heredibus meis id mutare quod ego, communi amicorum meorum assensu et consilio eorum testimonio, sigilli mei auctoritate sancivi. Pater meus dedit eis quandam libertatem scilicet ne extra villam Augi placitarent, ego eandem consuetudinis libertatem eis concedo, et in hereditatem dono, et omnibus supra dictis confirmationibus stabiliter confirmo, quandiu in curia mea apud Augum rectum mihi exequi voluerint. Si vero quis eorum ibi ad rectum esse noluerit, proinde suas omnino amittet consuetudines quousque eas ad meam redimet misericordiam, aliis nihil inde de suis consuetudinibus amittentibus. Preterea jure hereditario possidendum eis dono, et

(1) La charte de la commune est conservée à la mairie d'Eu dans la salle du Conseil. La copie qu'en offre le Livre rouge est fautive en plusieurs endroits. J'ai suivi ici le texte de la charte originale.

(2) Jean, comte d'Eu, 1140-1170.

prefatis modis confirmo, quatinus quodcumque pactum inter eos coram duobus scabinis factum fuerit, pro rata et firma stabilitate tenebitur sine alio placito, ex quo ipsi scabini obtestabuntur, sive ipsi scabini in proferendo testimonium adhuc in sua scabinitate manserint, sive ab ea iam remoti fuerint. Quod si forte de testimonio non credatur eis, jurejurando illud confirmabunt. Testes sunt : Robertus de sancto Petro, Rogerus de Maineriis, Henricus de Cuvervilla, Guido de Avesnis, Gaufridus de sancto Martino, Hugo de Augo, et plures alii.

[Fº 2.] (1) Le establissement de le quemune de Saint-Quaintin, est ainssi ens u comenchement.

Comme bourgois, chevaliers et clers de Saint-Quaintin, sauve l'ordre de leur clergie, par l'otroy et par la liscence du conte Herbert et de sa fame, par le serment de cheux de cheste quemune, jurerent fermement a tenir et confermemerent par sermens a warder et a tenir, sauve la feuté de Dieu et de saint Quaintin, et ensement sauve le droiture du conte et de le contesse.

Eus jurerent ensement chescuns quemune ayde a son juré, et quemun conseil, et quemune detenanche et quemune deffence.

Ore est confermé par serment, fief, offices, wages, toutez choses achettées par pris, tenemens et heritages, par quemune ayde et par quemun droit estre tenus.

(1) La charte de Saint-Quentin a déjà été publiée par M. Giry en tête des *Archives anciennes de la ville de Saint-Quentin*, p. LXXII-LXXXII. Néanmoins, à cause de l'importance de ce document et parce que, au cours du Livre rouge, la Municipalité d'Eu a coutume de s'y référer, je n'ai pas hésité à la reproduire ici. Je donne en note, d'après M. Giry, les additions et corrections de celui qui a revisé sur le Livre rouge la traduction de la charte.

Quiconquez voudra et de quelconquez partie il viengne,
se il n'est lerrons de nuit ou de jour (1), en le quemune
vivre (2) porra. Et des y chen que il sera en le ville entré,
nul ne porra a li mettre main u par violence felenesse-
ment (3) traitier, se n'est par le quemune justiche, et par le
quemun avis, et par le quemun jugement des esquevins.

Ensement, le marchié est par serment confermé, que
de deux jours devant le marchié et de deux jours après,
les venans a chu marchié et les repairans ne douteront (4)
rien et seront en bonne pais. Et se aucun ycheux trou-
bloit en aucune chose, ou prenoit, ou destourboit, ou
emprisonnoit, le quemune, si come elle porroit, a ycheux
ayderoit, et plenierement justiche feroit, se elle pooit a
ychely mettre le main, ou de meson abatre, ou de main
perdre, ou de autre justiche faire, se il plasoit a la quemune et au maire.

Et des chen que par cause de marchié aura entré en le
ville, quel que il soit, ne pour nans, ne pour caucion (5)
qui soit faite pour li, ne porra etre pris, se chil mesmes (6)
chen dont il est argué et pourmeu il est en cause mené,
ou son plege, par les temoins jurés, se il ne s'est de chen
habandonné a son creanchier. Et se il avoit chen fait, devant le maire de le quemune il se porroit purgier par
son serment ; mais se chil qui en cause (le maire) (7) est

(1) Les mots *de nuit et de jour* ont été ajoutés en interligne par
le correcteur (G.).

(2) *Vivre*, ajouté en interligne pour remplacer le mot *entrer*,
biffé (G.).

(3) M. Giry a lu *ne selon essement.*

(4) M. Giry a lu *deuteront.*

(5) En interligne remplaçant *plegereté*, biffé (G.).

(6) Mesmes. Il a paru à M. Giry indispensable d'intercaler ici le
mot *pour.*

(7) *Le maire*, addition interlinéaire (G.).

mené refusoit chen, il le porroit bailler a quemune justiche a faire greigneur chose de chen. Et se il plesoit a
appeler chely a bataille pour wages donner (1) [f° 2 v°]
quar en quemun nul n'a congié d'appeler aucun par
wages de bataille.

Enssement nous avons juré que nul de dehors le bourc
ne dedens trois lieues, castel ne fortereche ne fermera,
ne fermée ara; Et que le pueple de ychelle quemune en
ost ne en assemblée pour le seigneur ne yra que dedens
le jour au bourc ne reviengnent, se n'estoit par l'amour
et par le proiere et pour le grant proufit du seigneur de le
quemune, mais que che ne fust mie acoustumé.

Et pour fossés faire, ne pour prorieres, ne pour pris, ne
pour manaches, pour li ne laboureroit, mais avequez li
seroit appareillié d'armez a deffendre ley.

Item che est chose sacrée et acoustumanche de nostre
quemune que le justiche le conte ne le justiche du maire
pour forfait ne semondra en chambre bourgois ne juré;
ne l'uys, se il est clos, en nulle maniere froissera seur ly.
Et se il avenoit que l'uys clos de le maison ou de la
chambre seur lui froissoit, du maire de le quemune, par
le conseil des jurés, seroit pugny par telle veniance, quar
sa maison, sans demeure, seroit abatue, ou le point
couppé, se il est pris, ou bouté hors de la ville perpe-
tuelment.

Ensement nous avons otroié par droit que nul estrange
ne de le ville advocat ne maindra en cause bourgois pour
nulle couppe, ne juré en la ville manant.

Et se che avenoit, le maire ovec ses jurés appelleroit le
conte et requerroit, priant et disant que chen qui droit
seroit contre le bourgois juré deïst. Et se le conte ne le

____

(1) M. Giry croit devoir ajouter ici, pour le sens, *nel porra
faire.*

vouloit che (1) faire, au jugement des jurés seroit laissié a deffinir se le bourgois daingneroit respondre sus che ou non. Et devant que che soit discuté (2) et dejugié par le jugement de ses jurés, chil qui est en cause mené ne respondra, ne ne sera tenus a respondre.

Et se aucun est semons u jour de vendredy, ou u samedy, au jour du lundy il respondra. Et se aucun est semons huy, il sera tenus a respondre demain.

Il est deffendu par ben, que le conte, ne autre seigneur, a nul que soit (3) de le quemune ne porra clamer honte ne vilenie ne conchelement sus bourgois ne sus juré ne sus franc home, ne ne porra pourmeuer nul de ses sergans a combatre [f° 3] contre (4) bourgois, ne encontre son juré, ne contre son franc homme.

Item entre les choses deueez, nous avons pour ferme (5) que nul aucun hors de le ville pour vieille hayne ne poursieuche. Et se il le faisoit et mis sus ly estoit, par son serment devant le maire s'en purgeroit ; et se il le refusoit, sa maison abatue seroit. Et se il le plesoit a la justiche de le quemune, le poing on li coupperoit, et de le ville mis hors seroit, ne en la ville entrer ne porroit jusquez a chen que il pleroit a la quemune.

Après chen confermé est que, se le quemune en ost ou en assemblée, en assaut de fortereches, en faisant mur ou en autre besoings se traveilloit pour le conte (6), pour nulle discention, ne pour tenchon qui soient illucquez faites,

(1) *Che*, ajouté en interligne (G.).

(2) *Discuté*, ajouté en interligne ; a remplacé *debouté*, biffé (G.).

(3) Le mot *soit*, qui se trouvait après *quemune*, a été biffé et replacé ici en interligne (G.).

(4) M. Giry a lu *son* bourgois.

(5) *Pour ferme*, correction interlinéaire qui a remplacé *adjousté*, qui a été biffé (G.).

(6) Les mots *pour le conte* ajoutés en interligne (G.).

esquevin ou (1) justiche de conte ne le maire ne porra riens demander pour le discorde.

Ensement se es gieux de Pasques et de Penthecoustez et en le feste saint Johan entre les jouans aucune chose de contens estoit nascu, conte ne viconte ne nulle maniere ne porroit mettre la main.

(2) Ensement nous avons pour ferme (3) que se aucuny ses drapiaux pourfendus, ou de ungles en sa fache ensenglentée, ara crié, selonc la qualité (4) du meffait et selonc chen que cheli qui chen ara fait sera acoustumé a tellez choses faire, de chen le maire de le quemune prendra le painne de la venianche.

(5) Se aucun, par nuit ou par jour, ou en appert ou cou·vertement, aura feru et navré son juré, sa meson sera abatue ; et se le forfait est grant, le poing li sera couppé, se il puet estre pris ; ou se il est petit, au plesir de le quemune, il sera mis hors ; et se il l'ara ochis, sa maison sera abatue, et sera u jugement du maire et des eskevins de perdre les ij mains ou de deguerpir le ville a tous jours, et nequedent selonc la quantité et la maniere du forfait.

Se bourgois prent larron par jour ou par nuit il le rendra a la justiche le conte, et ainci après le conte ne li porra riens demander ne requerre du larron, et premierement il aura du larron sa chose emblée.

Ensement il est sacré de nostre coustume que se le jus-

(1) Le mot *ne* a été biffé et remplacé par *ou* en interligne (G.). — M. Giry lit *justiche le conte ; le* a été remplacé par *de*.

(2) En marge de cet article est le mot *veinjance* de la main qui a fait les corrections (G.).

(3) *Pour ferme*, en interligne, remplace le mot *accordé*, qui a été biffé (G.).

(4) Le mot *qualité*, en interligne, remplace le mot *maniere*, biffé (G.).

(5) En marge de cet article a été écrit : *Point coupé* (G.).

tiche au conte ou les esquevins seront venus après mengier en aucun lieu pledier, et après mengier aucun bourgois
[f° 3 v°] aucune chose aroit dit, son mesparler ne seroit
mie tenu, se il n'avoit conneu le chatel a aucun bourgois
ou a aucun homme.

Ensement nous avons che a (1) ferme ad choses dessus
dites, que bourgois et chevaliers et tous au daerrain aiuci
contraint le quemune justiche et justisie et embrachie,
que nul, de quelle condiction que il soit ne de quelle
fortune, outrageusement en autre entrepraingne, mais a
chelle quemune le justiche de touz se revertist a la parfin.
Nequedent le clerc sera justichié par son mestre, et le
sergant au clerc par le clerc, le chevalier par son seigneur,
le sergant au bourgois par le bourgois. Et se le clerc, en
delaiant ou en prolongnant, ou en quelconquez maniere,
et le chevalier de son sergant, et le bourgois de son vaillet,
n'aroit tenu justiche, weillent ou ne weillent eux, seront
bailliés a le justiche le conte, et illuequez chen que justiche en ara ordené ou selon droit consideré (2), il sera
tenu (3).

Et se le seigneur au chevalier n'ara voulut faire droit
de ly, ou par aucune cause estoit prolongnié, le maire de
le quemune contraindra chely a amener son seigneur
dedenz quinse jours et a notre juré complaignant faire
droit de chen que il aura monstré. Et se son seigneur ne
le faisoit, il convendra que le maire ou le justiche le
conte li face droit. Et che qui est dit des cheschi meismes
soit tenus des autrez.

---

(1) *A ferme*, en interligne, a remplacé *adjousté*, biffé (G.).

(2) Les mots *ou selon droit consideré*, en interligne, pour remplacer *et aura ordené pour droit*, qui ont été biffés (G.).

(3) Il y a dans le texte *ten* ou *teu* (G.).

Après chen, nous avons adjoint (1) ad chosez dessus dites que clerc ne chevalier a warnesture de ville riens ne donrront en nulle maniere. Le sergant du clerc ou du chevalier ou du bourgois (2) n'ira en ost, mais les maisons a leurs seigneurs et leurs choses garderont.

Nous avons enssement establi que quiconquez aroit sa terre dedens le bourc ou hors, il le herbergeroit se il vouloit, ne, pour deffence de homme puissant ou non puis·sant ne le leroit a herbergier, que il ne ediffiast solier sus solier.

Nous avons enssement establi de nostre coustume (3) que se aucun avoit terre ou aucun heritage sous son seigneur ou nostre droit et nostre puissance parvendroit, il rendroit a son seigneur tous les ans toute debte et tout serviche droiturierement establi, et du commenchement de aoust jusquez a la perfection de semesons [fᵒ 4] a la ville demoureroit, et adonques au bourc revendroit, et u premier jour de fevrier jusquez au premier jour de may a cultiver ses terrez repaireroit, et u secont jour de may au bourc dessi a l'aoust revertiroit.

Le chevalier puet seiourner par tout l'an a le ville, se il li plaist, mais se besoing de bataille croissoit, il convendroit que chevaliers et hommez de villez, par droit ouel, armés de leurs armes, revenissent au bourc. Et se leur seigneurs par aucun cas leurs choses desapaisoient, et se, par ire ou par hayne, ycheux destorboit, le droit et le puissance de le quemune painne de veniance en prendroit et les maisons diches seigneurs, se le maire vouloit, abateroit.

<hr>

(1) *Adjoint*, en interligne, a remplacé *adjousté*, biffé (G.).

(2) *Ou du chevalier*, ajouté en marge ; *ou du bourgois*, en interligne (G.).

(3) Les mots *de nostre coustume* ajoutés en interligne pour remplacer *par nostre quemune*, biffés (G.).

Nous avons meismes (1) establi par serementque nul esquevin, pour plet, ne pour droit de le quemune, loyer de
nulli (2) ne prendra ; et se il le fesoit, u plesir des jurés ù
le quemune il seroit de se meson abatre, ou de autre justiche fere. Et se le maire prenoit de chen loyer, en la
volenté du donnant ou de donner ou de n'en donner fust,
outre v s. que d'aucun prenoit, le justiche des eskevins sa
maison en abatroit, ou, se leur plaizir estoit, hors de le
mairie le bouteroient ou deposeroient.

(3) Ensement nous avons establi que quiconques en
nostre quemune enterra, ayde du sien nous donrra, soit
par cause de fuite ou de paour des anemis ou de autre forfait, mais que il ne soit acoustumé a mauvestiés, en le
quemune entrer porra, quar le porte est ouverte a tous.
(add). aide de ses biens nous fera.

Et se son seigneur a tort ses choses aura detenu, ne ne (4)
le voudra detenir a droit, nous exequterons (5) justiche ; et
toutes ses choses qui li seront tolues, selonc no pooir, nous
encore querrons (6), et prendrons nans des choses per-
dues. Et devant son seigneur alant et venant, par sauf
conduit nous le conduirons la où il ara droit de chen que
on li met sus.

Ensement nous avons establi que se aucun nostre
juré avoit terre, ou masure, ou pré, ou meson, ou
courtil, bos, ou aucune marcheandise (7), ou aucun

(1) Ce mot ajouté en interligne pour remplacer *derechief*, qui se
trouvait après *establi* et qui a été biffé (G.).

(2) *De nulli*, ajouté en interligne (G.).

(3) En marge de cet article a été ajouté le mot *Aide* (G.).

(4) M. Giry lit *detenu, ne le voudra*.

(5) *Exequterons* a remplacé le mot *en parferons*, biffé (G.).

(6) *Encore querrons*, correction interlinéaire remplaçant *les con-
questerons*, biffé (G.).

(7) Le mot *chose*, qui précédait *marcheandise*, a été biffé (G.).

wages (1), ou quelconques autre heritage (2) que che fust, souz aucun seigneur estrange ou privé, et chu seigneur, requis justiche et jugement, s'en deffuyroit et droit a li a faire prolongneroit, le quemune [f° 4 v°] le manderoit et l'appelleroit que on li feist droit ; et se chely seigneur le refusoit, le droit (3) de le quemune en prendroit nans (4) ou sa meson li abateroit, dessi a tant que au juré rendroit les sienes choses que par droit prouver porroit.

(5) Et se aucun juré, sans clameur devant monstrée, par ire ou par desdaing de le quemune ou pour mal de cheli meismez, s'ara voulut mettre hors de le quemune (6) pour malice, on li abatra sa meson ; et se il aura pleu au maire et ad jurés, il sera bouté hors de le ville a tous jours.

Et se il estoit ainssi que le seigneur de le quemune eust dedens le bourc ou dedens la ville aucune forteresche et vousist mettre wardez dedens, il y meteroit wardez qui seroient de le quemune, par la volenté et par l'otroy du maire et des eskevins, quar autre pour la destruction des bourgois mettre ni porroit.

Item, nous disons pour chose noctable que le justiche le conte ne porra mie mener en cause le bourgois par son bedel, et se aucun, sachaumment a tort et sans jugement droiturier, voudra jugier, le maire l'ammonestera de faire loelle justiche, et se il ne se vouloit a chen accorder, le maire le porra droitement jugier.

(1) *Aucun wages,* en interligne, remplace *gaaingnle,* biffé (G.).

(2) Il y avait d'abord *ou quel heritage que,* ainsi corrigé en interligne (G.).

(3) Au lieu de *droit,* le correcteur avait écrit *pooir* qu'il a ensuite rayé (G.).

(4) *En prendroit nans* remplace le *pugniroit,* biffé (G.).

(5) En marge de cet article, le correcteur a écrit *Banisement* (G.).

(6) Les mots *hors de le quemune,* ajoutés en interligne (G.).

(1) Ensement nous avons jugié que se aucun aura par ses coniurés batu nostre juré, ou ses choses tolues a tort, de quele condiction que il soit, soit puissant ou non puissant, il ne vendra en nostre (2) ville jusquez a tant que il aura fait droit devant les jurés du damage et de l'injure et du despit, et que il li aura rendu toutez ses choses; et se che non, en nulle maniere il n'enterra en la ville, quar par aventure il porroit avenir que tost en aroit le mort ou autre cruauté. Et se il estoit pris, le maire, se il voloit, aucun de ses membres li couperoit, ou autre justiche feroit, et nient ne l'amenderoit.

Ensement nous avons establi que les hommes de cheste ville, de fief et (3) de leur heritage a icheste ville appartenans, hors de ceste ville, envers le seigneur de ceste quemune, ne par irre, ne par hayne, ne par priere, ne par pris, ne par manachez ne plederont; et des autrez fiés et des autrez heritages, la u ils deveront, plederont.

Item, les seigneurs ne todront riens a leurs propres hommez ne ad estrangez qui seront en nostre quemune, ne ne seront leurs creanchiers, fors sus bon gages [fᵒ 5] et de leur volenté ad termez establis.

Et se le seigneur de le quemune ara requis creanche de xxx livrez en pain, en vin et en chars, volentiers li crerron; lez quix deniers, se ils ne lez ara voulut rendre, il lez convendra rendre du catel de le quemune ad creanchiers; et sera en notre plaisir (4) de pluz crerre li. Et se nous prenions le ravisseeur des choses de nostre quemune, painne de venianche de ly, sans autre justiche, prendre en porrions.

(1) En marge, le correcteur a écrit *pour batement des jurez* (G.).
(2) *Nostre*, en interligne, pour remplacer *la*, rayé (G.).
(3) Ajouté en interligne (G.).
(4) M. Giry lit *plesir*.

Et se aucun, esquevin ou maire, en ost, ou en assaut de fortereche, ou devant aucun chastel, ou en le voie de che meismez, avoit navré, si come il avient souvent, ou feru de baston, ou en autre maniere blechié aucun sien juré, et aprez en cause fust mené pour tel fait du feru ; le ferceur par son serment devant son maire se purgeroit que, pour le proufit et pour honneur et pour bien de le quemune, fait l'aroit. Et se le feru ara voulut, chen que il despendra en la curoison de se plaie, il convendra que le ferceur li rende et restore.

Et se aucun chastel ou autre meson sera prise par forche de le quemune, che que chescun a soi ravira, che il aura. Et se il estoit rendu au seigneur de le quemune sans forche, chen que il l'en pleira a avoir il aura des autres.

Et se aucun homme, puissant on non puissant, ara pourmeu le juré du conte et le desdaing et le hayne de le quemune, ou le destruction, ou autre mal grief contre le quemune, et il puist estre prouvé par ij tesmoins ou par troiz, ou par autre chertainne cauze quelle que elle soit, il n'enterra en nostre ville ne u pooir de nostre quemune, car il porroit ainssi estre, si comme il est fait souvent, que aucun deshonneur ou damage ou painne, selonc la maniere du forfait, sans venianche, encourroit, ou aucun membre tolu li seroit, ou ses maisons on li abateroit, ou ses biens touz on li destruiroit.

Et se aucun devera chens a son seigneur, de terre, ou de meson, ou de pré, ou de bois, ou de quelconques heritage, il rendra sans forfait a son seigneur a son terme (1) le chens premierement establi et nommé (2) u

(1) Les mots *sans forfait a son seigneur a son terme* ajoutés en interligne (G.).

(2) Les mots *et nommé u convenant*, ajoutés en interligne, ont remplacé *en le convenanche*, biffés (G.).

convenant; et se le seigneur devant nommé (1) voloit avoir par forche meilleur monnoie de ycheluy par aucune maniere, il ne le porra faire par droit en nulle maniere; mais telle monnoie li paiera [f° 5 v°] et combien il li a enconvenanchié.

Et se le seigneur felon, mené par convoitise, ara faussé les deniers de son homme, pour greingneur cangé, il convendroit par le tesmoing d'un homme estre prouvé que eux soient faux et refusés; et donquez le seigneur ne (2) les porroit refuser; et (3) l'omme nient plus en pledier n'en porroit, et de chen en la volenté de l'omme seroit pour la monnoie recangier.

(4) Et se le seigneur de le quemune, ou autre seigneur dessous li, wellent requerre de leurz hommez autre monnoie que u pays establie et forgié et anchianement acoustumée, il ne le porront faire, mais rendront denier pour denier sans nul cange. Et ensement cheste chose doit estre tenue des acoustumanches des estaux.

Et se il est apercheu que le seigneur de le quemune, empirié (5) par aucun conseil (6), pour le nuisanche de le quemune, ara volut mettre dedens les murs ou dedens la ville chevaliers ou sergans d'armes, il ne le porra faire pour lez bourgois et pour les habitans en la ville; mais chil qui sont armez (7) soient mises hors de le porte; mais

(1) Il y avait d'abord *Et se le chens devant nommé a son terme a son seigneur sans forfait paié; et se le seigneur voloit auoir par forche meilleur monnoie,* qui a été corrigé (G.).

(2) *Ne*, ajouté en interligne (G.).

(3) *Et*, ajouté en interligne (G.)

(4) Tout cet article a été ajouté par le correcteur à la marge inférieure de la page (G.).

(5) *Empirié*, ajouté en interligne (G.).

(6) Il y avait d'abord *mauvés conseil, mauvés* a été biffé (G.).

(7) *Chil qui sont*, en interligne, a remplacé *les*, biffé (G.).

ichely seigneur ovec quatre chevaliers ou ovec douse sera recheu liement en le dicte ville.

(1) Se aucune fame tencheiresse sera (2) acoustumée de mesdire, du pont en l'eaue sera gettée. Et le mauvez ribaut le cheeur sera batu et ensement bouté en l'eau (3) et après bouté hors de la ville.

Les bourgois de Saint-Quaintin ne doivent nulle ayde en nulle maniere a leur seigneur, ne ne se assemblent pour faire li taille, mais se aucun li veut donner de son gré, comme requis du seigneur, selonc son plaisir il le donra.

Item capistre. Qui son juré aura ochis, chertaine chose est a nous que ses choses seront destruitez ; et sera essilié et bany a touz jours de le ville, mès en l'eglise il ne sera mie pris. Et a dire briefment, quiconquez ara autre ochis (4), autre tel jugement sera fait de ly, ch'est assavoir il perdra le membre dont il l'aura feru, et se vous arés voulut, il sera plus griefment tretié, selonc chen que le chose sera et (5) que il semblera estre proufitable a nous (6) et a le ville ; et se il puet estre pris, che sera fait et ses choses seront destruitez et il par droit bany hors de le ville.

(7) Pour effusion de sanc, pour bateure ou pour autre blecheure de juré (8) ou de estrange dedens vostre ville,

(1) En marge de cet article le correcteur a écrit *Banisement*. — Le mot *et* par lequel commençait l'article a été biffé par le correcteur (G.).

(2) *Sera*, en interligne remplaçant *et*, biffé (G.).

(3) Le texte l'*euae* (G.).

(4) *Ara autre ochis*, en interligne, remplace *ara feru*, biffé (G.).

(5) Les mots *que le chose sera et* ajoutés en interligne (G.).

(6) M. Giry lit *à vous*.

(7) En marge de cet article, le correcteur a ajouté *Pour bateurez* (G.).

(8) *Juré*, ajouté en interligne, pour remplacer *privé* rayé (G.).

vous en abatés les mesons. Se sanc y appert ou en autre blecheure, le meffait est tout prouvé et n'a mestier de tesmoing. Et se il n'est appert, prouvé soit par tesmoing ; et se il n'a point de meson, bouté soit hors de le ville, ou il cuere meson au resgart du maire et des esquevins.

[Fᵒ 6.] Et se aucun demeure sans congié, que il ne voist u besoing de le ville, soit eskevin ou autre, selonc vostre resgart et vostre volenté soit traitié, quár nul ne porra demourer sans le quemun congié du maire et des esquevins.

Item, chose soit queneue que fourniers ne monniers ne homme qui ait sa fame en gesinne ne ira en ost ne en assemblée ; mais (1) les vieux hommes demoureront et les autres qui sont nient proufitablez en bataille (2) demoureront a warder le ville ; et seur ı de cheux qui demoureront, soit baillié la mestrie a warder le ville qui (3) prendront amendes de cheux qui bien ne feront les offices qui leur seront eniointez, appartenans a le warde de le ville.

Qui jugement des esquevins, puis que il ara eté fait, en quemune audyence aura contredit, de le compaingnie des esquevins sera mis hors a tous jours, et quant on aura voulut, on li abatra la meson.

Quiconques aura contredit jugement, puis que fait sera, sa meson soit abatue et soit fait jugement de ly.

Et sachiés que nus ne puet alouer cheux qui sont de le terre a chely en qui presté vos jurés aront perdue leurs choses, puis que le seigneur de chelle terre ara defailly a faire leur droit ; ne maire, ne viconte, ne autre, ne leur

---

(1) *Mais*, ajouté en interligne (G.).
(2) *En bataille*, ajouté en interligne (G.).
(3) *Qui*, en interligne, remplaçant *et* (G.).

porra estre deffenseur, se n'est par le quemun reswart du maire et des esquevins ou de cheux qui aront le leur perdu.

[F° 1.] Joannes, comes Augi, omnibus baronibus suis atque omnibus suis subditis, salutem.

Sciant tam posteri quam presentes, quod Johannez comez predictus concessi atque donavi in feudum in hereditate burgensibus Augi et eorum heredibus, hanc communionem quam habent, in perpetuum de me et de meis heredibus ipsi et sui heredes tenendam et habendam, ad formam et ad exemplar communionis sancti Quintini, et ad easdem consuetudines quas Herbertus comes quintiniensis in sua communione predicta instituit. Hanc inquam institutam volo et firmiter precipio, salvo meo iure et salvis meis rectis, stabili iure in perpetuum permanendam. Quam etiam ego Johannes comez prefactus tam scriptis quam meo sigillo signatam confirmavi. Volo etiam ne vos seu posteros vestros lateat quod quando hanc communionem precibus meorum hominum burgensibus meis donans concessi, Hugo filius Roberti filii Hugonis vicecomitis, sepissime ad me veniens, quod suos homines de Calceya (1) in meam communionem reciperem exoravit. Ego vero tam precibus suis quam amicorum suorum adquiescens, eos ad easdem consuetudines atque ad easdem institutiones quas meos burgenses et alios meos homines susceperam salvo iure meo recepi.

(1) La Chaussée d'Eu, fief situé hors de l'enceinte primitive de la ville, entre les bras de la rivière de Bresle. Les franchises de la charte de Saint-Quentin furent étendues plus tard au Tréport et à Pont qui ne formèrent avec Eu qu'une seule commune.

[F° 6.] H., rex Anglie et dux Normannie et Aquitanie et comes Andegavensis (1), H. (2) archiepiscopo Rothomag. et omnibus baronibus et fidelibus suis Normannie, salu- tem. Sciatis me concessisse burgensibus Augi quod ha- beant ita bene et in pace et iuste et libere et honorifice communionem suam sicut comes Johannes illam eis concessit tempore patris mei. Et sum inde plegius inter comitem Johannem et eos, sicut pater meus fuit et sicut carta sua testatur. Et prohibeo ne quis eis inde iniuriam vel contumeliam faciat. Testibus.

[F° 1.] Henricus, rex Anglie et dux Normannie, comes Andegavensis, regis Henrici filius (3), venerabili Rotho- magensium archiepiscopo, omnibus comitibus et baro- nibus et vicecomitibus et omnibus suis fidelibus de Normannia, salutem. Notum fieri omnibus vobis volo quatinus Henricus comes Augi (4) communionem con- cessit burgensibus Augi, sicut pater suus comes Johannes eis concesserat. Ad hanc igitur communionem confir- mandam, comes idem Henricus atque burgenses Augi apud Drincuriam in meam presentiam venerunt, petentes

(1) Henri II d'Angleterre. — Cette charte et la suivante se trouvent sur le premier feuillet du Cartulaire des Contes d'Eu, ms. latin 13904 de la Bibl. nat. M. L. Delisle les a publiées intégralement dans son *Introduction au Recueil des Actes de Henri II*, p. 255- 256. Je lui emprunte la phrase finale de la première charte, omise par le scribe du Livre rouge : Testibus : Cancellario, et Manassero Biset dapifero, et Roberto de Donestanvilla. Apud Rothomagum.

(2) Hugues d'Amiens, archev. de Rouen, 1130-11 oct. 1164.

(3) Henri Court-Mantel, fils aîné de Henri II, alors révolté contre son père et faisant le siège de Neufchâtel en compagnie du comte d'Eu. (V. Robert de Torigny, édit. L. Delisle, t. II, p. 40.)

(4) Henri II, comte d'Eu, 1170- v. 1184.

18

ut utrius partis hostagius interessem. Quorum petitioni
ego satisfaciens, de tenenda communione inter utramque
partem hostagium me interposui, et predictam communionem Augensem concessi et hac presenti carta confirmavi, hoc modo quod si comes communionis concesse
pacta burgensibus ullo modo frangere vellet et inde se
emendare nollet, inde me postea cum burgensibus tenerem. Et similiter si burgenses pacta que habent erga
comitem aliquo modo interrumperent et non tenerent, et se
inde emendare nollent, ego postea Henricum comitem
contra burgenses juvarem et manu tenerem. Huius pac-
tionis testes fuerunt : Wuillelmus camerarius de Tancar-
villa, Wuill. de Sta Maura, Robertus de s^{to} Petro, Gaufridus de s^{to} Martino, Robertus de Davidivilla, Johannes
de Evremeio (1).

[F^o 7 v°.] Henricus, comes Augi (2), omnibus baronibus, balliviis, vicecomitibus et omnibus fidelibus, salutem.
Noverint omnes presentes et futuri quod per sacramenta
legalium hominum meorum recognitum est quod naves
quibuslibet commerciis onerate, exceptis piscibus, in
tempore patris mei et meo apud Augum consuetudinarie
venerunt. Ea propter concedo et presenti scripto in perpetuum confirmo quod omnes navez que Augum venire
voluerint, quibuscumque commerciis, exceptis piscibus,
onerate fuerint, in pace et absque ulla disturbatione veniant, et navium mercatores talem apud Augum consuetudinem reddant qualem apud Ultriportum, si ibi morave-

(1) Je me suis aidé du texte de M. L. Delisle pour compléter et
rectifier les subscriptions de cette charte.

(2) Henri II. Jean, son frère, est nommé dans plusieurs chartes
de l'abbaye d'Eu. (V. Cart. de N.-D. d'Eu, fo^s 21, 25, 32.)

rint, redderent. Et sic navez et navium mercatores de Augo
et de Ultriportu quieti recedant. Hanc vero consuetudinem vicecomiti meo de Ultriportu assignavi recipiendam.
Testibus hiis : Johanne fratre meo, Guillelmo Borino,
Roberto de Deieville, Guilberto de sancto Audoeno, Johanne de Brienchon et pluribus aliis.

[F° 6 v°.] In nomine sancte et individue Trinitatis.
Amen. Philippus Dei gratia Francorum rex, salutem.

Noverint universi presentes pariter et futuri quo-
niam nos hominibus de communia Augi concessimus
quod ipsi in terra nostra nec capientur nec disturba-
buntur pro debito alicuius, nisi ipsi debiti illius debitores sint aut fideiussores. Quod ut ratum apud posteros
illibatumque permaneat, presentem paginem sigilli nostri auctoritate ac regii nominis karactere inferius anno-
tato precipimus confirmari. Actum apud Fontem blaaudy,
anno Incarnati Verbi M°C°IIII^xx IIII, regni nostri anno
sexto. Astantibus in palatio nostro quorum nomina sup-
posita sunt et signa : S. comitis Teobaudi dapiferi nostri,
S. Guydonis ulticlavii, S. Mathei camerarii, S. Radulfi
constabularii.

[F°6.] Ricardus, Dei gratia rex Anglie, dux Normannie,
Aquitanie et Andegavie, Archiepiscopis, Episcopis, Ab-
batibus, comitibus, baronibus, ministris, et omnibus
fidelibus suis, salutem. Prohibemus vobis ne arestetis,
sive impediatis, aut arestari sive impediri permittatis
homines de communia Augi, sive catello illorum pro
aliquo debito de quo ipsi capitales debitores sive plegii
non fuerint. Quia ipsi fideles et amicissimi homines

nostri sunt quos in manu nostra et custodia et protectione suscepimus. Unde si quis presentis mandati transgressor existere presumpserit, sciat nos graviter in eum vindicaturis cum locum et tempus habuerimus. Teste me ipso apud Augum, ix die junii.

[Fº 9.] Il est assaveir que le goutiere qui est entre le meson Egnès de Toufreville et le meson Renier Wassart est toute Renier... et le porra oster toutes les eures que il voudra...

Une charte qui est Ansel Weliart qui parole de sire Hui le Rat est en le main de le vile et ne deit estre rendue au dit Ansel fors par l'assentement Pierres d'entre ij pons.

Il est assaveir que Will. de Baieues prestre prist sicques à j an les previleges de l'ospital, le terme commenchant le diemenche devant le saint Piere yver sous pierre, por lxx s., de quoi il paia xxx s. et deit xl s. paier a le feste saint Iehen, Raoul le Telier et mestre Iehen Barras detes et pleges chascun por le tout des xl s. et de tous les munimens et des previleges.

Noverint universi presentes litteras inspecturi quod ego Willelmus Loubleier, quondam filius Roberti Loubleier, volo et concedo et confirmo donum quod dictus

Robertus pater meus dedit Johanni et Valtero filiis suis et fratribus meis videlicet... Datum die mercurii ante Annuntiationem Dominicam, anno Domini M°CC° septuagesimo primo, mense martio, ad recordationem Will. de Gamachiis, Johannis de Turre et Johannis de Albamallia, tunc scabinorum Augi.

Il fu gugié que Hue de Penlieu ne sereit jamès maire de Eu ne eskevin ne du conseil de le vile, et que cheli qui sera maire le deit faire saveir chascun an a ses eskevins quant on leur fait jurer eskevinage.

Charte d'Adam dit le Wastelier. Il reconnait devoir à Robert Bueselin 10 l. 8 s., somme qu'il s'engage à payer en dix annuités... Actum anno Domini M° CC° LXXimo primo, die veneris ante Cathedram sancti Petri, testibus hiis Guillelmo Forti, tunc maiore Augi, clerici, Guillo de Gamachiis, Johanne de Turre, Nichol. Roussel, tunc scabinis ejusdem loci et aliis.

[F° 9 v°.] *Chest le capitre des ladres :* Acordé fu par tout le conseil de le vile, que se aucun homme juré de le vile ou fix de juré deviegne malade du mal du liepre, que il port a le maladerie (1) toute se partie de sen catel sans past paier. Et se il est ainssi que homme juré et le fix de juré n'eust point de catel, por che ne demoerreit mie que il n'eust l'ostel de le maladerie et les biens de le meson, et sereit rechut comme frere, mais il convient que il porte se vesteure en abit de le meson et sen lit ; et se il ne puet aveir sen abit que il seit qeulli par le vile par les eskevins ou par autres bones gens tant que il ait l'abit et le lit.

[F° 10.] *In maioratu* JOHANNES CLERICUS, anno Domini M° CC° LXXimo secundo. *Scabini :* Johannes

(1) La maladrerie du Val-de-Glans, située dans l'étroit vallon qui descend de la Croix-au-Bailly à la Bresle.

Triket, Johannes de Wica, Firmino Morin, Ricard For-
mentin, Adam Wasteler, Gillebert Aubri, Gui le Rat,
Pierres le Conte, Gui de Biauvès, Climent Mescane,
Adam Freude, sire Will. le Fort.

Clerc : Betremieu Pooli. *Serians :* Guiffrei Waudin
et Robert le Borgne.

Isti juraverunt communionem : Pierres le Conte, sire
Aden Freude, Jehan de Vimeu, Vautier Vastelier, Vau-
tier d'Acomesnil, Jehen du Polet, Rogier le Mor, Robert
le Rei, Bernardt de l'Abeie, Lorens de Crasvile, Jehen
Huyon, Pierres de Roegnon, Jehen Doel, Pierres du
Val, Robert Bueselin, Lorens Borgeis, Esteule le Corbier
le ioule, Robert Baudri de Pont, Jehen de Biaurain,
Robequin Lengleis, Vautier le Rat, Guillot le Peisso-
nier, Gillebart de Velli, Robert le Dien, Pierres de Ger-
berei, Osmont de Nevile, Raoul Martin, Rogier Basille,
Bertremieu Bigot, Raoul Aoustin, Jehen de Fransleus,
Jehen Bridelain, Renaut Goupil, Ricart de Bouaincort,
Will. Ligier, Lorens le Selier.

Eswardé fu par tout le conseil de le vile que cheli qui
est maire sera eskevin en l'an ensuivant.

Hunfrei as dens donc en fin et en heritage a Jehen de
Pont plain pié de terre...

*Charte de Jean Triket. Il donne en dote à sa fille
Bonetiata* ad ipsam maritandam, *cent livres tournois à
percevoir sur deux pièces de terre appelées l'une le
parc Durant, l'autre* campus quem deus germinavit...
die veneris post Exaltationem sancte Crucis, ad recordationem scabinorum.

Johane fille Will. le Huchier le ioule quita en esquevinage Raoul Croustin et Rogier Piogier de le plegerie
dont il esteient pleges envers li por son perre.

Will. Wacque a quité ses parents et son frère ainé

de ce qu'il leur pooit demander par raison de partie de meubles et conqués por vj lib. de torneis, le vendredi devant le saint Vincent.

Hunfrei as dens a c s. de torn. en varde por Climenche Tantpain. Les quiex c s. deit rendre au maire et a le vile a leur volenté. Guiffrei d'Amiens, Guiffrei Esmerillon, Robert Columbe, Jehen Jaane sunt pleges et detes chascun por tout.

Charte de Ricard Maillefesse et Masia son épouse. Ils vendent à Guerard as manseis bourgeois de Gamaches, pour dix livres tour. vingt sous paris., et trois chapons de revenu annuel super masagium ipsius Gerardi apud Gamachiis, *tenu du comte de Dreux par deux sous paris. et deux chapons de rente,* ad recordationem Guill. le Fort, Firmini Morini, Ade Freude, Ricardi Formentin, Clementis Mescane, tunc scabinorum Augi, die veneris post octabas Epiphanie Domini.

[F° 10 v°.] Jehen d'Aut a delaissié a fin a l'ospital de Eu (1) un pentoir et les apartenanches, lequel le dit Jehen teneit du dit ospital par xv s. de rente, lequel pentoir est assis au bout du pentoir Hue de Penlieu.

Roger Coillette a quitié Jehen son frere de toutes coses que il li pooit demander par reson de partie et de lais et toutes coses autres, che fu fait a le saint Claire, au recort de sire Jehan le Clerc maire et de sire Hui le Rat esquevin.

Il est assaveir que le vile a baillié a rente a Will.

---

(1) Jusqu'au Concordat, Eu appartenait à deux diocèses. La partie de la ville située sur le flanc du coteau était du diocèse de Rouen, celle comprise entre les bras de la Bresle du diocèse d'Amiens. L'une et l'autre avaient leur hôpital, celui du diocèse d'Amiens nommé l'hôpital de la Cauchie, celui du diocèse de Rouen appelé dans le Livre rouge domus Dei diœcesis Rothomagensis.

Guillot une masure por iiij s. de cens par an, le quele masure fu aril (?) assise en Barbaste, en tel maniere que se aucun voleit aveir le dite masure par sen dreit, le dit Will. areit le cens que le dite masure soleit deveir, s'il est assaveir vj s. de cens par an, et le dit Will. rendreit a le vile chascun an iij s. de rente...

Il fu eswardé par tout le conseil de le vile le mardi devant le Pasque que Hue de Penlieu ne sereit iamès maire de Eu ne eskevin ne du conseil de le vile, et que cheli qui est maire le deit faire saveir chascun an as eskevins quant on leur fet jurer eskevinage, et por les meffais que il a fait cha en arriere, et sunt escris chi aprés.

Hue de Penlieu dist a sire Martin Bruisecane qui esteit en lieu du maire que il s'en ireit maugré sien hors de le meson de l'eskevinage ; et eskevins s'esteient acordé que nul ne s'enpartireit devant che que chascun areit paié che que il deveit a le vile, et li vout corre sus, et li dit que il li crevereit molt tost les eus, et que se il esteit hors de le mairie que il li crevereit.

Item il bati Jehen d'Aut et li dessira ses quevex es mains au maire et seur deffens au maire et au seriant.

Item il apela sire Hui le Rat qui esteit eskevin mauvès lerre devant maire et devant eskevins et que il le fereit pendre aussi comme sen pere fu pendu, et se fist tenir seur li.

Item il dist as esvardeors des dras por che que il ne voudrent esvarder ses dras qui n'esteient passans, que il esteient tous pariures, et le maire et tous les eskevins aussi, et aprés che quant il fut mandé en eskevinage por che amender les tint il tous por pariures, et dist que il ne l'amendereit point, que il dist que il n'esteit mie juré et que il esteit clerc et croisié, et toutes voies l'amenda il et trouva pleges.

Item il ora dehé comme mauvès a sire Will. de Gamaches eskevin et en eskevinage, et le desmenti por che
que sire Will. dist que il esteit aussi bon comme Hue
de Penlieu esteit.

Item il dist au maire que il li faiseit tort et desavenant
et que il ne pooit ne ne deveit faire che que il li faiseit,
de quoi eskevins esvarderent que le maire le pooit bien
faire et deveit.

Item il apela le mairesse devant le maire et en se meson
fille de mauvès avoutre, et se il le teneit hors que il li
folereit le panche.

Item il dist devant le baillieu le conte de Eu en plaine
cort et devant le baillieu le Rei que recort d'esquevins ne
valeit riens fors en leur eskevinage.

[F° 11.] *In maioratu* Willus Le Fort, anno Domini
M°CC°LXXmo tertio. *Scabini :* Jehen Le Clerc, Jehen
Nicholas, Andrieu de Monstreul, Simon le Gaiteus,
Renier de Bouaincort, Jehen d'Aubemalle, Pierres le
Corbier, Vautier le Sot, Pierres d'entre II pons, Hue de
Pont, Climent Morin, Ansel de Penlieu.

Clerc : Bertremieu Poolin. *Serians :* Robert le Borgne,
Jehen de Blangi.

Isti juraverunt communionem : Will. baron Dien,
Will. le Weaire, Fremin de Hupi, Jehen Lengleis de
Crasvile, Gontier de Mers, Jehen Lorfevre, Will. le Blont,
Gerout de Flosques.

*Dettes reconnues par Nichole de Frieucourt envers
son père et Warnier Rue, le vendredi après le saint
Barnabé.*

Quittance de Henriet le fix Durant le Selier a Vautier
le Selier sen parastre.

*Charte d'Ansel Weliard. Il vend à Ade le Porteor
pour vingt trois livres tourn. une maison et masure à*

charge de quatre sous tourn. de rente à l'abbaye d'Eu, vendredi avant la Purification.

Reconut fu en eskevinage que Robert le Caucheis aveit waugié en l'an devant a Thomas Frankelin xl mines d'orge por dete que Rogier Gifart deveit au dit Thomas, et le dit Robert les deveit au dit Rogier, et de che fu abouté le dit Thomas tant que il eust eu les xl mines d'orge a le terre au dit Robert qui est a l'ormel dehors le porte de Glans, et as cortiex du dit Robert qui sunt dehors le dite porte. Che fu fet en plain esquevinage, le vegille saint Martin en yver.

Ansel Malpequié a quitié du tout Gosse de Mancheville et Helui se feme de tous caticus et de toutes parties et de toutes coses fors de heritage qui li pooit escair.

[F° 11 v°.] *In maioratu* JOHANNES DE WIKA, anno Domini M°CC°LXXmo quarto. *Scabini :* Will. le Fort, Jehen Triket, Fremin Morin, Gillebert Aubri, Gui de Biauvès, Climent Mescane, Robert le Rous, Jehen de Vimeu, Ricard Parent, Guiffrei du Marquié, Jehen Nicolas, Nichole Peiletruie.

Clericus : Bartolomeus Poolin. *Servientes :* Robert le Borgne, Ricard Baillieu.

Isti juraverunt communionem : Gosse de Mancheville, Henri Morin, Pierres Escallate, Will. Buisecane, Aden Vaqué.

Accord pour construction d'un mur entre les manages de Guillaume de Gamaches et de Gillebart de Velli.

[*Bâtonné.*] Gosse de Mancheville a xxx l. xj s. iiij d. de torn. du catel Egnès fille Pierres le Conte, toutes coses prisiés, les quiex deniers le dit Gosse deit rendre a le vile quant le maire et les eskevins voudront, et le dit

Gosse deit trouver a le dit Egnès sen vivre et ses despens
souffisans tant que il tendra les deniers, pleges Jehen
d'Aubemalle, Roger Vassart, Ansel Malpequié, Ricart
d'Aubemalle, Andrieu du Mesnil, Pierres de Pont, chascun por tout.

Il est assaveir que Jehen Haterel et ses heirs sont tenus
a rendre seur tous leurs biens meubles et non meubles
xl l. de torn. a Bone née de Penlieu, se Raoul Haterel
sen baron trespasseit ancheis que li, por douere et por
tout.

*Charte de Guillaume de Gamaches bourgeois d'Eu.
Il reconnait devoir à Guillaume d'Ouville dix huit sous
de rente* pro quodam masagio sito in vico Tinturie Augi
juxta masagium dicti Willi de Gamachiis. Die martis ante
Nativitatem sancti Johannis Baptiste, ad recordationem
Johannis de Wika, tunc maioris Augi, Johannis de Vi-
meio, et Roberti Rufi, tunc scabinorum eiusdem ville.

Jehen Nicholas prist cxvij l. de torn. des deniers as
enfans Aden les Montureor, les torneis por parisis chascun
an tant comme il les tendra, pleges Pierre d'entre II pons,
Gui de Beauvès, Will. le Fort, Gautier le Mareschal. Che
fu fet a le quinzaine de le saint Remi.

Il est assaveir que Jehen Nicholas a baillié de ches deniers par le kemant Vinchent du Valrichier baillif de
Kaus, xvij l. a Will le Merchier, par le raison de fame pa-
rente as enfans... au tresiesme ior de Noel m. cc. LXXV.

[Fº 12.] *In maioratu* WILL. LE FORT, anno Domini
MºCCºLXXº quinto. *Scabini :* Johannes de Wika, Johannes Nicholas, Johannes Clericus, Andrieu de Monstreul, Simon le Gaiteus, Renerus de Bouaincort, Ansel
de Penlieu, Petrus le Corbier, Pierre d'entre ij pons,
Henri Morin, Robert du Mesnil, Will. Clericus.

Clericus : Bartholomeus Poolin. *Servientes :* Robert le Borgne et Will. Hurel.

Isti juraverunt communionem : Will. le Clerc, Henri Lucas, Rogier de Fri, Jehen de Foumchon.

Vautier le Merchier a xxx l. xj s. iiij d. des deniers Egnès fille Pierre le Conte, a rendre a le volenté de le vile, pleges et detes chascun por le tout Jehen Iordain, Esteule le Gros, Will. Buisecane, Guiffrei de Flosques, che fu fet le lundi après le saint Iehen issant aoust.

Nichole Baudri a quitié du tout catel Aelis Formentin et Aelis se fille...

Charte de Guillaume le Fort bourgeois d'Eu et de Rainsinde son épouse. Ils vendent à Ricard dit Galerie omne illud quod habebamus et habere poteramus ratione dotis... in omnibus mobilibus et immobilibus que fuerunt Hugonis dicti Galerie defuncti. Die veneris post Nathale. Testibus hiis : Bartolomeo Poolin clerico, Roberto Henri, Valterio le Porquier et aliis.

Charte de Nicolas Clarel. Il vend à Ricard de Gamaches pour quatre vingt livres tourn. des masures, des terres, une somme de blé à prendre chaque année sur les moulins d'Eu : tres piechias terre que sunt subtus Watanam... tres acras terre site versus Bequelonde... Die martis post festum sancti Martini hyemalis. Ad recordationem Johannis Clerici, Henrici Morin, tunc scabinorum Augi.

Ansel de Penlieu a quitié Will. Makerel et se feme de toutes coses passées... au recort de Jehen Nicolas et de Andrieu de Monstereul.

[Fº 12 vº.] *Charte de Guillaume cuer de rei. Il cède à son fils Roger la propriété d'un masage situé paroisse Saint-Jacques...* et aboutat ad murum ville... die veneris post festum Sancti Vincentii...

Pierres le Droueis et Agnes se merre baillierent a chens a Jehen du Mesnil un manage assis en le Taintuerrie... par xxx s. de rente.

Charte de Guillaume le Fort et de Rainsinde son épouse, réédition de leur charte précédente... dic veneris poste Nathale.

Vente d'une pièce de terre à Climent Morin par Gosse des Wes. La vente garantie par les filles de Gosse... Au recort de Will. le Fort maire, et de Jehen de la Vyke et de Renier de Bovaincort, adonques esquevins, le mardi de Pasques, en l'an de grace m. cc. LXXVI.

[Fo 13.] *In maioratu* PETRI D'ENTRE DEUS PONS, anno Domini MºCCºLXXº sexto. *Scabini :* Guills le Fort, Johannes Triket, Guido de Beauves, Freminus Morin, Clemens Mescane, Robertus le Rous, Gaufridus de Belommare, Johannes Poiletruie, Galterus le Rat, Johannes de Vimeto, Johannes de Vika, Ricardus Parent.

Clericus : Petrus de Listevile. *Servientes :* Robertus le Borne, Guills Hurel.

Isti juraverunt communionem : Petrus de Listevile, Henri le Barbieur, Gillebert de Greseques, Guille Piefere.

Il est assavoir que Ernoul de Tilloi en Seri, par l'otri du maire et des esquevins d'Eu, recheu et rendu en la meson saint Ladre du val Glans de le diocese d'Amiens pour xxx lib. de tournois bailliés et livrés du dit Ernoul et de son quemandement, par tel condition que le dit Ernoul puet fere du remanant de son moeble toute sa volonté plenierement sans contredit du mestre et des freres de le dite meson. Che fu fet au recort du maire et des esquevins d'Eu.

Quittance de Lion le Maignien a Mahieu Lion son

fix... le vendresdi devant Nativité Nostre Dame. Au recort de Iohan Poiletruie et de Giffrei de Balommare esquevins.

Quittance de mestre Morisse et Salemon son gendre a Guerart Pasnaie, au recort de Johan Triket et de Robert le Rous esquevins.

Raoul Lengleis a donné a Erembourc le Barbierresse sa fame une meson ove les apartenanches assise ou chastel de Eu... Le dite Erembourc en puet fere son haut et son bas et toute sa plaine volenté comme de vendre et de engagier et de loer... Au recort de Pierres d'entre deus pons, adonques maire, et de Iohan Triket, et de Climent dit Mescane, et de Iohan de Vimeu et de Iohan Poiletruie et Ricart dit Parent, adonques esquevins.

Il est assaveir que Giffrei Petit a quitié mesire Wibert sires de Betencourt chevalier de toutes les detes de toutes convenanches, controversies, quereles, louages, engagemens et de toutes autres choses qui ont esté entre le dit Giffrei et le dit Wibert chevalier et son pere mort... Au recort de Pierres d'entre deus pons, adonc maire de Eu, Gautier le Rat esquevins.

Jehan Jourdain fieffe à Guillaume de Gamaches une pièce de terre.

[Fᵒ 13 vᵒ.] Fremin Morin a gagié a Robert dit Naguet bouriois de Roen iiijᶜᶜ lilb. et xlj lilb. v s. ix d. Che fu fet le diemenche de Pasques flouries.

Nichole dit Puioise doit a Raoul d'Avesnes quatre soudées de rente chascun an... d'une pieche de terre en la haute Bretaigne, le lundi apres le mi-karesme. Au recort de Robert le Rous et de Giffrei de Belommare.

Sachent tous cheus qui sunt et qui a venir sunt que le maistre de l'ospital de le Cauchie de Eu a ballié a chens et a rente en parduraulté de l'asens et de la volenté au

maire et as esquevins, a Robert Quevalier pour viij s. de
rente a paier a quatre termes, s'il est asavoir a le Pasque
ij s. et a le saint Johan ij s. et a le saint Remi ij s. et au
Noel ij s. une meson asise en Barbastre... Che fu fet en
plain esquevinage, le samedi après le Candeleur.

[Fᵒ 14.] *In maioratu* Guidonis de Belvaco, anno Domini Mᵒ CCᵒ LXXᵒ septimo. *Scabini :* Petrus de inter
duos pontes, Johannes dictus Nicholas, Andreas de
Monsteruel, Symon le Gaiteus, Renerus de Bouvaincort,
Johannes Clericus, Ancellus de Penlieu, Robertus du
Mesnil, Symon Vigneron, Gosso de Mancheville, Guillermus de Goduinemesnil, Galterus le Sot.

Clericus : magister Johannes Roussel. *Servientes :*
Henricus Barbitonsor, Ricardus Balleu.

Isti juraverunt communionem : Guillermus le Courbier, Petrus de Tilloi.

Il est asavoir que le maistre de l'ospital de le Cauchie de Eu, de l'otroi et de le volenté au maire et as esquevins, a loué a Renier de Bouvaincourt adonc esquevin,
de si a le fin de ix ans continues... pour une somme
d'argent dont il se tint pour bien paié, xxxiiij s. de rente.
Les kieus le devant dit Renier ou son commandement
prendra tous les ans seur le meson le quel est assise entre
l'ospital devant dit et le meson Jehan Morin, a quatre
termes... Che fu fet... le iour de le feste Saint Andrieu.

Anno Domini Mᵒ CCᵒ Lmo octavo, die lune post festum
sancti Martini estivalis, diximus et declaravimus cruces
et viduas ville de Augo solvere debere ville maiori et pa-
ribus de Augo, collectas et tallias, sicut alii de villa, et
alia jura que debentur ab aliis hominibus de communi-
tate ipsius ville, sicut hactenus solvere consueverunt, et
sicut usitatum est in villa antedicta. Clericos ipsius ville

pronuntiavimus et diximus solvere debere taillias et collectas ratione mercimoniarum suarum tantummodo, seu mercaturarum suarum quas faciunt et contrahunt in villa antedicta, prout moris est ; alii vero clerici qui se in hujusmodi mercaturarum et mercimoniarum in dicta villa non immisceant, ab omnibus tailliis et collectis liberi remaneant et sint permanenter et immunes. Datum anno et die predictis.

[F° 15.] *In miaoratu* Petri d'entre deux pons, anno Domini M° CC° LXXio octavo. *Scabini :* Guido de Belvaco, Firminus Morin, Johannes de Albamallia, Johannes de Vimeto, Gaufridus de Belommare, Johannes Triket, Guillelmus le Fort, Nicholaus Poiletruie, Clemens Mescane, Guillermus les Montureeur, Petrus le Courbier, Guillelmus le Clerc.

Isti iuraverunt communionem : Hugo de Gamachiis, Joh. de Mesnilio, Joh. Wassart, Nicholaus le Roy, Stephanus de Biaurain, Guill. Loir, Bernardus dictus Vistel, Gaufridus le Dien, Robertus Bigot, Robertus Crupin, Rogerus de Gamasiis, Robertus le Verrier.

Dame Heiart de Crasville a donné a Guillaume de Gamaches, par l'acort de Johan sen fiex, du cornet du manage qui fu Johan de entre deus pons de si au cornet du cortil a le dite Heiart, par issi que le dit Guillaume et sen hoir sunt tenus a clorre chu lieu de mur a torke par tout les liex la u le dit Guillaume atouke a li... presens Pierres entre deus pons, adonc maire...

Le maistre et les freres de l'ospital de le Cauchie d'Eu ont baillié a Thomas dit le Caucheis par l'acort du maire et des esquevins une masure por quatre sous de rente de tur... le quele masure est asisse jouste le masure Ansel de Barbastre d'une partie et de l'autre jouste le masure

Raoul le Maignien... Au recort de Pierres entre deus pons, adonc maire, de Johan Triket et de Gui de Biauvés esquevins et d'autres.

[F° 16.] *In maioratu* Guillelmi dicti Clerici, anno Domini M° CC° septuagesimo nono, sire Pierres de entre deus pons, Johannes Nicholas, Renerius de Bovicuria, Ansellus de Penlieu, Johannes Poiletruie, Johan Triket, Guillaume le Fort, Aden Fruede, Robert du Mesnil, Gosse de Mancheville, Gautier le Vastelier et Nichole de Salineles, *eskevins.*

Isti juraverunt communionem : Primo Hugo Faber, Robert du Sarcin, Johannes Anglie, Henricus de Mares, Vinchent Croechon, Guill. Pouchin, Symon Milet, Hue de Monchi, Guill. Lasnier, Tierri le Jumel, Ricart le Panetier, Guill. Anno, Osbert Vaissille, Raoul Noel, Guill. le Marescal, Bernart Maillart, Renaut Maillart, Rogier Maillart, Renaut de Palerue, Guill. Milet le Grant, Guill. Milet le Petit, Henri le Loir, Johan Milet, Robin de le Mote, Gautier d'Arches, Reniaume Lagot, Johan Baloche, Johan Lyon, Guill. de Sotevile, Ansel ad vacas, Johan de le Bretaigne, Ricard Lasnier, Porcheret, Lorens le Couaille, Gautier Corneille, Climent de Bousseville, Aliaume ad Batoers, Symon le Caucheis, Rogier Voel, Stephane le Gros, Guill. le Caucheis, Rad. de sancto Petro in valle, Laurens Monnier, Wilart Monnier, Osbous de Caus, Bailleu le Woite, Rogier bone amor, Gautier Anno.

In maioratu dicti Guillelmi, anno predicto, die lune post Magdalenam juraverunt maior et scabini totaque communitas Augi erga dominum comitem Augi, ad usum et consuetudinem antecessorum nostrorum, et idem comes (1), tactis sacrosanctis evangeliis, erga nos fidelitatem

----

(1) Jean Ier de Brienne, comte d'Eu, 1270-1294.

34

juravit ad usum et consuetudinem antecessorum suorum, presentibus domino comite de sancto Paulo, domino Johanne de Pratellis, domino de sancto Martino le Caillart, domino Inguernanno Rastel, domino de sancto Petro in valle, domino Johanne de Bosco Roculfi, domino Radulfo de Bruilli militibus, Vincentio de Valle Richarii, Johanne de sancto Leonardo, Hugone de Quercu et aliis.

En plein eschevinage Gautier le Mareschal et Maxa son épouse donnent, du consentement de Gilles de Penly, à Guillebert de Penly, clerc, frère de Gilles, vingt livres sept deniers, trente et un chapons et quatre gélines de rente annuelle. Suit l'énumération des personnes sur lesquelles les rentes sont assises... Die veneris ante festum Sanctorum Omnium, presentes Guills dictus Clericus tunc maior Augi...

[Fo 16 vo.] *Guillebert de Penly donne quittance, devant les maire et échevins, à Gautier le Mareschal et à Maxa son épouse sur tous les biens meubles auxquels il pouvait avoir droit, pour deux cents quinze livres qu'il a à recevoir d'eux en deux années.*

Gilles de Penly donne quittance à Gautier le Mareschal et à Maxa, épouse de Gautier et mère dudit Gilles, pour deux cent cinquante livres tournois, de la part qu'il avait droit de réclamer sur tous leurs biens meubles.

[Fo 17.] *Gautier le Mareschal et Masa son épouse donnent à Gilles de Penly fils de feu Gautier de Penly, tous leurs héritages à la ville et aux champs qui furent à Jean de Penly, frère de Gilles, et tous les biens immeubles qu'ils ont acheté par le passé, à l'exception de vingt livres sept deniers tourn., trente et un chapons et quatre gelines que, de l'assentiment de Gilles, ils ont*

*donné à son frère Guillebert, clerc, se réservant l'usu-
fruit d'un manage situé à la chaussée d'Eu* attingens a
vico parante usque ad ripariam. Presentes Guillelmo
dictus Clericus, tunc maiore Augi...

*Nota que les dits Gautier et Masa retiennent, leur vie
durant, le pré de Lensant et le pentoir des moulins neufs.*

[*Bâtonné.*] Le jor de merquesdi devant le micaresme
fu esgardé par maieur et par esquevins que Jehan de
Vinmeu ne Guillaume les Montereor ne seront jamès ne
maires ne esquevins ne du conseil de le vile d'Eu, et que
le maire le die chascun an as esquevins en esquevinage
quant on fait jurer l'esquevinage. Et veeschi le raisson
pour quoi ils furent condempnés, premierement pour che
que il plaiderent en contre le vile en faissant damage a le
vile en leur tort.

Item dist Jehan de Vinmeu et en fu ataint que il aveit
dit devant Rainmont Passemer, adonc baillieu d'Eu, que
le draperie d'Eu estoit fausse et mauvaisse.

Item Guillaume les Montereor fu repris de fausses
mesures a blé et a avaine.

Item por xlv livres de torn. qui faillirent d'un nombre
de deniers que il durent aporter de Saint-Richier, pour
lequele defaute le vile fu en damache de chent livres de
torn. Che fu jugié et acordé par maire et par esquevins et
par tout le conseil de le vile d'Eu.

[F° 17 v°.] *Custodes clavorum :* Hue de Pont servat
clavem quam servabat Johannes Poiletruie.

Debemus ad usuram Petro Pouchin vj^{xx} livres de
tornois lesqueles nos sommes a rendre au devant dit
Pierron Pouchin a Arras en chité ou en le vile, au samedi
prochain après le jor du mis mois d'avril, le premier qui
est a venir.

Isti fuerunt scabini anno antecedenti.

Vies eskevins : Cheus qui sunt du consel : Aden Freude, Ansel de Penli, Renier de Bouvaincort, Robert du Mesnil, Johan Poiletruie, Gosse de Manchevile, Nichole de Salinelis, Gautier le Wastelier.

Le conseil : Isti sunt consiliatores ville : Robertus Biauquesneus, Guillebertus Aubri, Nicholaus Blondel, Ricardus Formentin, Johannes Barnago, Galterus Vassal, Guill. de Monsterolio.

Les tresoriors : Thesaurarii : Ansellus de Penlieu, Renerius de Bovicuria, Gosso de Manchevile, Gautier le Wastelier.

Les Wardes de le boucherie. Les bouchiers : Guill. Mathias, Thomas Malochosse, Symon Nichole, Robert Bauduin.

Les vardes des dras : Ancel de Ponlieu, Robert Ousgier, Thomas Vistol, Rogier Torquetil. — Isti sunt de Tinturaria.

[F° 18.] *In maioratu* CLEMENTIS MESCANE, fuerunt *scabini* Guill. Clericus, Guill. le Fort, Petrus de entredeus, Andrieu de Monstruel, sire Gui de Biauvès, Hue de Pont, Nichole Poiletruie, Guill. de Godninemesnil, Gautier le Sot, Jehan du Mesnil, Gautier le Rat, Guill. Sorel. Anno Domini M°CC° octogesimo.

Juraverunt communiam : Gueredus de Pont, Guillebertus Wales, Nicholes Wales, Jen Fillastre.

Die mercurii post Quasimodo, in placitis Domini comitis, concessit Rainmondus Passemer, tunc ballivus Augi, quod boulengarii et panes externos veniant in villa Augi tribus diebus in ebdomada; videlicet ad diem lune, ad diem mercurii et ad diem veneris et vendant panes in illis diebus.

[F° 19.] Anno Domini M°CC° octogesimo primo.

In maioratu Roberti de Mesnil fuerunt *scabini :* Johannes Triket, Guill. Clericus, Johannes Poiletruie, Galterus Wastelier, Renerius de Bovicuria, Nicholaus de Salinelis, Ansellus de Penlio, Johan de Aubemalle et Climent Mescane, Nicole Voissin, Laurens Burgensis, Guillebertus Aubri.

Consiliatores ville : Guido de Belvaco, Petrus de entre deus pons, Andrieu de Monstruel, Gautier le Sot, Gautier le Rat, Johan du Mesnil, Nichole Poiletruie, Guill. Sorel, Hugues de Ponte. *Veteri fuerunt Scabini :* Guill. de Gamaches, Guillebert Aubri, Petrus Curbarius, Guerout de Flokes, Ansel Mignon et Guiffrei de Berommare, Johan de Albamalia juvenis, Bartholomeus Baron, Gossolinus de Mancheville, Johannes Burgensis.

Jurati : Inguerannus Prepositus, Bernardus de Albevilla, Hugo le Pesquor.

Statutum autem in pleno scabinio et consilio quod omnes tam divites quam pauperes jurent et quod unusquisque solvat xv d. de libra.

Le jugement l'an Gosse le Fort se couca de sa volenté.

Jugié fu en esquevinage que on tendroit le don que Guill. le Fort fist a le vile de sen palefroi, si comme il le donna et laissa de sa bouche sans metre en main de exequiteur et por amender ses tors fes vers le vile, et comme il pooit vendre et donner au jor que il vivoit, et comme le dit Gosse ne fu onques saissi comme de escaache, ains estoit en le main de le vile en quiconques lieu que le cheval fu ; presens furent au jugement Climent Mescane en lieu du maire...

Acordé fu em plain esquevinage, le jor de diemenche en l'otave de feste ad apostres saint Pierre et saint Pol, que on feroit nammier sans plus apeler le deteur, fors en

38

monstrant paiement de quanque seroit fait ou avoit esté fait au recort des esquevins.

[F° 20.] *In maioratu* GUIDONIS DE BELVACO fuerunt *scabini :* Robertus de Mesnilo, Guillus Clericus, Petrus de entre deus pons, Nicholaus Poiletruie, Gaufridus de Berommare, Hugo de Ponte, Gosselinus de Manchevilla, Johannes Nicolas, Robertus Ruffus, Symon dictus Vigneron, Galterus Vassal, Johannes Borgois.

Consiliatores ville Augi. Laurens Borgois, Johan Poiletruie, Nichole de Salinelis, Gautier Wastelier, Johan Triket, Nicole Voissin, Renier de Bouvaincort, Clemens Mescane.

Jurati : Inguerannus Lemagnien, Johannes Prepositus, Robert de Greni, Johan Grenon, Guill. Vigneron, Petrus dictus Clericus.

Nous Gui de Biauvès, adonc maire d'Eu, Guillaume le Clerc, Nichole Poiletruie, Guiffrei de Berommare, Pierres entre deus pons, Gosse de Manchevile, Robert le Rous et Johan dit Borgois, adonc esquevins, faissons savoir a tous que nos avons veues les chartres Gilles de Penlieu saines et entieres et bien seelées, en ches paroles.

[F° 21.] Anno Domini M° CC° octogesimo tertio.

In maioratu CLEMENTIS MESCANE fuerunt *scabini :* Guido de Beauves, Johan Triquet, Gills Clericus, Reignerus de Bouvaincort, Gautier Wastelier, Johan Poiletruie, Lorens Bourguois, Johan du Mesnil, Ancel de Penliu, Guille de Gamaches, Guille Luellier, Bertremiu Villete.

Consiliatores ville Augi : Pierre d'entre II pons, Robert le Rous, Gosse de Mancheville, Symon Vigneron, Gautier Wasal, Johan Bourguois, Gifroi de Berommare, Nichole Poiletruie, Pierres le Clerc, Pierres le Karon,

Thomas Malechose, Ricart de Lespine, Hue de Pont, Gillebert Aubri, Robert du Mesnil, Johan d'Aulbemalle le joule, Nichole Blondel, Symon Nichole, Bernart de Rue, Nichole de Salineles, Johan d'Aulbemalle le Viel.

Jurati de tempore Clementis Mescane anno octogesimo tertio : Primo Aden le Selier, Marquet, Mahieu de Tuli, Johan le Cordier, Henri le Fort, Johan Caqueleu, Gautier le Caucheis, Guido de Saint-Massens, Michiel Dosso, Johan le Mignot, Guill. Malpalin, Robert Bauduin juvenis, Robert de Cherissi, Johan Lespissier, Ingueran de Flosques, Robert Elyes, Robert Piougier, Gautier Doriant, Thomas Peubelo, Johan Godesbaus, Raoul Biauderiere, Bertremieu Lagot, Ricard le Fauquor, Guill. Cornet, Thomas le Borgne, Hamon de Pont, Sanson de Normendie, Climent de Cherisi, Jehan Trumel, Ernoul le Kairon, Morisse le Kairon, Symon le Brun.

Die sabbati ante Trinitatem, in maioratu Clementis Mescane, comparuit personaliter in scabinio Augi Galterus dictus le Marescal (1), et fuit petens quod tenor presentium abbati et conventu de missa matutinali esset posita in rotulo ville Augi. Ecce tenorem presentium litterarum.

Universis christi fidelibus ad quos presentes littere pervenerint, salutem. R. (2), humilis abbas sancte Marie de Augo, totusque eiusdem loci conventus, salutem in

---

(1) Guill. le Mareschal fut un des principaux bienfaiteurs de l'hôpital de la Cauchie.

(2) Raoul (?). La liste des abbés d'Eu est incomplète pour cette époque. Les auteurs de la *Gallia* ont groupé à l'année 1531 les noms des abbés qu'ils rencontraient dans l'obituaire, sans aucune indication qui permit de fixer leur rang. Parmi eux se trouve un abbé Raoul.

Domino. Noveritis nos recepisse de manu dilecti nostri Galterii dicti le Marescal centum quinquaginta libras turon. ad faciendam quamdam capellaniam in ecclesia nostra de Augo. De qua quidem pecunia nos tenemur emere redditum ad dictam capellaniam faciendam, quam citius in feodo nostro poterimus invenire venditorem. Et ad hoc nos et bona nostra specialiter obligamus. In cujus rei testimonium presentibus litteris sigilla nostra duximus apponenda. Datum anno Domini M° CC° octogesimo primo, die mercurii post Ascensionem Domini. Presentes fuerunt ad hoc : Clemens dictus Mescane, tunc maior Augi, Johannes Triquet...

In eadem die fuit presens predictus Galterus le Marescal, de confirmatione archiepiscopi Rothom., de eadem missa matutinali, in maioratu predicti Clementis Mescane, que posita in rotulo vile Augi. Ecce tenorem confirmationis.

Universis presentes litteras inspecturis, Guills (1) permissione divina Rothomagensis archiepiscopus, salutem in Domino. Noveritis quod cum discretus vir dilectus nobis in christo Galterus dictus Marescallus, custos terrarum magnifici viri domini Johannis comitis Augi necnon familiaris eiusdem, dederit et concesserit in puram et perpetuam elemosinam, pro salute anime sue parentum amicorum et benefactorum suorum, religiosis viris dilectis in christo filiis... abbati et conventu monasterii beate Marie de Augo, annuos redditus quindecim libras turon. habendos et precipiendos in posterum singulis annis ab abbate et conventu predictis, sicut ex ipsorum facta nobis recognitione percepimus. Igitur volentes ob hoc dictum Galterum spirituali dono et gratia prosequi, nec non pie devotionis affectu ipsum dictis abbati et conventui com-

***

(1) Guill. de Flavacourt, arch. de Rouen, 1278-1306.

mendantes, Volumus, stabilimus et tenore presentium ordinamus, quod certus quidam canonicus dicti monasterii per abbatem prout sibi placuerit ad hoc specialiter deputandus, tenebitur singulis diebus in posterum, pro ipso Galtero et heredibus suis et pro animabus parentum amicorum benefactorum suorum et omnium fidelium defunctorum, matutinalem missam [f° 21 v°] ad altare parochie ipsius monasterii celebrare. Cui ordinationi nostre presenti dicti abbas et conventus concorditer et unanimiter consenserunt, et ipsam ordinationem nostram sicut prescribitur se promiserunt inviolabiliter et firmiter in perpetuum observare. In cuius rei testimonium et memoriam futurorum presentes litteras fecimus sigilli nostri munimine roborari. Datum et actum in monasterio predicto, anno Domini M°CC° octogesimo tercio, die mercurii ante Pentecostes. Et fuerunt presentes predicti maior et scabini quando fuit posita in rotulo.

Il est ainsi que le communauté du puis de le Courdouennerie dure de le meson Robert le Rous tout enmont en chu rent, dusques a le porte jouste le meson Hue de Pont. It. d'autre partie de le meson Gifroi le Selier dusques a le ruele Climent le Selier, et de le meson qui fu Pierres de Deevile dusques au puis devant dit et dusques a le porte devant dit. Et fu acordé par maire et par esquevins.

Il est ainsi que le communauté du puis di le Machachre dure de le ruele Climent le Selier dusques a le meson WII. Copin en churent tout enmont. It. en l'autre renc de le meson qui fu Pierre de Deevile dusques a le meson dame Anne. It. de le Machacre dusques a le meson Robert les Montereor et dusques a le meson Bertremiu Ravine. Et fu acordé...

Il est ainsi que le communauté du puis qui siest en

42

costé le meson Pierre entre II pons dure, de le meson
Watier Troquelin qui fu donc aval en chu renc, dusques
a le meson Johan le Porc qui fu emi l'autre renc, de le
meson Ancel le Sauvache qui fu tout enmont dusques
a le meson Robert de Hue. Et fu acordé par maire et par
esquevins et par le concel des voisins de le rue.

Universis ad quos presentes littere pervenerint, Abbas
et conventus sancte Marie de Augo salutem in Domino.
Noveritis nos teneri annuatim leprosis leprosarie Augi,
que dicitur de Glans, in quinquaginta tribus minis bladi
boni et legitimi, pro manerio suo quod nobis pro tali
pretio annuo in perpetuum tradiderunt; quod quidem
manerium dictum est Beaurepaire et situm juxta villam
sancti Petri in valle (1). Ita quod ad festum sancti
Andree apostoli, singulis annis, tenemur eis reddere
viginti septem minas dicti bladi, et ad pascha Domini similiter, quolibet anno, viginti sex minas eiusdem bladi vel
equivalentis qui in terris dicti manerii crescere consuevit.
Poterunt autem dicti leprosi, seu eorum mandatum, dictum manerium cum bosco et terris ad ipsum pertinentibus, iusticiare pro redditu et emenda, nisi dictus redditus, singulis annis ad dictos terminos, eisdem [fo 22] vel
eorum mandato fuerit plenarie persolutus. Et dicti leprosi
seu eorum successores, quicumque aut qualescunque fuerint, nobis in perpetuum dictum manerium, cum omnibus ad idem manerium pertinentibus, garandisare tene-
buntur et deliberare erga omnes per redditum antedic-
tum, salvo jure capitalium dominorum. Et ut hec
conventio inter nos et ipsos in perpetuum inviolabiter
teneatur, presentibus litteris sigilla nostra duximus appo-

(1) En marge. Nota. « C'est la ferme de Beaumont qui a aultres
fois appartenu à la maladerie, qui fu celle de Biaurepaire près
S. Pierre-en-Val ».

nenda. Datum anno Domini M°CC° octogesimo secundo, mense febriario.

Il est ainsi que Bertremiu Pruvost adonques manant a l'ospital de le Cauchie d'Eu a rendu a dame Aalis de Penliu une masure ove les apartenanches, et en puet le dite Aalis... se volenté faire. Au recort de Climent Mescane, adonques maire, et de Johan Triquet, adonques esquevin.

[F° 22 v°.] *In maioratu* NICOLAI DICTI PEILETRUIE, anno Domini M° CC° octogesimo quarto, fuerunt *scabini :* Clemens dictus Mescane, Johannes dictus Triquet, Robertus dictus du Mesnil, Petrus dictus de inter duos pontes, Robertus dictus de Rua, Gaufridus dictus de Berommare, Symon dictus Vigneron, Hugo dictus de Ponte, Gillebertus dictus Aubri, Petrus dictus Clericus, Gosselinus de Manchevile, Bernart de Rue.

Conciliatores ville Augi : Guills dictus de Gamachiis, Wlls dictus Clericus, Guido dictus de Belvaco, Johannes dictus Poiletruie, Guills dictus Olearius, Laurentius dictus Bourguois, Reignerus dictus de Bouvaincort, Ancellus dictus de Penliu, Bartholomeus dictus Billet, Johannes dictus Borguois, Johannes dictus de Meuliers, Ricardus de Lespine, Johannes dictus du Mesnil, Robertus le Rous, Johan dit Nichole, Nichole de Salineles, Rogier Tourquetil, Nichole dit Blondel, Johannes dictus d'Aulbemalle vetus, Nichole Voisin, Jehan d'Aulbemalle le joule, Pierre le Karon, Roger de Gamaches.

Jurati tempore Nicholai dicti Poiletruie : Primes Ricart de Lespine, Johan de Meuliers, Johan dit Blatel, Robert Aubri, Johan de Beauvès, Robert Kevalier, Onfrei Panier, Johan qui tout set, Wille de Balli, Ricard Dufour, Johan Burel, Johan qui ne creit, Johan Lenglès, Thomas du Fresne, Henri de Crasvile, Osbert Bernage, Renaut Pole, Johan Batamare, Huistasse Amours, Nichole le Dyesmeor, Johan Poiletruie, Ancel de Penliu, Nichole Veist, Wille de Beauvès le joule, Johan Kevart, Pierres Morin, Pierres du Molin, Johan Desclocques, Raoul de Paris, Gosse Nourichier, Johan Cachecat, Aleaume de Douvre, W. de Crasville, Wat. le Fevre, Johan de Crasvile, Guille Auquet, Henri Jourdain, Symon de le Porte, Robert de Caudecote, Johan Riote, Pierre de Boussei, Malaguine, Johan Barbe, Guerout Malechose, Johan Fouache, Johan de Penliu, Climent d'Aut, Huileker Lenglès, W. du Fresne, Climent de Criol, Symon de Flosques, W. Papeillon, Gontier Denis, Aleaume Fouques, Robert le Keu, Thomas d'Avesnes, Hue de Brunville, V. Aoullie, W. le Panetier, Adan le Duc, Will. Blondel, Johan Lenglès, Johan Mariage, Esteule Marmoulu, Bertremiu de Roognon, Erené le Sauvache, Pierres de Melleville, Adam le Selier, Bertremiu Lespart, Gosse le Cartier, Henri le Selier, W. de Monsterel, Robert Coquet, W. le Maistre, Pierres Coquet, Robert Anno, Pierres Lerat, Raoul Veel, Watier de Boulogne, Johan Faas, W. de Penliu, Climent Nourichier, Roger Bauduin, Johan Sorel, Will. de Mellevile, Lorens du Quesnei, Watier la Vile, Bertremiu de Conches, Nichole Lueillier, Raoul Fremin, Raoul Haterel, Symon Nichole, Pierres Maugier, Johan de Favencort, Bertremiu Marescot, Thomas Escallate, Raoul Enguelevent, Michiel le Caucheis, Gui le Fevre, Remi du Quesnei, Engeran le Pesant le viel, Gillebert le Pesant, Ancel Maupekié, Johan Rungemast.

Il fu esvardé par le maire et par les esquevins et par tout le concel, le vendresdi après le Trinité, que Watier Wastelier ne seroit jamès ne maire ne esquevin ne du concel, pour che que en che que il estoit esquevin il fu

ataint que il avoit feru Willaume de Monsterel seur les
trienes de le vile, et que cheli qui est maire le deit
faire savoir chascun an as esquevins quant on leur fet
jurer esquevinage.

Wille de Flosques et Johen le Borgne se fame reque-
rirent que on leur baillast leur chartes, il fu acordé que
on leur baillast, baillés leur furent saines et sauves, il
chaus presens Nichole Poiletruie, adonques maire, Robert
du Mesnil..., adonques esquevins.

Il fut esvardé par le maire et par les esquevins et par
tout le concel le samedi après le saint Johan, que on ne
presteroit jamès nul des deniers de le vile a maire ne
esquevins ne a nule autre personne quele que ele soit.

It. ne que le quemun d'Eu ne feroit ia se dete pour nule
personne de le vile d'Eu, ne presteroient le seel du quemun, se n'esteit en aleiant le quemun pour aucune dete
que tout le quemun areit acrute, ou por le personne du
seigneur, et che fu accordé pour oster les doutes et les
perius por les requerrans qui porroient requerre u tenz
a venir.

[Fº 23.] *Charte de Roger de Gamaches et de Masia
Morin sa femme. Ils quittent et abandonnent* fratribus
ac sororibus domus dei de Augo rothom. dyocesis, pro
trigenta solidos turon., nobis ab ipsis pre manibus per-
solutis, duos solidos et duos caponos annui redditus, quos
clamamus aut clamare poteramus de quadam masura et
curtillo, retro masuram que fuit quondam Guilli dicti
Tigier in yma Britanea... Die martii ante festum beati
Nicholai yemalis. Testibus hiis...

*Charte de Bertremiu dit Dandioque, clerc. Il se re-
connait tenu* à trouver a Reigner de Buri e a ses hoirs
goutiere bon et souffisant e entiere, tant comme le desite
du porche de mon masage et du sien s'estent dusques a

le rue..., le merquedi devant le Purification Nostre Dame
Vierge... Et fu chest charte en roullée, au recort de
Michel Poiletruie, adonques maire, et de Climent Mescane et de Pierre entre deus pons et de Hue de Pont,
adonques esquevins.

*Charte de Robert le Comte, curé de Saint-Pierre
d'Eu. Il vend à Laurent Bourgeois, pour vingt-sept
livres tournois, une terre et trente-huit sous tournois
de rente sur une masure à Heudelimont* (1). Die veneris
post octabas beati Martini estivalis... Ad recordationem
Clementis dicti Mescane et Gossoni dicti de Manchevile,
tunc scabinorum et aliorum.

[F° 23 v°.] *In maioratu* GUIDONIS DE BELVACO, anno
Domini millesimo ducentesimo octogesimo quinto, fue-
runt *scabini :* Nicholaus dictus Poiletruie, Robertus de
Mesnillo, Guillermus dictus Clericus, Renerus dictus de
Bouvaincort, Iohannes dictus d'Aulbemalle veteri, Lau-
rentius dictus Burgensis, Guillermus dictus Olearius,
Robertus dictus Rupphus, Nicholaus de Salineles, An-
cellus de Penleio, Galterus dictus le Selier, Geroudus de
Flosquis.

Conciliatores : Clemens dictus Mescane, Iohannes
dictus Triquet, Petrus de inter duos pontes, Robertus de
Rua, Gaufridus de Berommare, Symon Vigneron,
Hugo de Ponte, Gillebertus dictus Aubri, Petrus dictus
Clericus, Gosse de Manchevile, Bernardus dictus de Rua,
Iohanes Poiletruie, Iohannes Bourgois, Ricart dictus
Mallefesse, Iohannes dictus d'Aulbemalle iuvenis, Iohan-
nes dictus Burel, Bartholomeus dictus Billet, Hugo de
Brumvile, Nicholaus dictus Blondel, Radulphus dictus

(1) Heudelimont, h^{eau} de Saint-Remy Boscrocourt.

Haterel, Iohannes de Mesnillo, Guillermus de Gamachiis, Iohannes de Flosques, Bartholomeus le Taneor,
Iohannes Nicholas.

Thesauri : Petrus Clericus, Hugo de Ponte, Iohannes
Borgois, Iohannes d'Aulbemalle.

Esquevins du Tresport : Robert de Praiaus, Pierre
Tardiu, Raoul Harenc, Bauduin Lenglès, Wll. Coterel,
Raoul Lebouc.

Custodes : Regnerus de Boviscuria servat unam clavam, Laurentius dictus Borgois servat aliam.

Custodes des clés de le grant boiste : Iehan Bourgois, Hue de Pont, Pierres le Clerc, Iohan d'Aulbemalle.

Serians : Michel Maton, Pierres Morin.

Jurati : Pierre de Setmueies, Raoul le Maignien, Iohan
Pole, Will. le Karon, Frameri, Bernard le Blont, Iohan
Grinon, Robert de Paris, Ernoul le Kaitier, Hue Ber-
nart.

Jurés du Tresport : Osbert Tardiu, Well. Coterel,
Robert de Praiaus, Pierres Tardiu, Ricart le Gruier,
Michichiel le Machetier, W. de Praiaus le joule, Enge-
ren de Praiaus, Robert le Fevre, Iohan Bequemin, En-
geren d'Albevile, Iohan Alain, Will. Minet, Robert le
Faudier, Raoul Harenc, Bauduin Lenglès, Iohan Cau-
don, Will. du Mont-Huon, Vermon de Cornoualle,
Iohen Edyene, Raoul Gossin, Robert Hubert, W. de
Brienchon, Guiffrei Lenglès, Raoul le Bouchier, Guiffrei
le Feron, Guiffrei Buaquet, Ricart le Nair.

[F° 24.] U tans Remont Passemer, adonques ballif
d'Eu, en l'an de grasse mil CC. quatre vins et chinnc,
fu enquis par serment de bonnes gens que, pour che
que Robert Gomont, adonques visconte, voleit contraindre Reigner de Bouvaincort que il paiast moute

48

d'avaine, de che il fu rendu pour dreit et par l'enqueste
desus dite que on ne deveit mie moute ne de nul roout
ablay. Vechi chans qui furent a l'enqueste, Gillebert
Aubri, Climent Mescane, Wille les Montereor, Adan
le Porteor, Raoul Aubri, Gillebert le Borgne, Pierres
entre II pons, Ricart Fourmentin, Gifroi de Berommare, Hue de Pont, Will. le Clerc, Iohan Helui, Iohan
de Neville, Ricart Ballin.

[F° 25.] *In maioratu* ROBERTI DE MESNILLO, anno Domini M° CC° octogesimo sexto, fuerunt *scabini :* Guido
dictus de Belvaco, Guills dictus Clericus, Iohannes dictus Triquet, Clemens dictus Mescane, Gaufridus de
Berommare, Iohannes Poiletruie, Symon Vingneron,
Bernardus de Rua, Iohannes Bourgois, Gillebertus Aubri,
Petrus de inter duos pontes, Gosso de Manchevile.

Conciliatores : Nicholaus Poiletruie, Regnerus dictus
de Boviscuria, Iohannes de Albamallia veteri, Laurentius dictus Bourgois, Guill. dictus Olearius, Robertus
dictus Rupphus, Nicholaus dictus de Salineles, Ancellus
de Penleio, Galterus dictus le Selier, Geroudus de Flosques, Iohannes de Mesnillo, Petrus dictus Clericus, Radulphus dictus Haterel, Hugo dictus de Ponte, Petrus
le Caron dictus de Calceia, Bartholomeus dictus Billet,
Rogerius dictus Tourquetil, Gaufridus dictus Luiere,
Nicholaus dictus Veisin, Iohannes Nicholes, Ricardus
de Lespine, Gillebertus dictus Adan.

Thesaurari : Petrus Clericus, Galterus le Selier, Ricardus de Lespine, Laurentius Bourgois.

Reignier de Bouvaincort warde le clef de le boiste a
vins.

Custodes clavorum de le grant boiste : Watier le Selier, Ricard de Lespine.

Custodes clavorum de le grant huche : Gifrei du Marchié, Gui de Beauvès.

Custod. clavorum de le boiste as vins du Tresport : Gosse de Manchevile.

Esquevins de Pont (1) *:* Ancel Huiart, Lorens Dandioque, Will. de Riu, Robert le Dien.

Esquevins du Tresport : Osbert Tardiu, Michel Coquet, Ricard le Gruier, W. de Praiaus le ioule, Roger Bruiselot, Johan Poitevin.

Jurati : Gillebert Adan, W. Lepicart, Lorens le Voite, Iohan Aubri, Iohan Rasquet, Watier le Cordier, Pierres le Peletier, Robert Rasquet, Iohan Boude le joule, Esteule Dupin, Martin le Checlier, Adan Cuel, Will. le Veel du Tresport, Raoul le Maieur, Mahiu Raic clerc du Tresport, W. de Roen, Robert Lebret, Nichole le Leu, Iohan Pasnaie, Watier Maugrain, Pierres de Reaucamp, Robert Lenglès, Raoul Canu du Tresport, Pierres Douilet, Pierres d'Albevile.

[F° 25 v°.] Le jour de mardi es festes de Pentecoste, Nichole dit Poiletruie... sesi... Lorenche, se fille par l'otrianche de Guillaume... son fix clerc, de deus masages... presens Robert du Mesnil, adonques maire, Climent Mescane,..., adonques esquevins ou du concel.

[F° 26.] Nichole dite Caim a otrié a trouver goutiere bone et souffisant... a dreit cours a le rue empardurableté a Nichole dit Blondel, seur une masiere entre lui et le dit Nichole Blondel, tant comme le masage s'estend du bout par deriere dusques a le rue... rechut chinquante sous de tourn. du dit Nichole Blondel..., le samedi de-

(1) Pont, village de la vallée de la Bresle, à une demi-lieue au-dessus d'Eu, était compris avec le Tréport dans la commune d'Eu. Pont s'écrit toujours sans *s* dans le Livre rouge; c'est aussi l'orthographe suivie par Toussaint-Duplessis et le Pouillié de 1738.

50

vant le Trinité... Au recort de Robert du Mesnil, adonques maire, et de Gui de Beauvès et de Symon Vigneron, adonques esquevins d'Eu et dautres.

[F° 7.] A tous cheux qui ches presentes lettrez verront ou orront, Jehan (1), conte de Eu, salut. Nous faisons assavoir a touz que nous avons otrié et creancé, pour nous et pour nos hoirs, au maire et ad esquevins et a toute la quemunauté de Eu, que nous ne nos hoirs ne meterons ne porrons mettre jamais notre serganterie de prendre nos poissons au Troisport par vente, ne par don, ne en nulle autre maniere, en main de nul ne de nulle, par quoy le taille ne les droitures de le ville de Eu, telez comme il apert au droit de le ville, en quelconques manière que che sait, soient amenuisiés amentiez ne empiriés. Et voulons et otroions pour nos hoirs que quiconque tiengne le dicte serganterie soit justichable et taillable a le dicte ville de Eu, autressi comme il n'en tenist mie. Et pour chen le maire et les esquevins et le quemunauté de le dite ville de Eu nous ont donné quatre chens livrez de tournois. Et nous, u tesmoing de che, leur avons donné ches lettres seellées de nostre seel faites le lundy devant la saint Climent, en l'an de grace mil IIᶜ IIIIˣˣ et VI.

[F° 27.] *In maioratu* Clementis Mescane, anno Domini Mᵒ CCᵒ octogesimo septimo, fuerunt *scabini :* Robertus de Mesnillo, Guillermus dictus Clericus, Guido de Belvaco, Nicholaus Poiletruie, Renerus de Boviscuria, Ancellus de Penleio, Laurentius dictus Bourgois, Guillermus dictus Olearius, Ancell, Nicholaus dictus de Salinelis, Iohannes de Albamallia veteri, Geroudus de Floquis, Radulphus dictus Haterel.

Conciliatores : Iohannes dictus Triquet, Gaufridus

(1) Jean de Brienne, 1270-1294.

dictus de Berommare, Iohannes Poiletruie, Symon dictus
Vigneron, Bernardus dictus de Rua, Iohannes dictus
Bourgois, Gillebertus dictus Auberi, Petrus de inter
duos pontes, Gosso de Manchevile, Petrus Clericus,
Iohannes de Mesnillo, Galterus le Selier, Robertus le
Rous, Symon le Cereurier, Iohannes de Belvaco, Adan
Cuel, Bartholomeus Billet, Iohannes de Flosques, Ricar-
dus de Spina, Hue de Pont, Nichole Voisin.

Tesauri : Iohannes Bourgois, Petrus Clericus, Galterus le Selier, Ricardus de Spina.

Custodes clavorum : Guido de Belvaco, Renerus de
Boviscuria.

Esquevins du Tresport : Robertus de Praiaus, Guillermus Coterel, Petrus dictus Tardiu, Radulphus dictus
le Bouchier, Balduinus Lenglès, Iohannes Debras.

Esquevins de Pont : Robert le Dien, Ancel Huiart,
Gerout de Pont.

Jurati : Robert Doriant, Guille Loncle, Robert de le
Couture, Guille Dien, Pierre le Carpentier, Climent
Castelain.

Phelippe dit le Waleis de Paris, seriant d'armes, est
demouré au maire et as esquevins et a tout le commun
de le vile d'Eu, ainsi que le dit Phelippe ne puet iamès
aler contre le vile. Et de che il fist fenete au maire de
bouque et de mains, le iuesdi après le mi aoust, en l'an
de grasse mil CC. quatre vins et huit, pour le quel
demouré le maire et les esquevins sunt tenus vers le dit
Phelippe de dis s. de tourn. d'anuel rente, as iours du dit
Phelippe, le iour de le Nativité Nostre Seignor a rendre,
et doit venir au mant au maire pour le besong de le vile
ou d'aucun de le commune par salere souffisant par dit de
bones gens.

[Fo 27 vo.][*Bâtonné.*] Vinchent Achopart de Chaelons,

52

demourant a Saint Poursain en Auvergne, est demouré au
maire et as esquevins et a tout le commun d'Eu, ainsi que
le dit Vinchent ne puet iamès aler contre le maire et contre
les esquevins ne contre le commune de le vile d'Eu, et de
che il fist fenete au maire de bouque et de mains, le iuesdi
après le mi aoust, en l'an de grasse mil CC. quatre vins et
huit, et doit venir au mant au maire pour selere souffisant
par le dit de bone gens, pour lequel demourée le maire
et les esquevins et toute le communauté sunt tenus devers le dit Vinchent de v s. de parisis d'anuel rente a
rendre as iours du dit Vinchent, le iour de Pasques.

[*Bâtonné.*] Et ansi et en ichele maniere, Andrieu Lenglès
d'Albevile demourant a Saint Poursain en Auvergne, est
demouré au maire et as esquevins et a tout le commun
par v s. de paris., a rendre a chacun terme.

[F° 28.] *In maioratu* ROBERTI DE MESNILLO, anno Domini M° CC° octogesimo octavo, fuerunt *scabini :* Clemens Mescane, Guido de Belvaco, Guill. Clericus,
Iohannes Triquet, Symon Vigneron, Gufroi de Berommare, Iohan Poiletruie, Bernart de Rue, Iohan Bourgois, Watier le Selier, Ricard de Lespine, Iohan
Burel.

Conciliatores : Nichole Poiletruie, Reignier de Bou-
vaincourt, Ancel de Penli, Lorens Bourgois, Guille
Luellier, Nichole de Salineles, Iohan d'Aulbemalle ve-
teri, Gerout de Flosques, Raoul Haterel, Iohan du
Mesnil, Pierres le Clerc, Bertremiu Billet, Iohan de Flos-
ques, Raoul le Boulengier, Raoul le Boistelier, Gufroi
Luiere, Gui le Fevre, Pierres d'entre deus pons, Gosse de
Manchevile.

Thesauri : Pierres le Clerc, Lorens Bourgois, Ancel
de Penli, Gerout de Flosques.

Custodes Clavorum : Guido de Belvaco servat magnam clavam, Clemens Mescane servat parvam clavam.

Esquevins du Tresport : Osbert Tardiu, Raoul le Bouc, Ricart le Gruier, Nichole Coquet, Raoul Harenc, Iohan Poitevin.

Esquevins de Pont : Guiffrei de Riu, Laurens Dandioque, Ancel Huiart, Raoul Mignon.

Jurati : Guill. de Witeflie, Marc Vastel, Roger Coullete, Hue le Merchier, Rogier le Merchier, Robert Papim, Lorens Cornelle, Lorens de Nevile, Ricart Cavillon.

Comme le maire et les esquevins et toute le communauté d'Eu soieent tenus vers Ricart dit Longuerie et vers Ameline se fame de vint l. de tourn. d'anuel rente a leur vies, ainsi que cheli ou chele qui premierement se departira d'ichelui ciecle x l. seront amenusiés. E est contenu en lor fet que aus ont de le vile, que se leur charte esteit arse ou corrompue ou empirié ou en quele maniere que che fust maumise, le maire et les esquevins lor deivent fere ausi bone charte et ausi souffisant comme le leur esteit, selonc les convenanches du primier marché, dedens quinze iors après que aus l'aroieent requis. E en eu seroit creu chascun par sei par son serment, se ele esteit en cheste maniere maumise, sy comme il est dessus dit.

[Fᵒ 28 vᵒ.] Il fu eswardé par le maire et par les esquevins d'Eu et par chaus du Tresport, le vendresdi devant Pentecostes, en l'an de grasse mil CC. quatre vins et huit, u, tans Robert du Mesnil, adonques maire, que les descarqueors du Tresport ne doivent avoir ne de privé ne d'estrange que xv d. d'un tonneau de vin sakier des voutes du Tresport soieent grans soieent petits, et de desor terre metre en quarete vj d., et de sakier du batel et de metre en le karete, e d'enguansteler xij d. Ichaus presens Robert du Mesnil, adonques maire, Guill. le Clerc, Gui de

Beauvès, Climent Mescane, Ioh. Peiletruie, Symon Vigneron, Ioh. Bourgois, Bernart de Rue, Watier le Selier, Ricart de Lespine, Ioh. Burel, Osbert Tardiu, Ricart le Gruier, Raoul le Bouc, Michel le Bouchier, Guill. Coterel, Pierre Tardiu, Robert de Praiaus, Raoul Belouchier, et assez d'autres. E se euz n'en ganstelent les vins, euz n'en doivent avoir des bourgois d'Eu ou de cheuz du Tresport que viij d. de le pieche.

Il fu acordé par maire et par esquevins et par tout le concel de le vile d'Eu et du Tresport, le samedi devant le Purification Nostre Dame Vierge, en l'an de grasse mil CC. quatre vins et huit, que Guillaume le Clerc ne sereit iamès maire ne esquevinz d'Eu ne du concel, e que cheli qui est maire le deit fere saver chascun an quant on leur fait jurer esquevinage, e pour les mesfais que il a fet qui echi sunt contenus après.

Primes, il fu avigié du maire et des esquevins d'Eu et de tout le concel de le vile d'Eu et du Tresport une feis, deus feis ou treis, ou plus, que Guill. le Clerc rendreit as enfans Adan dit les Montereor xx lb., dont Gui de Beauvès avoit sui le devant dit Guillaume le Clerc par fourme de plet par devant le maire. E fu d'une replevine de deus dras que il aveit replevi à Iohan Nicholes, qui aveit en warde iches xx lb. ove i. des enfans ad dit les Montereor, en aveit nient plus en le dete quant le replevine fu fete d'iches deus dras, si comme sire Gui se wanta par devant le maire et par devant tout le concel d'Eu et du Tresport. E le devant dit Guillaume connut tout a plain que il aveit repleni deus dras, mès paiement en aveit esté fcit de xxx lb. E sire Gui dist que il aveit assés conneu son conte, tout deist il que xxx lb. en eust paiés. E il ne li aveit fet demande que de xx lb., e nient plus n'aveit en le dete que iches xx lb. E fu iugié que le devant dit

Gui s'empartireit quite et assous d'iches xx lb., e que
Guillaume le Clerc seroit tenu a rendre iches **xx lb.** par
le fourme du pledié devant dit. Après il demanda amendement des viés et des nouveaus, une feis, deus feis, et
tout fu contre le devant dit Guillaume, e puis de chaus
d'Eu et du Tresport, e fu ausi contre li. Après tous ches
iugemens rendus contre li, il demanda l'eswart de Saint
Quentin vers sire Gui, on li otroia. Après ichel eswart
demandé, il qui avoit esté une feis maire dEu et esteit
esquevin adonques et sermenté au dreit de le vile warder,
resorti a l'eswart de Saint Quentin que il aveit demandé.
E s'ala complaindre la ou il cuida bien faire, e dist par
tout la ou il li plut a dire, que on aveit fet un iugement
en esquevinage contre li qui n'estoit ne bon ne souffisant.
E fu pour reson d'iches xx lb.

L'autre cas, le maire qui estoit adonques maire fu mandé
par devant le ballif a le requeste du devant dit Guill. le
Clerc, e pour le iugement d'iches **xx lb.** eleques par devant le ballif il fu acordé, par l'assentement du maire et
des esquevins, que l'eswart de Saint Quentin seroit mis
ius e que se le devant dit Guillaume poet enquore metre
en voir que paiement eust esté fet d'iches **xx lb.** qui enquore estoient demandés e qui avigiés li estoient a
rendre, e dont le pledié aveit esté de li et de sire Gui, que
il en seroit quite et assous. E fu iour mis pour che prouver a venir en esquevinage au dit Guillaume a toutes ses
prueves. Au iour il vint et ne se vout assentir que le
maire retreist le pledié de li et de sire Gui ne que ses
prueves fussent en riens oiées, se il n'i aveit present de le
gent le conte en esquevinage che qui estoit droitement
contre l'usage de le vile. E ne fu onques [f° 29] mais fet
que seriant le conte venist en esquevinage par saveir quel
droit on feroit as iurés qui pledeient l'un vers l'autre. E

56

aport par cheste raison que le dit Guillaume teneit en
souppechon le maire et les esquevins et tous chaus qui
che aveient iugié, et que aus eussent mauvesement wardé
lor serment vers li.

Le tiers cas est icel, que en le presence de Lambert,
adonques seriant de le ballie du conte d'Eu, et de Johan
d'Aulbemalle, adonques clerc de ichele ballie, qui en esquevinage estoient venus pour veir et pour hoir quel dreit
on li fereit, che qui onques mès ne fu fet, le maire re-
corda le iugement du pledié d'iches xx lb. par devant
ichaus devant nommés, et par l'assentement des parties.
E quant le iugement fu recordé e pour le maire oster
de souppechon, il demanda as esquevins et a tout le concel se il estoit ensi comme il aveit retrait, ils distrent tous
sans nul descordant e en le presence du dit Guillaume : oil.
Le devant dit Guillaume dist ausi, comme en soi effor-
chant de tout son poer de faire despit au maire et as
esquevins et a tout le concel, que il n'estoit mie coisi, et
que autrement avoit este acordé par devant le ballif d'Eu
quant l'eswart de Saint Quentin fu mis ius.

Le quart cas est icel, quar il s'est effourchié de tout son
poer d'aservir le vile si comme il est contenu es articles
devant dites, e est alé contre son serment, e a desdit son
maire et tout les esquevins et tout le concel de l'acort
devant dit, lequel acort a esté contredi comme des prueves
qui riens ne firent pour li, comme du paiement des xx lb.
devant nommés, e comment par les iugemens devant
nommés, qui bons estoient e que il ne tenoit mie a bons,
e par ses prueves qui riens ne firent pour li, que il rende
les xx lb. E toutes ches choses desus dites ne puet il onques
fere sans sei mesfere.

[F° 29 v°.] *In maioratu* CLEMENTIS MESCANE, anno Domini M° CC° octogesimo nono, fuerunt *scabini :* Rober-

ius de Mesnillo, Nicholaus dictus Poiletruie, Renerus de Bouvaincourt, Iohannes de Albamallia, Laurentius dictus Bourgois, Geroudus de Flosquis, Guillermus dictas Olearius, Nicholaus de Salineles, Ancellus de Penleio, Gosso dicto de Mancheville, Radulphus dictus Haterel, Gaufridus de Barra.

Conciliatores : Iohan Triquet, Bernardus dictus de Rua, Ricardus de Spina, Galterius dictus le Selier, Symon dictus Vigneron, Iohannes de Mesnillo, Iohannes dictus Bourgois, Iohannes Burel, Iohannes Poiletruie, Symon le Sereurier, Adan Cuel, Guille Guillot, Iohan de Beauvès, Iohan de Flosques, Prevost le Feron, Iohan d'Aulbemalle le ioule, Hue de Pont, Raoul le Boistelier, Nichole Voisin, Gifroi de le Bare.

Thesauri : Adan Cuel, Ricart de Lespine, Iohan Bourguois, Symon Vigneron.

Custodes Clavorum : Symon Vigneron, une des clés de le boiste, Iohan Bourguois, warde l'autre. Gerout de Flosques warde le petite clef de le huche, Gosse de Mancheville, l'autre, Ricart de Lespine, le clef de le boiste du Tresport.

Esquevins du Tresport : Raoul le Bouchier, Pieres Tardiu, Guille de Praiaus le ioule, Guille Coterel, Iohan Debras, Raoul Depuis.

Esquevins de Pont : Guille de Riu, Robert le Dien, Robert Engnel, Ancel Huiart.

Jurati : Iohan Pignere, Guill. le Pouletierre, Adan Phelippe, Adan Gifroi de le Bare, Iohan Genart de Pont, Guill. Postel, Esteule Esmerillon, Robert Gasquere, Guill. Pullers, Raoul le Courbier, Thomas Croustin, Iohan le Neir, Ricard Lannier, Robert Wastel, Gerout le Panetier, Guill. le Jumel, Robert Lagot, Ioh. le Tainturier, Robert Deu.

58

[F° 3o.] Il est ainsi que Symon Vigneron s'est establi
principal respont vers le maire et vers les esquevins d'Eu
de xx lb. de tourn., a le requeste dame Iohanne iadis
fame Gui de Beauvès pour les enfans au dit Gui (1) a
rendre au repaire du lendit prochain venant, che fu fait
le diemenche devant le saint Mahiu, en l'an IIII^{xx} et IX,
paiés a chu repaire, et les rechut Gerout de Flosques, le
jour de le saint Pierre, en lan IIII^{xx}, et disi en l'an ensuivant.

Iohan du Mesnil, Rich. de Beauvès, Ancel de Penliu
obligés en chele maniere, de rendre xx l. a chu repaire
devant dit.

Le diemenche apres le septembre, il fu eswardé par
maire et par esquevins et par tout le concel, que nule personne d'Eu ne du Tresport ne de Pont ne nourireit iamès
porcs de canvis, pour che que ele est mauvese a mengier,
ele sain mauvès a drapperie.

*Le iour de le saint Denis, sentence, après expertise
pour une* gouttière qui siet entre le meson Ricart Bequet
et le meson Amelot Veel..., che fu par le serment Guill.
Verité, Pieres de Melleville, Ricart Werité, Climent de
Cherisi, Raoul de Calli...

[F° 3o v°.] Le iour de samedi devant les brandons en
l'an de grasse mil CC. quatre vins et nuef, fu accusé de
secque moute Huistasse Amours, adonques couratier des
ablais du Tresport, de Iolan de Vimeu et de Guill. les
Montereor, adonques visconte d'Eu. E diseient les devans
nommés viscontes que le dit Huistasse avoit vendu l'orge
qui avoit esté crut en le moute d'Eu, e aresterent e firent
arester les devant nommés viscontes le nef ou l'orge estoit

(1) V. f° 194^v à f° 197, la gestion des biens des enfants mineurs
de Gui de Beauvès.

cargié, et voloient que toute le navée fu fourfete, de quoi le dit Huistasse dist en sei deffandant par devant ichaus viscontes, e pour delivrer les marcheans qui l'orge avoieent acatée, que l'orge devant dit estoit franc et avoit crut hors de le moute, et estoit prest de fere sent creable si comme il deveit par l'usage de le vile; il fu demandé de maistre Iohan d'Ancesne, adonques visconte de le ballie du conte d'Eu, a maire et a esquevins d'Eu comment il le deveit fere, et se l'usage esteit tel que il le peust fere si comme il le proposeit, les devant nommés maire et esquevins jugierent que le dit Huistasse se poeet fere creable par se main, comme de iurer que l'orge devant dit avoit crut hors de le moute si comme il l'avoit exposé, lequel serment fu rechut en plain esquevinage par devant maistre Iohan d'Ancesne, adonques visconte de le ballie et u liu du balliu pour chu serment rechevoir, e par devant Climent Mescane, adonques maire, par devant Robert du Mesnil, adonques esquevin, et par devant Iohan d'Aulbemalle, adonques clerc de le ballie, Rogier Chistole, adonques seriant le conte, Guill. le Clerc, Raoul Haterel, Morisse le Karon, adonques clerc de le commune d'Eu.

[F° 31 v°.] *In maioralu* NICHOLAI DICTI POILETRUIE, anno Domini M° CC° octogesimo decimo, fuerunt *scabini* : Robertus de Mesnillo, Gaufridus de Berommare, Iohannes Triquet, Bernardus de Rua, Symon Vigneron, Iohan Bourgois, Watier le Selier, Iohan Burel, Ricart de Lespine, Adan Cuel, Iohan de Flosques, Bertremiu Billet.

Conciliatores : Ancellus de Penleio, Iohannes de Mesnillo, Laurentius Bourgois, Iohannes de Albamallia, Gaufridus de Barra, Geroudus de Flosquis, Guills Olearius, Nicholaus de Salineles, Renerus de Boviscuria, Gosso de Manchevile, Radulphus Haterel, Pierres le Karon, Nichole Veisin, Iohan Prevost, Ricart Mallefesse, Iohan Poiletruie, Iohan de Beauvès, Guille de Beauvès, Robert Helyes, Bertremiu Billet, Raoul Engueulevent, Iohan d'entre II pons, Guill. Done, Pieres le Clerc, Gifroi de Flosques, Guill. le Karon.

Tresoriers : Guill. Luellier, Gerout de Flosques, Raoul Haterel, Lorens Bourgois.

Custodes clavorum : primes de le grant huche sire G. une clef, Robert du Mesnil une clef, Raoul Haterel, Lorens Bourgois les deux clés de le boiste, Watier le Selier une clef de le grant huche.

Esquevins du Tresport : Primes Osbert Tardiu, Ricard le Gruier, Engeren d'Albevile, Iohan Alain, Iohan Poitevin, Raoul Harenc.

Esquevins de Pont : Pierres de Gerberei, Lorens Dandioque, Guill. de Riu, Raoul le Petit.

Jurati : Iohan d'entre II pons, Ricart Lebret, Hui Croustin, Iohan Gontier, Hue Leleu, Guill. Leporteor, Mahiu Fene du Tresport, Nichole Huiart, Lambert Huiart, Iohan Rongemare, Thomas Catel, Martin Esperon caucheis, Robert Feret, Ricart Cardon, Guill. le Nostre Dame. Pont: Alleaume Gosselin de Pont, Bernart Wasart, Iohan Marret, Watier Morel, Pierres Ruesse, Bernart de Guerres, Iohan de Beaurain, Iohan Dubu, Iohan de Fraules, Robert Lebret, Iohan Guillot, Mahiu Lebret, Iohan de Nevile, Iohan le Grant, Raoul Dautranvile, Bernart Guillot, Robert Morel, Robert de Nevile, Raoul le Petit le ioule, Ricart Bequetarce, Gillebert Gesdon, Thomas Morel, Iohan Cruppin, Guill. Wales, Ancel Dandioque, Bernart Baart, Henri de Cherisi, Climent Mescane, Laurens Duval, Gillebert Huede, Ricart

Huede, Gillebert Wales, Pierres Wales, Ricart Maule-
vant, Pieres Opin, Robert Maulevant; *du Tresport* .
Andriu Iolif, Pierre Ricart, Gifroi Routier, Pierres
Dosobel, Henri Gillot, Robert Pouchet, Climent Gruier,
Guill. Tardiu de Flamengueville, Ricart de Berneval,
Huilart le Checlier, Robert Anno, Iohan le Carpentier,
Iohan Bourgois invenis, Guill. Copin baron Mabillon
Putevaine, Renaut Milet, Renout Tirelen por xiiij d.,
Iohan Erart, Martin le Talleor por xiiij d., Robert Tri-
quet du Tresport, Bernart du Moustier, Guill. le Lonc,
Pierres Prevost, por iij s. v d., Gifroi de Blangi, Noel
Maton du Tresport, Nichole Lemor, Guill. Lasnier le
ioule, Onffrei Anno, Robert Plaincoste, Robert le Mai-
gnien, Watier le Prevost, Michiel le Sueor, Esteule
Basille, Watier Cachecat, Adam de Rue, Iaques Mar-
moulu, Rogier Cheruele.

Il fu acordé par maire e par esquevins et par tout le
concel de le vile d'Eu, le merquedi après le Trinité, que le
drapperie d'Eu doit estre toute onnie, et tout d'une laine de
traime e d'estain, e doit estre en vint chens et en lxviij portées
ou plus et nient de mains. E le plenge laine qui ne porra
ataindre le cours de xx chens sera en xviij chens, et ara
lx portées et nient mains. Et sera le drap veu sor le mestier de deus drapiers et de deus teliers au primier cours
de le tisture. E qui ara volenté de fere son drap en plus
grant conte que de xx chens, e que de lxviij portées, il
porra estre fet sans nul debat més que il soit veu souffisamment que il ait soit onni, e tout d'une laine en le maniere que il est par devant ordené. E qui chest ewart ne
tenra, il emportera le paine tele comme maire et esquevins
jugeront selonc meffait.

*Charte de Reignier dit Braoullie. A la demande
Iohan dit Triquet bourguois d'Eu, une enquête avait*

été faite en presence de Lambert, adonques seriant de
le ballie du conte dEu, *Jean Triquet se plaignait que*
toutes les egues qui dessendeient de devers le porte du
marchié as chevaus parmi le rue de Saint Pierre d'Eu,
avoient lor cours parmi son courtil. *Reignier reconnaît*
qu'elles doivent trouver leur cours dans le sien por le
quele chose i'ai rechut x s. de tourn., le lundi devant
le saint Lucas... cheste letre fu en roullée, au recort de
Nichole Poiletruie, adonques maire, et de Robert du
Mesnil, adonques esquevin d'Eu.

[F° 33.] *In maioratu* ROBERTI DE MESNILLO, anno Do-
mini M° CC° octogesimo ondecimo, fuerunt *scabini :*
Nicholaus dictus Poiletruie, Iohannes de Albamallia,
Ancellus de Penleio, Laurentius dictus Bourgois, Gue-
roudus de Flosquis, Gaufridus de Barra, Guills dictus
Olearius, Regnerus de Boviscuria, Iohannes dictus Pre-
positus, Robertus dictus le Keu, Nicholaus de Salineles,
Gaufridus de Berommare.

Conciliatores : Iohan Triquet, Iohan Bourgois, Sy-
mon Vingneron, Bernart de Rue, Watier Lelier, Iohan
Burel, Ricart de Lespine, Adan Cuel, Iohan de Flosques,
Bertremiu Billet, Gosse de Mancheville, Pierres le Clerc,
Henri le Selier, Symon le Sereurier, Raoul Engueu-
levent, Iohan d'Aulbemalle le ioule, Raoul le Boistelier,
Raoul Haterel, Guill. de Beauvès le ioule, Guill. Guillot,
Iohan Poiletruie, Hue de Pont, Guill. de Balli, Iohan
du Mesnil.

Esquevins du Tresport : Guill. Coterel, Raoul le
Bouchier, Guill. de Praiaus le ioule, Iohan de Bras,
Iohan Cardon, Gontier de le Cambre.

Du concel du Tresport : Osbert Tardiu, Ricart le
Gruier, Iohan Alain, Engeren d'Albevile, Iohan Poitevin, Raoul Harenc.

Esquevins de Pont : Raoul le Petit, Ancel Huiart, Guill. Loir, Robert le Dien.

Tresoriers : Iohan Bourgois, Adan Cuel, Ricart de Lespine, Raoul Haterel. Adan Cuel warde une clef de le grant boiste, l'autre clef Ricart de Lespine; Gifroi du Marchié une clef de le huche, Lorens Bourgois l'autre, Reigner de Bauvaincort l'autre.

Jurati : Guill. Tardiu de le Tainture, Iohan Troquelin, Iohan Tourneveel, Ricart le Iumel, Guerart Lenasor, Robert Rikier, Ricart Lion, Colin Lion, Guill. Fraine, Guill. Bernart, Watier de Brunvile, Robert de Listevile, Robert Lion, Nichole Beleuvres, Engeren de le Fontaine, Ricart Hyrebel, Garnier Godefrei, Guill. le Portier, Robert qui tout set, Huede le Pipeor, Nichole Bourgois, Engeren le Bouchier, Guill. Coquet, Thomas Amiot, Martin Guerart, Iohan Coquet, Adan Coquet, Thomas le Caucheis, Guill. de Betencort, Ricart Basar, Rogier le Bouchier, Mahiet Edyene, Ricart Largent, Gillebert Maledenrée, Henri Gosselin, Guill. de Saint Iohan, Robert Feu, Nichole de Canvile, Esteule Lenglés, Guill. Lebret, Watier de Sainte Ylaire, Gifroi Belin, Renaut du Bosroucoul, Iohan le Fevre de Betencort, Audriu le Soot, Symon de Velli, Watier de Huppi, Robert Blondel, Fouques le Potier, Lucas le Malleor, Anskier du Bosc Hurel, Pierres de Roumaigne, Iohan Miete, Radiguois, Climent Blondel, Pierres le Bois, Reneaume Savale, Iohan le Borgne, Iohan Cuignet, Climent Delaune, Iohan Desqueines, Ancel Jourdain, Pierres de Meannay du Tresport, Lorens Harenc du Tresport, Guill. Mellin du Tresport, Engeren Mahommet du Tresport, Mahiu dit Taisson, Ricart le Courbier, Gilles le Courbier freres, Iohan Parent, Regnier de Canehen, Robert de Faenche, Nichole Dumoulin, Ricart Werité, Robert de Heude, Iohan Lebret, Guill. Barbe, Emri Duval, Ricart du Quesnei du Tresport, Raoul Cuissediu du Tresport, Guill. Boulie descarqueor du Tresport, Iohan Boulie, Guill. du Quesnei, Guill. Belye, Iohan Gohart, Colin le Merchier, Hue le Feron, Nichole Pinchier, Pierres Fremin, Watier Boute, Robert Colet, Iohan Guerart, Iohan Testin, Michel de Paleruc, Watier le Porteor, Thomas a le Vielle, Guill. Pegnie, Iohan Huifame, Esteule Brumen, Gerout de Tourvile de Pont, Gillebert Wasart, Guill. le Fevre, Iohan le Caucheis, Iohan Pesnet, Raoul le Rei, Gautier Poolin, Bernart le Clerc, Iohan le Caucheis, Guill. Leminel, Robert Lasnier, Gilles Wastel, Gillebert le Tainturier, Gifroi Baudri, Iohan de le Mote, Raoul le Leu, Iohan Dauphin, Lorens de Velli, Pierres de Penliu.

[F° 33 v°.] U tans que Climent Morin fu visconte, et en l'ennée que Robert du Mesnil fu maire, en l'an IIII^{xx} et onse, acata Morisse le Karon ij tonnes de vin a Iohan de Saint Oen, de quoi le dit Morisse envoia le coustume au dit Climent, e les devoit vendre a se taverne, le maire seut il chel aquit et en fu le dit Morisse repris et blasmé du dit maire et des esquevins. Et en fu pallé au dit visconte que il s'estoit mesporté de prendre coustume de vins qui devoient estre vendus a taverne, le dit visconte rendi au dit Morisse son aquit e dist tout convissamment que on ne devoit riens de vins vendus a taverne en le communauté d'Eu, ichaus presens Robert du Mesnil, adonques maire, Nicholas Poiletruie, Gifroi du Marchié, Guill. les Montureor et assez d'autres.

Il est ainsi que les teliers ne porront ouvrer de leur mestier devant l'ore du saint, et desi a complie et après nient, se n'est as tremes aunienz de quoi il ont a usage de delivrer lez euvres contre lez tremes. E se il en estoient

atains que il le feissent devant ichele ore du matin, e
après l'ore de complie, e il en sreient atains, cheli qui seroit ataint paeroit v s., si en ara le vile iij s. et lez banieors
ij s. pour le mestier warder. E fu che acordé par maire
et par esquevins et par tout le concel, le mardi devant le
saint Marc, en l'an de grasse mil CC. quatre vins et onse.

Le mardi devant Pasques, en l'an de grasses mil CC.
quatre vins et onse, reconnut en plain esquevinage seir
Iohan de Daregni l'empete de son seel qui est en le
warde de le vile comme en le huche de le vile, icheuz
presens Robert du Mesnil, adonques maire...

[Fº 7.] A tous cheux qui chez lettrez verront ou orront,
Jehan, conte de Eu, salut. Comme le maire et le commun
de Eu, aient leur quemune fondée de nos ancheseurs, et
debat fust entre nous et eux sus aucuns articles de quoy
eux disoient que eux avoient la congnoissance, sachent
tous que pour l'amour que nous avons au maire et a le
quemune de Eu, et pour aucuns plusieurs services que
eux nous ont fait, leur avons otroié pour nous et pour
nos hoirs et confermé par ches presentes lettrez, le congnoissance de toutes les quereles, de quoy eux ont usé u
temps passé paisiblement, se no gent n'en ont usé de nostre
droit paisiblement, que eux en usent u temps a venir bien
et en pais. Et se contens mouvoit u temps a venir entre
nous et eux de aucun article de leurs usages, nous voulons et otroions pour nous et pour nos hoirs que il fust
enquis et seu par serment de bonnes gens bien sachans
d'ichen et bien creablez. Et che avons nous acordé comme
ferme, sauve notre chieretaingne seigneurie. Et nous u
tesmoing de che a ches presentez lettrez avons mis notre
seel, qui furent faites le lundy devant la Circoncision
notre Seigneur, en l'an de grace mil IIᶜ IIIIˣˣ et XI.

[Fº 34.] En le mairie Robert du Mesnil, en l'an de

66

grasse mil CC. quatre vins et onse, eut debat entre marcheanz d'Eu et du Tresport, e maronneanz pour le reson
de vins qui furent getez a le mer. Par l'acort dez parties
il fu envoié par les lettres le maire a Dieppe pour oster
le debat d'entreuz. E fu renvoié au maire par les lettres
Pierre Aymer, adonquez u liu du balliu de Dieppe, que
il aveit trouvé que les usage et le coustume de Dieppe
est tele, que tous les vins qui furent getés par de la le ras
de Trenez (1) en quel liu que che soit, que le marcheant
n'en portait fors le pris que il cousterent u païs de Poitou,
tous frans sanz partir au get de le mer, ne au damage en
riens. E le eut en chu debat vins qui estoient a 1 marcheant, qui les aveit fretés as marineanz de le nef, des le
monneir a le dite nef. E fu ainsi enquis et sceu d'iches vins
as marineanz qui furent getés ove lez vins as marcheanz,
que le maistre en perdra son fret, et ne rendra riens le
marcheant au marinel, si comme ils furent getés de là le
ras. E perdra le maistre son fret des vins qui furent
getés, mès le fret de la nef de tous les vins qui furent
sauvés, a qui que ils soient, rendront et paieront le por-
tage au marinel sout pour sout, denier pour denier, et ils
partiront les marineanz au get. E est assavoir que le gayn
de le nef qui demoura après, tous cours et despens paiés,
partira au get de mer pour denier, sout pour sout, et se il
n'avoit aquest par desus les despens, ele n'i partiroit
de rienz. E che fu certefié par lettres qui vindrent adonques de Dieppe.

[F° 35.] *Charte de Gillebert dit Haymart. Il fait don
à Robert Helyes, pour sa vie, de tout heritage qui lui
pouvait écheoir de Ade Berte, femme d'Helyes.* Che
fu fait et enroullé mot a mot se lonc se letre, le vendredi

(1) V. dans Ch. de Beaurepaire, *la Vicomté de l'Eau de Rouen,
les Rôles d'Oléron*, VIII, XIII.

après Pasches, en l'an de grasse mil CC. quatre vins et douse, au recort de Robert du Mesnil, adonques maire, et de Nichole Poiletruie..., esquevins d'Eu adonques.

Charte d'Ade dite Berte qui ratifie la précédente. Gillebert dit Haymart manant a Roen est mon plus prochain heir se enfans n'avoie... Le mardi après Pasches, en l'an de grasse mil CC. quatre vins et douze...

[F° 35 v°.] *In maioratu* NICHOLAI DICTI POILETRUIE, anno Domini M° CC° nonagesimo secundo, fuerunt *scabini :* Robertus de Mesnillo, Laurentius Bourgois, Gaufridus de Barra, Iohannes dictus Triquet, Bernardus de Rua, Symon dictus Vigneron, Petrus dictus Clericus, Galterus dictus le Selier, Iohannes dictus Burel, Adan Cuel, Symon le Sereurier, Iohannes de inter duos pontes.

Conciliatores : Ancellus de Penleio, Gaufridus de Foro equorum, Iohannes de Albamallia, Gueroudus de Flosquis, Robertus dictus le Keu, Iohannes Prepositus, Guill. Olearius, Nicholaus de Salinetes, Bertremiu Billet, Iohannes de Flosquis, Iohannes Bourgois, Iohannes Poiletruie, Iohannes de Mesnillo, Guill. Done, Pieres le Karon, Guille le Portier, Radulphus dictus Haterel, Gosso de Mancheville, Iohannes Troquelin, Ricardus Mallefesse, Robertus Helyes, Guill. de Beauves iuvenis, Ricardus Hyrebel.

Tresoriers : Gueroudus de Flosquis, Ancellus de Penleio, Ricardus de Spina, Iohannes Prepositus.

Esquevins du Tresport : Osbert Tardiu, Engerem d'Albevile, Ricart le Gruier, Robert de Praiauz, Bauduin Lenglès, Iohan Barberi.

Du concel du Tresport : Guille Coterel, Raoul le Bouchier, Guille de Praiauz le ioule, Iohan Cardon, Iohan Debras, Gontier de le Cambre.

Esquevins de Pont : Pierre de Gerberei, Lorens Dandioque, Guille de Riu, Guille Loir.

Jurés : Nichole Osmuel, Robert Galet, maistre Iohan d'Albeville, Guill. de le Wique, Iohan du Tot, Manessier Deletre le pessonnier, Guill. Piquet, Mahiu Sapience, Iohan Teroude, Guill. le Checlier du Tresport, Iohent le Checlier, Pierres de Lenier, Evrart de Lille, Pierres Boistel, Iohan du Moustier, Mahiu de Saint Remi, Guill. Linere, Guill. le Rous, Iohan le Rous, Michiel Maugier, Watier Othelin, Pierres Lebreie, Henri le Selier le ioule, Pierres Wales, Guitte Briquet, Raoul Noel, Iohan Maupekié, Iohan de Frevile le ioule, Aleaume d'Aulbemalle, Reneaume Doncel, Iohan le Resant, Gifroi de Freauvile, Martin Elies, Guill. Sabot, Raoul le Petit, Robert Maistret, Denis Thyebourt, Engeren le Courtois, Pierres d'Aut, Gillebert le Sauvage, Iohan de Saint Oen, Michiel le Selier, Iohan Sorel, Robert d'Albeville fruitier, Adan le Checlier, Bernart le Candelier.

[Fº 36.] Aleaume Osbar d'Alenay reconnut en plain esquevinage, le samedi après le saint Iohan d'esté, en l'an de grasse mil CC. quatre vins et douse, que il et ses heirs esteient tenus vers les freres et les sereurs du val de Glanz de une mine de blé vair bone pour semer et pour afondre, a rendre envers Alenay au iour de le Toussaint, chascun an a le mesure d'Eu. Au recort de Nichole Poiletruie, adonques maire, et de Robert du Mesnil... esquevins d'Eu adonques.

Accord pour l'écoulement des eaux de le coutiere qui siet seur le meson Guill. de Praiauz le ioule, emprès le meson Pierres le Clerc, u bourc d'Eu... (1).

____

(1) Partie de la ville comprise dans la première enceinte. On lit, dans une charte de 1119, pour l'abbaye d'Eu : « masuram Goscelini in veteri burgo ».

[*Bâtonné.*] Il est ainsi que Robert Maistret, fix Bertremiu Maistret, a trouvé plege Ricart de Lespine son sire,
pour rendre aucun damage du desquarcage, se il avenoit
en se default, de quoi le dit Ricart s'abliia par devant le
maire et par devant esquevins, ch'est assavoir Nichole
Poiletruie, Robert du Mesnil.

It. Surel son compaignon s'ableia en chele maniere
pour fere le mestier du desquarcage, de quoi Lorens le
Sauvage, Ricard dit Wointe furent respondans pour le
dit Surel, pour les aventures rendre a che qui seroit
avenu en se default pour le dit desquarcage, au recort de
Nichole Poiletruie, adonques maire, et de Ad. Cuel, le
vendresdi après le saint Vinchent, en l'an de grasse mil.
CC. IIII^xx et douse.

Le letre qui parole de Gifroi dit Lesmontureur, de le
terre que Robert du Mesnil acata au dit Gifroi, est en le
huche de le vile par l'acort des parties, qui ne deit estre
ballié ne a nule partie ne a l'autre, se n'est par l'acort
du dit Gifroi ou de cheli qui ara cause de li, ou du dit
Robert e de cheli qui ara cause du dit Robert; lequel
letre est du mariage au dit Gifroi, et ovec che il i est
contenu le vente de le terre devant dite que dame Maroie
de le Wique vendi au dit Gifroi.

[F° 36 v°] [*Bâtonné.*] Watier Wastelier, Guill. Luellier,
Johan d'Aulbemalle le ioule, Bertremin Billet, Robert
qui tout set, Raoul Senescal, Robert de Faenche, Adan
le Checlier, Ricart Pallet sunt tenus chascun pour tout
au mie parant vers le maire et vers les esquevins d'Eu
de xj l. de tourn., des deniers as enfans Gui de B[eauvès],
pour les quius deniers le dit Watier a en se warde desi
a ij ans un des enfans audit Gui, auquel enfant le dit
Watier doit trouver tous ses cous desi au terme comme
de beire et de mengier, de westir et de cauchier, en tele

maniere que le dit Watier doit tenir le devant dite pecoune ove l'enfant desi au terme desus dit, ensi que xx l. des deniers devant nommés doivent estre mouteepliés au pourfit de l'enfant e au pourfit du dit Watier, de quei le dit Watier seroit creu par son plain dit sanz nule autre prueve ; e les autres xx l., doivent estre tenus sans nul mouteploy, les quius xl l. devant nommés, ove le mouteploi des xx l., doivent estre rendus a le vile a le Pasche, qui sera en l'an de grasse mil. CC. IIII^{xx} et quinse. E fu au recort de Nichole Poiletruie, adonques maire, et de Robert du Mesnil. Che fu fait le vendresdi devant le Mathieu l'apostre, en l'an de grasse mil. CC. IIII^{xx} et douse.

Johan de Vimeu, Robert Anno, Guill. Anno, Climent de Launei, Guill. de Frieucort, Guill. Lezmontureur sunt tenus chascun pour tout vers le vile de xl l. de tourn., de quoi xx l. seront moutepleiés au pourfit du dit Johan de Vimeu, et au pourfit d'un des enfans Gui de B[eauvès], a cui il doit trouver son vivre desi a le Pasche en l'an IIII^{xx} et XIIII, e lez autres vint l. ne seront de riens moutepleiés ; les quiuz xl. l. seront rendus au maire et as esquevins d'Eu, a chu terme devant dit de Pasche ove le mouteploi des xx l. devant nommez, duquel mouteploi le dit Johan seroit creu par son plain dit, au recort de Nichole Poiletruie, adonques maire, et de Robert du Mesnil, adonques esquevin.

Johan de Vimeu, Guill. le Portier, Johane se fame, Guill. de Fontaines, Watier Happecin se sunt obligés a geter quite et delivré le maire et les esquevins d'Eu de l. l. de tourn., qui balliés furent par l'acort des amis, a Johan de B[eauvès], fix aisné Gui de B[eauvès] mort, au recort de Robert du Mesnil, adonques maire, et de Nichole Poiletruie esquevin d'Eu, le vegille de le Magde-

laine, en l'an IIII^{xx} et trese, e l'acorderent par lettres de
ballie et par letres d'office.

*Quittances de Henri ad Waquez de Gamaches pour
argent donné,* en nom de mariage, 1. *à Pierre le Clerc
et Maroie de la Wique dont il avait épousé la fille
Chechille,* 2. à mesire Watier, adonques prestre du
Mesnil Reneaume, Iohan le Clerc, Amable sa fame et
leur heirs.

[F° 37.] [*Bâtonné.*] Gueroudet trouva pleges Guill.
le Portier, Guill. Trichet, Poolin Wasart pour le reson
du descarquage. Iohan le Checlier trouva plege Robert
Gomont pour che meisme.

*Sentence, après expertise, par les charpentiers ser-
mentés, pour une gouttière entre les maisons de Roger
Wasart et Iohan du Tot.* Che fu fait et en roullé u tans
Nichole Poiletruie, adonques maire en chel an.

[F° 37 v°.] Le lundi après le miaoust, en l'an de grasse
mil CC IIII^{xx} et trese, furent rendus les armeures a
l'oir Guy de B[eauvès], et tout ce qui apartient a oir,
comme 1 hanap de madre a pié d'argent, et 1 hanap a
pié d'argent, e une cullier d'argent, comme unes plates,
deus bachins de fer, un capel de mont au ben, 1 haubert,
deüs gans de balayne, deux pourpoins, deux cotes a
achesmer. It. 1 huchel. It. une grant paele, 1 pot lavoer,
1 trenet, 1 andier, une paele a oes, 1 greil, une broque de
fer, 1 pot d'estain, 1 bachin a mains. E trouva Robert
Gomont plege vers le vile pour assuiter le bal quant
l'oir Gui de B[eauvès] sera en son aage, ch'est assavoir
Iohan Burel, Robert le Keu, au recort de Robert du
Mesnil, adonques maire, et de Nichole Poiletruie...
It. 1 pot de cuivre... E au recort de Michel de Salineles...
E est le dit Robert a delivrer le vile des choses desus
dites de damage vers tous, au recort d'icheuz. E est le

dit Robert tenu a delivrer ses pleges quites et delivrés.

It. le mere a en warde pour Iohanot son fils, une caudiere de lx s. de paris. It. une cuve de xl s., i cauderon, i manet de le value de xl s. It. tonne de deus sous e demi. It. une goutiere de vin s., une cramellie de fer. E doit le dite mere tout che rendre au conviant au dit enfant.

Iohan de Vimeu, Guill. le Portier, Iohanne sa fame, sunt demourez vers le vile pour oster le dite vile de damage, se ensi estoit que ele en courust en aucun damage d'endroit des xx l. qui furent balliés a Guill. de le Mote a rendre a le S. Remi, en l'an IIII^{xx} et quinse, au recort de Robert du Mesnil et de Nichole Poiletruie esquevins en l'an IIII^{xx} et treise.

Donation d'usufruits par Gillebert d'Albeville a Lore se fame, son masage qui siet en le Cordouanerie d'Eu..., deus s. de rente que Mahiu le Merchier deit d'une pieche de terre assise à Brunville... Robert de Roumagne v s. d'un pré assis au Motey. Et vin iournaux et demi de terre, dont l'une est assise u val de Cumont..., au recort de Gifrei de la Bare et de Watier le Selier, esquevins d'Eu adonques, le vendresdi après que le letre fu fete.

[F° 38 v°.] *In maioratu* Roberti de Mesnillo, anno . . Domini M°CC° nonagesimo tercio, fuerunt *scabini :* Nicholaus Poiletruie, Gaufridus de Foro equorum, Guillermus Olearius, Gueroudus de Flosquis, Nicholaus de Salineles, Laurentius Burgensis, Ancellus de Penleio, Gosso de Manchevile, Iohannes Prepositus , Robertus le Keu, Guill. de Beauves invenis, Radulphus le Boistelier.

Conciliatores : Gaufridus de Barra, Adan Cuel, Petrus dictus Clericus, Symon dictus Vigneron, Galterus dictus Cellarius, Iohannes dictus Triquet, Bernardus de Rua, Iohannes de inter duos pontes, Symon le Sercurier, Iohannes dictus Burel, Iohannes de Mesnillo, Bartholomeus Billet, Iohannes de Flosquis, Iohannes Burgensis, Radulphus Haterel, Radulphus Engueulevent, Hui Letedouche, Clemens Mescane, Robert qui tout set, Iohannes de Beauvez, Guill. Guillot.

Tresoriers : Iohannes Burgensis, Iohannez de inter duos pontes, Adan Cuel, Petrus Clericus.

Esquevins du Tresport : Guill. de Praiauz iuvenis, Guill. Coterel, Radulphus Carnifix, Egidius Maynart, Iohannes Debras, Radulphus Harent.

Du concel : Osbert Tardiu, Ricardus le Gruier, Iohan Barberi, Bauduin Lenglez, Robertus de Praiauz.

Esquevins de Pont : Robert Engnel, Robert le Dien, Guill. Loir, Ancel Huiart.

Jurati : Iohan le Checlier, Iohan Tardiu, Guill. Hachin, Watier Feu, Guill. Veel du Tresport, Guill. Senescal, Iohan Ougier, Iohan le Brum, Iohan Amis, Guerart Gybert, Symon Gogo, Martin Labbé du Tresport, Ricart Wasal, Ricart le Lievre, Iohan Tuefol, Iohan le Francheis, Ricart Boute, Guill. de Point, Iohan Diene le ioule du Tresport, Acart le Cartier d'Aouste, Guerout Peauret, Iohan d'Aulbemalle clerc, Watier de Hainsseville, Iohan Pleyart, Thomas Dalli, Ricart du Quesnei, Guill. Morel, Pierres Canu du Tresport, Climent Walen, Gillebert le Barbier, Watier Tiebourt, Guill. Guerart, Aleaume Goye, Iohan Tardiu le Saunier, Lorens Deloyre, Raoul Huistasse, Iohan le Cauchos, Ricart Waagne, Iohan le Karon, Robert le Checlier, Mahiu le Prevost, Robert Hekarue, Gifroi Milet, Adan Breton, Bertremiu de ·Parlerue, Guill. de le Cambre l'aisné du Tresport, Guill. de le

74

Cambre le ioule du Tresport, Gui Du Castel parmentier, Gifrei Maunouri, Gilles Mainart du Tresport, Bernard le Sueur, Raoul le Boistelier iuré et estoit esquevin quant il le iura, Iohan le Boulengier de Pont, Gillebert Morin, maistre Raoul adonques seriant de l'ostel le conte d'Eu, Robert le Peignie du Tresport, Pierre Pruvost, Huistasse Tardiu le fix, Renout Tardiu, Watier Dauphin.

[F° 39.] Il est ensi que les lieurs de cardon sermentés doivent avoir de chascun millier de cardon, de l'entrée d'aoust 1 denier desi au iour de le saint Remi, et puis chu terme de le saint Remi desi a l'entrée d'aoust, deux milliers pour 1 parisi, en tele maniere que se cheuz qui feront cardon lier ont aucune chose en leur manage de quei on puist lier cardon, les lieurs sermentés le doivent quellir as tous de cheuz qui le cardon sera. E ne doivent les devant nommés lieurs lier en autre liu, tant comme les bones gens de Pont aient a fere. E se ensi estoit que euz alassent en autre liu contre le volenté a cheuz de Pont, e le liage du cardon cousteit plus que le fuer devant dit, les lieurs sermentés sereient tenus a rendre chu plus. E ne pueent cheuz de Pont fere lier leur cardon a autre gent que a cheuz qui seront sermentés, se ensi n'estoit que euz le vosissent fere de leur main. Che fu fait et acordé par l'acort du maire et des esquevins d'Eu et des esquevins de Pont, le merquedi après le Nativité Nostre Dame Vierge, en l'an de grasse mil. CC. XIII^{xx} et trese.

Rogier Wasart est tenu a trouver pareit en ses estables par deriere a Watier le Merchier, par desous le goutiere au dit Watier, ensi que tout l'empirement qui seroit fet ou porra estre fet en le dite pareit par devers le dit Watier. Au recort de Robert du Mesnil, adonques maire...

Le iour des mors, en l'an de grasse mil CC III^{xx} et trese, donna Hue de Pont a Gille Belot son fix..., pour son serviche quinse lb de tourn...

Il fut acordé par tout le concel que iamès u tenz a venir, nul esquevin ne pooit acrere recort en taverne, se n'estoit par le congié du maire, e que cheli qui en seroit ataint qui l'aroit donné, anchains que il fust connu, il pœroit xx s. d'amende sans lasquier.

[F° 39 v°]. *Charte de Tiephaigne Constans. Usufruit de terres et de rentes légué par elle à Robert dit Féret son mari :* terre assise en deux pièches a Martinval, *rente sur une terre située entre les deux précédentes,* E a costé autre terre, le courtil devant dit est assis en le basse Bretaigne, e aboute d'un bout au quemin reel, que on apele le haute Bretaigne, e d'autre a l'autre quemin reel, que on apele le basse Bretaigne... lendemain de le saint Denis... au recort de Robert du Mesnil, adonques maire...

Robert Feret a paié, pour Hue Belin le premier baron Tiephaigne se fame, douze l. et demie de tourn. a Remont de Trabilieres et à Symon de Trabilieres. E pour che que il les puist recouvrer seur les biens de l'eir. E fu au recort de Guerout de Flosques et de Guill. de B[eauvès] esquevins d'Eu ; les quius deniers furent au tesmoins d'iches deus esquevins, qui firent le deerain paiement u non du dit Robert.

[F° 40.] Il fut eswardé par maire et par esquevins et par tout le concel, le merquedi après le saint Matias l'aposire, en l'an de grasse mil CC IIII^{xx} et trese, que Symon Nicolas, Pierres Maugier, Iohan Bourgois le ioule fix Simon Bourgois, ne seroient iamès u tens a venir en nule offise de le vile, quele que ele soit, pour les cas qui chi ensievent ; ch'est assavoir que icheuz devant

nommez furent wardes du mestier de le boucherie, c
acuserent Iohan dit Balle hache, et li mistrent sus, et distrent que le car de porc, qui estoit devant le fix Hue Maunouri, estoit soursemée. Cheli Iohan Balle hache qui le
car estoit, se vint complaindre a Robert du Mesnil, qui
estoit adonques maire, d'ichez wardes, e pria au maire
que il feist l'autre costé veir, qui esteit parel a chu costé
la ou deveit avoir trouvé les grainz. Le maire, pour le
souppechon oster, fist venir en esquevinage le dit costé
de porc et l'autre costé ou les grainz durent estre trouvez.
On fist venir les dis wardes e autres de leur mestier. Le
car fu veue souffisanment, e fu trouvé que ele estoit
bone et souffisant pour vendre en tous bons liuz; fors tant
seulement on trouva en le dite car grains qui estoient
mis au desus de le dite car. E fu trouvé u panier ou le
car estoit, de quoi le dit Iohan Balle hache estoit accusé,
un filet de porc que on y avoit mis, qui que che feist,
lequel filet fu ageté a le car pour savoir se che en estoit.
E estoit ichu filet tout pourri de soursemeure. E autre
fois pour savoir le souppechon, le maire enquist a autres
bouchiers se ichu filet estoit d'ichu porc; il fu trouvé
que il ne n'estoit mie, e que on li avoit mis pour fere
damage au dit Iohan Balle hache. Pour quoi le dit eswart fut fet. E en chu iour pour le dit meffait, euz furent ostés de le warde et i mist on autres wardes. E
doit chascun maire iches cas ramentevoir en chascune
mayrie.

[F° 40 v°.] Remenbranche du louage que le vile a fet au
prevost d'Eu. Ch'est assavoir de xx s. de rente, les
quïuz xx s. le vile les doit tenir desi a viij ans par ses
letres, le terme commenchant a le Toussaint qui sera en
l'an IIIIxx et quatorse. E devons aquitier le dit prevost
de x s., au iour de le saint Remi, au sire de Montegni

desi a che terme. E furent faites les letres le vegille du Noel, en l'an IIII^{xx} et trese.

[F° 41.] *In maioratu* PETRI DICTI CLERICI, anno Domini M°CC° nonagesimo quarto, fuerunt *scabini :* Laurentius Bourgois, Iohannes Triquet, Symon Vigneron, Bernardus de Rua, Gaufridus de Barra, Adan Cuel, Iohannes de inter duos pontes, Iohannez Poiletruie, Iohannes Burel, Ricardus Hyrebel, Iohannez Troquelin, Robertus de Mesnillo.

Le concel : Nicole Poiletruie, Gifroi du Marchié, Guill. Luellier, Guerout de Flosquez, Nichole de Salineles, Ancel de Penliu, Gosse de Mancheville, Iohan Prevost, Robert le Keu, Guill. de Beauvez, Raoul le Boistelier, Iohan du Mesnil, Iohan Bourgois, Pierres le Karon, Guill. Done, Cuill. le Fevre, Henri le Selier, Ricart Mallefesse, Iohan le Karon, Iohan de Flosquez, Ricart Wasal, Bertremiu Billet, Roger Tourquetil, Robert Helyez, Iohan le Vavasseur, Gillebert de Velli.

Esquevins du Tresport : Osbert Tardiu, Engeren d'Albevile, Ricart le Gruier, Iohan Cardon, Iohan Barberi, Bauduin Lenglez.

Le concel : Guill. Coterel, Raoul le Bouchier, Gillez Mainart, Iohan Debras, Raoul Harenc, Guill. de Praiauz le ioule.

Esquevins de Pont : Lorenz Dandioque, Raoul le Petit, Robert le Dien, Guill. Loir.

Warde₹ de le drapperie a porter le bouion, e pour les dras veir a le₹ wart : Guille de Beauvez le ioule, Iohan Jourdain, Onffrei Panier, Climent d'Aut.

It. a veir sus le₹ mestiers : Gillebert le Caucheis, Andriu du Mesnil, Gifroi Morin, Thomas Vistel.

Couratiers de dras : Rogier Aubri, Iohan Iourdain.

Wardeʒ du pain : Iohan Leneir, Ernoul le Cartier, Hui le Tedouche, Guill. Ligier, Pierre Beaufix.

Wardeʒ des bouchiers : Iohan Bourgois, Iohan Rungemast, Robert Bauduin, Symon Bourgois.

Wardeʒ des pessonniers : Raoul le Borgne, Henri de Crasville, Osbert Bernage, Gosse Bernage.

Wardeʒ de la drapperie de le Cauchie a leʒ wart et a porter le bouion : Watier e avait Gontier Conbarie, Watier Cachecat, Hue de Brunville, Aleaume de Douvre, Michiel Gosselin.

Wardeʒ des cuirs as taneurs : Ricart Mallefesse, Bertremiu Billet, Iohan d'Aulbemalle le ioule.

Wardeʒ pour le menu venel, qui apartient a cocheʒ : Iohan Balle hache, Iohan le Cartier.

Castodes clavorum : Adan Cuel warde le grant clef de le grant huche e trois autres petites clés, ch'est l'une de le boiste as braseors, l'autre de le boiste as cyrographes, l'autre de le boiste as braseors du Tresport; Guill. de B[eauvès] le clef de le boiste as vins e le clef de le grant boiste; Iohan bourgois l'autre clef, Guerout l'autre clef, Lorens Bourgois warde le clef du petit huchel, Robert du Mesnil warde l'autre clef du petit huchel que sire Nicole wardeit. It Raoul le Boistelier warde le clef de le boiste ad vins et une autre clef de le grant boiste.

Jurés : Iohan Papin, Guill. de Frieucort qui fu couratier de vins, Rogier Ougier le ioule, Climent le Grant, Watier Maulevant, Aleaume le Vesque, Andriu Malagrue iuravit quod iuraverat, Iohan le Vavaseur fix Guill. le Vavaseur, Iohan de Rue, Pierres Tardiu, Huistasse Tardiu, Bernart de Rue iuravit quod iuraverat, Guill. le Bouc, Iohan Burel clerc et seriant du Tresport adonques, Iohan le Marcheant, Iohan Capete du Tresport, Gosse Moigne, Iohan d'Arquez, Robert le Monnier, Henri d'Arquez, Robert Chauporc, Pierres de Frieucort, Iohan le Karon frere Pierres le Karon, Bertremiu de le Mote, Iohan le Cartier Gosse le Cartier, Iohan Dauphin plege se il meffait, Michiel de Gamachez, Ricart le Potier, Robert Marmoulu, Aleaume Bourguegnon, Iohan le Blont, Gillez Trousse du Tresport, Pierres Maribrasse, Pierres Alemelle, Ricart Huiart du Tresport, Lorenz Dandioque.

[Fº 41 vº.] En l'an de grasse mil CC IIIIˣˣ et quatorse, le vendresdi après Pentecoste, donna mesire Gosse de Penliu, adonques prestre du Mesnil Raoul, a l'glise de saint Iohan d'Eu xij d., et au curé d'ichu liu xij d., a l'glise de saint Pierres d'Eu xij d., au curé d'ichu liu xij d., a l'glise de saint Iaques d'Eu xij d., au curé d'ichu liu xij d., a la maladerie d'Eu ij s., a l'ospital d'Eu du dyocese de Roen ij s., les quius dis s. Guill. de Penliu frere du dit mesire Gosse, e ses hoirs seront tenus rendre chascun ans a icheuz devant nommez. E fu en roullé en plain esquevinage, chu iour devant dit, au recort de Pierres le Clerc, adonques maire, et de Robert du Mesnil..., esquevins d'Eu adonques.

Charte de Johan Normant. Il lègue à sa femme Ennez de Cherisi une meson e toutez les appartenanchez d'ichele, assise en le paroisse saint Johan d'Eu, au recort de Pierres le Clerc, adonques maire, de Johan Triquet..., esquevins d'Eu adonquez.

[Fº 42.][*Bâtonné.*] Rogier de Gamaches rechut lx s. des deniers a le fame Gillez de Penliu, que on li deveit au terme de le Toussaint, en l'an IIIIˣˣ et quatorze, de quoi le dit Rogier fist lettre de ballie, pour desdamagier ent le vile.

It. Raoul Desprès vij l. de chez deniers meismez que

il rechut, de quei il fist lettre de ballie, pour desdamagier le vile.

It. Dan Huimant rechut x l. au terme de le Toussaint,
en l'an IIIIxx et trese, pour le fame du dit Gillez, de quoi
Iohan Poiletruie fist se dete, pour desdamagier le vile,
au recort de Robert du Mesnil et de Lorens Bourgeois,
e estoit le dit Robert maire.

It. Ancel d'entre deus pons en rechut, en l'en quinze,
dis lbr, dont il fist se lettre.

It. le dit Raoul en rechut xlij s., en l'an XVI, dont
il fist se lettre, pour desdamagier ent le vile.

It. en chel en Pierres le Droueis c. et v. s., qu'il en
rechut de le main Robert du Mesnil, dont le vile eut
memorial du visconte du Nuefcastel, en remembranche
que che fu par forche de iustiche.

It. Symon Vigneron xxx s. que il en rechut, de quoi
le dit Symon et Ancel de Penliu en firent leur dete par
leurs letrez, a recort.

Detez paiéez pour Gilles de Penliu par forche de iustiche, de dis lbr que le vile deit a le Toussaint a dame
Resent se fame :

Primez, en l'an IX ; u tens Climent Mescane, a
Remont u castel d'Eu, dis l., moitié en deniers d'or, et
les autres en monoie d'argent.

U tens Nichole Poiletruie, en l'en dis, a Remont
Passemer, par Ricart de Couronne dis l.

It. en l'en onse, u tens Robert du Mesnil, a Remont
Passemer dis l. par le main Renoudet sen vailet.

It. en l'en douse, u tens Nichole Poiletruie, x l. a
Remont Passemer, par Ricart de Couronne.

It. u tens Robert du Mesnil, en l'en trese, x l. Adan
Vimont, de quoi Iohan Poiletruie fist se dete pour desdamagier ent le vile, au recort de Robert du Mesnil,

adonques maire, et de Lorens Bourgois, esquevin d'Eu.

It. u tens Pierres le Clerc, en l'en quatorze, Rogier de Gamachez, Raoul Desprès, x l., par lettre de baillie chascun, de quoi Rogier de Gamaches en eut lx s., et le dit Raoul vij l.

It. en l'en quinse, u tens Iohan du Mesnil, Ancel d'entre deus pons x l., par se lettre de son seel, et par le copie d'une atornéc que le dit Gillez li aveit fet de le ballie de Roen.

It. en l'en XVI, u tens Robert du Mesnil, x l. : a Pierres le Droueis c. et v s., par memorial de le visconte du Nuefcastel, a Raoul Desprez, xlij s. par se simple letre, a Symon Vingneron, xx s. par se letre et par lettre Ancel de Penliu. It xxiij s. balliez a Gillez de Penliu.

[F° 42 v°.] It. en l'en XVIII, en le seconde mairie Pierre le Clerc, Gillebert Adan, Salemon le Iuis, rechurent de le vile x l., chascun c. s. par Gilles de Penli, et plegierent l'un l'autre par lettre de ballie a desmagier le vile pour le rente dame Resent se fame, que le vile devait a le Toussaint.

[F° 43.] *In maioratu* IOHANNIS DE MESNILLO, anno Domini M° CC° nonagesimo quinto, fuerunt *scabini :* Petrus dictus Clericus, Ancellus de Penleio, Gaufridus de Barra, Gaufridus de Beronmare, Gueroudus de Flosquis, Iohannes dictus Bourguois, Guillermus dictus Olearius, Robertus dictus le Kyu, Iohannes dictus Prepositus, Guillermus dictus de Belvaco, Iohannes dictus le Karon, Robertus dictus Elyes.

Le Concel : Robertus de Mesnillo, Laurentius dictus Bourgensis, Bernardus de Rua, Symon dictus Vigneron, Ricardus dictus Hyrebel, Iohannes dictus Troquelin, Iohannes dictus Burel, Iohannes dictus Triquet,

Iohannes dictus de inter duos pontes, Adam dictus Cuel.
Iohannes dictus Poiletruie, Iohannes de Albamallia, Ra-
dulphus dictus le Boistelier, Radulphus dictus Haterel,
Clemens dictus Mescane, Nicolaus de Salineles, Gosso
de Manchevilla, Ricardus dictus Mallefesse, Henricus
dictus le Selier, Iohannes de Flosquis, Ricardus dictus
Wasal, Bartholomeus dictus Billet, Guillermus dictus
Guillot, Guillermus dictus Blondel, Iohannes dictus
Mercator, Gillebertus de Velli, Iohannes de Saint Oen,
Radulphus dictus Engueulevent.

Esquevins du Tresport : Radulphus le Bouchier,
Guillermus Coterel, Adan de Praiaus, Pierres d'Albeville, Iohannes Debras, Iohannes Poitevin.

Le concel du Tresport : Osbert dictus Tardiu, Enge-
rennus dictus d'Albeville, Bauduin Lenglès, Iohannes
dictus Cardon, Iohannes Barberi, Ricardus le Gruier.

Esquevins de Pont : Ancel Huiart, Guill. Loir,
Robert Egnel, Pierres de Nevile.

Wardes du pain : Robert Marmoulu, Iohannes Leneir,
Hui Letedouche, Pierres Beaufix, Guillermus Ligier.

Wardes des bouchiers : Pierres Coquet, Simon Bourgois, Iohan Rungemast, Robert Bauduin.

Wardes des pessonniers : Rogier dit Blondel, Raoul
le Borgne, Iohan le Borgne.

Wardes des drapiers a warder seur le mestier :
Thomas dit Wistel, Watier le Wache, Gillebert le Caucheis, Andriu du Mesnil.

Wardes des drapiers : Climent d'Aut, Symon Vingneron, Onffrei Panier, Nichole de Salines.

[F° 43 v°.] *Couratiers de drapperie :* Guill. Vingneron,
Rogier Aubri.

*Wardes de le drapperie de le Cauchie a porter le
bouion :* Watier Cachecat, Gontier Coubarie.

Wardes de le Cauchie a porter le bouion : Ricart de Douvre, Marc Vastel.

Wardes de taneurs : Ricart Mallefesse, Bertremiu Billet, Iohan Lenglès, Gilles le Taneur.

Wardes de menu venel emprès le boucherie : Nichole le Boistelier, Colet le Pastier.

Wardes de menu venel u bourc d'Eu : Robert Cardon, Nichole le Merchier.

Tresoriers d'Eu : Adan Cuel, Iohan d'entre deus pons, Iohan Troquelin, Raoul le Boistelier, a chacun une clef.

Jurés : Guill. Coppin iuravit communionem quam iuraverat, Iohan Walen, Hue le Kandelier, Iohan Mariavala du Tresport, Guill. de Frieucort du bourc, Raoul Doriant, Ricart dit Bequet, Rogier du Moulin, Guill. Albelin, Rogier d'Albeville dit Mongnot, Raoul Tardiu de Flamengueville, Esteul le Lombart du Tresport, Guill. Balen, Iohan de Rue de Pont, Guill. le Rei, Robert de Gerberey, Gillebert Lamaneur, Iohan le Painteur, Rogier Tourquetil, Rogier Piogier, Guill. le Merchier, Iohan le Gruïer fix Gontier d'Albeville, Ricart le Vavaseur de Pont, Nichole Kiedevile, Coynez d'Aut manant a Tresport, Iohan Gamin, Tierri Blondel, Iohan Dollienz, Bernart le Clerc de Pont, Nichole Guerart, Ricart Pallet.

Le iuesdi emprès le saint Pierres en esté, en l'an de grasse mil II^c IIII^{xx} et quinse, fu l'asaut au Tresport des Englez, et fu toute le rue du Tresport par devers le cors du hable arse.

[F° 44.] Le vendresdi après l'Ascension, en l'an IIII^{xx} et quinze, fu apris comment merchiers qui vendent mercherie a leur fenestrez comme candeilez, s'acintent au visconte de le boucherie. Il fu trouvé par merchiers an-

84

chienz, qui aucune fois aveient de che usé, en le presence
de Climent Mescane le ioule, adonques visconte de le
Machacre, que les merchiers tout vendent il candeilez ove
leur mercherie, pour tant que le dit essopier usast plus
du mestier de le mercherie, que il ne paereit riens au
visconte de le Machacre.

Robert qui tout set, Guill. Luellier, Watier Wastelier, Robert de Faenche, sunt tenus chascun pour tout
de xij l. v s. vers le vile, des deniers as enfanz Iohan qui
tout set a rendre a le Saint Remi, en l'an IIII^{xx} et seze.
E fu ansi par letrez de ballie, au recort de Iohan du
Mesnil, adonques maire, et de Gifrei de le Bare.

En l'an de grasse mil CC IIII^{xx} et quinse, donna Gifrei
Cardon a Ameline sa femme... tout son manoir... et
ausi tous sez hostiuz soient pos, soient paeles, soient
maistres vaisseauz ou autres, et ausi tout son lit fourni...,
au recort de... E fu che don fet le vendresdi après le
Saint Denis.

[F^o 45 v°.] *In maioratu* Roberti de Mesnillo, anno
Domini M^o CC^o nonagesimo sexto, fuerunt *scabini :*
Johannes de Mesnillo, Gaufridus de Barra, Petrus dic-
tus Clericus, Laurentius dictus Bourgois, Johannes
dictus Triquet, Symon Vigneron, Bernardus de Rua,
Adan Cuel, Johannes dictus Troquelin, Johannez dic-
tus Poiletruie, Johannes dictus Mercator, Ricardus
Mallefesse.

Conciliatores : Ancellus de Penleio, Gifrei du Marchié, Johannes Bourgois, Guillelmus Olearius, Johannes le Caron, Gueroudus de Flosquis, Robertus le
Keu, Robertus Elyes, Johannes Prepositus, Guillermus
de Beauvès, Ricardus des Ves, Guillelmus de Balli,
Galterus le Rat, Johannes Morin, Lambertus le Mer-

chier, Robertus de Paris, Ricardus Vasal, Radulphus le Boistelier, Gosso de Mancheville, Johannes de Flosquis, Guillermus Faber, Petrus le Karon, Henricus le Selier, Bartholomeus Billet, Johannes de inter duos pontes, Johannes de Albamallia, Raoul Hequarue, Climent Mescane, Raoul Haterel, Johannes de Saint Oen.

Tresoriers : Ancel de Penliu, Guerout de Flosques, Watier le Rat, Iohan d'entre deus pons.

Esquevins du Tresport : Osbert Tardiu, Engeren d'Albevile, Ricart le Gruier, Gontier de le Cambre, Iohan Barberi.

Conciliatores : Raoul le Bouchier, Pierres d'Albevile, Adan de Praiauz, Iohan Debras, Iohan Poitevin, Guille Coterel.

Esquevins de Pont : Pierres de Gerberey, Robert le Dien, Ancel Huiart, Guill. Loir.

Wardes de le drapperie a porter le bouion : Guill. Guillot, Climent d'Aut, Nicole de Salines, Onffrei Panier.

A veir sus leʒ mestiers : Thomas Wistel, Watier de Saint Ylaire, Gillebert le Caucheis, Andriu du Mesnil.

Wardes a porter le bouion en le Cauchie : Watier Cavart, Gontier Conbarie.

A veir sus le mestier : Ricart de Douvre, Marc Wastel.

Wardes de menu venel u bourc : Lambert le Merchier, Neco, Guerart le Parmentier.

Couratiers de dras : Guill. Vigneron, Rogier Aubri.

Wardes du pain : Robert Marmoulu, Iohan le Neir, Hui le Tedouche, Pierres Beaufix, Guill. Ligier.

Wardes des bouchiers : Pierres Coquet, Symon Bourgois, Johan Rungemast, Robert Bauduin.

Wardes des pessonniers : Pierres Delemer, Rogier Blondel, Lorens le Sauvage, Iohan le Borgne.

86

Wardez des taneurs : Iohan Lenglès, Ricard Lamide, Iohan Levaseur, Bertremiu Billet.

Wardes de menu venel emprès le Machacre : Raoul Engueulevent, Iohan Ballache.

Jurati : Iohan qui ne creit, Guill. Godren, Bertremiu Wastelier, Iohan Belin le ioule, Philippe Eschibart du Tresport, Pierres Guillot, Watier Guillot, Ricart le Potier le fix Robert Potier clerc, Guill. Torcapel, Robert le Machon, Fousques de Meuliers, Guill. du Bosrocoul, Ricart la Hynée, Iohan Moret, Hue as boisetez, Iacques Fastoul, Symon Canu du Tresport, Nichole Canu son frere, Gifrei le Visconte, Nichole de Frievile, Flosquet le Carpentier, Bertremiu de Faenche, Raoul de Flosquez, Ricart Crespin, Guill. Lenglez du Tresport, Raoul Machue, Guerart Batamare, Ricart du Port du Tresport, Iohan le Potier fix Pierres le Potier, Pierres de Briqueville adonques manant a le contesse, Watier Barate, Iohan Lucas, Watier de seur le moustier du Tresport, Iohan le Merchier, Raoul de Port, Ricart Mallefesse qui fu ancheis esquevin, Nicole de Gerberey, Ansquetil Tirewaque, Nichole Mallefesse.

[Fº 46.] Le lundi après lez brandons, en l'en de grasse mil CC. IIII^{xx} et seize, firent onmage le maire et lez esquevins et tout le commun d'Eu, a leur seigneur Iohan conte d'Eu, u castel d'Eu (1). E après le dit seigneur lez iura a tenir et ans et as coustumez, que ses ancheseurs les avoit tenus. Icheuz presens : messire Mahiu de Kayeu chevalier, sire Mahiu le vilain, maistre Lorens de Sainte Bueve, Iohan le Clerc, Raoul Desprez et assez d'autrez.

[Fº 46 vº.] *Donation de Iohan Poiletruie à Guillaume*

(1) Jean II de Brienne, comte d'Eu, 1294-1302.

son petit fils de treis iournaux et un tenement et trente sous de rente… le samedi après le Tiephaine, en l'an de grasse mil CC. quatre vins et treze, au recort de Bernart de Rue et de Iohan Troquelin, esquevins d'Eu adonques.

Donation du même à son fils cadet Guillaume u jour devant dit, deux pieches de terre et un estal et quatorze soudées de rente et de capons… un pièche assise u teroer de Heudelimont, de iouste le quemin qui maine d'Eu à Sanrey (1), l'autre pieche u dimage d'Eu, emprès le voie Ramoysiene, au recort…

Le vendredi devant le saint Michiel, en l'an de grasse mil CC. IIII‑‑ et seise,… que le commun d'emprès le moustier saint Pierre eussent leur communauté u puis qui siet emprès le meson as Watier dit Dehors, et tous cheus du commun soustendront le dit puis a leur cous.

Les chosez au fix Watier le Tuilier. Primes une queute, ı pot, ı bachin, ı trenet, une besque, une corbelle, ı fauchillon, ı hoel, ı molez depechiez, les quelez chosez furent prisiez a xxij s. viij d. It. une paiele de iij s. et demi, dont le vile rechut de Ricart Pallet xxj d., que Watier deveit u tens que il viveit pour le taille, sus le dite paiele.

Item un caperon fourré de bons escureuz de vairt, une aumosniere de paile, deus gallon deauz, une couroie de cuir, ı moulekin et ı anel d'argent, et deus pierres de limeisme. E fu tout che prisié a xj s., les queles chosces furent a Ricart Pallet por le pris desus dit. A rendre a le volenté de le vile, toutes les fiéez que il leur plera. Somme por tout xxxiij s. viij d.

(1) Sanroy, hameau de Saint‑Martin‑le‑Gaillard.

88

[F° 47 v°.] *In maioratu* GAUFRIDI DE BARRA, anno
Domini M° CC° nonagesimo septimo, fuerunt *scabini :*
Robertus de Mesnillo, Ancellus de Penleio, Petrus dic-
tus Clericus, Gueroudus de Flosquis, Guill. Olearius,
Robertus le Kueu, Robertus Helyez, Galterus le Rat,
Ricardus Hyrebel, Robertus de Paris, Iohannez de
Saint Oen, Iohannes dictus Triquet in loco Gaufridi de
Berommare.

Conciliatores : Iohannes de Mesnillo, Iohannes Tri-
quet, Laurentius Bourgois, Bernardus de Rua, Iohannes
Troquelin, Iohannes le Marcheant, Ricardus Mallefesse,
Symon Vigneron, Adan Cuel, Iohannes Poiletruic
l'aisné, Iohannes d'Aulbemalle, Radulphus le Boistelier,
Iohannes de Flosquis, Guill. Faber, Bertremiu Billet,
Henricus le Selier, Iohannes qui ne creit, Iohannes
Poiletruic iuvenis, Lambert le Merchier, Raoul Haterel,
Climent Mescane, Raoul Huistasse.

Tresoriers : Iohan Troquelin, Lambert le Merchier,
Iohan le Marcheant, Ricard Mallefesse.

Esquevins du Tresport : Raoul le Bouchier, Iohan
Debras, Adan de Praiauz, Guill. Lenglez, Guill. Coterel, Huede Descanz.

Le concel du Tresport : Guill. Minet, Osber Tardiu,
Engeren le Bouchier, Iohan Barberi, Gontier de le
Cambre, Ricart le Gruier.

Esquevins de Pont : Ricart le Vavaseur, Lorens Dandioque, Robert le Dien, Pierres de Gerberei.

Wardez du pain : Pierres de Setmuel, Guill. Ligier,
Watier Guillot, Iohan le Neir, Ernoul le Cartier.

Wardez des bouchiers : Thomas Malecose, Symon
Bourgois, Iohan Rungemast, Pierres Coquet.

Wardez des pessonniers : Guill. Blondel, Iohan de
Rue, Iohan le Borgne, Radigois.

Wardez de drapperie a veir a lez wart, e a porter le bouion : Guill. Guillot, Climent d'Aut, Nichole de Salinelez, Rogier Tourquetil.

A porter le bouion en le Cauchie et a veir a lez wart : Watier Cavart, Contier Combarie.

A veir sus le mestier en le Tainture e en le Cauchie ; Thomas Wistel, Watier de Saint Ylaire, Gillebert le Caucheis, Andriu du Mesnil.

Wardez de taneurs : Ricart Lamide, Iohan le Vavasseur, Bertremiu Billet, Guill. de Crasvile.

Wardez de menu venel : Robin le Checlier, Iohan Belin.

Wardez u bourc : Lambert le Merchier, Neco Deanz, Guerart le Parmentier.

Couratiers de dras : Rogier Aubri, Iohan Loncarde.

Jurati : Guill. le ioule de Brunville sus le mer et manant o Tresport, Nichole Teste de lime, Guill. Poiletruie, Watier du Bosroucoul, Raoul du Port, Hue le Screurier, Iohan le Tailleur seriant a le contesse Bietris (1) adonques, Guill. de Roen voite, Raoul de Nugnan du Tresport, Onfrei le Francheis du Tresport, Bernart Poitevin, Guill. Parage, Iohan Parage son fil, Gillebert Poitevin, Pierres Lenglez, Iohan de le Pointe, Mahiu Tripotel du Tresport, Iohan le Saunier, Bertremiu le Feron, Thomas Faleise du Tresport, Iohan Faleise du Tresport, Guill. le Cokin, Mahiu Nyson, Robert Peaurret, Iohan le Blont, Pierres le Fevre, Bernart Milet, Vinchent le Pipeur, Michiel Lamineyse, Martin le Couvreur, Iohan d'Aumonville du Tresport, Nichole Bauduin, Iohan Courtefey, Iohan Amauri saunier, Martin Tardiu de Flamengueville, Raoul de

----

(1) La comtesse Béatrix, veuve de Jean Ier de Brienne.

Blangy, Watier Moret, Pierres d'Aulbemalle, Hubert de Praiauz, Rogier de Rue fix Bernart de Rue, Iohan Dawout, Bauduin Boursete, Watier Fen..., Iohan Morel, Robert Iourdain du Tresport, Noel Dameron, Ricart Walez, Esteule Bourdon, Iohan Descanz, Gifrei Belin le viel, Bernart Hoart, Guill. Begnez, Pierres Harent, Lorenz de le Mare, Iohan Hellebit, Robin Dossier, Mahiu Capete, Iohan d'Espaigne, Pierres Osane, Adan de Kalez, Iohan Fenache, Iohan Benest, Pierres le Francheis, Esteule Tardiu, Symon Gondrée, Pierres Hoart, Lorens Fausquet, Iohan le Francheis, Iohan de Berneval, Mahiu Beneet, Iohan Wastelier clerc, Adan Wairnier du Tresport, Henri le Carpentier, Iohan Poitevin le ioule.

[F° 48.] Le mardi post Misericordia Domini, il fu accordé par le concel d'Eu et du Tresport que cheli qui se voudra aleier de l'assiette qui sera fet sus li pour le taille, il y sera oy, en tele maniere que se plus esteit trouvé par le reprise de son serment, ichu plus sera tout a le vile, che rabatu que il areit aquitié, sans rienz amenusier ne par priere ne par autre chose. E ara se ley perdue a tous iours, puis chest enroullement fet, qui fu fait en l'en de grasse mil CC. IIII^{xx}, et dis et set.

Iohane iadis fame Guill. de B[eauvès], Ancel de Penliu, Climent d'Aut, Robert de Listevile, Iohan de B[eauvès], sunt tenus chascun pour tout vers le vile de xxiij l., u non de Iohanot de B[eauvès] fix a le dite Iohane, du lez de Guill. de B[eauvès] son pere, les quiuz deniers le dite Iohane a pris en se warde, u non de l'enfant, e le dit Guill. son fix acompaignié avel li, a rendre toutez les fiéez que il plera a le vile, le iuesdi devant Pentecoste, en l'en XVII. It. de l. s. que le dit Guill. lessa de se part a son fix. It. ele prent en warde, ensement que se plus estoit trouvé es biens, que ichu plus seroit u non de l'enfant, detant comme il afrereit a se part. E se mains estoit trouvé, il seroit amenusié selonc l'avenant de chascun.

[F° 7 v°.] Jehan, conte de Eu et de Guynez, faisons assavoir a touz qui ches presentes lettrez verront ou orront. Comme nous eussons prié et requis, par notre grant besoing, a aucunez personnez singulierement de notre quemune de Eu, que eux nous feissent ayde du leur en non de prest, et ychellez personnez disoient que eux singulierement n'estoient de riens tenus a faire chelle ayde en le maniere que nous le requerions, se n'estoit par le volenté de chescune personne, et che n'avoit unquez esté fait u temps de nos ancheseurs, si comme eux disoient, et disoient que eux en estoient privelegiés du fondement de leur quemune par le don de nos ancheseurs, pour che eux ne voudrent obeir a fere nostre quemandement et notre volenté, nous les feismez justichier et destraindre en leurs chambrez, de quoy eux sont enssement privilegiés par lettres, si comme ils dient. Sachent tous que nous ne tenons a nul preiudice, u temps a venir, chose qui leur ait esté fait. Et ne voulons en riens que nul le leurs privileges soit amenuisié, u temps a venir, pour chose que nous leur aions requis, ne fait. U tesmoing de chen, a ches presentez lettrez avons mis no seel, qui furent faitez le vendredy devant Penthecoustez, l'an de grace mil II^c IIII^{xx} et dissept.

[F° 48 v°.] *Rapport de charpentiers sermentés, après expertise, sur des gouttières* entre le meson Climent Marez et Iohan de Saint Oen... Il a une pareit emprés le meson du dit Iohan qui aboute a le rue devant le Machacre, qui deit estre fete de quemun si quez u feste... Le samedi après Pentecoste, en l'en XVII.

Watier dit le Suer, Watier le Karon, ont pris en main,
a rendre les damages que Guill. de Roen, woite
adonques, aroit fet en se default, par reson de son woi-
tage.

Le diemenche après le feste saint Iohan issant aoust,
rendi Iohan Prevost le Feron as freres de l'ospital d'Eu
u dyocese de Roen, 1. tenement qui iadis fu Henri dit
Belez...

Thomas Frede, desquarqueur du Tresport, s'est aplegié
par Mahiu Tripotel, par Mahiu Nuspiez pour rendre les
aventurez qui porroient eskair des vins manier a Eu
et au Tresport en se default, et d'abondant Gillebert
Velli.

Le vendredi après le Kandelier, en plain esquevinage
fu le marchié peuplié de v s. de rente, que Robert du
Mesnil acata a Iohan de Monsterel, seur le siez d'un sien
pentoir, et seur tout che qui y appartient...

[F° 49.] Le vendresdi après le Kasimodo, en l'en de
grasse mil IIII^{xx} et dis et set fu letre Robert du Mesnil
peuplié en plain esquevinage, d'un acat de v s. de rente
fet a Iohan de Monsterel.

It. chu ior, un autre marchié de le vente d'uns wans
de iiij d., que il aveit acaté a Adan Frede, fu peupliée en
le presense d'icheuz.

⌐Le mardi devant le saint Denis, en l'an de grasse mil
CC IIII^{xx} et dis et sept, il fu acordé par tout le concel
d'Eu et du Tresport, et de touz les maistrez pesqueurs,
qui cheli qui s'asochera en deuz lius, en quele seison que
che seit, sera bani 1 an et 1 iour sans nul rappel. E qui
de che sera ataint, que il soit bani a cri, que nul ne le
herbege, sus l'amende de le vile. E aprez l'an et le iour,
se il veut raveir le vile, que il l'amende e trueve bons
plegez, e se il y esteoit trouvé puis le cri fet, il sereit

amené au maire d'Eu e fusté hors desi a le banliue, a xiij vergez.

It. en chu iour, il fu acordé que nul tavernier du Tresport puist fere vin de buhet de nul de sez lyez, ains convient que il lez vende toutez a cheli qui lez vodra requerre, sanz che que nul ne lez puisse ne deie donner a sez bestez. E qui sera ataint que il en fache vin, il l'amendera au maire d'Eu.

[*Bâtonné.*] Marc le Parmentier, Iohan le Cartier... plegierent Guill. Boulie, Iohan son fix, Ricart du Quesney, de fere le mestier du descarquage, et de rendre toutez les aventures dont damage porroit venir.

Le vendresdi après le Purification Nostre Dame Vierge fu peuplié le vente d'un pentoir que Iohan de Monsterel fist a Robert du Mesnil...

[F° 49 v°.] Ancel Dandioque a plegié et pris en main a rendre tout le damage que Ricart Planchon, lieur de cardon, ara fet par le reson de son liage. E iura le dit Ricart que il le fereit bon et souffisant, le lundi après le Conversion saint Pol, en l'an de grasse mil CC IIII^{xx} et dis et sept. E ensement Ancel Huart l'a pris ansi en main, de che qui touque le bone lieue.

[F° 50 v°.] *In maioratu* Petri dicti Clerici, anno Domini M° CC° nonagesimo octavo, fuerunt *Scabini :* Gaufridus de Barra, Robertus de Mesnillo, Laurentius Bourgois, Symon Vingneron, Iohannes Poiletruie, Ricardus Mallefesse, Iohannes le Marcheant, Adan Cuel, Iohannes de Mesnillo, Iohannes Troquelin, Iohannes qui ne creit, Ricardus dictus Wasal.

Conciliatores : Iohannes Triquet, Guills Luellier, Gueroudus de Flosquis, Galterus le Rat, Iohannes de Saint Oen, Robert Eliez, Robert de Paris, Ancellus de

94

Penleio, Robert le Kiu, Raoul le Boistelier, Lambertus le Merchier, Henri le Selier, Bertremiu Billet, Rogier de Rue, Iohan le Kiu, Iohan le Karon, Iohan de Flosquez, Guille de Fevre, Iohan Poiletruie le ioule, Robertus Quevalier, Climent Mescane, Ricardus Hyrebel.

Esquevins du Tresport : Osbert Tardiu, Iohan Waselier, Ricart le Gruier, Iohan Cardon, Guill. Lenglez pesqueur, Iohan Barberi.

Concel : Guill. Coterel, Huede Descauz, Adan de Praiauz, Guille Lenglez, Raoul le Bouchier, Iohan Debras.

Esquevins de Pont : Ancel Huiart, Raoul le Petit, Robert le Dien, Ricart le Vavaseur.

Jurés : Ricart Tardiu, Adan Barberi, Ricart le Buef, Iohan le Picart le fix, Ameline le Picarde, Hainon de le Porte, Robert le Breton de Pont, Iohan Lambert, Nicole Hetrée merchier, Robert Folet, Iohan Trumel que on apele surele, Engeren le Fevre, Guill. le Vavaseur le ioule neveu Guill. le Vavaseur taneur, Raoul Mainart du Tresport, Guill. Copin, Nichole Osoul, Iohan Wastel clerc, Watier de Rognon, Iohan de Mortemer, Robert Coispel, Robert Alart, Mahiu Poulain, Bertremiu Tallefer, Lorens le Porteur, Engeren le Doullie, Wincent Walez du Tresport, Gillebert de Lespine, Huistasse Fouache, Watier Riote, Iohan de Frievile le ioule, Guill. Gournay, Gillebert Boute, Aleaume Duval, Iourdain Roucel, Nichole le Gruier, Iohan Victor, Iamez le Feron du Tresport, Bleez Gontier, Rogier Piogier du Tresport, Iohan le Kandelier, Andriu Pasquet, Lorens Hurel du Tresport, Aleaume Done.

[F° 51.] *Publication de la vente d'une maison par Iohan le Normant et Ennez sa femme a Robert Lion.*

Le samedi après le saint Iohan issant aoust, en l'an de

grasse mil CC IIII[xx] et dis et huit, il fut acordé par tout le concel de le vile d'Eu, que nul marcheant de blé qui use de recaterie, che que il acatera en le iournée il ne porra revendre en le iornée. E se il le feseit et ataint en esteit, il perdreit son mestier 1 an et 1 jour, sanz nul rappel. E est chest enroullement fet pour tenir a tous iours.

[F° 51 v°.] Le merquedi de Pasques, en l'an XVIII, fu enquis et sceu par bonez genz u castel d'Eu, par devant Pierres de Crasvile, tenant le liu Pierres Honnere, adonques balliu d'Eu, que nul iuré d'Eu ne deit a le Toussaint (1) en le hale le conte, par reson de chincherie que xij d. d'estalage toute le feire durant. E par dehors les postéez toute le feste durant, iiij d. d'estalage. E en fu la prise fete par Watier Dehors... Et fu present Pierres le Clerc, adonques maire d'Eu...

Il est ensi que le mur entre Robert du Mesnil et Iohan d'entre deux pons, siet en le terre au dit Robert, et les passonz qui sunt au dehors du mur par devers le dit Iohan, sunt de quemun... E les passons devant nommez sunt quemuns et doivent tenir liu pour le dit Robert pour warder son degoutal.

Il fu acordé que de le nef qui fu Martine Coldarge de Dieppe qui s'aventura u hable du Tresport, que le maistre de le nef rendreit as marcheans qui y aveient vins, que les vins qui furent sauvez, il rendreit tous les

____

(1) Raoul d'Issoudun avait donné aux lépreuses le revenu d'une foire à la Toussaint, « constitui quamdam feriam que sedebit ante domum eamdem in valle de Flamengeville, et incipiet feria crastina die Omnium Sanctorum, et durabit per quatuor dies ». Av. 1205. (Cart. de N.-D. d'Eu, f° 34 v°.)

A la demande des bourgeois d'Eu, Charles VII remit la foire au lendemain de la fête des Morts. (Ordon. des rois de France, XIV, 255.)

cous que euz cousterent au batel qui les mist a terre, pour che que le nef ne pot venir a droite descarquier.

[F° 52.] *In maioratu* Roberti de Mesnillo, anno Domini M° CC° nonagesimo nono, fuerunt *scabini :* Petrus dictus Clericus, Johannes dictus Triquet, Ancellus de Penleio, Guillermus Olearius, Ricardus dictus Hyrebel, Iohannes de saint Oen, Geroudus de Flosquis, Robertus Elyes, Robertus le Kiu, Galterus le Rat, Guill. Faber, Rogerus de Rua.

Conciliatores : Bartholomeus Billet, Iohannes Burel, Clemens dictus Morin, Clemens dictus Mescane, Robertus de Faenche, Nicole le Boistelier, Guill. dictus Done, Bartholomeus de Rognon, Rogerus Blondel, Nicolaus de Salineles, Gaudfridus de Barra, Ricardus Mallefesse, Iohannes Mercator, Adan Cuel, Iohannes de Mesnillo, Iohannes Troquelin, Iohannes qui ne creit, Iohannes Poiletruie, Laurentius Bourgois, Ricardus dictus Nasal, Symon Vigneron, Robertus de Paris, Raoul le Boistelier, Lambert le Merchier, Henri le Selier, Iohan le Karon, Raoul Hequarue.

Esquevins du Tresport : Guill. Lenglez, Nichole Osoul, Raoul le Bouchier, Gilles Mainart, Iohan Debras, Pierres Harenc.

Conciliatores de Ultriportu : Osbert Tardiu, Ricart le Gruier, Iohan Cardon, Iohan Barberi, Guill. Lenglez pesqueur, Iohan Wastelier.

Esquevins de Pont : Lorens Dandioque, Pierres de Neville, Iohan le Boulongier, Ricart le Vavaseur.

Tresoriers : Iohan qui ne creit, iij clez, l'une as cyrographes, l'autre de le grant boiste ; Ricart Mallefesse si warde le clef de le boiste as vins et de le grant boiste ; Adan Cuel, une clef de le grant boiste ; Lambert le Merchier, ij clez, une de le boiste Iohan le Kiu, l'autre de le grant boiste.

Lorens Bourgois warde une clef du huchel as chartes, It. Pierres le Clerc, l'autre clef, Adan Cuel, le clef de le grant huche.

Wardes de mestiers : pain. Pierres de Sepmuel, Guill. Ligier, Watier Guillot, Iohan le Neir, Hui de Saint Massens.

Warde, pessonniers : Lorens le Sauvage, Iohan le Borgne, Pierre de Lenier, Osber Bernage.

Wardeʒ de bouchiers : Iohan le Saunier, Uuatier Bourgois, Iohan Rungemast, Iohan Poiletruie iuvenis.

Wardes de drapperie a veir les wart et a porter le bouion : Guill. Guillot, Climent d'Aut, Nichole de Salineles, Rogier Tourquetil.

Wardes a veir sus le mestier en le Tainture et en le Cauchie : Robert Quevalier, Watier de Saint Ylaire, Andriu du Mesnil, Gillebert le Caucheis.

A porter le bouion en le Cauchie et a les wart : Hue de Brunville, Watier Cavart.

Couratiers de dras : Rogier Aubri, Guill. Vingneron.

Taneurs : Iohan le Vavaseur, Ricart Lamide, Bertremiu Billet, Guill. de Crasville.

Couratiers de vins : Guill. Trachet, Gillebert de Velli.

Couratiers de blé : Guerart le Parmentier, Guille Lenglez.

Wardes u bourc de menu venel : Henri le Selier le ioule, Guerart le Parmentier, Acart le Merchier.

Wardes de menu venel emprès le Machacre : Iohan d'Albevile, Robert le Checlier..........

Jurés : Lorenz le Portier, Iohan Catel, Iohan Lezpare

du Tresport. Rogier de Criel, Iohan Guillot, Symon Conte, Ancel le Sauvage, Iohan Nichole, Gontier Randoul, Engerent Loir, Nichole le Gros, Guill. Lebret de dessus le veie, Raoul Prestre, Robert Lesmontureur, Guill. du Quesney, Jeh. le Vasseur de le Cauchie d'Eu, Aleaume le Vavaseur, Giff. Lenglois fix Esteul Lenglois, Ricart Lesueur fix Gosse Lesueur, Rogier le Careron, Symon Frepellon, Pierres Bonamor, Renaut de Frieucourt, Fouques du Mesnil, Iohan le Leu fix Ann< le Leu iadis. *Du Tresport :* Iohan le Kieure, Lorens Harenc, Lorens le Kieure, Iohan Bullo, Oilard le Pipeur, Nichole Fadoc, Bernart Harenc, Jehan Malederée boucher, Jehan Barberi, Guill. Lenglois le pesqueur, Andriu Briselot, Pierres de le Court manant au Tresport, Thomas Lenglès porteur, Raoul Wasal. *Du Tresport :* Gillebert le Moigne, Wastier Fresquet, Ricart de la Mare, Huistasse Capete, Rogier Bonevie, Henri Boulot le vittu, Iohan le Flamant, Pierres Langevin, Pierre le Cornier manans au Tresport, Raoul de Bequegni du Troiport, Ricart Pastoure, Guill. Poiletruie le ioule qui a le fille Potier, Iohan Cauvin du Tresport, Rogier de Douay, Iohan de Frieucort carpentier, Hue Morin du Tresport, Guill. Loysel, Robert de Melleville carpentier iadis fix Pierres de Melleville, Henri le Feron, Bertremiu Wasart, Rogier Tourneveel, Rogier du Polet, Pierres le Borgne fix Robert le Borgne adonques seriant de le vile, Martin le Borgne, Hue le Borgne freres, Pierres le Rey du Tresport, Iohan de Sailli d'Albevile. *Tresport :* Hue d'Ezleetot, Iohan Debras le ioule, Huistasse Courgis, Guill. de Nagare, Robert Lenglez, Rogier Canu, Iohan Maynart.

Le mardi devant Pentecostes, en l'an de grasse M. CC. IIII^{xx} et dis et nuef, il fu acordé par tout le concel que il n'areit nul pledeur pour autrui en esquevi-

nage, se il n'esteit de son lingnage de char, exeté personnez estranges qui porront avoir concel se il le re-
quierent, més que nul pledeur emparot par devant les
esquevins en esquevinage.

[F° 53 v°.] *In maioratu* GAUFRIDI DICTI DE BARRA, anno
Domini M° CCC°, fuerunt *scabini*. Robertus de Mes-
nillo, Iohannes dictus Triquet, Laurentius dictus Bour-
gois, Iohannes le Marcheant, Iohannes Troquelin,
Iohannes dictus Poiletruie, Clemens dictus Morin, Adan
Cuel, Symon dictus Vigneron, Iohannes de Mesnillo,
Henricus dictus le Selier, Lambertus dictus le Merchier.

Conciliatores : Pierres le Clerc, Ancel de Penli, Guille
Luellier, Ricart dit Hyrebel, Iohan de Saint Oen, Guerout de Flosques, Robert Elies, Robert le Kiu, Watier
le Rat, Iohannes qui ne creit, Raoul Huistasse, Guille
le Fevre, Rogier de Rue, Iohannes Burel, Iohannes le
Vaseur, Robertus Coispel, Henricus de Crasvile, Ioannes
de Rue, Ricart Mallefesse, Robertus de Paris, Raoul le
Boistelier, Iohanes Poiletruie iuvenis.

Iurati : Guill. Pasnaye, Guill. Destanz, Iohan Gosse-
lin de le Cauchie, Guill. Triquet. *Porteors au Tresport :*
Nicole Crinon, Watier Loyson, Gontier Tyrevallet,
Mahius Heris, Iohan le Cartier, Huede le Porteur,
Lorens le Porteur, Climenchon Boulye, Rogier Ferede
le fix Thomas Ferede, Guill. de Praiauz l'aisné, Robert
de Saint-Rikier, Lorens de Berneval, Rogier Marquade,
Raoul le Fort. *Tresport :* Iohan Gisleu, Ricart le Rey,
Gosse Papin, Iohan de Hainseville. Nichole Tatane,
Guill. Tourquetil, Hue Papin. *Tresport :* Iohan du
Mont-Huon, Andriu Lebouc, Rogier le Bouc, Iaques
Patin, Renaut Huiot, Iohan d'Albevile clerc, Robert
le Checlier, Ancel Hamon, Pierres le Lamier. [Marc

100

adonques maistre de l'ospital], Pierres Martin de Pont,
Evrat Doutreboys, Robert Belée, Iohan le Chirier, Guill.
le Pegnie, Guill. le Fauqueur, Asse Peitevin du Tresport,
Raoul Coterel du Tresport, Raoul d'Albevile, Guill. le
Gay du Tresport, Robert Rose de Pont, Ricart le Carpen-
tier de Pont, Engeren Crupin, Guill. le Lonc, Thomas le
Rei de Pont, Pierres Avril, Renout le Petit, Climent
Iouvence, Iohan le Barbier gendre Neco le Selier, Nicole
Huion, Gifrei Douchart du Tresport, Lorenz Brebis,
Iohan ad vaquez, Gillebert Maillart de Matommesnil,
Nichole Poulain du Tresport, Regnier le Karon, Guill.
Bigot, Esteul le Barier, Gui Legros, Iohan d'Aut, Gifrei
de Launey, Engeren Loyson, Iohan Tassvin, Ricart de
Normendie, Iohan Maubet, Pierres de le Porte, Adan le
Petit, Raoul du Moulin, Robert Gisleu, Rogier Hoart
du Tresport, Morisse Hubert du Tresport, Engeren le
Bouc du Tresport, Raoul Lebel, Rogier Touroque,
Watier de le Warenne, Marc le Parmentier du Tresport,
Symon le Candelier, Lorens Cachediu, Iohan Herfroi
du Tresport, Iohan Triquet iuvenis, Iohannes de Bel-
vaco, Hue Mallart de Pont. *Tresport :* Robert Langrun,
Guill. Le Saenteur, Iohan Harenc, Watier Coquet,
Robert Testin, Bertin le Potier, Ricart de le Couture,
Iohan Siret du Tresport.

[Fº 54.] Guillaume le Prevost, atorné pour Iohan le
Prevost d'Eu son pere, fist le serment par devant Gifrei
de le Bare, adonques maire, pour le vile warder u meis
d'aoust en lan CCC., et fu par le quemant de Pierres
Honnere, adonques balliu d'Eu, presens Gillebert de
Velli, Hue le Barier, Raoul Haterel, Watier le Rat,
Guill. Benedicamus, Raoul de Blangi, Fouques Lamin-
guas, Lambert le Merchier.

Le vendresdi devant le Conversion saint Pol, en

Bordouille du Tresport, Henri Mochaint du Tresport, Iohan Beaucousin, Watier Eude, Guill. Gosselin, Iohan Roucel, Iohan Aullage, Iohan de le Porte du Tresport, Gautier Maton du Tresport, Climent Bernage, Robert le Porc, Ancel Bernart, Pierres le Sueur, Bertremiu Lasnier, Iohan Senescal, Bernart Lebret, Robert Giguet caron, Gifrei Anno, Huimont Vasal, Lorens Sadot, Andriu Derainz, Robert Cauderon, Iames de Roen, Fremin le Tainturier, Guill. Louterel du Tresport, Symon Avril, Iohan Gargate d'Albevile, Ancel Dandioque de Pont le ioule, Iohan Coispel, Henri Potier, Robert Potier freres, Gillebert de Glicourt, Aleaume Morin, Henri le Grant, Gifrei le Gruier, Iohan du Quesnei sueur au Tresport, Iohan Lapostre, Iohan Done, Symon Morel, Iohan Douion, Symon Guillot, Guill. le Carpentier et Renout le Carpentier doivent xxviij d.

Il fu acordé par tout le concel d'Eu et du Tresport, que nul bouchier ne parte que deus ensemble a une beste morte, e que les deus qui partiront ensemble, que chascun emport se part. Ensi que se euz voloient vendre a i. estal, que che̱ne fust que d'une beste morte. E que euz ne partent que deus a une vente, ne que deus a une beste puis que ele sera morte. E que chascun emport se part, puis que le sera tuée, ou que ele seit vendue de quemun des deus parchonniers, sans nul autre a compaignier; ch'est assavoir que il ne seient compaignons que deus ensemble a le vente d'une beste morte. E le bouchier qui ara se part le vende par se main sus le mestier prendre a le volenté de le vile, E que nul ne le vende a son compaignon en nul ior de la semaine, puis que le car sera venue a l'estal. Ch'est assavoir ne fresque ne salée, exeté car de mouton salée et fliques.

[F° 55 v°.] Le vendresdi après le saint Martin d'esté, en l'an CCC et I, il fu acordé par tout le concel d'Eu et du Tresport, que se monseigneur d'Eu, ou sez genz, veullent aucune cose prendre du catel as bourgois d'Eu ou du Tresport, contre le volenté as dis bourgois, e Il esteit ensi que aucun detenist aucune cose, qui sereit a ainée sus li contre les genz monseigneur d'Eu, e pour chele detenue, le bourgois que che fereit encorust en aucun damage vers le seigneur, que tout le quemun sereit tenu à porter tout chu fais. E est contenu es privileges de le vile et u fondement de le quemune en le grant charte, que les gens monseigneur d'Eu ne sunt de riens tenus a prendre le catel as bourgois, se n'est de leur propre volenté, mès desi a xxx l. crerre li puet on, et a termes establis, et se il ne les paie, che deit estre paié au creanchier du catel de le vile, et nient plus on n'est tenu a crerre li.

Copie d'une charte de Jean d'entre deux ponts. Il re-connaît avoir vendu à Robert du Mesnil 1 pié de terre par devers mei ove un autre pié que il en a a fere son degoutal.

[F° 56.] L'acort des desquarqueurs d'Eu et du Tresport.

Primez, euz aront de sakier 1. tonne de vin des granz voutez et de metre en karete, xx d.

It. des petites voutez xv d., et de metre en karete.

It. de sakier du batel ou de nef a kile, et de metre es granz voutes, xviij d.

It. des petites voutes xv d., ch'est assavoir de sakier du batel ou de nef a kile.

It. se. 1. homme acate 1 tonne de vin sus le kay hors du batel, et il est mis en karete et en kaustelé en chelier xij d., e se il est sakié du batel sans avoir le paine de metre en karete ne d'enkausteler, vj d.

It. se 1. tonne de vin en karete de dehors le vile, de metre u chelier ou sus terre, vj d.

It. se le tonne de vin est sakié du batel et herbegié sus terre, xij d.

It. se il est pris au kay ou en mi les ruez, et mis en karete tant seulement, vj d. Chest accord est fet pour les privés et les estranges, et n'est fors a le volenté de le vile.

[F° 56 v°.] *In maioratu* Roberti de Mesnillo, fuerunt *scabini* anno Domini M° CCC° secundo, videlicet Iohannes dictus Triquet, Gaufridus de Barra, Iohannes de Mesnillo, Laurentius dictus Bourgois, Iohannes Poiletruie, Iohannes Mercator, Clemens dictus Morin, Iohannes de Belvaco, Lambertus le Merchier, Henricus dictus le Selier, Rogerus de Rue, Adan Cuel.

Conciliatores : Ancel de Penli, Guille Luellier, Guille le Fevre, Robert Elies, Robert Coispel, Iohan Poiletruie iuvenis, Guerout de Flosques, Robert le Kin, Iohan de Saint Oen, Raoul le Boistelier, Ricart Hyrebel, Iohan qui ne creit, Robert de Paris, Iohan de Godinnemesnil, Ricart Pallet, Iohan Burel, Henri de Crasville, Iohan Triquet iuvenis.

Esquevins du Tresport : Ricardus le Gruier, Iohan Vastelier, Hue Morin, Mahiu d'Albevile, Iohan Barberi, Bernart Hoart.

Conciliatores de Ultriportu : Guille Coterel, Guille Lenglès, Nicole Osoul, Iohan Debras, Pierres Gamart, Guille de Praiauz.

Esquevins de Pont : Pierres de Neville, Pierres Levaseur, Iohan le Boulenger, Robert Engnel.

Jurés : Pierres le Vaseur de Pont, Raoul Bridolain, Robert le fix le Prestre, Iohan de Berommare, Pierres d'Albeville qui fu fix Engeren d'Albeville. *Tresport :* Iohan le Breton, Iohan le Clerc, Robert Achier, Pierres Cachecat, Robert Boude, Pierres de Gregez du Tresport, Iohan Sainville du Tresport, Hue le

Barbier, Gontier le Feron, Osmont Morel, Iohan Renant, Robert Veron, Hereniu Breton de Meulliers, Guill. Char de porc, Iohan Bacheler, Guill. Quesnel, Guill. Bernart, Adan le Chavetier, Pierres Catel, Engeren Othelin, Adan Obelet du Tresport, Osbert Lemonnier, Robert Dupré, Gifrei le Merchier fix d'Andriu, Thomas Hyenart, Esteul le bouchier, Blevez Quentin, Fremin de Tuli, Iohan de Praiaus clerc, Iohan Lasnier, Pierre de Lonmel, Rogier Vaasart, Huistasse Espandar, Estoul Harent, Guill. Chapel, Raoul le Machon, Iohan le Selier le fix Lorens le Selier, Iohan le Picart, Iohan Lengleis, Guill. Victor, Raoul le Checlier fix Symon Godris, Robert Lengles le ioule, Raoul Engnel, Onffrei le Merchier, Guill. Pasquier du Tresport, Guill. Iebin, Iohan Enguelevent, Guill. le Neir, Raol le Corbier le ioule, Ancel de Romagne, Nicole le Fevre.

[F° 57.] [*Bâtonné.*] Il fu acordé par tout le concel que lez porteurs aront, de chascun feis de carbon prise au quay dusques au pont de pierre, 1. par., et ausi loins; et se il vont outre le dit pont, en tous sens, dusques as viés murs, 1. denier tour.; et se il passent outre les viez murs, 1. par.

Le iour de le saint Bencet en esté, le conte d'Artois, le conte d'Eu, que on appeleit adonques Iohan conte d'Eu et de Gynnes, et le conte d'Aulbemalle, et toute l'autre chevalerie furent tous mors et desconfis a le batalle de Courterai. E y eurent Flamens voiture [*Lisez* victoire].

[F° 57 v°.] *In maioratu* GAUFRIDI DE BARRA, anno Domini M° CCC° tercio, fuerunt *scabini :* Robertus de Mesnillo, Iohannes de Mesnillo, Iohannes dictus Triquet vetus, Ancellus de Penleio, Guillermus dictus Olearius, Iohannes dictus Poiletruie iuvenis, Robertus de

Paris, Ricardus dictus Hyrebel, Iohannes de sancto Audoeno, Gueroudus de Flosquis, Iohannes dictus Triquet iuvenis, Radulphus dictus Huistasse.

Iurez ; Pierres Varin, Ricart Esmerillon, Raoul Esmerillon frerez, Adan Beesus, Iohan Sarrasin, Iohan le Checlier sereurier, Gosse Roucel, Ricart d'Arquez, Iohan Gasquere, Honoré Braquet, Raoul Mareie du Tresport, Iohan Poolin, Iohan Done de Flamengueville, Iohan Maynier, Hue le Fourbeur, Guerout le Petit, Guill. le Sage, Evrart Marc, Pierres Raye du Tresport, Watier Braquet du Tresport, Guil. Wasart, Iaques Sarasin, Reneaume Feu, Iohan de le Waquerie, Bertremiu le Laveur, Andriu Ceron, Robert Roucel le ioule, Robert le Paneur, Gautier le Marescal, Huistasse le Fevre, Pierres Baudri, Mahiu le Buef, Andriu Vistel, Raoul as batoers, Pierres Gripon clerc, Gifrei Saneir clerc, Iohan le Selier clerc, Mahiu Poubele du Tresport, Mahiu Briquet du Tresport, Gifrei Capelain, Iohan Deloire.

[F° 58.] Iohan Boulie desquarqueur aplegié par Iohan le Noir, por rendre les aventures du descarcage.

Iohan Frede aplegié par Nicole Marquet, par Gillebert de Velli, par Nuspiez, par Mahiu Trepotel, por rendre...

Guill. Boulie aplegié par Pierre Tardiu le sablonnier, et par Hue le Merchier, por...

[*Feuillet attaché au f*° 58.] A tous ceulz qui ces lettres verront ou oiront, le maire et eschevins de la ville de Eu, salut. Sachés que nous, d'un commun acord, avons donné et otrié, donnons et otrions a Denise Aales a ce que elle soit seur, et que elle ait san lieu a vivre a la maladerie du Val de Glans, tout en la forme maniere que une des seurs dudit ostel ont acoustumé a avoir et rechevoir un dit ostel ; por fere le profit du dit ostel, ansi comme une des autres seurs, et sans ceu que elle le puisset vendre ne transporter sa vie durant, se n'est de nostre assentement; et li avons ceste chose donnée et accordée as jours de sa vie, de l'acort et requeste de monsg. le conte de Eu, et sans preiudice qui face a nous n'a nos subcesseurs un temps a venir en cas semblable. Si donnons en mandement as freres et seurs de la dite maladerie que, de nostre dit don et ottroy, la dite Denise il lesset jouir et user paisiblement, et li facent aministracion des vivres et des biens de l'ostel, toute en la forme e maniere que une des seurs du dit ostel, tant que elle sera et demourera en dit hostel. Donné a Eu, l'an mil CCC troix, le xij^e jour de jung.

A Mons Empouire, eut le Roi de Franche vitoire sus les Flamans, et s'en fuirent toute se gent, fors tant seulement mesire Kalles son frere, et son autre frere mesire Loys, et les Normans, et les bidaus. Et ausi par devers le mer, les galiez et les nés ou Normans estoient eurent vitoire a Sarice, et i fu presens mesire Gui de Namurs.

[F^o 58 v°.] *In maioratu* ROBERTI DE MESNILLO, anno Domini M^o CCC^o quarto, fuerunt *scabini :* Gaufridus de Barra, Iohannes dictus Triquet iuvenis, Petrus dictus Clericus, Laurentius Bourgois, Iohannes Mercator, Iohannes Poiletruie vetus, Iohannes de Beauvès, Lambertus Mercenarius, Robertus Coispel, Guill. Faber, Iohannes de Foro equorum, Guill. Iebin.

Jurez : primes Guill. de Blangi, Climent du Quesnei, Gui le Gruier, Iaques Dauredun, Lorenz Douret, Guill. Coullon, Gifrei Matheas, Pierres Blondel, Iohan de Hainssevile, Guill. Lenglez, Engeren Dufour, Martin Guillot, Iohan Lebret, Guill. Iolif, Lambert Peilevilain, Guill. le Tuilier de Criel, Rogier Quaulant, Esteul

Bouchel, Guill. Pinel, Thomas Dalli, Iohan Pleyart, Guill. Poiletruie le ioule, Guill. Esquallace, Iohan de Burnetot, Watier Triquet clerc, Martin d'Alihermont, Iohan le Conte, Iohan de le Couture, Iohan Malle, Gillebert le Porc, Iohan Prevost fix Pierres Prevost, Guill. Fauquet, Iohan Cochon, Michiel Tierri, Guill. d'Aut fix Iohan Opegart, Robert le Prisié, Toustain Roullant, Guill. Feron, Robert le Rouz, Raoul de Saint Ylaire, Watier Blondel, Guill. de Blainvile, Alcaume Cleiret, Guill. de Sotevile, Guill. Barbe, Osmont de Leufremerie, Robert Vignon clerc, Gontiez Buez, Lorenz Huiart, Iohan de Flosquez le ioule, Robert de Brunvile, Robert du Quesnei, Iohan Lenglez, Hue le Porkier, Symon le Porkier ioule, Raoul de Godinnemesnil le ioule, Raoul Duval, Andriu Piefere, Robert de Balluel, Iohans Descanz fix Iohan Descanz le viel, Gontier le Barbier, Guerout le Maseur, Raoul de Saint Iohan, Guill. de Penliu, Hue Goye, Iohan de Mortemer, Henri Mallart, Iohan Blondel, Mahiu le Pareur, Gilles le Fevre, Guerout Ecart, Nicole de Roen, Guill. Rachinel, Robert Lenglez, Pierres Tannsierre.

[Fº 151.] Vechi l'ordenanche du lit que Robert du Mesnil (1), adonquez maire, ordena en l'ospital d'Eu, u diocese de Roen, en l'en de grasse mil CCC et quatre a durer atousiours, pour gesir chascune nuit le plus

_____

(1) Robert du Mesnil fut aussi un des bienfaiteurs de l'abbaye d'Eu. On lit à l'obituaire, 29 août : Obiit Robertus de Mesnillo qui dedit ad fabricam Ecclesiæ iiij Libras et decem solidos, et decem libras ad emendum redditum, et centum solidos pro uno panno de serico, xxx solidos ad officium sacristæ, et xx solidos ad opus sti Laurentii, et xj solidos ad pitanciam, et x solidos annui redditus ad officium coquinæ. Son inscription funéraire se voit encore sur la base d'un des piliers de la nef.

poure, soit privé ou estrange, a l'enscient des ospitaliers,
sans nul des abitanz de l'ostel. Et se ensi estoit que
defaucte i eust, que nul poure i n'y eust, que le nuit
ensuivant on en meist deus gesir ensemble, e, avec le
recreation du lit, chascun poure doit avoir, a le souste-
nanche de son cors, denrée de pain chascune nuit et
denrée de cuisine. E les ospitaliers aront x s. de rente
chascun an, du don au dit Robert, por avoir leur
prierez. It. le maire et les esquevins d'Eu aront deuz s.
de rente chascun an, en remenbranche que le maire est
kief sus tous du dit ospital. It., pour le dit lit soustenir
a tousieurs de queute et de dras, en le maniere que il
est ordené en la lettre du don x s. de rente, qui seront
mis en boiste de le rechete des rentez, pour prendre
quant mestier sera au dit lit soustenir. It. au clerc de le
vile, por son travail chascun an, siz deniers. It. as serianz
au maire d'Eu, quatre souz, ch'est assavoir por chascun
mois quatre deniers, somme por ches menues partiez
quatre liv. dix sous et vj deniers. It. les ospitaliers rendront des rentes que euz recheveront a le saint Remi, chascun an, x s. au maire et as esquevins, les quiuz x s. le maire
donrra chascun an as poures meseauz, qui seront en le
voie du moustier Notre Dame d'Eu, a chascun malade
i denier le ior des mors, it. au ior de l'en a chacun
i denier, au ior de le crois aorée a chascun i denier.
E doit dire le maire au don fet, priez por l'ame de
cheli qu'che waagna et qui che a establi. E se les x s. ne
pueent souffire, le maire en sera quite au premier an
ansecant. E se aucune cose demouroit de tous les trois
termes, que che fust donné as maladez u chimentiere
saint Iohan le ior de le saint Iohan d'esté. It. le maire
doit mander chascun an le maistre et le maistresse e cheli
qui les poures herbegue, a le quinsaine de Pasquez, et

fere leur iurer sus sains que le dit lit sera soustenu et wardé souffisamment, en le maniere que il est dit par devant, et en chele iornée les ospitaliers aront por pitanche un s. a convertir la ou il leur pleira. E pour che euz seront tenus a dire leur patenostrez, por l'ame de cheli qui che leur a donné, et qui chu lit a ordené. Et les serians aront quatre deniers chascun mois, et le maire sez deus s. à le quinsaine de Pasques, et le clerc ses sis deniers. E tout che paeront les ospitaliers, por che que euz recheveront le rente du don au dit Robert. E i doivent fere visitation les deus serians chascune semaine, ou euz n'aront rienz de le dite rente, et que le maistre le tesmoigne ou cheus qui warderont le dit lit. E pour che fere et a emplir o tousiors, le dit Robert a mis les ospitaliers em possession et en sesine de chent et trois s. vj d. chascun an de rente, que euz prendront chascun an a le volenté du maire et des esquevins sur plusieurs tenanz, si comme il est contenu es lettrez des ditez rentez, et en une grant lettre qui est seelée du seel de le ballie et du seel au dit Robert et du seel de le quemunauté d'Eu, qui fet mention du don devant dit et de toute l'ordenanche devant dite, a le quele lettre on puet recourre, toutes les fieez que il plera au maire, se che n'estoit a droit escrit selonc le fourme de l'ordenanche.

It. le dit Robert a donné xx s. de rente a lospital d'Eu, u dyocese de Roen, por a cater uyle a esclerier en le sale du dit ospital a tousiours, por en luminer as lis ordenés por herbegier. Et il doit fere le maire varder par ses serians que le dite lampe soit ordenée et que ele arde toutez les nuis. Et se le maistre et les freres n'en font leur devoir, le maire puet prendre les xx s. de rente en leur main, sans rienz ballier a l'ospital, et en est la lettre en le main de le vile.

It. le personne qui maint au devant d'icheli ospital, en doit avoir trois s. de rente a tousiors du don Pierres Daval. E convendra que ichele personne demeure en une meson qui acoste au tenement Ricart Largent d'une part et d'autre au tenement Ioh. Petit boulenger. E ansi bien ara le personne qui u dit tenement maindra, soit en nom de louage, les trois sous, comme se il mainoit a hyretage, mès toutes voies les trois sous seront amenusiez de xiiij s. de rente, qui estoient deus a Pierres Daval. E seront amenusiez de v s. de rente por le terme de le saint Johan. E convendra que ichele personne demourant en le dite meson, fache le service ove le maistre et le maistresse et ove chele qui vardera les lis a le quinsaine de Pasques, que les deus lis soient bien soustenus en le maniere que il est ordené. E le bassele qui vardera les lis, soit suer ou autre, ara ij s. de le dite rente por estre les lis mix vardez, et les rechevera a la saint Iohan.

[F° 59 v°.] *In maioratu* IOHANNIS DICTI TRIQUET IUVENIS, anno Domini M° CCC° quinto, fuerunt *Scabini :* Robertus de Mesnillo, Petrus dictus Clericus, Iohannes de Belvaco, Ricardus Hyrebel, Iohannes Poiletruie, Robertus de Paris, Raoul Huistasse, Bertremiu Billet, Iohannes du Mesnil, Ricardus Maulevant, Gaufridus de Barra, Aleaume le Vaseur.

Concel : Guill. Iebin, Robert Coispel, Guill. le Fevre, Lorens Bourgois, Iohan le Marchant, Iohan du Marché as quevauz, Lambert le Merchier, Iohan Triquet, Rogier Wasart, Pierres Loffevre, Bertremiu Vastelier, Iohan le Karon, Henri le Selier, Iohan de Godinnemesnil, Raoul le Boistelier, Robert Anno, Iohan de saint Oen.

Tresoriers : Iohan le Marchant, Iohan du Marché as quevauz, Lambert le Merchier, Robert Coispel.

Esquevins du Tresport : Nicole Osoul, Guill. Len-glez, Iohan d'Albevile, Guill. Coterel, Iohan Debras le viel, Pierres Gamart.

(*Conseil*) : Guill. de Praiauz, Iohan Wastelier, Hue Morin, Mahiu d'Albevile, Iohan Barberi, Bernart Hoart.

Esquevins de Pont : Nicole de Gerberei, Robert Engnel, Lorens Dandioque, Pierres de Nevile.

Wardes des mestiers. Primes du pain : Gillebert le Sauvage, Hui Letedouche, Nicole Dumoulin, Rogier Piogier, Hue le Borgne, Watier de Huppi.

Bouchiers : Iohan Rungemast, Iohan Saunier, Guill. Poiletruie le ioule, Hue Nicole.

Pessonniers : Iohan de Rue, Iohan le Borgne, Lorens le Sauvage, Osbert Bernage.

Warde de drapperie a veir a les wart et a porter le bouion : Regnier de Franche, Nicole de Salinel (et furent ostez por leur mesfait), Robert Quevalier, Robert Cois-pel, Climent d'Aut, Iaques Sarrazin.

A porter le bouion en le Cauchie et a veir a les wart : Contier Conbarie, Iohan d'Aut.

A conter les finز sus le mestier en le Tainture et en le Cauchie : primes, Guill. Tourquetil, Andriu du Mesnil, Watier de Saint Ylaire, Gillebert le Caucheis.

Wardes des cuirs : Ricart Mallefesse, Gifrei de Blangi, Pierres d'Aulbemalle, Adan le Petit.

[Fº 60.] *Boureliers :* Adan le Selier, Iohan le Selier.

Couratiers de dras : Rogier Aubri, Guill. Vin-gneron.

Couratiers de vins : Guerart le Parmentier, Guill. Crochet.

Couratiers de blé : Guill. Lenglès, G. le Parmentier.

Wardes de menu venel devant le Machacre : Iohan Enguelevent, Fouquez du Mesnil, Iohan Bourgois.

114

Wardez u bourc : Iohan le Carpentier, Nicole le Sueur, Iohan de Flosques.

Conteur de bos : Watier Maulevant.

Ameteurs du bourc : Robert Bauduin, Ricart Mallefesse, Lambert le Merchier, Raoul de Blangi.

Saint Iohan : Guill. Maupekié, Iohan Sorel, Guill. le Fevre qui ne creit.

Saint Esteul : Andriu Teron, Robert de lé Couture.

Tainture : Pierre de Lenier, Henri Iordain, Robert Coispel, Iohan des Weez.

Saint Iaques : Enri Duval, Gifrei Linere, Fouques le Potier, Gifrei de Blangi.

Cauchie : Aleaume d'Aulbemalle, Bertremiu Wastelier, Gosse Nouriche, Pierres Ecart.

Saint Pierres : Gifrei de Launei, Symon Conte, Nicole Maugier.

Pont : Symon Broquet, Linart Wasart, Renaut du Bosrocoul, Guill. Cardeporc.

Jurez : Iohan de Beauvez fix iadis Guill. de B., Gifrei Conte, Gillebert Mainner, Iohan Bequet pessonnier, Iohan des Wes, Guill. de Bonnele, Symon Campion, Iohan Boulie du Tresport, Reignier Lescot, Phelippe de Driu, Ricart de le Bretaigne, Robert Pouchin, Symon de Listeville, Renaut Morel, Lorens de Polli, Guerart de Polli frerez, Marc le Gayneur, Nicole le Prevost, Gontier le Vaseur, Geroudet Trumel, Martin Aubri, Pierres de Crasvile, Iohan Wasart, Gautier Loisel, Symon Gygnelot, Iohan le Rei, Nicole Albelin, Iohan Guerart clerc, Guerart Coullette, Nicole Loiseleur, Iohan Ruellon.

[F° 60 v°.] Les ordenanches fetez en chel an :

Primes, le maire et les esquevins ont ordené que on sonne le cloque es iors d'esté o vespre, et en yver que ele soit sonée a demie lieue de nuit. E que nul qui s'orferra estre voite, que il soit armé selonc son poer, et que puis que ele sera sonnée, que nul ne trée vin, ne serveise, ne herbeque a personne souppecheneuse, et que, puis chele eure sonée, que les voites voisent chascun a son voit, sans aler a leur mesonz.

It. le iu des dés fu deffendu, a paine de xl s. le ioueur, et l'oste qui souffrira le iu ausi paiera xl s. It. on deffendi tous autrez giuz vilains, la ou se puet despoulier, sus paine de l'amende.

It. le maire et les esquevins ont ordené que nul regratier n'aquate menu venel devant l'eure de merché, et che qui sera aporté en le vile, puis chele eure, que nul ne l'acate fors a ore de vespres.

It. pour le cause du blé qui estoit kier, ch'est assavoir que une somme de bis blé valoit xj l. et forment le mine valoit lxiiij s. si que pour chele kierté, il fu deffendu as marchanz de blé que nul n'acast blé en le bone lieue d'Eu por revendre, fors tant seulement a son usage. E que se blé acatoit hors de le bone lieue et il le veut vendre, que il fust porté u marchié, pour que chascun le veist, et que chascun en peust avoir por son argent; et ancheis que il fust aoust, le blé valut iiij l. le mine, et c s. froment le mine.

It. on deffendi le noureture des pors de canvis sus paine de fourfeture.

It. il fu ordené que quiconque vodra pledier en esquevinage au iour du vendresdi, qu'il viengne a ore de tierche, ou il sera mis en defaucte, et se il vient puis chele eure, se se partie se nest alée, il ne sera de rienz oy, et se il trueve se partie, le partie paiera le defaucte.

It. tantost comme on sera en defaucte, le maire le puet lever tantost se il veut.

It. en chel an, il fut ordené que pour le quemun d'Eu

espargnier, que le livre ne seroit que a iij d., et les petis disi a ij s., et poet chascun aveir ley desi au nombre des ij s.

It. en chu tens, le vile deveit en rentez a vie en viij^{cc} l. et lxxv l.

It. en autrez decoz envers Mahaut de Praiauz en vj^{xx} l. et sept l. It. en xxx l. vers les enfans Gui de B[eauvès].

Le diemenche après le Trinité, en l'en CCC et chinc, on fist iustiche u manoir Huistasse Tardiu, en le rue de Flamengueville, d'une de sez mesonz le mains souffisant, pour cause de harel fete, que il s'acompengna as navaliers de Somme, et leur pria et deffendi que euz ne se louassent a nul pour amener les vins a Eu, que euz preissent iij s. de le pieche ; et il promist a fere venir euz le marquié de chascun tonneau, et pour che euz li donnerent xv s. d'avantage, et pour chu meffait on habati chele meson, u tenz Iohan Triquet, adonques maire.

[F° 61.] Le iuesdi après le saint Pierre en esté, en l'en de grasse mil CCC et chinc, il fu iugié que Raoul de Paris areit une meson abatue, pour che que, en le presence de Robert du Mesnil adonques u liu du maire, i feri du poing Pierres dit Prevost, adonquez seriant, et li fist sanc; pour lequele mespreison on habati une saene meson qui estoit a Matommesnil, et fu toute mise a terre. Et aveit une autre meson qui estoit dedenz le vile, que il requeroit que on habatist, et en pria l'abbé d'Eu, l'abbé du Tresport, Guill. de Hance, adonquez talleur devant madame d'Eu et de Gynnes, le balliu d'Eu et assez d'autres, et, por le meffait, qui estoit grant, on ne vout onquez riens faire pour les prierez, si que il convint que se meson toute le melleur fust abatue. E après che, il fu iugié par tout le concel que il ne seroit iamès maire ne esquevins ne du concel.

[F° 61 v°.] *In maioratu* Gaufridi de Barra, anno Dñi M° CCC° sexto, fuerunt *scabini :* Iohannes dictus Triquet vetus, Iohannes dictus Triquet iuvenis, Petrus Clericus, Laurentius Bourgois, Robertus de Mesnillo, Guill. Iebin, Iohannes du Marchié as quevaus, Lambertus le Merchier, Henricus le Selier, Robertus Coispel, Robertus Anno, Petrus Aurifaber.

Conciliatores : Iohan Poiletruie, Robert de Paris, Raoul Huistasse, Aleaume le Vaseur, Bertremiu Billet, Ricart Hyrebel, Iohan du Mesnil, Iohan de Beauvès, Ricart Maulevant, Raoul le Boistelier, Guille le Fevre, Iohan Huion, Iohan de saint Oen, Iohan le Karon, Iohan de Burnetot, Guille de Prenli, Raoul de Blangi, Gontier le Vaseur.

Iurés : Bertin Ferede, Godart le Monnier, Nicole Bourgois, Iohan de Cambrez, Ansgier adonques vallet a le contesse Bietris, Robert le Clerc, Guill. Gosselin, Ancel Mirande, Guill. de Gerberrei, Nicole Loiseleur du Tresport, Iohan Ruellon, Gifrei Martin, Iohan Valez, Pol de Betencort fornier, Iohan Manchion, Ricart Boulie, Guill. le Feron, Robert Miles, Iohan le Courbier, Iohan de Cravile le ioule, Cardon le... du Tresport, Guill. Tardiu qui fu fix Renout, Guill. Duval.

Vechi l'acort des menus batiax du Tresport (cordiers qui) wont a maaniere, et fu acordé il doivent paier le lot de le ville, a le raison de l'essare du batel, s'il est assavoir que de chescun batel iij d. que le batel ara desessaré, le lot de le ville ara ij d. Et pour che que le batel prent lot et demi, et le ville ne prent fors i lot, prent le batel iij d. et le ville ne prent que ij d.; si que se le batel vj d., le lot de le ville prent iiij d., et de xij d. viij d. et auci du plus; et se il se rebelle de paier le lot de le ville, si comme est devant devisé, que il ne le wellient paier au fuer de l'essare du batel, le maire et les esquevins doivent prendre le serment au maistre et a compagnions, sans debat, que il paieront seron l'essare du batel, si comme il est dessus dit. Et fu fet chest acort par les maistres du Tresport et par autres bonez gens et par le conseil du Tresport et d'Eu, et pour que on la fut ainsi a Aut et en autre lieu. Et pour che que les bonez gens resgarderent que on ne poeut paier le lot de le ville loiaument ne suffisamment, fu il aucci acordé, par l'acort des maistres du Tresport de le mer, que il paieront selon l'assare du batel, si comme il est devant devisé et ordené. En l'an mil CCC. et sept, il fu acordé a trois rois 1 lot, et fu chest acord fet au Treport.

[Fo 62.] Acort fet entre Tassart le Marcheant d'une part, et Iohane le Marcheande, iadis fame Iohan le Marcheant, d'autre, ch'est assavoir pour les debas qui estoient entreuz, excepté l'aisneeche qui devoit demourer au dit Huistasse, en le maniere qui li fu aiugié du maire et des esquevins d'Eu, des quiuz debas apaisier, les dites partiez se mistrent en compromis, ch'est assavoir seur Gifroi le Senescal esquier apelé pour le dite Iohane, seur Iohan Ionamer de Tigri apelé pour le dit Huistasse, et doivent iches deus personnes metre tous leur debas en pais, a paine de cc l. de tournois, moitié a iustiche et moitié a cheli qui le dit du compromis tendra, et se ches deuz ne se puent acorder, le maire et les esquevins devoient metre le tiers a euz aviser et accorder. E se aucun i avoit qui alast contre le dit et l'ordenanche, che seroit au peril de le paine desus dite, pour che ne demouroit il mie que le dit et l'ordenanche ne fust tenue. Au recort de Gifrei de le Bare, adonques maire, de Robert du Mesnil, de Lorens Bourgois, esquevins d'Eu adonques, pleges pour le dit Tassart, Guill. Iebin, et pour le dite Iohane, G. Adan, Robert le Clerc.

It. il fu iugié que Tassart le Marcheant, frere Iohan le Marcheant, emporteroit, par reson d'aisnecche, de tout l'estorement au dit Iohan de chascun ostil le melleur. Debat eut sus une huche et 1 huchel, sus une chainture d'argent, sus une bourse de soie, sus une affique, sus 1 anel, sus 1 hanap de madre a pié d'argent, seur l'esto-feure du lit, seur le laneer pendant a une kane a deus byberois, seur une capite que on met sus bans pour seir...

It. se yretage esquiet a sereurs, les sereurs seront toutes partables a l'aisneecche, comme as vasseauz aalagez, ansi comme a tout hyretage.

[F° 62 v°.] *In maioratu* IOHANNIS DICTI TRIQUET IUVENIS, anno Domini M° CCC° septimo, fuerunt *scabini :* Gaufridus de Barra, Petrus Clericus, Iohannes de Belvaco, Iohannes de Mesnillo, Iohannes Poiletruie, Ricardus Hyrebel, Raoul Huistasse, Robertus de Mesnillo, Laurentius Bourgois, Ricardus Maulevant, Guill. de Penfeio, Rogerus dictus Vasart.

Iurati : Climent de Beauves, Guill. le Checlier dit Dupont, Robert le Gruier, Robert Bauduin le ioule, Iohan le Blont, Thomas le Seriant, Guill. du Tilloi, Iohan Vasart iadis fix Gille, Bernart le Mire, Iohan Lion, Anskier Plaincoste, Alain de Franlez, Landri Loisel, Nicole Maton fix Symon Maton, Gifroi Valopin, Guill. Hyrebel, Thomas Blondel clerc, Adan Lefé, Nicole de Cauz dit Gargrate, Iohan Becquet de dehors le porte, Gui Vistel, Iohan le Ploumier, Garin le Naseur, Ricart de Rue, Rogier Belin du Tresport, Iohan Milet fix Guill. Milet, Rogier le Kandelier, Rogier de Roumaigne, Gifrei Gruier, Iohan Kaqueleu, Guill. Bourgois, Reignier Vistel, Iohan le Carpentier, Reneaume Tourneveel son gendre, Raoul le Caucheis gendre Lambert Huiart, Guill. Duponchel, Gosse de Franlez, Climent de Franlez, Guill. d'Aut manant o Tresport, Pierres Castelain, Raoul Prevost, Ricart le Roux frere Guerout Marescal, Guill. de Brunville, Guill. Luellier clerc qui a le fille Climent Mescane, Iohan Evrart. *Du Tresport :* Pierres le Fevre, Rogier de le Rue, Robert Ioybert, Iohan Minet, Iohan Dumoulin, Iohan Raie, Iohan le Taneur de Blangi, Gillebert Lagot, Iohan le Courbier fix Esteul, Iohan le Grant, Robert de Tuli, Iohan le Dien, Iohan du Ruissel fix Iohan du Ruissel, Gilles Blondel, Raoul de Nevile, Lorens Cachecat.

Il fu iugié en plain concel, le mardi après le saint Remi, en l'en de grasse mil. CCC et sept, que Iohan Poiletruie ne seroit iamez, u tenz a venir, maire ne esquevin ne du concel, et se loy perdue por deux causez; ch'est assavoir pour che que, après son serment fet por se talle, le maire eut concel d'aler a ses biens; il confessa par son serment que il n'aveit mis aquitié toutes les cosez de son ostel, qui poet estre ainsneeche, lesquelles cosez toutes demourerent a le vile, comme moble, et furent prisiéz a lxiiij l. x s. de le fieble monnoie, qui tornerent vers le vile. E pour che que il se douta que il ne perdist plus, il fornia une ete de le vente d'un tonneau de vin de xij l. v s. de le bonne monnoie, que i homme de Gohomare (1) que on apele Romain li deveit; et ala le dit Iohan a Gohomare le diemenche devant le mi aoust por pailer au dit Romain, et dist au dit Romain que se aucune cose li estoit demandé de le dite dete, que il deist que il ne li deveit rienz por toute, On en voia a chu Romain Pierres le Clerc, ichu diemenche devant dit, por savoir le verité ; on n'en pot riens savoir

---

(1) Gomare, hameau de Mesnilréaume.

adonquez, et dist que il ne li deveit rienz, pour che que
il esteit clerc. Le maire le'fist semondre le dit Romain
par devant le dien ; il confessa verité que il devait l'argent au ior de le mi aoust. E pour estre plus certain, on
fist le dit Romain venir en esquevinage, si que en le presence de Iohan Triquet, adonquez maire, de Robert du
Mesnil, de Pierre le Clerc, de Lorens Bourgois, il dist
que il deveit enquore ix l. de tournois au dit Iohan, et
que en chu iour le dit Iohan fu en se meson, et palla
au dit Romain. Le dit Iohan en fu acusé; il iura sur
sains que il n'i aveit point esté.

Item, pour che que il fornia le dite dete, et que il
ne fu mie a Gohomare, le maire proprement Pierre
le Clerc, Johan du Mesnil allerent la et trouverent,
par le serment du dit Romain et de se fame, par Iohan
Ballet, par Pieres Concel, que pour certain il fu a chu
ior devant dit a Gohomare, si que, par son serment mau-
vardé e pour che, il en fu ataint que il s'estoit pariuré.
Le compagnie de l'esquevinage li fu devée, et tout che
desus dit perdu. Vechi cheus qui che iugierent, Pierres
le Clerc, Iohan de Beauvez, Iohan du Mesnil, Ricard
Hyrebel, Raol Huistasse, Robert du Mesnil, Giffroy de
le Bare, Lorens Bourgois, Ricard Maulevant, Guillaume
de Penli esquevins, et ensement tout le concel, primes
Henri le Selier...

Item, il fu iugié contre le dit Iohan Poiletruie, comme
par se conissanche meisme, comme au serment de se
talle quant il en fu repris et on ala a ses bienz que il dist
a sire maire : quant ie fis mon serment, en verité je
n'aquitai mie quatre l. de rente que i'ai acaté au gendre
Iohan Ducot, qui montent a vj^{xx} l. et dis de le fieble
monnoie. Donques, dist le maire, par le concel de ses
esquevins et de son concel, que il estoient sienz perdus,

si comme il avoit acaté la dite rente anchois que le
talle courust, et dont l'argent l'en poet revenir en l'en
et viez. E fu iugié tout outre, que se ele estoit rapelée,
que l'argent du rapel en seroit a le vile.

[Fᵒ 63.] Ricart Boulie s'est obligé a fere le mestier
du descarge des vins, pleges Pierres Tardiu de Flamengueville, Huistasse le Couratier, Pierres Tardiu
du Tresport, Guill. Boulie plege par desus tous.

Il fut acordé par tout le concel d'Eu, que tous les
eavages tenront plache et verront a le messe du iour
en l'issue duques a vespres, et ne porront ouvrer par nuit
ne a kandeile, fors tant seulement puis le cloque au
iour dusques a l'autre cloque du vespre, et toute orde
ordure est deffendue de foler les dras, ch'est assavoir de
lie de vin et d'autre cose, comme d'autre ordure fors de
clere eaue, et de terre a foulon exeté rouset.

[Fᵒ 64 vᵒ.] *In maioratu* GAUFRIDI DE BARRA, fuerunt
scabini, anno Domini Mᵒ CCCᵒ octavo, Iohannes Triquet, Iohannes de Beauvès, Iohannes du Marchié,
Iohannes de Vimeu, Guilleaume Iebin, Robert Coispel,
Aleaume le Vaseur, Robert du Mesnil, Iohan Morin, Nicole Bourgois, Iohan de Burnetot, Lambert le Merchier.

Le concel : primes Ricart Hyrebel, Petrus le Clerc,
Iohan du Mesnil, Laurens Bourgois, Raoul Huistasse,
Ricart Maulevant, Guill. de Penli, Rogier Wasart,
Henri le Selier, Pierres Loffevre, Robert Anno, Ber-
tremiu Billet, Raoul le Boistelier, Guill. le Fevre, Gon-
tier le Vaseur, Bertremiu Vastelier, Onffrei le Merchier,
Iohan Vasart, Martin d'Alihermont, Iohan de saint Oen,
Robert de Paris, Iohan Tourneveel, Rogier Tourneveel.

Tresoriers : primes Ricart Maulevant, Guill. de
Penli, Rogier Tourneveel, Onffrei le Merchier.

Jurés : Guill. Peskier autrement dit Lasnier, Gontier le Sereurier, Gilles Cot, Michiel le Vesie, Iohan le Porkier, Bertremiu le Caron dit Lambert, Guill. le Porkier, Guill. Castelain le ioule, Symon de Beaurain de Pont, Huistasse de Mignon, Gillebert de Serb, Engeran le Bourgois, Guill. du Vaudruel, Iohan Catel fix Thomas Catel, Hue Roucel, Pierres de Bernay, Pierres le Potier, Robert Ioane, Robert Eude, Iohan le Tuilier, Thomas Belie, Guerart Batamare, Iohan Duval fix Enrri Duval, Robert de Bouloigne fix Vatier de Bouloigne, Michiel de le Mare autrement dit Heudier, Iehan Mauger, Nicole Moquet, Iohan Nicole, Guill. Marmoulu, Ricard Beleuvres, Bertremiu Luellier qui fut fix Anskier Donvis, Nicole le Fevre, Robert Duval.

[Fo 55 vo.] Le diemenche après le saint Michiel, en l'an CCC. et VIII, il fut acordé par maire et par esquevins, que tous les sereuriers de le vile d'Eu tenissent l'estatut qui chi ensieut : ch'est assavoir que nul ne puist fere clef contre clef, se il n'esrache le sereure. E que nul ne puist porter clef vendre en marchié ne aval le vile, se il n'a le sereure. E que nul ne fache clef contre moulle, que il ne le fache saveir au maire, ou a cheli qui sera reswart du mestier. It. que nul ne fache sereure qu'il n'i ait autretant de wardes d'une part et d'autre, comme il ara de wardes en le clef. It. que on fache bons pelles et suianz. It. que nul maignien ne puist porter clef ne sereure, se il ne le set fere, ch'est en le vile ne en le boucherie, et que il ne le puist vendre. Item que nul sereurier ne puist confire clef de coin. It. que euz ne laborent en leur mestier, fors de le cloque du iour desi a le cloque de boutehors. It. que euz ne mechent point de fer u feu par nuit. E qui chest estatut ne tendra, il sera puni si comme maire et esquevins iugeront, et sus che il doit avoir wardez u mestier, i sereurier et i fevre.

124

[F° 65.] *In maioratu* Iohannis dicti Triquet, anno Domini M° CCC° nono, fuerunt *scabini :* Gaufridus de Barra, Petrus dictus Clericus, Laurentius Bourgois, Ricardus Hyrebel, Bartholomeus dictus Billet, Raoul Huistasse, Robertus anno, Robertus de Mesnillo, Iohannes de Mesnillo, Ricardus Maulevant, Rogerus Tourneveel, Iohannes Vasart.

Jurés : primes, Robert Achilles, Gosse de le Porte, Iohan Bigot, Watier le Cordier, Denis le Dien, Ancel Vasart, Roumain Rikier, Iohan Aubin, Climent le Grant, Thomas de Criel, Iohan Adan, Esteul Tardiu, Raoul Gosse, Iohan Gauvin, Robert Lanbain, Iohan Demisot fix Pierres Demisot, Iohan le Clerc né de Velli, Pierres Braquet du Tresport, Rogier Lenglès, Iehan dame Heude, Guill. Maugier, Iohan Hardi, Lambert le Monnier autrement apelé Merchier, Huistasse Morisse, Climent des Cauz, Pierres Selle du Tresport, Guill. le Feron le ioulle, Climent Trumel, Esteul Després, Rogier Hoart fix Bernard Hoart, Pierres Lebreton, Watier Iebin, Watier Peau de vagnon, Maarc le Barbier, Iohan de le Porte barier de le porte du marchié as quevauz, Pierres Herevi du Tresport, Reignier Godart, Robert le Morcant.

[F° 65 v°.] *In maioratu* Gaufridi de Barra, anno Domini M° CCC° decimo, fuerunt *scabini :* Iohannes de Mesnillo, Iohannes de Foro equorum, Iohannes de Vimeto, Guill. Jebin, Lambertus le Merchier, Robertus Coispel, Rogerus Vasart, Aleaume le Vaseur, Robertus de Mesnillo, Iohannes Triquet, Stephanus dictus Tardiu, Johannes Adan.

Conciliatores : Pierres le Clerc, Lorens Bourgois, Ricart Hyrebel, Raoul Huistasse, Bertremiu Billet,

Robert Anno, Ricart Maulevant, Rogier Torneveel, Guill. le Fevre, Reneaume Torneveel, Thomas Blondel, Pierres Loffevre, Hue de Brunville, Adan Raie, Henri le Selier, Iohan Morin, Onffrei le Merchier.

Concel du Tresport : Nicole Osoul, Haniquez, Mahiu d'Albevile, Iohan de Praiauz, Iohan Debras, Bernart Hoart.

Esquevins du Tresport : Guill. Lenglès, Iohan Vastelier, Guill. de Praiauz, Senescal, Iohan Barberi, Thomas d'Aut.

Esquevins de Pont : Robert Engnel, Symon Morel, Ricart le Vaseur, Guill. Briquet.

Wardes des mestiers. Primes du pain : Rogier Piogier, Gillebert le Sauvage, Ernoul le Cartier, Watier Guillot, Nicole du Moulin, Iohan le Paireur, Iohan d'Albevile, Gillebert Mallart, Nicole le Fevre, Henri le Petit, Enrri du Val.

Wardez de bouchiers : G. Poiletruie le ioule, Iohan Nicole, Iohan Saunier, Guill. Matias.

Pessonniers : Lorens Sauvage, Iohan le Borgne, Iohan Catel, Iohan de Rue.

Wardez des cuirs : primes Hue de Brunvile, Gifroy de Blangi, Guill. de Crasvile, Nicole le Fevre.

Bourreliers : Iohan le Selier le ioule, Guerout Ecart.

Couratiers de blé : Guill. Lenglès, Crespin.

Couratiers de vins : Le Paireur, Iohan Riote.

Couratiers de dras : Guill. Vigneron, Roger Aubri.

Menu venel : Hardi, Guill. le Porteur, Neco.

Menu venel a Frammantel et devant le boucherie : Gosse le Roy, Rogier Aubri, Mahiu le Huchier.

[Fo 66.] *Conteurs de bos :* Moignot.

Wardez de draperie a veir a les wart et a porter le bouion : Robert du Quesnei, Martin Aubri, Gui Vistel, Robert de Listevile.

A conter les finʒ en le Tainture : Henri le Grant, Guill. Tourquetil, Aleaume Morin, Lorens de Berneval.

It. a veir en le Cauchie et a porter le bouion et a conter les finʒ : Iohan d'Aut, Pierres Cachecat.

Wardeʒ de cardon a Pont.

Jurés : Rogier Gillebert, Ricart le Vesque, Iohan Asdenz, Ricart Poulet, Iohan d'Alenay, Iohan Ligier, Guille Fae, Guill. Piogier, Vinchent de Hainssevile, Gosse le Roy, Guill. Vallant, Iohan d'Acoumesnil, Martin Quesnel, Iohan Fouques, Bauduin Maupekié, Guill. du Bousseel, Iohan Sarasin, Guill. Crupin, Iohan Loisel, Gifroi Poulot, Iohan le Metier, Guill. Debras, Iohan Auquetil, Gifroi Symon, Pierres Maton, Ioen Maton, Guill. Maton, Iohan de Michedent, Guill. le Picart qui mest a saint Iohan, Watier de le Porte, Robert Lecot le viel, Robert Lecot le ioule freres du Tresport, Pierres le Fronssie, Iohan le Merchier de Cuvervile, Symon Hochart, Raoul Gavaut, Pierres de Douvrent, Iohan Diere, Gillebert de Douvrent, Raoul Bouchel, Robert Bouchel, Guill. le Porteur iadis fix Adan le Porteur, Gifroi Trubert du Tresport, Andriu Marein du Tresport, Pierres le Caucheis, Raoul le Feron, Vatier Bourgois, Iohan Saunier, Iohan le Karon fix Morisse le Karon, Iohan Quentin, Robert le Picart, Pierres de saint Massen, Iohan d'Aulbemalle qui fu né a Aulbemalle, Iohan de Velli, Andriu le Prevost, Lorens Demisot, Iohan Poulet, Iohan Miles, Bauduin le Mabrier, Robert de le Conture le ioule, Rikier de Salli, Bauduin le Verrier, Iohan Huion iadis fix Iohan Huion, Robert Hurel.

Iohan Triquet, Iohan de Beauvès, Martin d'Alihermont, Robert le Seriant finerent a maistre Esteul du Quemin par dis l de tourn., de son salere du tens passé, comment que la letre de son seel n'en fache mention, present Iohan de Bouville, a donques clerc a l'abbé d'Eu, et assez d'autres.

[F° 67 v°.] *In maioratu* IOHANNIS DICTI TRIQUET, anno Domini M° CCC° ondecimo, fuerunt *scabini* : Gaufridus de Barra, Petrus Clericus, Iohan du Marchié as quevaus, Lorens Bourgois, Robert Anno, Ricart Hyrebel, Raoul Huistasse, Guille le Fevre, Ricart Maulevant, Rogier Tourneveel, Thomas Blondel, Reneaume Tourneveel.

Conciliatores : Iohan de Vimeu, Lambert le Merchier, Aleaume le Vaseur, Esteule Tardiu, Rogier Vasart, Iohan Adan, Iohan du Mesnil, Guille Iebin, Robert Coispel, Iohan Morin, Pierres Loffevre, Henri le Selier, Onffrei le Merchier, Adan Raie, Hue de Brunvile, Robert Lion, Guille Bourgois, Guille Feron, Iohan de saint Oen, Raoul Boistelier, Henri de Crasvile.

Jurés : Hue Puisnel, Pierres Grenon, Guill. le Kahot, Aleaume de le Bretaigne, Bertremiu de Flosques, Gilles Maton, Pierres Tallefer, Hue de Tallefer, Nicole Fraperue, Ancel le Ramendeur, Henri Gargarain neveu Henri Gargarain, Watier Brioche, Guill. Donvis, Mainfroi le Tuilier, Climent Mares, Robert de Listevile, Iohan Cochon, Thomas Pacoul du Tresport, Guill. Belin, Guill. de Nevile, Bernart Reneaume, Guill. Piquet autrement dit de Gronchet, Henri le Petit, Bertremiu Godesbauz, Aleaume Rasquet, Robert Binage du Tresport, Pierres le Leu, Watier Saunier, Iohan de Bonnele, Nicole Fourmentin, Guill. Dotier, Huistasse le Huchier, Michiel Chauporc, Ancel de Penliu iadis fix Iohan de Penliu, Renaut Boude, Iohan Billet, Nicole Crupin de Pont, Robert Sereurier, Pierres de Torvile de Pont, Onffrei Tripotel, Rogier Metout, Renaut, Engueren Lemortier, Rogier Blondel le ioule, Iohan Douchet, Iohan le Quaron de le Cauchie, Pierres de Crasvile fix Iohan de Crasvile, Iohan Poitevin iadis fix Bauduin Poitevin, Huistasse Deletre, Lorens Neysoy, Gillebert Ballecorde, Aleaume de Nevile fort Vallet, Pierres Nuspiés, Raoul Fremin.

[F° 68 v°.] *In maioratu* IOHANNIS DICTI DE BELVACO, anno Domini M° CC° duodecimo, fuerunt *scabini* : Iohannes dictus Triquet, Iohannes de Foro equorum, Iohannes de Mesnillo, Guillus Iebin, Lambert le Merchier, Esteul Tardiu, Robert Coispel, Gaufridus de Bara, Alermus le Vaseur, Iohannes de Vimeto, Guillus Bourguois, Adan Raie.

Conciliatores : primes Laurentius Bourgois, Ricardus Hirebel, Thomas Blondel, Rogerus Torneveel, Ricardus Maulevant, Radulphus Huistasse, Guille le Fevre, Robert Anno, Pierres le Clerc, Robert de Paris, Iohan Adan, Iohan Morin, Pierres Loffevre, Henri le Selier, Onffrei le Merchier, Iohan le Karon, Hue de Brunvile, Guill. Feron, Iohan de saint Oen, Raoul le Boistelier, Reneaume Torneveel.

Tresoriers : Raoul Huistasse, Rogier Torneveel, Reneaume Torneveel, Ricart Maulevant. Et sera le talle a ij d. tourn. et les petis paeront xvj d.

Wardes des bouchers : premierment Robert Chauporc, Jehan Nichole, Hue Nichole, Guille Poiletruie.

Wardes des poissonniers : Osbert Barnaige, Iehan le Borgne, Iehan de Rue, Pierres de Fryencourt.

Wardes du pain : Ernoul le Caretier, Climent Barnaige, Watier Guillot, Nichole le Fevre, Guillebert le Sauvache, Henry le Petit, Rogier Pyongier, Martin Moisel, Iehan d'Albeville, Guillebert Maillart.

Courretiers de vins : Iehan Ryote, Esteule le Gros.

Wardes de le drapperie a porter le bouion et a venir a l'esvart : Robert Quevalier, Robert de Listeville, Martin Aubry, Iaques Sarasin.

A compter les fiex : Iehan Beessus, Lorens de Berneval, Aleaume Morin, Robert du Quesney.

A porter le bouion en le Cauchie : Pierres Cachecat, Iehan d'Aut.

Wardes des cuirs : Hue de Brunville, Guiffray de Blangy, Nichole le Fevre, Guiffray Walopin.

Courratiers de dras : Rogier Aubry, Guill. Wygneron.

Bourreliers : Pyerres le Selier, Iehan le Selier.

Revars du menu venel du bourc : Iehan Neco, Iehan Hardy.

Guardes du menu venel devant le Machacre et de Freit mantel : Guosse le Fourbeur, Henry le Serrurier, Fouques du Mesgnill.

Jurez : Phelippe de Hastingues, Iohan Anno, Watier Blondel, Iohan Gogo, Iohan Huion le ioule, Thomas le Conte, Adan Huifame, Iohan Aoustin, Esteule Cochon, Gillebert Morant, Henri le Sereurier, Mahiu Basseri, Gifroi Testin, Robert Lescrivain clerc, Iehan de Rue clerc, Guy le Panetier, Robert Sarasin, Pierres de Rommaigne le ioule, Benart Margal, Pierres Margal, Estienne de Floques, Thomas Poli, Guill. Fadoc, Iehan Angneret, Guill. le Fevre, Gontier Ameurry, Watier le Wagmeur, Raoul Caryté, Iouen le Flament, Robert Barberill, Iohan Malapris, Iohan d'Avrenches, Bertrant Guïngant, Iehan Lenglois, Guill. Gossin, Picard Redemite, Watier Mahyton, Robert le Contrepointier autrement dit dame Eude, Robert de Faenche le ioule.

Tresport : Alexandre Lenglois dit Crohe, Iohan Maledenrée, Bauduin Fauquet, Robert d'Aut, Guiffray le

Fourbeur dit Virely, Robert Bequetarce, Haingues de
S. Riquier du Tresport, Andrieu Capete, Morice de
Craville, Ligier Coullette, Guill. Nicholas, Guill. Duval
fiex Enrri Duval, Ioham Torquetill, Ioham Cucu du
Tresport, Guerout le Roisant, Ioham Godeffray, Pierres
de Muignon, Symon Malecose, Iohan Malecose, Nicolas
Maupequié, Symon Wastel, Nichole Eude, Nichole du
Quesney, Pierres Nichole, Benart Anno, Toumas le
Pareur, Iohan le Rat, Ricart Tripolain, Gilles le Fevre,
Raoulet Gruiez, Robin le Caron dit de Bonnele.

[F° 69.] Raoul de Eu (1) est tenu envers le ville, en
CC livrez tourn. de prest fait a li, quant il ala prendre
les hommagez de le tere sa fame, les quiez furent baillés
et delivrez a son quemandement.

Acort fait des descarqueurs : premierement il aront de
sachier du navel et metre sus le kay, iiij d., et de metre
en karete soit hoes ou ous, iiij d. It. de herbeger, soit
sus terre, ou en cheliez, iiij deniers gros. It. de saquier
des grains voutes, xvj d. tourn. It. des petites voutes,
xij d. gros. It. se le tonnel est pris en le meson du bourgois, viij d. et mis en kareite gros. It. des vins qui ven-
dront de dehors ou de Dieppe ou d'autre lieu dehors,
pour metre hors de le karete et avaler u chelier, ou metre
sus tere, vj d.

[F° 69 v°.] *In maioratu* JOHANNIS DICTI TRIQUET, fuerunt
scabini : Johannes de Beauvès, Gauffridus de Barra,
Johannes de Foro equorum, Laurentiens Bourgois, Ricar-
dus Hyrebel, Ricardus Maulevant, Johannes Adam,
Thoumas Blondel, Raoul Huistasse, Guille le Fevre,
Morisse le Caron, Huc de Brunvile, anno Domini
M° CCC° xiij°.

(1) Raoul Ier de Brienne, comte d'Eu, 1302-1344.

Conciliatores : premierement Robert Coispel, Ioham du Mesgnil, Guill. Jubin, Lambert le Merchier, Estienne Tardieu, Aleaume le Vaasseur, Johan de Vymeu, Guill. Bourgois, Adam Raie, Pierres le Clerc, Rogier Tourneveel, Joham Morin, Guill. Feron, Robert de Paris, Guontier le Vaasseur, Pierres Lorfevre, Robert Anno, Honffroi le Merchier et Johan le Caron.

Tresoriers : Estienne Tardieu, Aleaume le Vaasseur, Lambert le Merchier, Rogier Tourneveel. Et sera le taille a ij d. le livre. Et paieront les petits xvj d.

Wardez du pain de Eu : primes Ernoul le Caretier, Climent Bargnage, Watier Guillot, Watier Tiebout, Guillebert Maillart, Guillebert le Sauvage, Henry le Brasseur, Rogier Piongier, Martin Meisel, Fouques du Mesnil.

Jurés : Tresport : Joham le Cordier, Lorens le Cordier, Andrieu Labourel, Guill. le Vassal, Raoul Labourel, Joham Morisse, Guill. Clarembout, Guill. Faudenier, Raoul Dorée, Ancel Jourdain, Marquet le Fevre, Adan Warison, Guill. qui tout set, Raoul qui tout set, Gontier Quesnel, Guill. du Bosrocoul, Benart du Bosrocoul, Pierres le Parmentier, Johan de le Capelle, Henry Guaresoullier, Johan Poupart dit bonhommet, Johan le Merchier clerc, Johan Crognet, Johan Barnage, Raoul du Moustier, Robert du Val, Johan Seiguier, Ricart Oysiel, Estienne Cristophe, Symon Anno dit Saquespée du Tresport, Lorens Dandioque fix B. Dandioque, Robert de Pardieu, Johan Aubry, Guill. le Saunier dit tournenssanes, Guill. le Checlier, maistre Guillebert de Penlli, Guillebert le Duc du Tresport, Guill. le Merchier, Jouen Domine du Tresport, Mahieu Tourneveel du Fresne manant a Eu ad. Tresport, Aumont Polart, Guill. le Vasseur, Gilles Mignet, Johan Payen, Johan du Moustier, Jaques le Monnier clerc de Pont.

Il fu acordé par tout le conseil d'esquevins et de tous cheus du conseil, le dyemenche devant les Chendres, que se les couratiers de Eu sont au Tresport avec les courratiers du Tresport, et il montrent vins as marcheans ensemble, que le courratier du Tresport en aroit le tiers du gaanage, et cheus de Eu les ij pars, et se cheli du Tresport y est tout seul, il ara tout, et se il n'en y avoit que un, si ara il pour li et pour son compagnon, et il y sont tous dois ou i deus et le couratier du Tresport ni est, il aront tout et cheli du Tresport ryens.

[F° 70.] *In maioratu* JOHANNIS DE FORO EQUORUM, anno Domini M° CCC° XIIII°, fuerunt *scabini :* Johan Triquet, Guiffrai de le Barre, Joham du Mesgnille, Guillame Jubin, Lambert le Merchier, Guillame Bourgois, Rogier Tournevcel, Estienne Tardieu, Adam Raie, Aleaume le Vaasseur, Onffrei le Merchier et Guillame Feron.

Conciliatores : Lorens Bourgois, Morisse le Caron, Joham Adam, Ricart Heribel, Hue de Brunville, Joham de Byauvès, Thoumas Blondel, Ricart Maulevant, Raoul Huistace, Guille le Fevre, Robert Coispel, Joham de Vymeu, Pierres le Clerc, Robert de Paris, Gontier, Nicole le Fevre, Pierres Lorfevre, Robert Anno, Joham Caron, Hue Roussel, Robert Lyon, Joham Malecose et Guill. Maugier des halles.

Isti sunt jurati : Gosse Godart, Thomas de Dayeville, Ernoul le Merchier, Rogier Crupin, Climent Morin, Renier Baudry, Guillot de Faenches, Jehan Lagot, Anguier Coquet, Johan Baudri, Robert Eude, Bertin Cornet, Johan Cossin, Pierres Mauclerc monnier, Jaquet de Bouberch, Johan Let bouli, Guillebert Veel, Johan Gosselin, Johan Ginsebourier, Pierres Roisse de Pont, Robert le Borgne dit Moquet, Lorens Lebret, Guill. le

Herdier, Martin Breton, Fremin le Carpentier ymage, Guiffroy Vilain, Raoul le Tarecier, Jehan Havet, Pierres Havet, Engueren le Checlier, Jehan Juesdon, Robert Piguere, Jehan Godeffroy, Guill. Anquetil. *Tresport :* Raoulet Mauberguier, Raoulet Normant taincquerturrer, Rogier Benart, Johan le Grant, Pierres le Potier dit ceclier. *Tresport :* Guill. du Mont Huon, Gosse du Moustier, Henry de Toqueville, Ricart de Toquigny sellier, Johan le Petit, Ricart Plaincoste.

[F° 70 v°.] *In maioratu* JOHANNIS DICTI TRIQUET, anno Domini M° CCC° XV°, fuerunt *scabini :* Johan du Marchié as quevaus, Guiffrai de le Barre, Joham de Byauvès, Joham du Mesnil, Lorens Bourgois, Thoumas Blondel, Ricart Maulevant, Raoul Huistasse, Ricart Heribel, Joham Adam, Gontier le Vaasseur et Nicole le Moine.

Jurés : Robert Coullette, Guill. de Nevile dit Lausné, Renier Demissot, Joham Warniet, Symon Coquet, Guill. le Machon dit d'Eussegny Adan Pincheffalise, Huistasse Roste, Pierres Habrehan, Engueren le Monnier, Jeham le Mordant, Robert le Selier, Jeham Wiscol, Jeham Verdiere, Ernoul le Clerc, Jeham Putevaine, Jehan de Crasville couvreur. *Jurés du Tresport :* Jehan Belin, Romain Beenet, Gilles d'Aut, Jehan Descamps fix Mahieu, Ricart Boulie, Pierres Boulie, Jehan Gosse, Vinchent Funen, Gontier Galion, Gontier qui tout set, Jehan Cachemarée, Joham Gasquet, Guill. le Feron, Rogier Enguelart, Robert Descamps, Johan Buesgnes, Michiel Hubert, Guill. le Page, Pierres le Grant, Pierres le Roy, Gontier Descamps, Estienne du Singaut, Raoul Petit baon, Guillebert de Berneval, Jehan Gruier, Pierres Debras. *Jurés du Tresport :* Johan Debras, Tassin Debras, Jehan le Roy, Pierres le Car-

pentier, Guill. Sabout, Engueren Auquetin, Adan le
Bourgois, Johan Warnier, Rogier le Parmentier, Johan
Harenc, Robert Karue, Johan Carue, Pierres Hardy,
Johan Asse, Lorens Harenc, Jeham Lebrument, Johan
le Merchier, Engeran Tardieu, Johan de le Rue, Denis
Pesant, Rogier Morant, Guill. Wyot, Johan le Leu,
Osber Tardieu, Jouen Tardieu, Rogier Belin, Michiel
Harnas, Hue Couliart, Hue Blondel, Mahieu Caperon,
Gosse Baudri le fix Guiffose, Laurens ad Coailles. *Tres-
port :* Gilles le Boulengier, Johan le Jumel, Bernart de
Priaux. *Tresport :* Pierres le Coq, Austin Wigneron,
Johan Gosmer, Pierres de Listeville.

[F° 71.] L'an de grace mil CCC et XV, le lundi aprés
le Trinité, et emplain esquevinage, par maire et par esquevins, et par tout le conseil jugé fu que Lambert le
Merchier ne seroit jamés u temps a venir, ne maire ne
esquevins ne du conseil de le ville, et que avoit sa loy
perdue; ch'est assavoir que il estoit trouvé pariure par le
desobeissanche qui enssuit. Le ville eut afaire d'un queval pour le proffit de tout le quemun; le maire quemanda as serians quer il preissent ij quevaus; les serians
alerent en le meson Lambert le Merchier, et distrent a
Lambert que il arrestoient son queval pour le vile; il
dist qu'il ne l'aroient mie et que il emquereussent i
autre, et sus chen les dis serians l'arresterent et li com-
manderent que il ne le remeust, et sus chen il l'envoia
hors de le vile, et quant le queval fu revenu, les dis serians alerent querre le dit queval a l'estable; le fame dudit
Lambert vint a eus et leur dist que se il enmenoient le
dit queval, que ele crieroit haro sus eus. Et aprés les
serians vintdrent au maire et li distrent que il ne povoient
avoir le queval dudit Lambert, et ne demoura en li que
le vile n'en fu destourbée. Et quant le maire seut chele

desobeissanche, il assembla son conseil et leur dist le desobeissanche que le dit Lambert avoit faite, et furent a acort que le dit Lambert fust mandé. On le manda par i seriant, et par iij journées. Le dit Lambert vint en esquevinage; le maire li commanda que il amendast chele desobeisanche; il dist que il ne l'amenderoit point. Le maire commanda donques a Prevost le seriant que il li feist commandement qu'il l'amendast; le dit Lambert respondi que il ne l'amenderoit point; le dit seriant li commanda encore deux fois, trois, que il amendast; le dit Lambert dist que non feroit, que il ne l'amenderoit point, et s'en ala hors de lesquevinage, et desobey du tout au quemandement. Et jugerent le dit maire et esquevins, et tout le conseil de Eu et du Tresport avec cheu, que le dit Lambert ne seroit jamès u temps a venir ne maire, ne esquevins, ne du conseil de le vile, et que il avoit sa loi perdue, si comme dessus est dit, que se meson li seroit abatue, quant il seroit hors de l'office le Roy ou il est a present, et encore thesmongna le dit Lambert emplain esquevinage que, se il eust [en]contré les dis serians enmenant son queval, que il leur eust resquous. Et a chest jugement faire furent presens : Jehan Triquet adonc maire d'Eu, Guiffroi de le Barc,... esquevins de Eu et autres et furent tous a acort que chest jugement se tendra a tousjours du dit Lambert estre ne maire ne esquevin ne du conseil, sans nul rapel.

Et est assavoir que ledit Lambert fu mandé par iij jours, et li quemanda le maire, il ne vint mie a le premiere journée; il fu mandé lendemain, il y vint, le maire li quemanda que il amendast; il desobey et dist emplain esquevinage que il aimeroit miex que il eust l'oreille coupée que il l'amendast, et s'en ala. Quant il

136

fu mandé le tiers jour et li fu quemandé que il amen·
dast, il desobey du tout. Par quoi le jugement dessus
dit, et par les autres choses dessus escrites, fu fait par
acort de tous a le tierche journée, si comme dessus est
devisé. Lequele desobeissanche le dit Lambert a amen-
dée, pour lequele amende se meson li fu relasquié par
tout le conseil tant seulement, mès tont l'autre jugé se
tendra exepté le meson.

[F° 71 v°.] *En le mairie* GUIFFRAY DE LE BARRE, en
l'an mil CCC° et XVI°, furent *esquevins :* Joham Triquet,
Joham de Byauvès, Jeham du Marchié as chevaus,
Aleaume le Vaasseur, Guill. Bourgois, Rogier Tour-
neveel, Adam Raye, Estienne Tardieu, Guill. Jubin,
Guill. le Fevre, Raoul Daval, Raoul de Blangy.

Et trespassa le dit Guiffray en le dite mairie et fist on nou-
vele eslession, ch'est assavoir le dit Jehan de Byauvès,
Joham du Mesnil et Joham du Marchié as chevaus, et
furent presentés de nouvel a monsg. le conte et eut le dit
Joham de Byauvès tous les gages au maire appartenans,
ne le dit Guiffroy n'en rechut riens, et trespassa le dit
Guiffroy entre l'Ascension et Pentecoste dudit an.

Jurés : Johan le Tainturier, Lorens de Listeville,
Pierres de Huppy. *Tresport :* Thoumas de Bras, Johan-
not du Moustier, Robert Cochon merchier, Will. le Selier,
Raoul le Fevre dit postelin, Johan de le Porte, Johan
de Roongnon, Benart de Mouchi, Guill. de Mauny,
Jehan Blondel, Reneaume Roussel, Jehan de Crasville
fiex Guill. de Crasville, Jehan le Tainturier, Pierres
Broonte, Jehan Lebret fix Ricart.

Comme le maire et les esquevins de Eu et tout le quemun de le dite vile eussent cret a eus et mis empasture
quemune de le dite vile, une pieche de terre assise devant

les carrieres, apelés les fosses de Hermontval, et Joham
Triquet, fiex Johan Triquet, fust venu au maire et as eskevins et au conseil de le dite vile, en disant que on li
fesoit grief et que les dites fosses estoient sienes, et avoient
esté de son heritage dessi lonc temps comme il povoit
sousvenir a memoire d'onrume...ledit maire...s'acorderent
que led Jehan eust les dites fosses, exepté une voie a
karete et a 1 vallet, par lequele voie le quemun de le
vile pourra aler querre de le pierre as dites quarrieres,
toutes fois que il en aront a faire...

|F° 72.| — *In maioratu* JOHANNIS DICTI TRIQUET, anno
Domini M° CCC° XVII°, fuerunt *scabini* : Johannes de
Byauvès, Johannes de Foro equorum, Johannes du
Mesnil, Thoumas Blondel, Radulphus Eustace, Nicho-
laus le Fevre, Ricardus Heribel, Johannes Adam,
Ricart Maulevant, Robert Lion.

Consiliatores : Rogier Tourneveel, Raoul de Blangi,
Raoul Daval, Aleaume le Vaasseur, Estienne Tardieu,
Adam Raie, Guillame le Fevre, Pierres Lorfevre,
Guillame Bourgois, Honffrai le Merchier, Joham En-
gueulevent, Robert Anno, Hue Roussel, Joham Male-
coste, Symon Coquet, Guillame Maugier, Joham le
Selier dit le rous, Joham d'Alenay.

Tresoriers : Aleaume le Vaasseur, Rogier Tourneveel,
Estienne Tardyeu, Adam Raie.

Clerc et serians : Robert dit le Barbier clerc, Pierres
Prevost, Iohan Brusecane serians.

Guardes du pain : Climent Barnage, Watier Guillot,
Guillebert Maillart, Fouques du Mesnil, Guillame
Piongier, Watier de Hupi, Guillebert le Sauvage, Joham
d'Abbeville, Joham d'Aut, Martin Moysel.

Esquevins de Pont : Pierres de Neville, Joham de
Fraulles, Guill. Briquet.

Jurati : Pierres le Conte, Johan Lebret fix Pierres, Guill. Donnewys, Hugue Barate, Adam Avril, Watier Lombart, Jehan Lombart du Tresport, Nichole Conte, Johani Dupont fevre, Guill. Maugier fiex Pierres Maugier, Jouen Coterel, Pierres Bochard, Aubin le Petit, Pierres d'Estoquigny dit rouge eule, Ambroise le Prevost. Jehan de Betencourt dit bel oncle, Colart Voisin, Joham Quarrele, Andrieu le Barbier, Guill. du Bos dit losquet du Tresport, Adam le Feron du Tresport, Joham Aubelet du Tresport, Huistace Tardyeu du Tresport saunier, Guillot de Doumesnil, Ricart Bourdon du Tresport, Lorens Wagne, Johan Anquestin dit Alain, Estienne Bigot, Guill. Dubus.

[Fº 72 vº.] *In maioratu* JOHANNIS DICTI DE FORO EQUORUM, fuerunt *scabini :* Joham Triquet, Joham de Byauvès, Thoumas Blondel, Aleaume le Vaasseur, Guillame le Fevre, Adam Raye, Rogier Tourneveel, Guille Bourgois, Estienne Tardieu, Raoul de Blangy, Hue Roussel, Jeham Engueulevent, en l'an mil CCCº et XVIIIº.

Jurati : Primo Johan des Cambres, Ambroise Gohart, Aleaume de Ryeu, Pierres Leclop, Michiel Noel, Guill. Wales de Pont, Raoul Apramis, Guy Jourdain. *Sauniers du Tresport :* Guill. Tardieu fiex Raoul, Symon Cuygnet, Herbert Bourdon, Hue Ameurry, Wy Elies, Robert Deleure, Johan de Bouteille, Vinchent Gaagnier, Andrieu Legier, Guill. Lanenier, Hugaut du Tot et fevre. *Du Tresport :* Ricart Byausire, Johan du Foier, Jouen le Breton, Engeren Daulliens, Bauduin Asse, Robert Ryolent, Adam Gaagnier, Boucher Vusily d'Eu, Jehannot Lebeliot fiex Jehan Lebeliot, Thomas le Parcheminierre,

Lorens Bourgois, Robert de le Bretaigne, Nichole le Picart du Tresport, Guill. Grisleu, Nichole Eude le joule, Nichole de le Couture, Jehan du Mesnil frere Fouques, Lorens Cauchote, Jehan de le Porte du Tresport le joule, Annon Aubry, Johan qui tout set, Hue Wiart, Ricart Faverol, Watier Feutreaus, Engeren Boulon, Guill. Godin de Pont, Johan Heraut, Johan le Conte pourtier autrement dit poissonnier, Michaut le Guientier du Tresport, Andrieu d'Aullemale, Johan le Fort, Watier Bueille, Nichole Selles, Robert de Penllieu de le Bretagne, Ricart de Byneles dit Malet, Johannot Boistel fevre, Johan de Tornebote fevre, Johan Loison, Guill. Loison freres, Jehan Valemont, Jehan le Fourbeur, Guillame de Montaubem, Guillebert Lyeblent, Pierres le Turquois, Jehan Lenglois fiex Est^e Lenglois, Guill. le Saunier, Guill. Coullete.

[F° 73.] *Pour l'ablay embouquié.* — Il est ainsi que quiconques amerra blé au marchié derai ou avainne ou orge, en quel ablai que che soit, pour vendre et il est trouvé embouquié, que le caretée prendra iiij boisceaux, et le sac deus, lequel ablai doit estre envoié as malades de Eu, et a l'ospital, et seroit aprisagé le meillieur au fuer du pire.

[F° 73 v°.] *In maioratu* Johannis dicti Triquet, fuerunt *scabini* : Joham du Marché as chevaus, Jeham de Byauvés, Ricart Heribel, Gontier le Vaasseur, Ricart Maulevant, Raoul Huistace, Thoumas Blondel, Nichole le Fevre, Guillame de Neville, Guillame Feron, Guillame Maugier des halles et Guillame Poiletruie gendre Potier, l'an m. CCC. et XIX°.

Conseil : Aleaume le Vasseur, Estienne Tardieu, Adam Raye, Guillame le Fevre, Guill. Bourgois, Raoul de Blangy, Rogier Tournevcel, Hue Roussel, Joham Engueulevent, Robert Lion, Pierres Lorfevre, Raoul Daval, Honffray le Merchier, Robert Anno, Joham Malecoste, Symon Coquet, Joham le Selier dit rous, Joham d'Alenay, Guiffray Walopin, Lorens Bourgois, Jacques Sarrasin, Joham Sorel.

Tresoriers : Aleaume le Vaasseur, Rogier Tourneveel, Raoul de Blangi, Adam Raye.

Robert le barbieur *clerc de le ville;* Pierres Prevost, Bruisecane, *serians.*

Gardes du pain : Climent Barnage, Guillebert le Sauvage, Raoul Trop caut, Watier Guillot, Guillame Piongier, Fouques du Mesnil, Joham d'Albeville, Watier Boute, Gosse le Fourbeur, Guillebert Maillart.

Gardes de le char quite et crue : Guillame Maugier, Joham Nicole, Hue Nichole, Guill. Poiletruie le joule.

Jurés : Primes Lorens Malerbe, Henry Remy dit du Quesney, Nichole le Fevre fiex Juliane Letorte, Joham Coquet. *Du Tresport :* Guill. Legendre dit de le court, Joham Grenier, Aubry du Monthuon, Fremin de Ryeu de Pont, Jeham d'Albeville dit paiot, Watier de Parleruc, Bertremieu du Tresport, Pierres Abelin, Lorens Lion, Jehan Castelain de Pont, Guill. Guillot dit dyavet, Pierres Durant, Andrieu Quevalier, Benart Piegnevies. *Tresport :* Jehan Gasselin, Guill. le Coq, Jehan le Coq, Johan Maaille, Floury d'Auge, Jehannot d'Aut fiex Coynes, Bertremiu Labbé, Hue le Porquier, Guillot Bruistelet jun. Hernieu Feu dit Breton, Jehan d'Albemalle pesqueur, Pierres Anno, Jehan d'Aucoumesnil le joule autrement dit tainturier, Lorens Coquet, Colin le Sueur, Johan Godart, Jehan Wastel, Jeham d'Ailly, Jehan le Fevre fiex Mabille, Johannot Morin fiex Guillebert Morin, Jehan Coquart, Remy Boilot, Johan le Machon fiex maistre Adam, Fremin le Blont, Lorens Lerinde, Pierres Godeffray, Guill. le Selier clerc, Guill. Lasnier le joule qui mena se vaque ferer o saint, Tassin Maton du Tresport, Guillemot Troude, Johannot Troude, Adan le Godalier gendre Pruvost le seriant, Adan Done, Johannot le Noir fiex Johan le Noir, Johan Visage, Hue le Monnier, Andrieu de saint Maissen, Renout de Granville du Tresport, Guerart de le Porte, Austre Guerart, Climent Milet, Hue Dandioque, Johan Grenon le joule, Pierre Quief de vile, Pierres d'Aupegart, Henryet Lasgrenez, Andrieu Reneaume, Johan Pottel.

[F° 74 v°.] *In maioratu* JOHANNIS DE BYAUVES, anno Domini M° CCC XX°, fuerunt *scabini :* Johan Triquet, Johan du Marchié as chevaus, Thoumas Blondel, Aleaume le Vaasseur, Guill. Bourgois, Rogier Tourneveel, Adam Raye, Guill. le Fevre, Pierres Lorfevre, Hue Roussel, Symon Coquet, Guiffray Walopin.

Conseil : Ricart Maulevant, Gontier le Vasseur, Guillame Feron, Guill. Poiletruie, Ricart Heribel, Guill. de Neville, Guillame Maugier, Nichole le Fevre, Raoul Huistace, Joham Enguelevent, Robert Lyon, Raoul Daval, Robert Anno, Joham Malecose, Joham Sorel, Joham d'Alenay, Joham le Selier dit le rous, Lorens Bourgois, Jaques Sarrasin.

Tresoriers : Guillame de Neville, Nichole le Fevre, Ricart Maulevant, Raoul Huistace.

Guardes des clés : Ricart Maulevant.

Guardes du pain : Guillebert Maillart, Guillebert le Sauvage, Watier Guillot, Raoul Trop caut, Fouques du Mesnil.

Jurés : Raoul Poli, Guill. Tiebaut dit Convenanche, Johan Maulevant, Ricart du Tresport, Robert Tousart, Robert Anno sereur. Guill. de Rommagne, Johan de Berneval, Thoumas de Saint-Martin baron Byetris le Merchier, Guiffray le Checlier, Pierres de Mares, Jehan le Petit, Fouques le Petit freres, Joham Osoul du Tresport, Jehan Cachemarée ioule, Jehan Belin dit Touroque, Guill. Jourdain, Eudinet Poitevin, Gontier Fresquet, Robert Fresquet, Mahieu Cahot, Adan Cahot, Robert le Boulengier, Bertin Gondrée, Guillot Lefrancheis, Guillot Lefrancheis fiex Onffray, Guill. de Bures, Michel Cosin, Robert du Tresport, Jehan Roussel, Pierres Balen, Raoul Hoart. Remy de Cayeu, Adan Croquet du Tresport, Johan Lagot fiex Robert, Raoul Ougnier, Guy Cagnet, Lorens Bonnevie, Johan Lebret fiex Ricart Lebret l'ainsné, Johan Morel taneur, Gilles Mainart fiex Raoul Mainart, Guill. Tardieu fiex sire Jousse Tardieu, Johan Senescal qui a espousé le fille Sauvale, Johan Ocart, Ricart Flourens fiex Cl. Flourens, Robert Homo, Mary Johane de Basly, Jehan Le Bret fiex Guill. Le Bret, Johan Lytaire p° xiiij d., Guerout de Penllieu, Jehan Anno dit Saquespée, Guill. Prent tout, Osout du Tresport, Mahieu Bacheler gendre Aubeliot, Johan Bouregne clerc, Johan le Checlier fiex Robert Romgmare, Mahieu de Fraulles de Pont.

[F° 8.] Raoul, conte de Eu. A tous cheux qui ches presentes lettrez verront ou orront, salut. Comme il soit ainsi que le maire et les eschevins et toute le quemunauté de Nostre Ville de Eu et les appartenans à la dicte communauté, aient, par poins de lettrez seellées du don de nos antecesseurs, lesquelez nous avons veues; que nous ne sommes mie tenus a prendre le catel ad propres hommes qui seront en leur quemunauté. Ne ne seront tenus a crerre nous fors sus bons gages et de leurs volentez ad termes establis. Et se il estoit ainssi que nous leur requerissons creanche, trente livrez en pain, en vin, en chars, volentiers nous crerroient; les quix deniers, se nous ne lez avons voulu rendre, les dis maire et esquevins les rendront du catel de la quemune ad creanchiers, et après chen il sera eu plaisir des bourgois de la dicte quemune de plus ecouté nous. Et se il prenoient le preneeur de leurs choses dessus dites, painne de venianche de justiche prendre en porroient, sans autre justiche. Les quelles choses, par le conseil et l'ascentement de nous et de nos gens, en le fourme et en le maniere que dessus sont devisées, et comme il sont contenuez en leur privileges, pour nous et pour nos hoirs leur avons convenanchié a tenir et acordés. Ne ne serons tenus, ne nos hoirs des ore en avant, ne nos quemandemens, a prendre nuls de leurs biens en autre maniere. Ne prendrons, ne ne porrons prendre, ne faire prendre, nuls des chevaux ad gens de la ditte communauté, exepté chevaux communement loeys. Les quix chevaux loeys, nous porrons avoir par leur service, paiant si comme il a esté acoustumé. Et ensement, comme les dis maire et eschevins, pour toute la communauté, se soient plains a nous, que quant nos sergans prenoient ou ont pris aucunez personnes pour mener en prison, ils les bailloient a mener ad gens de la dicte communauté, le quelle chose estoit u prejudice de la dicte commune, si comme les dis maire et eschevins disoient, et pour che que nous ne voudrions mie que nulle nouveleté, ne nulle chose qui tournast a preiudice a la dite communauté, leur fust faite, voulons nous, et leur avons acordé et otrié, que nuls des gens de le dicte communité ne seront contrains ne tenus a mener nulluy en prison, se n'est en cas de crisme ou de cri de haro. Et comme il soit ainci que les devant dis maire es eskevins se complaignent et sont complains a nous, que les marcheans de menu venel de leur communauté, qui vendent a detail a leurs fenestrez, et doivent chescune semainne chescun un denier de leurs fenestres au samedy de accuit, lequel accuit nos vicontes, qui ont tenues nos vicontez et tiennent, ou leur commandement, doivent aler querre en la meson des diz marcheans au bout de la semainne, et que tousjours l'a on ainssi fait et usé, dessi lonc temps comme il puet et doit souvenir a memoire de homme, lequel accuit nos vicontes voloient que les dis marcheans portassent au bout de la semaine a la viconté. Et pour che que nouz ad dis marcheans nous ne voudrions pas faire grief, ne mettre en autre usage que chely dont il ont dessi lonctemps usé, Nous voulons, greons et otroions que nos vicontez qui tendront nos vicontez a ferme, ou autrez qui en nostre main les tendront, ou leur commandement, voisent querre des ore en avant chely accuit au bout de le semaine en la maison des dis marcheans, se il vellent estre paiez. Et nous, Raoul conte de Eu dessus dit, toutes les choses devant ditez, entierement et chescune pour soi, en la fourme et en la maniere que dessus sont devisées, sommes tenus et nos hommes a tenir et a garder a touzjours a nos devant dis amés maire et eskevins et a toute la quemunauté et a leurs successeurs, sans aler en temps a venir de nule riens encontre, sauve notre quievetaingne seignourie. En tesmoing de chen, nous leur avons donné ches presentez lettres seellées de nostre grant seel. Che fu fait l'an de grace mil IIIᶜ et vint, le mardy devant Penthecoustez.

[Fᵒ 75.] *In maioratu* JOHANNIS DICTI TRIQUET, anno Domini Mᵒ. CCCᵒ. XXIᵒ, fuerunt *scabini :* Johannes de Byauvès, Johannes du Marchié as chevaus, Ricart Heribel, Gontier le Vaasseur, Raoul Eustace, Nicole le Fevre, Guillame de Neville, Raoul de Blangi, Guill. Feron, Guillame Maugier, Johan Sorel, Johan le Selier dit le rous.

Conseil : Thoumas Blondel, Pierres Lorfevre, Aleaume le Vaasseur, Guillame Bourgois, Rogier Tourneveel, Adam Raye, Guillame le Fevre, Hue Roussel, Symon Coquet, Guiffray Walopin, Guillame Poiletruie, Joham Engueulevent, Robert Lion, Estienne Tardieu, Raoul Daval, Robert Anno, Joham Malecoste, Joham d'Alenay, Lorens Bourgois, Jaques Sarrasin.

Guardes du pain : Guillebert Maillart, Climent Barnage, Watier Guillot, Guillebert le Sauvage, Raoul . Trop caut, Guillame Piongier, Fouques du Mesnil, Watier Boute, Guosset le Fourbeur, Johan d'Albemalle dit le Sot.

Jurés : Joham de le Couture, Joham Yavart, Johannot le Saunier. *Du Tresport :* Guill. Debras le ioule, Adan Obelet le ioule, Pierres de Mignon le ioule, Johan Osoul saunier, Guillebert Byvage, Bryet le Porteur, Tassin du Quesnoy, Guillebert du Quesnoy. Pierres Petit gros, Lorens de le Mote, Joham Patin, Joham de Rommagne, Johan Tardieu fiex Guill. Derouge, Robert Blandin qui a espousé le fille G. Sabot, Guill. Millet fiex Symon, Guy de Berommare. *Jurés du Tresport :* Pierres Tardieu fiex Huistace, Johan de le Court dit le Mongne, Guill. Maton, Eude Fraperue, Johan Leboulengier, Joham Maton, Guillebert Hoart, Engueren Debras, Jehan d'Albeville fiex Engueren, Raoul le Merchier fiex Nicole. Pierres Catel fiex Johan Catel, Johan le Senescal fevre. Guiffray Lamant de Pont, Johan Briquet de Pont. Martin Chassedieu, Guill. Gossin de le ville emi le bos, Johan le Prevost dit d'Aut mary Agnès

146

Jubin, Johan Anno, Johan Leduc, Pierres Vassal, Robert as Caperons. *De Pont :* Henryet Catel, Bouchart Hermieu, Johan de Neville. *Jurés du Tresport :* Watier Pouchet, Johan Valuel. Adam as Soastrax, Johan Tardieu fiex Jehan Tardieu sueur, Rogier Tyebout, Enguerem Cugni, Raoul Pastoure, Jehan Guillot de Neville, Johan Lemmignot, Johan Sorel dit pentoise.

[F° 76.] *In maioratu* JOHANNIS DE BIAUVEZ fuerunt *scabini :* Johannes Triquet, Johannez du Marchié as chevaus, Thoumas Blondel, Guillame Bourgois, Aleaume le Vaasseur, Rogerus Tourneveel, Adam Raye, Hue Roussel, Pierrez Lorfevre, Raoul Daval, Lorenz Bourgois et Jaquez Sarrasin, M. CCC XXII°.

Consel : Ricart Heribé, Gontier le Vasseur, Raoul Eustasse, Nichole le Fevre, Guillame de Neville, Raoul de Blangy, Guillame Feron, Guillame Maugier, Joham le Selier, Guill. le Fevre, Symon Coquet, Guiffrai Walopin, Guillame Poiletruie, Joham Enguelevent, Robert Lyon, Estienne Tardieu, Robert Anno, Joham Malecose, Joham d'Alenay.

Clerc de le vile : Robert dit le Barbier.

Tresores : Guillame de Neville, Nichole le Fevre, Raoul de Blangy, Guillame Maugier.

Gardes du pain : Guillebert Maillart, Climent Bornage, Watier Guillot, Aubin le Fournier, Watier Boute, Joham Demissot, Gosse le Fourbeur, Watier Peaudegagnon, Joham d'Albeville.

Gardes des chars : Guillame Maugier, Joham Nichole, Joham Malecose.

Gardes des chervoises : Rogier Aubery, Joham Cuqu, Joham d'Albeville, Henry le Brasseur.

Gardes des poissons : Joham de Rue, Joham le Borgne, Joham Barnage.

Gardes des draps et a porter le bouion : Martin Aubery, Joham de Byauvès le Viel, Robert Coispel, Laurens de Listeville.

A compter les fils : Guy Wistel, Aleaume Morin, Adam de Rue, Lorens de Berneval.

A compter les fiex en le Cauchie : Robert Hurel, Nichole le Conte.

Gardes des cuirs et des sueurs : Watier Boute, Renout le Carpentier, Guillame le Porquier, Joham de Rue.

Guardes des sueurs de nuit : Robin Mote, Ernoul le Clere, Watier Tiebout, Henry Remy.

Guardes du menu venel du bourc : Guiffreet le Barbier, Robert le Mareschal, Pierres de Frieucort, Joham de le Fosse.

Gardes du menu venel de le boucherie : Joham Visaige, Gosse le Fourbeeur, Thoumas de Dayeville.

Jurés : Guiffray de Namure, Colin Maton fiex Nichole Maton du Tresport, Johan le Bateur, Johan Chechille de le Cauchie dit challes, Robert Torquetille, Thoumas le Monnier, Nichole Ryote fiex Johan Riote, Jehan de Listeville, Bertremiu le Porquier, Gilles de Lomnel jadis fiex Pierres de Lomnel, Pierres Rose fiex Robert Rose, Jehan qui ne croit fiex Jehan, Lorens André de Crieil adonc manant a Eu, Johan de Roongnon demourant au Tresport fiex Johan, Guillame Lourdel brasseur, Guillame Piquet le joule, Colart le Vasseur baron Mah. Blondel xiiij d., Symon le Petit xiiij d., Ricart Doirant ij d., Wiot de S. Maissens ij d., Guerart Lebas xiiij d. Lorens le Brasseur fiex Henry ij d., Lorens Marcheant xiiij d., Guiffrai de Bosrocoul ij d., Raoul de Hotot xiiij d., Guill. Batvent, Martin Lies du Tresport.

148

[F° 77.] *In maioratu* THOUMAS BLONDEL, l'an mil CCC.
et XXIII°, furent *esquevins :* Joham de Byauvès, Joham
du Marchié as chevaus, Ricart Heribel, Gontier le Vasseur, Guill. de Neville, Nichole le Fevre, Guill. Maugier, Guill. Feron, Symon Coquet, Estienne Tardieu,
Jehan Sorel et Johan d'Alenay.

Jurés : Rogier Heribel, Gontier de Berommare, Johan
Guillot tainturier, Fremin Lagnel, Johan Elies nouri-
chier, Johan le Lonc, Johan le Roy fiex Raoul le Roy,
Robert Milet dit jouant. *Du Tresport :* Denis Saoul,
Robert de Capeval, Symon de Capeval, Lorens de Cape-
val, Watier Le Fevre, Nichole Raye, Gilles le Cordier.
Johan de Parlerue, Engeren de Fraules fiex Jehan,
Ansel de Cailly dit bequetarce, Guille du Moulin fiex
Nichole, Joham Voignelé, Jehan Lebret fiex Johan Lebret, Nichole Paien bateu a le faine, Gosse Caretier qui
fu, Raoul Millet fiex Ressent, Amant de Crieul fiex
Rogier de Crieul, Renier Poulain dit caqueteste, Guillebert Lebret fiex Lebret. Guill. Maale, Raoul Lalbé,
Johan Estaules du Tresport. Lorens de Canehan, Adam
de le Wastine, Johan le Fevre esmouleur, Joham Guerart baron Mahaut Triquet jadis fame sire Johan Triquet.

[F° 78.] *In maioratu* JOHANNIS DE BYAUVES fuerunt
scabini : Thoumas Blondel, Johannes de Foro equo-
rum, Ricardus Heribel, Guillame Bourgois, Aleaume le
Vasseur, Rogier Tourneveel, Adam Raye, Huc Roussel,
Raoul Daval, Lorens Bourgois, Aleaume Done, Pierres
Lorfevre, en l'an mil CCC et XXIIII°.

Jurati sunt isti : Lorens le Vasseur de Pont, Robert
Wigneron, Guill. le Hotier, Johan Nichole fiex Hue,
Hue Leper, Pierres Faverel, Rogier Bibelote, Joham

Gambon, Ricart le Moulleur, Robert d'Aut, Nichole le Vasseur, Guill. Rochefort, Mahieu le Vasseur, Aleaume Loisiel. *Du Tresport :* Johan Maton saunier, Guillebert le Porteur, Benart le Sueur, Guillame Manchartier, Engeren des Camps, Joham du Moulin, Joham Malapris, Guille le Breton, Thomas Lebon, Joham Goule, Joham Codalbe le joule, Engeren le Breton, Robert Mainart, Guillame Wast, Johan de Preaus le joule fiex Guill. de Preaus, Robert Colache. *D'Eu :* Guerout le Sauvache, Henry Hachart, Michiel le Caron gendre Pierres le Caron, Guill. le Barbier, Habreham Hurel. Thomas de Canneres, Robert Wales de Pont. Johan Marle, Robert Fesart dit Loutrel, Joham Flourens fiex Th. Flourens, Guill. du Bois bateur, Johan le Saunier fiex Johan, Johan Donete, Johan le Sueur de S. Pierre en val, Johan Loutrel dit Arondel, Guerart Poilevilain, Guiot fiex Rogier Mongnon, Henry Larmeurier d'Albeville, Johan Sorel fiex Jehan Sorel, Lucas Briderel. Jouen Malart, Pierres Moisson, et sont ches II du Tresport.

[F° 79]. *In maioratu* Johannis de Foro equorum fuerunt *scabini :* Johannes de Byauvez, Thomas Blondel, Esteule Tardieu, Gonterus le Vaasseur, Nichole le Fevre, Guillmus Feron, Guills Maugier, Guillmus de Neville, Raoul de Blangi, Symon Coquet, Joham Tourneveel, Rogier Heribel, anno Domini M° CCC° XXV.

Jurati : Lambert Bigot, Thoumas le Vair, Nichole de Preuseville, Joham de Bonez, Ricart Gournay, Eustace le Hucquier d'Albeville, Johem Portelos, Aleaume le Boulengier, Guillame Jugneron, Ricart Barbe, Michiel de Donnymont, Gontier le Potier, Joham Wales, Engeren le Caron, Watier d'Agumont, Guillame Roussel dit Corneille, Guillame Riquier, Lorens le Bon,

150

Robert Symentier, Raoul Hirel. *Du Tresport ches ichi acousus :* Marc Balen, Guille Maton, Guillame Canu, Colin Tardyeu, Benart le Barrier, Ricart Hauchemaille, Symon Maille, Eustace Patin, Joham Belin, Johanot Cardon, Guillame Tardieu, Guill. de Vaudruel, Joham Tardieu, Rogier Maton, Gontier Maton, Raoul Davy, Guill. Harnas, Guill. Odieue le joule, Perrot le Fevre, Michel Hiare, Johan le Pegnie, Robert Fressent, Pierres Tryotel, Adan Le Noy. Guille du Mesnil fiex sire Joham du Mesnil de Eu, Michiel Done fiex Al. Done, Robert de Listevile de Penly, Johan le Rous pasteur, Watier le Brasseur, Johan Tourneveel le joule, Ambroise Coterel du Tresport. Robert Lenglois, Johan Bues, Hue Potier, du Tresport ches III. Pierres le Brasseur baron adoncq Helissent Bruisecane. Thomas Hurel, Guill. Hurel, Raoul Hurel du Tresport ches III. Guill. de Listevile fiex Robert de Listevile, Ligier Coullete, Gilles de Berneval est trouvé juré de le rassemble de le quemune par privez ch'est assavoir Hue Gruier, Ricart le Noir. Watier Boute fiex Watier Boute, Robert le Buef, Guill. du Plasseis, Elies de Cyffreville, Robert Lamis, Pierres du Tilluel, Nanier le Candelier, Bertremieu Morel, Ansel char de porc de Pont.

[F° 80.] *In maioratu* THOME BLONDEL, anno Domini M° CCC° XXVI°, fuerunt *scabini :* Johannes de Foro equorum, Johannes de Byauvez, Gonterus le Vasseur, Aleaume le Vasseur, Rogerus Torneveel, Adam Raye, Lorensiens Bourgois, Petrus Lorfevre, Hugo Roussel, Radulphus Daval, Johannes le Chechier, Symon Avril.

Conciliatores : primo Estienne Tardieu, Raoul de Blangi, Nichole le Fevre, Guille Feron, Guillame Feron, Guillame Maugier, Guillame de Nevile, Simon

Coquet, Joham Tourneveel, Guill. du Mesnil, Joham Guerart, Jeham Sorel, Jeham d'Alenay, Jaques Sarasin, Jeham le Selier, Guiffray Walopin, Raoul Eustace, Robert Lion, Robert Anno, Guillame Bourgois et Guillame Poiletruie.

Jurés : Johan Cachecat, Michiel Quesnel, Jehan Gamin, Guill. le Personne dit napain, Guillebert Hamon, Guill. Senescale, Jehan le Grant fiex H., Robert le Rous, Johan le Porquier, Watier Postel, Guiffray Jebin, Guille Bauduin, Jeham Fontant, Raoul Faverel, Guill. Prevost, Estienne le Machon, Jeham le Resant, Robert Coispel juvenis, Jeham du Polet, Gontier le Fort, Ansel le Flaineus, Guill. Roussel, Adam le Petit, Jeham le Monnier, Pierrez Estienne, Marc Elies, Lorens des Vous, Pierre le Fevre dit cordier, Ricart Coquet, Jeham Vassal, Jeham Tardieu, Jeham de Berneval, Jeham Godeffroi dit neveu, Jeham Wastel, Jeham de Biaussast, Colin le Potier, Guille Gosse, Guiffrei de Sainte Bueve du Tresport, Jeham Climent, Jeham le Franc, Guill. Louchet, Colin le Sauvage, Guillebert Gosselin, Robert le Saunieur, Jehan du Mesnil fiex Fouques (reputé comme pariure et infame), Jehan le Boutellier, Jehan Victor le jone.

[F° 81.] *In maioratu* Johannis de Foro equorum fuerunt *scabini :* Johannes, Thoumas Blondel, Aleaume le Vaasseur, Guillame de Nevile, Symon Coquet, Raoül de Blangy, Nichole le Fevre, Guillame Maugier, Joham d'Alenay, Rogier Heribé, Jaques Sarrasin, Guillame du Mesnile, Joham Guerart, anno Domini millo CCC° XXVII°.

Conciliatores : Syre Joham de Byauvès, Adam Raie, Rogier Tourneveel, Pierrez Lorfevre, Hue Roussel,

Lorens Bourgois, Raoul Daval, Gontier le Vaasseur,
Guillame Feron, Joham Tourneveel, Joham Sorel,
Symon Avril, Joham le Checlier, Guillame Bourgois,
Joham le Rous, Guillame Poiletruie, Raoul Eustace,
Guiffray Jubin, Jehan de Rue vetus et Laurens de
Listeville.

Jurés : primo Guill. le Porquier fiex Laurens le Porquier, Johan Rolent d'Albevile, Guiffray Alain, Watier
le Lonc, Johan le Boursier, Rogier Brumen, Raoul Guerart, Guill. Grenon, Adam le Cauchois, Perrot Marcheant, Guillame Lenglois, Ricart de le Cauchie, Joham
le Ribaut, Joham de Vesly, Gilles Asselin, Pierres le
Prevost, Jehannot d'Arches, Climenchon d'Arches,
Robert le Cardonnier d'Albevile, Engeren le Jumel, Gilles
de le Ruele, Johan Quatrel barbier, Asset le Prevost, Guil-
lemot de Faenche, Nichole Bourgois manant au pro...,
Bertremieu Dupont, Gontier Haterel, Ricart le Brumen
du Tresport, Robert le Feron du Nuefcastel, Ricart des
Wes, Watier Frechon, Guill. le Faneur, Lorens le
Cauchois, Johan as batoners, Raoul le Navré, Guill. le
Saunieur, Jehan Leffrée, Joham de Berommare dit Sorel,
Robert Vassal, Robert Guillot, Johan Dien, Fremin
Braietol, Robert de Mares qui espouset Jehanne Calot,
Joham Trichenier, Hue le Porquier fiex Johan, Ansel le
Foveour, Nichole de Neville fiex Pierres, Guill. de Pier-
petanst, Michiel Papin fiex Gosse, Joham Aubery fiex
Martin, Lorens Basserie fiex Mahieu, Joham le Pareur,
Guill. de Puis, Raoul de Romaigne, Jeham le Parmen-
tier, Johan Boude, Johan Mallot marinier, Rogier le
Brument, Hue le Barier, Jouen le Blont, Gontier le
Blont, Fremin Castelein de Pont, Symon Boude, Rogier
Fauvile, Guiffrai le Seriant fiex G. le Seriant, Benart le
Parmentier, Ricart le Clerc, Symon le Harenc, Symon

Fraperue, Jaques Maugier, Symon de Foumechon neveu messire Hue, Robert Lasgnier baron Jehanne Daulliers, Joham Done de Pont, Robert Maillart, Johan Ougnier, Johan Randoul, Michiel Lenglois harenguier, Johan Lion, Johan de Vesli, Estiene Bryquevile, Ricart Bertin.

[F° 82.] *In maioratu* GUILLMI DE NEVILLO, anno Domini M° CCC° XXVIII°, fuerunt *scabini :* Johannes de Foro equorum, Aloricus Vaasseur, Adam Raie, Rogier Tourneveel, Laurentius Bourgois, Petrus Lorfevre, Guillmus du Mesnil, Gonterus le Vaasseur, Johannes le Checlier, Symon Avril, Gauffridus Jubin, Laurentius de Listeville.

Conciliatores : Johannes Everart, Thoumas Blondel, Radulphus de Blangi, Guillus Maugier, Johannes d'Alenay. Jacobus Sarrasenus, Symon Coquet, Rogerius Heribé, Nicholaus Faber, Hugo Roussel, Johannes de Belvacen. Radulphus Daval, Guill. Feron, Johannes Tourneveel, Johannes Sorel, Guill. Bourgois, Johannes le Selier, Guill. Poiletruie, Raoul Eustace, Johannes de Rue, Guill. Piougier, Robert Lanbain.

Tresoriers : Joham Guerart, Nichole Le Fevre, Symon Coquet, Jaques Sarrasin.

Robert le Barbieur *clerc de le ville adonc.*

Guill. Mathias, Joham qui ne croit, *serians*, et trespassa ledit Guill. u dit an u mois d'aoust et mist on adonq pour li Joham Puillois.

Isti sunt jurati : Joham de Septmoeles, Lorens Copin, Robert du Molinel, Guerart le Pointeur, Guiffray Rose, Guill. le Coursier, Joham Riote le joule, Symon Biaucousin, Guill. Belet de le Pierre.
Tresport : Joham Tourroque, Joham Poitevin, Guil-

154

lebert Fauquet, Joham Brodoul. Jehan du Molin dit
Puillois et seriant fait pour Mathias qui trespassa en
cheste année, Gontier Bourgois fiex Lorens, Ansel le
Picart, Joham Leleu, Robert Lemonnier, Joham de Lespine, Robert Everart al. beesseur, Robert le Fauqueur
chautte. Joham Grisleu hot., Joham le Sacheur juvenis, Engeren Maupequié, Joham Taisson juvenis, Guill.
de S. Oen, Mahieu Saoule du Tresport, Guill. Lasnier
fiex G. Lasgnier, Fremin de Byaurain, Loiset Bridelain,
Joham de Byaurain juvenis, Engeren de Neville, Monnier de Pont et est por Pierres Boistel, Thomas
Rose, Marie de Mares, Denys le Clerc, Robert Paien,
Joham de Faenche, Perrot Torel, Johannot le Saunier,
Johan Pieffere, Gosse le Valois, Guil. de Bourriat, Johan
de Vesli.

[Fo 83.] *In maioratu* Johannis de Byauves, anno
Domini Mo CCCo XXIX, fuerunt *scabini :* Guill. de
Nevile, Johannes de Foro equorum, Guill. du Mesnil,
Thomas Blondel, Joham Guerart, Nicole Faber, Symon
Coquet, Hugo Roussel, Raoul Daval, Jaques Sarrasin,
Joham d'Alenay et Joham de Rue.

Conciliatores : Aleaume le Vasseur, Adam Raye,
Rogier Tourneveel, Pierres Lorfevre, Gontier Le Vaas-
seur, Laurens Bourgois, Guiffray Jubin, Joham le Che-
clier, Symon Avrill, Rogier Heribé, Laurens de Liste-
vile, Joham Sorel, Guill. Bourgois, Joham le Selier,
Guill. Poiletruie, Guill. Piongier, Robert Lanbain,
Robert de Mares, Watier le Prevost, Joham de Vymeu,
Joham Tourneveel le joule, Guillaume Feron.

La taille a ij d. le livre.

Robert dit le Barbier *clerc.*

Serians de le ville : Jeham qui ne croit. Joham du
Moulin dit Puilois.

Tresoriers : Rogier Tourneveel, Guiffray Jubin, Adam Raie, Joham de Vymeu.

Esquevins du Tresport : Mahieu d'Albevile, Gontier le Seriant, Guillebert Hoart, Guill. Debras iuvenis, Joham de Preaus iuvenis, Jouen Cotrel.

Conseil du Tresport : Joham Cardon, Joham d'Albevile, Guiffrai le Seriant, Benart Piegnevies, Thoumas Debras, Symon Harenc.

Esquevins de Pont : Joham Wistel, Regnaut Morel.

Conseil de Pont : Pierres de Neville, Robert Breton.

Jurati : Joham de Vymeu, Guill. Lebas, Joham Galeu, Lorens Bauduin, Raoul Lone, Joham Luyne dit Bihere, Joham Morel bateur, Watier Savoye, Ricart Puisnel, Rogier Torel, Lorens Eude, Andrieu le Blanc, Perrot le Barier. *Tresport :* Raoul Done, Joham Grugnen, Guiffrai Mainart, Adam Manchaint, Nicole le Franc, Guill. le Francheis, Gontier le Leu, Joham Glouton, Ricart Petit leu, Pierres Nimit, Joham Diene, Joham Foumache, Rogeron de le Porte, Regnaut le Merchier, Guiffray du Vivier, Joham Le peletier, Robert Vassal, Gautier Lenglois, Robert le Pasteur. Joham Merin de Pont, Robert Diel de Pont, Ricart Guillot fiex Watier Guillot, Joham Dauffin fiex Martin, Bertremieu Torquetill, Climent Coullette, Nichole le Petit de Pont, Gautier Adam fils Joham Adam, Denys le Sueur d'Alishermont, Nichole Soudent, Pierres Guillot, Jehan le...... Hernent le Prestre, Johan Pa..., Guill. le Checlier, Johan..., Guillaume, Johan Gasgré clerc, Joham Bob..., Joham de Tilloi, Pierres le Candelier, Johan du Bosrocoul fils Renaut, Pierres de le Mare gendre Henry Larmeurier, Guill. Lortillier, Joham Braquet du Tresport.

[F° 84.] *In maioratu* Johannis de Foro equorum, anno Domini M° CCC et XXX, fuerunt *scabini :* Johannes de

156

Byauvès, Aleaume le Vasseur, Lorentius Bourgois, Adam Raye, Rogier Tourneveel, Guill. Bourgois, Guill. de Neville, Pierre Lorfevre, Guiffrai Jubin, Lorens de Listevile, Symon Avrill et Robert de Mares.

Jurati : Raoul Eude, Aleaume Pesnet, Esteul de Marle, Romaing du Mont-Refer, Rogier le Caretier, Joham Cuer de Rey, Guill. Nimit, Thomas le Pipeur, Michaut d'Auge, Pierres Tardieu, Gillet Cardon, Guill. Maton, Robert Balen, Ricart de Fontaine, Guill. le Francheis dit Feron, Ernoul le Fournier, Lorens Ameline, Benart Bencot, Robert de Grantvile, Hue du Castel, Hue le Vaagnier, Rogier Beque en vin, Nicole Morin, Guill. Parlete, Mahieu Saoul, Gautier d'Aut, Mahieu Durant, Raoul Peudelin, Rogier Malederrée, Nicole le Selier, Johan Bele barbe, Perrot de Bouteille, Guill. de Potilly, Climent Fort valet, Guill. Castelan, Guill. Crupin, Pierret du Bosrocoul, Pierres Milet, Joham Lebret, Pierres Flourens, Gilles le Monnier de Pont, Joham Capelain du Tresport, Guill. Gaffart dit Dufour du Tresport, Johan Wigneron, Guillemot Loir fils G. Loir, Jehanot Grenon du Tresport, Joham Bauchon, Esteul le Carpentier xiiij d., Nicole Petit de Pont, Bertremieu de Crasville, Ricart Coquet du Tresport.

[F° 85.] *In maioratu* Johannis de Beauvès, anno Domini M° CCC° XXXI°, fuerunt *scabini :* Johannes de Foro equorum, Guillmus de Neville, Guillmus de Mesnilio, Thoumas Blondel, Nicholaus Faber, Symon Coquet, Hugo Roussel, Johannez d'Alenay, Johannes de Rua, Johannes le Selier, Jacobus Sarracenus et Johannes de Vymeu.

Le Conseil : Guill. Bourgois, Aleaume le Vasseur,

Robert de Mares, Adam Raye, Rogier Tournevcel, Laurens Bourgois. Guiffrai Jubin, Laurens de Listeville, Symon Avrill, Raoul Daval, Joham le Checlier, Joham Sorel, Guill. Piongier, Guill. Poiletruie, Robert Lanbaim, Joham Tourneveel le joule, Gautier Adam, Raoul Raie, Guillame Feron, Martin Aubery et Ansel Jourdain.

Gardes du pain : Guillebert Maillart, Robert Pingnere, Joham du Mesnil, Aubin le Brasseur, Thoumas de Daieville, Wyot de Saint-Maissen, Fouques du Mesnil, Robert Coullete, Rogier Tiebout, Guerart Reneaume.

Gardes des cuirs : Guiffrai Valopin, Johan de Godinemesnil, Jaques Maugier, Ernoul le Clerc.

Gardes des sueurs de nuit : Joham as dens, Jaques Maugier, Rogier Tiebout, Engueren le Checlier.

Gardes des sereures : Henry Chordieu, Gosse le Fourbeur.

Gardes des chinchiers : Guillebert Mallart, Robert as caperons.

Gardes des bouchiers : Michiel Chaut porc, Guillame Maugier, Joham Maugier, Joham le Saunier.

Gardes des chervoises : Ricart Poulet, Guerart Rineaume, Watier Tyebout, Joham du Mesnil, Guillebert Maillart.

Gardes du menu venel u bourc : Robert le Mareschal, Joham Neco, Mahieu de le Pince.

Gardes du menu venel devant le boucherie : Watier Brioche, Gosse le Fourbeur, Thoumas de Daieville, Guiffrai Martin.

Gardez des pots d'estain : Joham le Checlier, Joham Poulet.

Gardes des poissons : Joham de Rue, Joham le Borgne, Joham Barnage.

Gardes des draps : Martin Aubry, Joham de Listeville, Guy Jourdain, Watier Valier.

158

A compter les fils : Laurens de Berneval, Aleaume Morin, Henry le Grant, Robert de Listeville le joule.

A compter les fils en le Cauchie : Pierres Cachecat, Joham Wastel.

Gardes des forbeurs : Henry Chordieu, Gosse le Fourbeur.

Gardes des candeilles : Michiel Chaut porc, Pierres Millet.

Jurés en chest an : Iohan Abery fils Martin, Iohan le Mabrier, Raoul du Mont Huon, Michaut Leleu, Guillebert Lebret fils Johan, Symon Pappin, Robert le Vaasseur fils Gontier, Joham de le Rymere, Joham le Herdier, Rogier Lenglois, Joham Alain, Rogier Belie, Michel le Potier dit Triquet, Johan Daval fils Raoul. *Tresport :* Loys Dossier, Perrot Harenc, Rogier Gerbert, Pierres Franchomme, Watier le Gruier, Guill. Wales, Pierres de Berneval couretier, Jourdain Anplithon, Jeham de Greges, Perrot de Berneval, Guill. le Gruier, Guill. Potrie, Lorens Sauville, Joham d'Avrenches, Climent Morin, Pierres Vaudruele, Joham Bruiselot, Joham Lachier, Eude Viaud, Joham Troude, Raoul Buole, Pierres Viaud. Phelippot de St Oen, Jehan Catel fils Pierres, Robert le Cambar, Henry Raymont, Wibelet d'Ailly fils Johan, Raoul Rabasse qui a espousé le nieche Robert nostre clerc, Watier Barate barier, Jehan Vassart dit cuer de Roy, Robert de Fraulles, Rogier le Verminer d'Albeville, Ricart le Fevre de Pont, Jeham Poelin fils Jeham Poelin, Johanot le Vasseur fils Jeham le Vasseur, Colart de Crieul parmentier, Colin Broque tieulier, Guill. de Mares fils Climent Mares, Guill. Senoye flament, Ricart Grenon, Guill. Acart, Guill. Loir de Pont, Joham Croquet le joule, Symon Pain de segaile, Ricart Patin, du Tresport ches iij. Ricart Tardieu fiex Johan Tardieu, Robert Dubos, Colart le Prestre, Pierres Pappin, Jehanot Doudart, Guill. Harlé, Robert de Weulete, Alain le Clerc dit bourc de Dun, Jeham le Poihier.

[F° 86 v°.] *In maioratu* JOHANNIS DE FORO EQUORUM fuerunt *scabini :* Guill. de Novilla, Guill. de Mesgnilio, Al. le Vaasseur, Adam Raye, Rogerus Tourneveel, Lorens Bourgois, Guill. Bourgois, Pierres Lorfevre, Symon Avril, Robert de Mares, Raoul Raye, Robert le Vaasseur, anno Domini M°. CCC. XXXII°.

Conseil : Thoumas Blondel, Nicole le Fevre, Symon Coquet, Jeham d'Alenay, Jeham de Rue, Hue Roussel, Joham le Selier, Joham de Vymeu, Jaques Sarrasin, Guiffrai Jubin, Lorens de Listeville, Raoul Daval, Joham le Checlier, Guill. Poiletruie, Guillame Piongier, Robert Lanbain, Joham Tourneveel, Watier Adam, Guill. Feron, Martin Aubery, Ansel Jourdain, Joham Guerart, Joham Maulevant.

Gardes du pain : Guillebert Mallart, Robert Pingnere, Aubin le Sommier, Rogier Queval, Martin Tournevel, Fouques du Mesnil, Rogier Tiebout, Guerart Reneaume.

Jurati : Nicole Poiletruie, Johan Sorel le joulé, Guerart Ceurroque, Joham le Preisie, Colart le Vasseur, Joham Poitou, Guill. Picauel, Thoumasset le Senescal, Guillebert le Picart fils Gauvin le Picart.

[F° 87.] *In maioratu* GUILL. DU MESNIL, anno Domini M°. CCC°. XXXIII°, fuerunt *scabini :* Johannes du Marchié as chevaus, Guillus de Neville, Joham Guerard, Symon Coquet, Joham de Vymeu, Joham de Rue, Hue Roussel, Joham le Selier, Joham d'Alenay, Nicole le Fevre, Joham Maulevant, Ansel Jourdain.

Conseil : Adam Raye, Raoul Raie, Rogier Tourneveel, Guill. Bourgois, Aleaume le Vaasseur, Lorens Bourgois, Pierres Lorfevre, Symon Avril, Robert de Mares, Robert de le Vaasseur.

Jurati sunt : Johan Ferry, Guill. Milles, Raoul le Checlier, Guill. Legros, Joham Guerard du Mesnil, Robin Torquetille, Joham Dubus, Joham Doré, Nicole Malnourry, Ricart Lamant, Robert Bostage, Johan Roussel fils Johan, Lorens le Jumele, Guill. Sausson, Joham Bauduin fils, Robert Bauduin le joule, Robert Pouchin, Guill. Barate, Ricart le Barbier, Michel Malderrée du Tresport, Lorens Coullete, Pierre le Brasseur, Joham Putevaine, Ricart Pesnet, Joham Duval, Pierres le Selier, Adam de Cahon, Jeham le Cordier, Jeham Planche dit cat du Tresport, Joham Poiletruie fiex Guill. Gondré potier, Joham Marres, Joham le Fevre fils Gilles. Thoumas le Flament, Guill. de Brienchon du Tresport. Guill. Wyot, Robert Cointel, Andrieu de Cresmont, Jeham le Clerc, Nicole le Sauvage, Joham le Flament, Guill. Davy, Colin Mallefesse, Watier Boulon, Jeham le Franc, Guill. le Vastelier.

[F° 88.] Anno Domini M°. CCC° XXXIIII°, *In maioratu* JOHANNIS DE FORO EQUORUM fuerunt *scabini :* Guill. du Mesnil, G. de Neville, Alerius le Vasseur, Adam Raye, Rogerus Tourneveel, Robert de Mares, Lorencius Bourgois, Guillmus Bourgois, Radulphus Raye, Petrus Lorfevre, Symon Avril et Martinus Aubery.

Conseil : Joham Guerart, Symont Coquet, Joham de Vymeu, Jeham de Rue, Johan le Selier, Joham d'Alenay, Hue Roussel, Nicole le Fevre, Ansel Jourdain, Robert le Vaasseur, Jacques Sarrasin, Thoumas Blondel, Lorens de Listeville, Raoul Daval, Guillame Piongier, Robert Lanbain, Guill. Feron, Jeham Tourneveel le joule,

Watier Adam, Joham de Listeville, Guiffrai Jubin, Raoul des Wés, Gille le Mignot et Pierres Triquet.

Robert le Barbier, *clerc de le ville*. Jeham qui ne croit et Guill. Roussel *adonq serians de le ville*.

Gardes des pains : Robert Pingnere, Raoul Eustace, Ricart de le Cauchie, Aubin le Brasseur, Joham Tilloy, Rogier Tyebout, Guerart Regneaume, Robert as capenons, Belot le Brasseur et Engueren Bridelain.

Gardes des chars : Michel Chautporc, Guill. Maugier, Johan Maugier, et Lorens Lyon.

Gardes des chervoises : Ricard Poulot, Guerart Regneaume, Watier Tyebout, Guill. Belet, Raoul Eustace.

Gardes des poissons : Joham de Rue, Rogier Blondel et Rogeret Blondel.

Gardes des draps a compter les fils et a venir a les vart : Robert de Listevile le joule, Jeham de Listeville, Guy Jourdain, Watier Valier, Aleaume Morin, Robert Beessus, Joham de Berneval, Joham Tardieu.

A compter les fils en le Cauchie : Pierres Cachecat et Joham Wastel.

Anneurs de draps : Raoul Ougnier et Joham Cachecat.

Joham le Porquier, *vendeur de namps*.

Gardes des sueurs et des cuirs : Esteule le Monnier, Jaques Maugier, Renout le Carpentier, Ernoul le Clerc, G. Walopin.

Jurés : Aleaume Dobin, Henry de le Cauchie, Pierrot de Tilloy, Thomas Doudart, Raoul des Estay, Ansel Pesnet, Climent Guiseborde, Ansel Jourdain, Watier de le Bretaigne, Joham le Caron, Symon le Petit, Mahieu Tourneveel, Pierres Triquet, Robert Duval fils Raoul Duval, Robert Anno fils Robert. *Tresport :* Guiffrai de Gregny, Michiel Bagneler, Guill. Siret, Thomas Frapprue,

Watier Benart, Guill. Canu, Robert Veel, Engeren Lon
heromot, Guill. Guerout gendre Joham Poulet. Joham
Croustin, Nicole le Prevost de Pont, Guill. le Picart, An-
dryeu Debas le carpentier, Loys Mainel dit valet, Jeham
Tardieu fils Eustasse Tardieu, Ansel de Berneval, Jeham
Esmerillon, Robert Lebret, Alain Baudri brasseur, Marie
Peau de gagnon fils Watier, Henri le Flament qui espousa
la fille Jeham de Byauvés le clerc coud..., Guill. de
Greges du Tresport, Johan Densoy le villetot, Nicole
le Pasteur maistre adonc de l'ospital, Guill. Jubin fils
Guill., Hue Doudart qui a espousé Johan Boulliere,
Hue le Vasseur, Guerout ad caperons.

[F° 89.] *In maioratu* GAUFFRIDI JUBIN, anno Domini
M°. III° XXXV°, fuerunt *scabini :* Guillermus du Mesgnil, Aleryus Waassoir, Johannes Guerart, Simon Coquet, Johannes de Rua, Nicolaus Faber, Hugo Roussel,
Johannes de Vimeu, Johannes d'Alenai, Jacobus Sarasin, Petrus Triquet et Galterus Adam.

Consiliatores : Adam Raye, Rogier Tourneveel,
Robert de Mares, Guill. Bourgois, Pierres Lorfevre,
Raoul Raye, Simon Advril, Martin Obery, Ancel Jour-
dan, Jehan le Selier, Robert le Vaasseur, Laurens de Lis-
teville, Raoul Daval, Johan de Listeville, Raoul des Vés,
Gilles le Mignot, Robert de Listeville le joule, Johan
Lagot, Gontier le Potier, Guille Nicolas, Ricart des Vés,
Robert Lion, Guill. Maugier.

Le taille fu a ij. d. le livre.

Et furent *tresoriers :* p°. Robert de Mares, Rogier
Tourneveel, Raoul Raye et Martin Obery.

Le clerc de le ville : Robert dit le Barbier.

Serians : Joham qui ne croit et Guille Roussel.

Isti sunt jurati : Johan Sunes, Eu ; *du Tresport :*
Robert Lasnier, Rogier de Praiaux le joule, Johan d'Abe-

vile fils M., Guille Legendre, Guillebert le Roy, Thomas de Neville, Johan Hurel, Robert Choport, Jouen Coterel, Guill. le Parmentier, Joham le Franc, Robert Peletruie.

[F°. 90.] *In maioratu* MAGISTRI PETRI LORFEVRE, anno Domini M°. III° XXXVI°, fuerunt *scabini :* Guiffroi Jubin, Guill. du Mesgnil, Johan Guerart, Adam Raye, Rogier Tourneveel, Robert de Mares, Simon Avril, Martin Obery, Ancel Jourdain, Raoul Raye, Robert de Listeville, Gilles le Mignot.

Conciliatores : Aleaume le Vaasseur, Simon Coquet, Johan de Rue, Nicole le Fevre, Hue Roussel, Johan de Vimeu, Johan d'Alenay, Jaques Sarasin, Pierres Triquet, Gautier Adam, Johan le Selier, Robert le Vaasseur, Lorens de Listeville, Raoul Daval, Johan de Listeville, Raoul des Vés, Johan Lagot, Gontier le Potier, Guill. Nicolas, Ricart des Vés, Robert Lion, Guill. Maugier.

Le taille fu a ij. d. le livre et furent *tresoriers :* Gautier Adam, Johan de Vymeu, Johan de Rue, Simon Coquet.

Le clerc de le ville : Robert dit le Barbier.

Serians : Johan qui ne croit et Guill. Roussel.

Jurés : Robert de Toqueville, Gautier Hoart, Johan Alain, Rogier Mynet, Pierres Maille, Thomas Elluzet, Rogier Minet le jane, Obert Cardon, Jehan Hubert, Adam de le Rue, Bertin Viaude, Johan le Flament, Robert Gerbert, Johan Lefevre, Johan Horedier, Colart le Barbier, Johan de le Berquerie, Johanin Maton, Giles le Pippeeur, Raoul la Bonté, Johan de le Paille, Johan Maton, Symon Espaigne, Guill. Reneaume, Guill. Dauffrevile, Jeham le Fevre, Guiffray Aubery, Jeham Gruier, Jeham le Normant, Jeham Nicole fils Hue, Guill.

164

le Blont, Aleaume de S. Ligier, Robert Duval le joule,
Joham Lainsné.

[F° 91.] *In maioratu* GUILL. DE MESNILIO, anno Domini M° CCC° XXXVII°, fuerunt *scabini :* Petrus Lorfevre, Johannes de Vymeu, Johannes de Rue, Aleriens
le Vasseur, Symon Coquet, Hugo Roussel, Galterus
Adam, Johannes d'Alenay, Jacobus Sarrasin, Johannes
le Selier, Petrus Triquet, Ricardus des Wés.

Conseil : Guiffray Jubin, Robert de Mares, Raoul
Raye, Martin Aubery, Gilles le Mignot, Robert de Lis-
teville, Jeham Guerart, Adam Raye, Rogier Tourne-
veel, Symon Avril, Ansel Jourdain, Lorens de Listeville,
Raoul Daval, Joham de Listeville, Gontier le Potier,
Guill. Nicole, Robert Lyon, Hue de Byauvès, Guill.
Maugier, Guill. de Listeville, Guill. Sausson, Guill.
Lordel, Lorens Lyon, Raoul le Selier.

Jurati sunt : Rogier Anno, Pierres du Pont, Ricart
de Couchi, Guill. Morin, Joham Boulon, Bertremieu de
Rue, Thoumas Varin, Benart de St-Martin, Ernoul
Taisson, Joham Gosselin, Joham d'Autueil, Rogier Les-
cot, Joham le Drapier, Robert Lortillier, Guill. du
Moulin, Robert le Senescal, Joham des Mesniay, Guill.
de Corbery, Raoul le Grant, Jeham le Jumel, Hue de
Byauvès, Robert de Praiaus, Hue le Vasseur.

[F° 91 v°.] L'an mil trois cens trente-huit, le conte d'Eu
et de Guignes connestable, pour faire present de vin pour
l'onneur de le ville.

[F° 92.] *In maioratu* MAGISTRI PETRI AURIFABRI,
anno Domini M° CCC° XXXVIII°, fuerunt *scabini :*
Guillaume du Mesgnil, Adam Raye, Rogier Tourneveel,
Johan Guerart, Robert de Mares, Johan de Rue, Raoul
Raie, Martin Aubri, Robert de Listeville, Ancel Jour-
dain, Guill. Sanson, Hue de Beauvès.

Consultore₇ : Johan de Vimeu, Aleaume le Vaasseur, Symon Coquet, Hue Roussel, Gautier Aden, Johan d'Alenay, Jaques Sarasin, Johan le Selier, Pierrez Triquet, Ricart des Wéz, Symon Avril, Gillez le Mignot, Raoul Daval, Johan de Listeville, Gontier le Potier, Guill. Nicolas, Robert Lion, Guill. Maugier, Guill. de Listeville, Laurens Lion, Guill. Lordel, Raoul le Selier, Berthemieu de Rue.

Le taille fu a ij deniers le livre.

Tresoriers : Johan de Vimeu, Gautier Aden, Symon Coquet, Jaquez Sarasin.

Clerc de le ville : Johan Pullois.

Serians : Nicole Bourgois, Johan Lambert.

Jurés fuerunt isti : Symon d'Albeville, Johan Goie, Michaus de le Porte a barinel, Robert le Noié, Ancel Jordain fix Ancel Jordain, Berthemieu le Sueur, Johan le Selier fils Johan le Selier dit Lenglois, Benart Biden fix Ricart Biden, Johan Bourgois fix Laurens Bourgois, Nicole Choporc, Johan Lambert fix Johan Lambert, Ancel le Vaasseur fix Johan le Vaasseur, Johan Lenglois de le, Guill. Milet fix Johem Milet, Johan Durant de Beeloy, Pierres Hurel, Adam Halle, Johan Douvis dit teste, Guill. Faverel fix Guill. Faverel, Guill. de Huppi fix Pierres de Huppi, Jaques de Beaulevrier, Berthremieu le Quarieur, Simon le Clerc dit Le Fevre du Tresport. *Du Tresport jurés :* Pierres de Horgnay, Robert Harenc, Nicole Hurelot, Johan Dupré, Johan le Gruier, Robert Eliez, Euistace Hamon, Johan Deleure le jolle, Pierres Canu, Johan Deleure, Johan Pochet, Johan Lequeu, Pierres Siret.

Il fu acordé en plein concel, le diemenche après le saint Denis, en l'an mil CCC XXXVIII, pour doleanche que sire Pierrez Lorfevre adonc maire fist, pour che que

les taverniers le escondirent vin a avoir pour fere presens
pour l'oneur de le ville, a bone gens de monsg^r le conte
de Eu et de Guynez, connestable de Franche, pour le
capitaines et autres, il fu acordé de tout le conseil, tant de
le ville de Eu du Tresport et de Pont, que, quiconques
soit maire, i doit et puet desoffice fere trere a quiconques
tavernier que il vodra, qui bon vin ait, et le doit fere
trere et perchié et prendrent presens, quant mestier en
sera pour l'oneur de le ville.

En l'an de grace mil CCC XXXVIII, le lundi après le
Saint Martin d'iver, en le mairie de sire Pierres Lorfevre, en plaine eskevinage, furent vuez lettres presen-
téez de par noble homme monsg^r Johan de Baieu chev.
lesquelez furent recheuez, et pour che que led. sire fu
ocupé, pour plusieurs choses, especiaument pour l'en-
terrement de sire Mahieu d'Abeville qui u dit jour fu en-
terré, lequel avoit lontans esté esquevin, di fu que il ra-
sembleroit lendemain matin en l'esquevinage, tant pour
ladicte lettre veir et considerer, tant comme pour autres
chosez. Et che pendant Guiffroi Jubin vint o maire et dist :
Sire vuez lettres vous furent hier presenteez de par monsg.
Joh. de Baieu chev., ou il avoit contenu tou plain de
granz malefachions quer Guill. du Mesnil u tans de se
mairie a fettez et consentiez a estre fetes, en prejudice de
l'office de le mairie, et contre les libertés de le ville, des-
quelez malefachons, ie wel bien que le sachiez, se vous
ne ouvrés, les gens de monsg. i mettront les mains et en
ouvreront en vo defaute, et, se mestier est, ie suis prest
de fere ment partie vers le dit Guill. A quel jour de
mardi [F° 92 v°.] lesd lettres furent leuez, espeupliez em
plain eskevinage en le presence du maire et des esquevins,
et de tout le conseil, et recita le maire les paroles que
li avoit dit Guiffroy Jubin, pourquoi i fu dit par conseil,

que le dit Guill. et le dit Guiffroi seroient mandez. pour aler avant suz les chosez continuez es dictez lettres. Les quix Guill. et Guiffroi furent mandez, en leur presence les dictez lettrez furent leuez derequief, dont dit le dit Guiffroi que toutez les maleffachons continuez en ichelez estoient vraiez, et les avet fet ledit Guill. et fait fere u tans de se mairie, et plusieurs autrez malefachonz avoit il fetez, de quoi i ne se pensoit pas a tere, ledit Guill. disant que il n'entendoit avoir que fere au dit Guiffroi, ne a rechevoir loi empartie, mès obeissoit a respondre au maire et as esquevins, a tou che que i le voront acuser, et su che, di fu par le conseil que le maire iroit desoffice avant vers le dit Guill. suz les dictez malefachons, et que le dit Guiffroi n'en seroit plus partie; donc acusa le maire le dit Guill. des dictez malefachons, primez.

D'un drap que avoit mis suz le mestier Adam le Cauchoiz tisterenc, qui n'avoit pas toutez ses portéez; mès i faloit ij portéez et demie, qui bien se montent près de demi quartier de drap, de toute le longueur du drap. Et quant les wardez en l'ostel du dit Adam, et trouverent ichelez malefachonz, après che que il eurent ieté le bougion suz le dit drap, i demanderent au dit Adam qui ichu drap estoit, le dit Adam s'ezcusa en disant que estoit a tel persone qui bien s'en escusera; ch'est le maire de Eu, et suz chen, les wardez aresterent le dit drap en le main de la ville. Et che fet, il se trerent par devers le maire a cui le drap estoit, et li ressiterent mot a mot les choses dessus ditez, en disant que i meist en che tele remede et correcion, comme au cas appartient, ou autrement i n'iroient pluz veir sez drapz, ne onquez puiz n'i alerent du tans de le mairie dudit Guill., lequel Guill., comme maire, leur respondi : taisié vous eute n'en pallez plus, nos en chevirons bien, lequel Guill. emporta et fist emporter le dit drap, comme non suffisaument fet.

Item i fu deffendu en le mairie du dit Guill, et des eschevins et de tout le conseil, et pour cause, et en plusieurs autres mairiez, que nul des bourgois de la ville n'acatast des draps Guill. de Corberi de Septmuelez, ne que il ne fussent merquiez ne signez du seel de la ville, ne vendus es hales de le ville de Eu, en quiconquez lieu que che fust, et suz che le dit Guill. acata iiij draps au dit Corberi et envoia querre les seax de le ville pour les dis draps seeler et merquier, les quiex n'avoient onques esté veuz en mestier, n'empoliez des wardez de le ville, lesquelez wardez ch'est assavoir : Joham Aubri l'aigné, Johan de Listeville, gardes des seaus respondirent que il n'avoient nul seel et que il estoit trop tart.

Menuement i savoient bien que le dit Guill. avoit acaté les draps au dit Corberi et suz deffens. Et quant le dit Guill. vit que les dites wardez s'escusoient, il resgarda tanz et lieu que ledit de Listeville n'estoit point a l'ostel, et envoia Raoul Petit bon a le fame du dit de Listeville, querre les dis seax et merquer, laquele fame ne pensoit nul mal et li ballia seax et merquet, et en fist le dit Guill. seeler les dis draps de nuit, contre les estatus et ordenanchez de la ville de Eu, et en l'aucence des wardez qui a che estoient commis et deputez, et les fist mener au camp du lendit, et furent venduz en le hale d'Eu, comme des draps de Eu; de ches meffez fu le Guill. acusé de fere amende, comme au caz appartient, et pour avoir deliberacion de respondre, le dit Guillaume demanda jour d'avis duquez a lendemain, qui li fu acordé et otrié par conseil. Et entre tant le maire fist venir par devant li, et par devant les eskevins et tout le conseil Adam le Cauchois et son vallet tisserens de draps, Aliaume Morin,

Johan de Berneval, Robert Beesuz et Johan Tardieu, ichez quatre gardes du bougion suz le mestier, Johan de Listeville, Johan Aubri l'ainé, Vatier Vallier et Hue d'En-sous le ville, gardes du bougion enpoulié, et Raoul Petit bon non garde, per lesquiex tesmoins jurez et examinez, deligiaument entendus suz les chosez dessus ditez, furent trouvés estre vraiez. Et le joesdi ensuivant, le dit Guill. vint en plain eskevinage, en le presence de tout le conseil, et li furent les dictes malefachons recitéez et rafresquiez, le dit Guill. proposa en sa deffence que combien que le dit drap ai esté suz le mestier fust mains suffisant, sil ne l'avoit il point vendu, mès en avoit usé partie en sa meson et partie doné a sez gens, ou il i avoit pleu [F° 93.], mès de che ne voloit il riens fere creauble. Et de tant comme i touquoit des quatre draps que il avoit acatez au dit Corberi, et les avoit merquiez et fet vendre comme dessus est dit, ne s'escusoit en riens fors que il disoit qu'il estoient bons et suffisanz, et que se il ne les eust acatez, si les eust acatez u autre. Et de tant que il touquoit au merquet et a seax, le dit Guill. ne respondi riens.

Et combien que le maire li offri les chosez dessus ditez, par le deposicion des temoins a verifier, le dit Guill. dit que il n'en voloit nul oir, mès le manda connoisseaument et s'aplegia par Robert de Preaux et Guill. Nicolas, par lequele reson dit fu par tout le conseil que le dit Guill. seroit debouté du mestier de le drapperie, duques au rapel du maire et des eskevins, ne que il ne seroit jamez maire, ne esquevin, ne du conseil de le vile. Chest jugement fu fet en le mairie de sire Pierres Lorfevre, l'en et le jour dessus dit, et les jugeeurs eskevins furent ches : Adam Raie...

Et cheus du conseil tant d'Eu que du Tresport et de Pont furent : Johan de Vimeu...

[F° 95.] *In maioratu* RADULPHI RAIE, anno Domini M° CCC° XXXIX° fuerunt *scabini :* sire Pierrez Lorfevre, Johan de Vimeu, Gautier Aden, Hue Rossel, Symon Coquet, Jaques Sarasin, Johan d'Alegnay, Raoul Daval. Pierrez Triquet, Ricart des Wez, Guillame de Listeville, Raoul le Selier.

Consiliatores : Johan Guerart, Robert de Marez, Johan de Rue, Rogier Torneveel, Martin Aubri, Berthemieu de Rue, Robert de Listeville, Ancel Jordain, Guill. Sanson, Hue de Beauvès, Aliaume le Vaasseur, Johan Visage, Gilles le Mignot, Guill. Nicolas, Johan le Selier, Symon Avril, Johan de Listeville, Johan Florens, Gontier le Potier, Robert Lion, Guill. Lordel, Guill. Maugier, Lorens Lion, Pierres Boistel, Mikiel Tardieu.

Le taille sera à ij. d.

Thesoriers : Johan Guerart, Robert de Mares, Johan de Rue, Robert de Listeville le jolle.

Les wardez des cleis pour le seel : sire Pierres Lorfevre, Hue Rossel.

Le warde de cleis des boistez : Robert de Listeville le jolle.

Gardes du pain : Guiffroi Rose, Johan de Flamengueville, Ambrose le Prevost, Droet de Saint Machens, Martin Gouvernel, Thomas de Deeville, Johan de la Fosse, Rogier le Brumen, Johan du Tilloy, Elies de Sifreville, Colart Voisin.

Gardes des chervoises : Ancel Quevillion, Gueront as caperons, Raoul Euistasse, Alain Baudri, Raoul Peudelin, Johan de Lespine, Robert Jouane, Ricart Poulet.

Isti fuerent jurati anno predicto : Fremin de le Costure d'Albeville, Watier Batamare, Johan de Gamachez de Pont, Robert Cucu, Regnaut Lieupart, Johan d'Ensousleville, Johan Rose feseeur de piegne, Laurens le Feron,

Berthemieu le Prevost fix Nicole. *Du Tresport :* Johan Le Mogne le jolle, Guill. Elies, Guill. Guilliot, Nicole Wasse, Johan Vaquerie, Mainart Barate, Colin Maton. Johan Bigot de Pont, Laurens le Fevre fix Gilles, Guerrout Valery, Guillame Garet, Joham Maton dit Besnie, Joham Grenon dit Garnier, Pierre Papin, Joham Le Rous de Mautomesnil, Berthemieu Douvis fix Rogier, Johan Tardieu le jolle fix Johan, Raoul Bouchart carcien mad., de Eu et de Mello (1), Bertin Billiet dit d'Estallonde, Raoul Estallain fix Guill., Berthemieu Florens, Guiffroi Le Rous de Pont, Andrieu de Fregne, Pierres Ferré dit Coroier, Colart le Lacheeur.

[F° 95 v°.] *In maioratu* Petri Aurifabri, anno M° CCC° XL°, *fuerunt scabini :* Radulphus Raie, Johannes de Vimeto, Johannes de Vinto, Rogerus Torneveel, Robertus de Listeville, Martinus Aubri, Robertus de Mares, Hue de Beauvé, Johannes Guerardi, Guill. Sauson, Johannes Visage, Laurens Lion. *Au Tresport :* Symon d'Albeville, Bernart Pieugnezvies, Enguerran Debras, Guill. Fauquet.

Consiliatores : Gautier Adam, Hue Rossel, Symon Coquet, Jaques Sarasin, Pierres Boistel, Johan Tardieu de Sainte Crois, Johan d'Alenay, Raoul Daval, Pierres Triquet, Ricart des Wés, Guill. Anquetin, Thomas Belie, Guill. de Listeville, Raoul le Selier, Ancel Jordain l'aigné, Berthemieu de Rue, Raoul des Wés, Guill. Nicolas, Jehan le Selier le rous, Symon Avril, Johan Florens, Johan Tardieu tainturier, Gontier Potier, Guill. Lordel, Guill. Maugier, Mikiel Tardieu, Johan de Flamengueville.

La taille sera à ij d.

(1) Jeanne de Mello, épouse de Raoul Ier, de Brienne.

Tresor : Hugo Ruphi, Jacobus Sarasinus, Ancelus Jordani, Radulphus Selarius.

Les gardez des clefs pour le seel : Jaques Sarasin et Hue Roussel.

Les gardes clefs des boistez : Hue Roussel et Pierres Lorfevre maiex.

Esquevins de Pont : Guill. de Gerberoy, Guill. Godin, Jehan Briquet, Jehan Vistel.

Gardes du pain : Ambroise le Prevost, Johan de le Fosse, Johan le Brument l'ainsné, Johan du Tilloy alias lommé, Robert Maillart, Symon de Gueuteville, Robert Pignere, Guy de S. Massenz, Andrieu de S. Moischens, Johan le Selier lenglois.

Gardes des chervoisez : Guerout ad caperons, Ricart Poulet, Raoul Eustace, Ancel Quevillon, Jehan Tardieu sueur, Pierrez le Mareschal.

Gardes des chars : Guill. Nichole, Guill. Maugier, Jehan le Saunier fix Johan, Rogeret Blondel.

Gardes des poissons : Jehan de Rue, Johan Barnage, Rogier Blondel, Rogeret Blondel.

Gardes du menu venel devant le boucherie : Gautier Bryoche, Gosse le Fourbeur, Gautier Piau de gaingnon.

Gardes du menu venel du bourc : Henry le Mareschal, Jehan de le Fosse, Raoul Peudelin, mestre Johan Carré.

Gardes du bouion ad draps portés ad polies et de sceler les draps : Guy Jourdain, Jehan Tardieu, Guill. Courbery, Pierre Torel, Johen de Listeville, Jehan Aubery le jone.

Cheux qui comptent les fils ad draps : Robert Lortillier, Hue d'Aussonneville, Thomas Senescal, Jehan de Berneval, Robert Beesus, Rogier Torel.

Chex qui comptent les fils en le Cauchie et portent le bougon : Jehan Hurel, Hue le Porquier.

Anneeurs de draps : Raoul Petit Boen, Raoul Ousguier, Jehan Tardieu de le rue ad cailleux.

Vendeeurs de namps : Guillot Legros aplegié par R. Petit Bon, R. Ousguier et J. Tardieu.

Gardeʒ cuirs et des soulliers : Bertremieu de Rue, Riquier de Sailli, Raoul le Monnier, Ambroise le Prevost, Rogier Tyebout, Henry du Quesnoy.

[Fº 96.] *Gardes des sueurs de nuit :* Rogier Tyebout, Henry Remy, Enguerren le Checlier.

Gardeʒ des sereurierʒ : Gosse le Fourbeur, Henry Chordieu.

Gardeʒ des pots d'estain, et feront le corps du pot covuleque, manouele, queville et le fons, tout d'un metal : Henry Chordieu, Jehan Poulet.

Gardes des candoilleʒ de fieu : Bernart le Candelier, Laurent Poiletruie, Raoul Peudelin, Guill. Nichole, Michiel Choporc.

Gardes des tieuleʒ : Jehan le Plomnier, Gautier le Potier.

Courratiers de vins : Guill. Legros aplegié par Guerart Lebas, Aleaumet le Petit, Robert Damende.

Contage de bos : Raoul Eustace. *Au Tresport :* Colin Ryote.

Sergans au Tresport : Ancel le Boulenger, Henriet des Mons.

Couratiers : Guilbert du Quesnoy, Eustace du Quesnoy.

Ametteeurs du bourc de Eu l'an XL : Johan de Lespine, Johan de Flamengueville, Robert Bauduin, Rogier Tyebout.

Ametteurs de la Tainturerie : Hue d'Ausonneville, Raoul Petit Boen, Guy Jourdain, Jehan le Prisié.

Ametteurs de le Cauchie : Martin Guillot, Bertin le Porquier, Johan Wastel, Robert Jouane.

Ametteurs de saint Johan : Guilbert Lagot, Jehan d'Aumalle, Jehan Quaintin, Gontier le Potier.

Ametteurs de saint Jaque : Henry du Quesnoy, Robert Oede, Raoul du Val.

Ametteurs de saint Pierre : Robert Piguere, Raoul Lesmerillon, Ricart Tripolain.

Ametteurs de saint Estienne : Jehan le Roy, Jehan Lebret leull.

Ametteurs de Pont : Jehan Aeustin, Robert Bietin.

Isti fuerunt jurati : Ricart Leesie d'Aouste, Johan Lesueur fix Johan Lesueur, Johan le Vaasseur fix Guerout, Jehan Roussel fix Henry Roussel d'Outreville, Pierres d'Aut, Guillemot le Gros, Guill. le Fevre qui fu né a Flosques, Symon le Messier, Thomas Belie, Jehan Quesnel, Raoul Loisel, Robert Poilevilain, Raoul Quaintin fix Jehan, Jehan Quaintin, Johan Boistel, Pierres Avril fix Simon, Guill. Ecart, Ricart Lebas.

[F^c 97.] *Assault des Angloys au Tresport.* En le mairie sire Raoul Raie, l'an de grace mil III^c XXXIX, le dyemenche jour saint Pierres-ad-liens, les Englois assaillirent au Troisport et y eut environ vi^{xx} vaissiaux grans et petis. Et fu dit de cheux du Troisport que eux esperoient que che fussent Espaingnos ; par quoy on fu decheu. Ne le maire ne le quemune n'i poient venir a temps pour secourre ; par quoy il bouterent les fus et arsirent le Tresport et Mers. Et par cheu se voudrent cheux du Tresport exenter et oster de le jurée et de le quemune de Eu. Et baillierent plusieurs supplicacions a monsg^r le conestable ; par quoy il arresta et prist en se main tous les emolumens, jurée et quemunité que chaux de Eu avoient au Tresport.

Restitution de la communaulté et autres droictz du Tresport fete a ceulx d'Eu. Item en l'an de grace mil

IIIᵒ XLᵉ, le vendredy après feste saint Aubin en mars, en le mairie sire Pierre Lorfevre, monsgʳ le conte de Eu connestable de France, en plainne sale, a portes et huys ouvers, rendy et restably a cheux de Eu le quemunité et le jurée de chaux du Troisport, aussi comme eux estoient au devant que les Englois y furent venus, par cheu que il avoit trouvé, par sen grant conseil, que cheux de Eu n'estoient en aucune maniere coupablez de l'arsin du Troisport; Presens a chen: messire Guill. de Bueseville, monsgʳ Sauvache d'Anteny, monsgʳ de Saint-Martin et de Baubelinghem, maistre Guiffroi de Brienchon, et plusieurs autres noblez hommes, et grant foisson de gens de plusieurs pays.

[Fᵒ 96 vᵒ.] 1340. Le mardy après la saint Urbain, une pièche de terre assise en le paroische saint Pierre de Eu rabouté d'un bout ad fossez l'abbé de Eu fu baillie a rente perpetuelle a Gontier le Blont.

Assault des Angloys au Tresport et a Mers, 1340. En chest an, le samedy jour saint Jehan en may, les Engloiz assaillirent au Troisport, et furent environ iiijˣ et plus vaissiaux grans et petis; et en descendy entre Mers et le Trepport grant quantité a terre. Et u dit jour, l'evesque d'Amiens venoit a la priouré de le Cauchie de Eu por son past, lequel fu au Troisport i poy pour veoir l'assaut. Et entretant les Englois se desuivirent au dessous de le faloise vers Mesnival. Et lors s'en retourna le dit vesque, et beney et absoult cheux de par decha. Et li retourné, les Englois assaillirent bien et hardyement, et aussi se deffendirent chaux de decha, si et en telle maniere que il porterent poy de damage au lieu; mais toutes voies en y eut des Englois, si comme l'en veoit et pooit saveir a present et par nouvellez depuis rapportées, bien xl ou plus mors et navrés, par cheu que l'en se deffendy tant de artillerie comme autrement ; de laquelle artillerie moult y fu gastée. Et quant lez Englois virent que l'en contrestoit fort et bien encontre eux, et que il ne pooient riens meffaire au lieu, eux se mistrent a voie a aler vers le ville de Mers, la u il livrerent moult grant assaut, et en y eut de mors et navrez d'une part et d'autre.

Item nous avons iij grans engiens, iiij grans arbalestez a trueil, xiij arbalestez a quauquez, xxvij arbalestez a pié et les baudrez ; xx ars mainiers.

Item iiij^{cc} lxxvj garros pour les engiens.

Item pour les cauques, en ij grans hotez xij^{cc}. It. xij^{cc} d'autre part.

Item viij^c ı quarteron de saietez, en hotez, sans les xij arriez.

Item iiij^m et iiij^c de wyretons en hotins.

Item ij^m v^c et demy et xxxvj d'autre part en hotez.

[F° 97 v°.] *In maioratu* RADULPHI RAYE, anno M° III° XLI°, fuerunt *scabini :* sire Pierres Lorfevre, Jehan de Vymeu, Robert de Listeville, Hue Roussel, Symon Co· quet, Jaquez Sarrasin, Ancel Jourdain, Gautier Adam, Johan d'Alenay, Raoul le Selier, Guill. de Listeville, Guill. Lansquetin, nouvel.

Conseil : Jehan de Rue, Rogier Tourneveel, Martin Aubery, Robert de Mares, Johan Guerart, Guill. Sausson, Hue de Beauvés, Laurens Lyon, Jehan Visage, Raoul Daval, Jehan le Selier dit le Roux, Symon Avril, Ricart des Wés, Pierres Triquet, Raoul des Wés, Jehan de Listeville, Guill. Lourdel, Guill. Maugier, Michiel Tardieu, Jehan Tardieu drapier, Jehan Tardieu de Sainte Crois, Bertremieu de Rue, Pierres Boistel, Johan Flourens.

La taille sera a ij d.

Les esquevins du Tresport de le terre : Robert de Preaux, Jehan d'Albeville l'ainsné.

Les esquevins du Troisport de la mer : Ricart Pate, Nichole Bataille.

Conseil du Troisport : Bernart Pingnesvies, Enguerrem Debras, Guill. Fauquet et Symon d'Abeville.

Esquevins de Pont : Mahieu de Franleux, Johan Briquet, Guill. de Gerberoy, Guill. Godin.

Tresoriers : Jehan de Rue qui garde les clés, Martin Auberi, Guill. Sanson, Hue de Beauvez.

Advocas : Colart du Quesnoy, Jehan Morice, Henri de Goussouville, Goce du Til.

Sergans : Robert Poiletruie, Colart Bourgois.

Victoret, *clerc.*

Gardes des pains : Ambroise le Prevost, Jehan de le Fosse, Andrieu de Saint Maischens, Jehan Lomné dit du Tilloy, Robert Maillart, Jehan le Selier dit Lenglois, Guiffroy Rose, Guerout ad caperons, Ricart de le Cauchie, Guill. de Mauny.

Gardes des chervoises : Jehan Gaillarde, Pierres le Selier, Jehan Tardieu sutor, Thomas Doudart, Gontier le Blont, Guiffroy le Barbier, Raoul Eustace, Guerout ad caperons, Pierres le Mareschal.

Gardes des chars : Guill. Nichole, Guill. Maugier, Jehan le Saunier fix Jehan, Jehan Maugier.

Gardes des poissons : Jehan de Rue, Jehan le Selier dit Lenglois, Rogier Blondel, Rogier Douce amie.

Gardes du menu venel devant le boucherie : Gautier Bryoche, Goce le Roy fourbeeur, Gautier Pel de waignon.

Gardes du menu venel du bourc : Guiffroi le Barbier, Guill. le Candelier, Nichole le Merchier, Guill. Laveinier.

178

[F° 98.] *Gardes du bougon ad draps pour porter ad poulies et seeler* : Guy Jourdain, Jehan Tardieu dra·pier, Guill. Courbery, Pierres Torel, Jehan de Listeville, Jehan Aubery le jone.

Gardes du bougon porté sus les mestiers : Robert Lortillier, Hue d'Aussonneville, Thomas Senescal, Guill. Milles, Jehan de Berneval, Robert Beesus.

Cheux qui comptens les fils et portent le bougon en le Cauchie : Jehan Hurel, Hue le Porquier.

Anneeurs de draps : Raoul Ousguier, Jehan Tardieu de le rue ad cailleux, Raoul Petit Boen.

Vendeeurs de nams : Robert Damende.

Couratiers de vins : Johan de Crasville, Garnier.

Gardes des cuirs : Bertremieu de Rue, Riquier de Sailly, Ambroise le Prevost, Symon de Crasville, Henry du Quesnoi, Jehan de le Fosse.

Gardes des sueurs de nuit : Roger Tyebout, Henry du Quesnoy, Engueren le Checlier.

Gardes des sereures : Gosce le Fourbeeur, Henry Chordieu.

Gardes des pots d'estain, et seront tout d'un alai pot, fons, queville et covuleque : Henry Chordieu, Jehan Poulet.

Gardeƶ des candeilleƶ de fieu : Bernart le Candelier, Laurens Poiletruie, Raoul Peudelin, Guill. Nichole, Michiel Choporc.

Gardes des tyeulleƶ : Jehan le Plomnier, Gautier le Potier d'estain.

Conteeur de bos et mesureeur de carbons : Raoul Eustace.

Mesureeur de carbon de terre et de sel de Poitou au cai : Bernart Avet.

Gardes des soliers : Guill. Laveinier, Robert le Selier.

Gardes des fourbeeurs : Henry Chordieu, Goce le Fourbeur.

Gardes des chinchiers : Symon de Gueuteville, Elyet de Siffreville.

Les voytes : Robert Guerart maistre, Marquet Piau de wagnon, Laurent de le Motte, Ricart Barbe, Courtois, Jehan le Gruier, Guill. Etart.

Gardes des sueurs du Tresport : Ricart le Sueur, Guill. le Sueur dit jervais.

Jurati eodem anno : Jehan Cotel du Tresport, Jehan Doré le jone, Colart de Hannencort, Guiffroi Bernart, Guill. Couillette, Colart Auberi, Robert le Prevost, Gilles de Bouelez, Jehan le Peletier, Guill. Bryoche, Jehan Minguet, Robert de Mesnival, Robert Anno, Raoul de Crasville, Pierres du Fossé, Auber de Beauvez, Symon le Plomnier, Jehan Loisel, Climent Bigot, Laurens le Saunier, Andrieu le Saunier, Robert Boistel, Jehan Mares, Guiffroi Males ars. *Au Tresport :* Adam Benoet, Pierres Poitevin, Herbert Harnas, Jehan Balan, Jehan Saoul, Adam Capel, Lucien de Hotot, Vinchent Routier, Jehan Dubos sueur, Jehan le Parmentier de Pont, Climent Pevrel, Noel Sore, Robert le Verrier, Jehan Freesseur, Gilles le Caperon, Robert Lepail. *Au Tresport :* Jehan Brebis, Thomas Mougal, Martin Louvel, Jehan Lesporé, Guill. Hasart, Jehan Hardy, Gontier Debras, Jehan Labbé, Johan Debras, Guill. Fauquet, Colart de Beauvez, Jehan d'Aut, Colart Elluset, Hue Caqueleu, Laurens de Faenche, Jehan Guerart du Mesnil Regneaume, Herbert de Locre, Michiel Balen, Robert de Beauvez, Guill. le Cordier, Guillebert d'Albeville alias Saunier, Colin Dargent, Pierrez le Prevost, Guerout Nichole, Bertremieu Dupont fevre, Pierres le Leu, Climent Demisot, Guill. le Vallet.

[Fº 98 vº.] Il fu acordé du maire et des eskevins, et de tout le conseil, en plain eskevinage, le lundy après feste saint Climent, l'an XLI, que les berniers prendront pour chescun tonnel de vin osté de le carette et avaler u chelier, ix d.

It. il aront ij s. de saquier le tonnel des grans voutes et des petites, et mettre es caretes.

Item, de hoster les tonneaux des bateaux au cay, et mettre es carettez, xviij d. ; et pour avaler pour les bourgois.

Item, les porteeurs prendront en chelle maniere souz pour maaille, iij poitevines pour ij d. iij maaillez, et ainci es autres choses a l'avenant. Et sera tout a rappelement du maire et des compaingnons. Et fu fait pour cause de le monnoie qui estoit fieble, et comme il se doloient.

It. le conteeur de bos prendra pour chescune somme d'astele une maille, jusquez au dit rappel.

Henry Catel, Guy de Saint Maischens plegent Guiffroi de Velly du bermanage.

Symon de Crasville, Jehan le Saunier dit petit, plegent Raoul de Crasville du bermanage.

[Fº 99.] *In maioratu* Johannis de Vymeto, anno Domini Mº CCC XLII, fuerunt *scabini* : Raoul Raie, Pierres Lorfevre, Johan de Rue, Rogier Tourneveel, Martin Aubry, Guill. Sauson, Hue de Beauvez, Laurens Lyon, Ricart des Wés, Johan Visage, Bertremieu de Rue, Johan de Listeville.

Conseil : Robert de Listeville, Hue Roussel, Symon Coquet, Jaquez Sarrazin, Ancel Jourdain, Gautier Adam, Johan d'Alenay, Raoul le Selier, Guill. Ansquetil, Guill. de Listeville, Robert de Mares, Raoul Daval, Symon Avril, Pierres Triquet, Raoul des Wés, Guill.

Lourdel, Guill. Maugier, Michiel Tardieu, Jehan Tardieu drapier, Jehan Tardieu de Sainte Crois, Pierres Boistel, Jehan Flourens, Colart de Beauvez.

Eskevins du Troisport pour terre : Gontier le Sergant brasseeur, Symon d'Albeville, Bernart Pingnesvies, Jehan d'Abeville crisnon.

Item pour le mer : Enguerrem Debras, Gontier Debras.

Conseil du Troisport : Robert de Preaux, Johan d'Albeville, Nichole Bataille, Ricart Paté.

Eskevins de Pont : Jehan Vistel, Jehan Briquet, Guill. de Gerberoy, Robert Breton.

Tresoriers : Jaquez Sarrasin, Robert de Listeville, Raoul le Selier les clefs, Symon Coquet.

Advocas : Colart du Quesnoy, Henry de Goussoüvil.., Gosce du Til.

Gardes des pains : Ambroise le Prevost, Andrieu de St Maischens, Raoul Poil de lin, Gautier Piau de waingnon, Jehan du Tilloy, Robert Maillart, Jehan le Selier lenglois, Guiffroy Rose, Guerout ad caperons, Ricart de le Cauchie, Robert ad caperons.

Gardes des chervoises : Jehan Gaillarde, Pierrez le Selier, Johan Tardieu sueur, Thomas Doudart, Gontier le Blont, Guiffroy le Barbier, Raoul Eustace, Guerout ad caperons, Pierres le Mareschal.

Gardes des chars crues et quittes : Guill. Nichole, Guill. Maugier, Johan le Saunier fix Johan, Johan Maugier.

Gardes des poissons : Robert Damende, Johan le Selier lenglois, Rogier Blondel.

Gardes du menu venel a le boucherie : Gautier Brioche, Gosse le Roy, Gautier Piau de waingnon.

Gardes du menu venel du bourc : Guiffroy le Barbier, Guill. le Candelier, Nichole le Mouthier, Raoul Poil de lin.

*Gardes du bouion porté sus les draps et pour seeler
les :* Guy Jourdain, Jehan Tardieu, Guill. de Courbery
le jone, Pierres Torel, Jehan Aubery le jone, Ancel
Jourdain le jone.

Gardes de porter le bouion sus les mestiers : Robert
Lortillier, Hue d'Ansonneville, Thomas Senescal, Guill.
Milles, Johan de Berneval, Robert Beesus.

*Cheus qui portent le bouion en le Cauchie et comptent
les fils :* Johan Hurel, Hue le Porquier, Gautier Frechon.

Gardes des damages fais sus le mer.

Cordiers : Abraham Hurel, Laurens le Cordier.

Carpentiers : Gautier le Gruier, Thomas Frape rue,
Guill. Debras et Guillemot Fauquet *pour corde₂,* Jehan
le Moigne *pour les reis.*

[F° 100.] *Officiers au Troisport pour l'an XLII :*
Ancel le Boulenger, Henri des Mons, *sergans.*

Couratier : Roger Sauville.

Conteeur de bos : Colart Ryote.

Gardes du pain et de le chervoise : Guillemot du Quesnoy, Johan Dufour dit moinschart, Jehan Aubelet le
jone, Guiffroi le Checlier.

Crieur de vins : Jehan de Greiges.

Vendeeur de nans :

Gardes des chars : Pierre Male derrée, Jouen d'Albeville.

Gardes des sueurs de nuit : Colin Wasse, Tassin du
Quesnoy.

Gardes des damages sur le mer : Abraham Hurel,
Laurens le Cordier, *pour les cordes,* Gautier le Gruyer,
Thomas Frape rue, *pour carpenterie,* Guillemot Fau-
quet, Guill. Debras, Jehan Moingne, *pour les reis.*

In hoc anno fuerunt jurati : Johan Panetier, Adam le

Carpentier, Johan Hornay, Jehan de Grivane, Jehan Adam, Henry Lenglois, Guiffroy Fourré alias cabaret. *Au Tresport :* Johan de Grantville, Jehan Masquefer, Pierres Cappeitte, Gilles Godren, Robert Marcheboc, Jehan Barbery, Robert Tardieu, Auber Coulombel, Robert Barbe, Jehan le Porquier, Jehan des Saux, Guillot Roussel, Robert le Pastieur. *A Eu :* Jehan Vymeu laneeur, Guy le Prevost, Jehan Pole, Jehan le Messier, Guill. de Vibray, Milon Waugié, Laurens Walopin, Pierres le Caron, Jehan Baudri fix Guill., Pierres Erneys, Jehan de Mingnon, Guill. de Terouane dit voi. *Au Tresport :* Gontier de Berneval, Jehan Harnas, Gillez Brebier, Robert de Verton, Romain Maugier, Nichole Tyotoy, Jehan le jone, Thomas le Gruier, Henry Jourdain, Guiffroy le Carpentier, Robert le Vaasseur, Jehan Goscelin, Engueren Pieferé, Jehan le Noir, Robert le Prevost, Henri le Pareeur, Jehan de Bouele, Pierres Lescot, Pierrez Tardieu clerc, Pierrez du Lortel, Jehan du Marchié ad chevaux, Robert Tardieu, Jehan Planchon, Robert Monneaux, Thomas Pesquier, Jehan Le Clerc, Pierrez Bourdon, Gautier Gallande, Thomas, de le Crois, Guillemin des Camps, Rogier le Morgant, Gilles le Marié, Jehan Castel, Jehan le Gros, Symon de Guerberoy, Jehan Plichon, Mahieu Lescot, Guill. Guerart, Adam le Cartier, Bertaut qui croit, Gautier de Moustier.

[F° 100 v°.] *In maioratu* Domini Petri Triquet fuerunt *scabini*, anno M° III^c XLIII° : Robert de Mares, Symon Coquet, Robert de Listeville, Jaquez Sarrasin, Raoul Raic, Jehan de Vymeu, Gautier Adam, Hue Roussel, Jehan d'Alenay, Raoul le Selier, Guill. de Listeville, Colart de Beauvès.

Consultores : Pierres Lorfevre, Martin Aubery, Guill. Sauson, Hue de Beauvès, Laurens Lyon, Ricart des Wés, Jehan de Rue, Jehan Visage, Jehan de Listeville, Bertremieu de Rue, Guill. Ansquetil, Ancel Jourdain, Raoul Daval, Symon Avril, Raoul des Wés, Guill. Lourdel, Guill. Maugier, Michiel Tardieu, Jehan Tardieu, Jehan Tardieu drapier, Jehan Flourens, Jehan Adam, Jehan du Marchié ad chevaux, Guiffroi Jebin, Jehan Guerart, Guill. Jebin.

Esquevins au Troisport pour le terre : Jehan d'Abeville, Robert de Preaux, Nichole Morin, Rogier de Preaux.

Item esquevins pour le mer : Jehan d'Avrenches, Guill. Debras.

Conseil au Troisport : Gontier le Sergent brasseur, Jehan d'Abeville dit crisnon, Bernart Piengnes vies, Gontier Debras, Guill. Debras.

Esquevins a Pont : Guill. Godin, Mahieu de Franleux, Guill. de Guerberoy, Johan Briquet.

Tresoriers a Eu : Martin Aubery, Hue de Beauvès, Guill. Sausson, Johan de Rue.

Gardes des clés : Hue de Beauvès, Symon Coquet.

Gardes des pains : Henry Remy, Jehan Lomné, Ambroise le Prevost, Jehan Demisot, Drouet du Fresne, Drouet de Saint Maischens, Guerout ad caperons, Robert Maillart, Jehan le Selier alias Lenglois, Guiffroi Rose, Jehan Tardieu, Adam le Vaasseur, Robert ad caperons.

Gardes des chervoises : Robert ad caperons, Jehan Gaillarde, Pierres le Selier, Jehan Tardieu sueur, Thomas Doudart, Gontier Le Blont, Pierres le Mareschal, Guerout ad caperons, Ancel Quevillon, Raoul Eustace.

Gardes des chars : Guill. Nichole, Guill. Maugier, Jehan le Saunier petit, Jehan Maugier.

Gardes des poissons : Jehan le Selier dit petit, Jehan Barnage, Rogier Blondel.

Gardes du menu venel devant le boucherie : Gosce le Roy, Robert ad caperons, Gautier Piau de waingnon.

Gardes du menu venel du bourc : Guiffroi le Barbier, Raoul Poil de lin, Guil. le Candelier, Nichole le Merchier.

Gardes des cuirs : Hue le Vaasseur, Colart le Vaasseur, Riquier de Sailly, Jehan de le Fosse, Ambroise le Prevost, Symon de Crasville, Henry du Quesnoy.

Gardes des sueurs de nuit : Rogier Tyebout, Enguerren le Checlier, Henry du Quesnoy.

Gardes des sereures : Gosse le Roy, Henry Chordieu.

[F° 101.] *Gardes des candeillez de sieut :* Laurens Poiletruie, Bernart le Candelier, Michiel Choporc, Raoul Poil de lin, Guill. Nichole.

Gardes des fourbeeurs : Henry Chordieu, Gosse le Roy.

Gardes de le chincherie : Symon de Gueuteville, Guerout ad caperons.

Gardes des tyeullez : Jehan le Plomnier, Pierres du Fossé.

Gardes des seliers : Guill. Lavenier, Jehan le Selier.

Gardes des pos d'estain : Jehan Poulet, Henry Chordieu.

Mesureur au cay.

Porteeurs du bougon sus les draps et pour seeler les : Guy Jourdain, Jehan Tardieu, Guill. de Courbery, Pierres Torel, Jehan Aubery le jone, Ancel Jourdain le jone.

Porteeurs du bougon sus les mestiers: Robert Lortillier, Hue d'Ausonneville, Thomas Senescal, Guill. Milles, Guiffroi Alain, Robert Beesus.

Cheux qui portent le bougon en le Cauchie : Jehan Hurel, Hue le Porquier, Gautier Frechon.

Jurati in illo anno : Jehan Faverel, Adam Le Vaasseur, Jehan Le Vaasseur, Jehan de Luchi, Robert de Douvrent, Jehan Ousguier, Gillez du Val, Guill. Pinel, Guill. Rosée. *Au Tresport :* Jehan Coaillé, Guerout Trubert, Pierres le Harenguier, Guill. Harnas, Rogier Canu, Jehan Elyes, Jehan Lengloys, Bertin Balen, Henry Cahot, Guillebert Maillart, Jehan de Beaurain, Jehan Viel, Bernart Goscelin, Mahieu le Dien, Henry le Dien, Colart le Monnier fix Hue, Gille le Prevost, Jehan Maugier, Jehan de Neville, Jehan Denel, Guill. de Monrival, Flouret Puilloys, Guill. de Faenche, Pierres Poiletruie, Jehan Leurier, Guiffroi de Sailly, Pierres Tardieu fix Pierres, Pierres du Lortel, Gontier du Hamel.

Officiers au Troisport : Henry Desmons, Bouliot, *sergans.*

Gardes du pain et de le chervoise : Guilbert du Quesnoy, Jehan Dufour dit Mauchaint, Jehan Aubelet le jone, Guiffroi le Checlier.

Gardes des chars cuitez et crues : Pierres Male derrée, Jouen d'abbeville.

Gardes des sueurs de nuit : Tassin du Quesnoy, Pierrot le Sueur.

Courratiers des vins : Roger Sauvile.

Compteeur de bos : Colin Ryote.

Crieur des vins : Laurens Sauville.

Vendeeur de nans : Jehan le Moigne aplegié par Guill. de Greges et par Nichole Osoul.

Gardes damagès sus la mer : Abraham Hurel, Jehan de le Mare, Laurens le Cordier, *pour cordes,* Gautier le

Gruier, Thomas Frape rue, *pour carpenterie,* Guillemot Fouquet, Jehan de le Mare, Jehan Moigne dit bourete, *pour les reis.*

[Fº 101 vº.] Lan de grace mil CCC. XLIII, en le mairie sire Pierrez Triquet, s'esmut debat entre les parecurs de le ville de Eu d'une part, et les tixerens du lieu d'autre, sus cheu que les dessus dis tixerens disoient que eux devoient parer les draps que eux tistront, et les estranges draps aussi que eux ne tistront mie. Les pareeurs disant le contrere par plusieurs resons, et sus cheu, par tout le conseil, l'en envoia' ad villes voisines, savoir : a Abeville et a Aubemalle, et fu trouvé et segnefié par lettres avequez plusieurs usages, que les tixerens des dites villes ne doivent parer, ne ne pareront en temps a venir, fors leurs propres draps, que eux tistront en leurs mesons, et non autres, ne ne pareront nul drap de ville estrange, que l'en leur aloue, fors les leurs propres, lequelle chose fu acordé a tenir et garder par maire et par esquevins, et par tout le conseil, l'an dessus dit, le jour saint Romain.

L'an dessus dit, le vendredy veille saint Laurens d'yver, Jehan de Vymeu lieutenant, en plain commun conseil et esquevinage, il fu dit et ordené que nul raspe ne demourera en cheste ville. Et se il vient a congnoissanche au maire et ad sergans de l'esquevinage, que il en y ait 1 ou plusieurs, il sera commandé a chil ou a cheux qui les aront, que dedens viij jours il le wident hors de le ville, et se il y est trouvé depuis le terme passé, l'en en fera le fous voler. Et n'aforera u dit hostel nul vin, tant que ledit raspe y soit, les viij jours durant ne après.

[Fº 102.] *In maioratu* Johannis de Vymeto fuerunt *scabini,* anno Mº CCCº XLIIIIº : Pierres Triquet, Raoul Raie, Guiffroy Jebin, Jehan de Rue, Hue de

Beauvès, Martin Aubery, Guill. Sausson, Pierres Lorfevre, Rogier Tourneveel, Jehan Guerart, Laurens Lion, Guill. Jebin.

Consultores : Gautier Adam, Robert de Mares, Jaques Sarrasin, Raoul le Selier, Symon Coquet, Robert de Listeville, Hue Roussel, Jehan d'Alenay, Guill. de Listeville, Colart de Beauvès, Ricart des Wés, Johan Visage, Jehan de Listeville, Bertremieu de Rue, Ancel Jourdain l'ainsné, Guill. Ansquetil, Raoul Daval, Raoul des Wés, Guill. Lourdel, Guill. Maugier, Michiel Tardieu, Jehan Tardieu, Jehan Tardieu drapier, Jehan Flourens, Johan Adam, Jehan du Marchié, Ancel Jourdain le jone, Henri Lorfevre.

Tresoriers : Gautier Adam, Colart de Beauvès, Robert de Listeville, Jaquez Sarrasin.

Conseil au Tresport : Robert de Preaux, Jehan d'Abeville, Nichole Morin, Rogier de Preaux.

Conseil pour le mer : Jehan d'Avrenches, Guill. Debras.

Esquevins au Tresport pour le terre : Gontier le Sergant Brasseur, Symon d'Abeville, Guill. Siret, Gontier le Sergant marcheant.

Esquevins au Tresport pour le mer : Enguerren Debras, Gontier Debras.

Esquevins a Pont : Jehan Vistel, Jehan de Beaurain, Guill. de Gerberoy, Jehan Briquet.

Gardes du pain : Henry du Quesnoy, Johan Lomné, Ambroise le Prevost, Drouet du Fresne, Guerout ad caperons, Robert Maillart, Jehan le Selier englois, Guiffroy Rose, Robert ad caperons, Ricart de le Cauchie, Gautier le Petit.

Gardes des chervoises : Robert ad caperons, Jehan Gaillarde, Pierres le Selier, Jehan Tardieu drapier,

Thomas Doudart, Gontier le Blont, Pierres le Mareschal, Guerout ad caperons, Ancel Quevillon.

Gardes des chars : Guill. Nichole, Guill. Maugier, Jehan Maugier, Jehan le Saunier petit.

Gardes des poissons : Guiffroy le Barbier, Jehan Barnage, Rogier Blondel.

Gardes des cuirs : Hue le Vaasseur, Colart le Vaasseur, Enguerren Boulon, Riquier de Sailly, Jehan de le Fosse, Ambroise le Prevost, Symon de Crasville, Henry du Quesnoy.

Gardes des sueurs de nuit : Rogier Tyebout, Enguerren le Checlier, Henry du Quesnoy.

Gardes du menu venel de le boucherie : Gosce le Roy, G. Pel de gaingnon, Robert ad caperons.

Gardes du menu venel du bourc : Guiffroy le Barbier, Raoul Peudelin, Guill. le Candelier, Nichole le Merchier.

Gardes des sereureʒ : Gosce le Roy, Henry Chordieu.

Gardes des candeilles : Laurens Poiletruie, Bernart le Candelier, Michiel Choporc, Guill. Nichole.

Gardes de fourbeurs : Henry Chordieu, Gosce le Roy.

[Fº 102 vº.] *Gardes de le chincherie :* Symon de Gueuteville, Guerout ad caperons.

Gardes des tyeules : Pierres du Fossé, Jehan le Plomnier.

Gardes des seliers : Guill. Lavenier, Johan le Selier.

Gardes des pos d'estain : Henry Chordieu, Jehan Poulet.

Gardes et porteeurs du boulon sus les draps et pour seeler les : Guy Jourdain, Jehan Tardieu, Guill. de Courbery, Pierres Torel, Jehan Aubery le jone, Jehan Aubery l'ainsné.

Porteeurs du bouion sus les mestiers : Robert Lortillier, Hue d'Aussonville, Thomas Senescal, Guill. Miles, Guiffroy Alain, Robert Becsus.

Porteeurs du bouion en le Cauchie : Jehan Hurel, Hue le Porquier, Gautier Frechon, Symon le Messier.

Mesureur du carbon : Raoul le Gruier.

Courratiers et anneeurs des draps : Jehan Tardieu, Raoul Petit boen, Guill. le Gros, Raoul Ausguier.

Vendeeur des nans : Robert Damende.

Conteeur du bos : Pierres Havet.

Courratiers du vin : Johan de Crasville, Guill. Legros.

Jurati in isto anno : Gillot Aubelet, Perrot d'Augmesnil, Colart de Beauvès le jone, Colart de Bouberche, Pierres Acart, Jehan Vassal, Laurens le Fevre, Jehan Roussel de Herencourt, Maugier Avril, Enguerren le Roy du Tresport, Jehan le Huchier dit de Bouteillez, Jehan de Cumont. *Au Tresport :* Hauviere dy criuc, Guill. Poitevin, Guill. de la Prée, Jehan le Borgne, Guilbert Voisin, Hue Tardieu, Pierres Putevaine, Robert Byden, Henry Gillest, Pierres Herneys, Colart Postel, Johan du Castel, Michaut Guerart, Pierres le Blont, Pierres Postel, Symon Nichole, Evrart Ausguier, Guill. Ray, Gautier Piefere. *Jurés au Tresport :* Nichole Haingues, Guill. Tripotel, Jehanin le Peletier, Ricart Tardieu, Henri Tardieu, Guill. Lefebvre.

Jehan Putevaine messier en le Cauchie apelegié par Hue le Vaasseur et Guill. le Vastel.

[F° 103.] En chest an, le diemenche avant la feste Notre Dame en septembre, l'an XLIIII, Guiffroy le jone d'Aut fist amende li xiij^e de hommes nus chiés nus piés devant tous, et bailla c. s. t. Ci fu pour avoir batu Robert Monneaux d'Aut juré de Eu.

Item ychely jour, après chen dessus dit fait, Adam d'Estren auquel le ville avoit esté denée par le sergant, pour malefachon faite au fix Jehan ad dens garde de le porte du Tresport, vint en l'esquevinage tout vestu, sans compaingnie. Et pour che que il ne fist mie son devoir de x hommes, amener et d'aporter c. s. en quoi il estoit adiugié pour le dit meffet, il fut mis en beguygnete, et après chen, il fut bany par jugement de tous.

Il fu acordé en plain conseil l'an de grace mil IIIᶜ XLIIII, le samedy veille saint Martin d'esté, que de toutes marcheandises venans par mer au Troisport, de quelconques estat il soient exepté poissons, il en vendra les ij pars a Eu pour illucques demourer, et le tierche partie demourera au Tresport. A chen furent presens les esquevins vieux et nouveaux du Tresport.

En chest an mil IIIᶜ XLIIII, le mardy après la saint Denys, après chen que Oudart d'Aubegny fourrier de monsgʳ le connestable eut voulut rescourre a Robert Poiletruie, sergant du maire, nans que le dit Robert vouloit prendre en le meson Gautier Dufour, du commandement du maire et des esquevins, le vendredy presedent, et le dit Oudart se fus. dolut que en che fesant le dit Robert l'avoit feru d'une paiele des dis nans et chen passé, le dyemencheu enssuivant, le dit maire et grant foison des esquevins et du conseil alerent au Parc (1) saluer monsgʳ le connestable qui estoit venus nouvellement

---

(1) Depuis l'établissement de la commune, les comtes d'Eu avaient abandonné leur donjon près de l'église Notre-Dame et habitaient dans le vallon qui descend de Mancheville à Flamengeville, le château du Parc. C'est de là qu'ils datèrent leurs chartes jusqu'à la construction du château de Monchaux par Charles d'Artois. (Voir *Cartulaire de Notre-Dame,* fᵒˢ 47, 48. *Cartulaire du Tréport,* édit. de Kermaignant, p. 148, 207, 208, 262, 302.)

et en revenant d'ilucques environ le gardin des Aires, le dit Oudart vint malicieusement et fery le dit Robert en le presance du maire et des dessus nommés d'un baston sus l'espaulle, lequelle chose ainssi faite fu monstrée audit monsg^r le connestable et a ses gens. Et après fut dit de monsg^r le connestable que le dit Robert l'amenderoit a monsg^r e l'amende le dit monsg^r quitoit en tout. Et eussement aussi feroit le dit Oudart amende au dit maire et esquevins. Les quiex quitteroient aussi au dit Oudart la dicte amende. Et ainssi fu fait en l'esquevinage, en presence du maire et grant foison des esquevins. Et vint le dit Oudart qui l'amenda en le presence de Guill. Savary, bailli de la forest, Jehan d'Angelies, Jehan de Bouteillez, Colinet Sanay et plusieurs autres.

[F° 103 v°.] *Jugement par menestereux pour cloture et gouttière entre deux maisons.*

[F° 104.] *In maioratu* Domini Hugonis de Belvaco, anno Domini M° CCC° XLV°, fuerunt *scabini :* Johannes de Vymeu, Raoul Raie, Guill. Sauson, Gautier Adam, Colart de Beauvèz, Robert de Listeville, Jaquez Sarrasin, Symon Coquet, Hue Roussel, Jehan d'Alenay, Johan Adam, Guill. de Listeville.

Consultores : Pierres Triquet, Pierres Lorfevre, Guiffray Jebin, Jehan de Rue, Rogier Tourneveel, Martin Aubery, Jehan Guerart, Laurens Lyon, Guill. Jebin, Robert de Mares, Raoul le Selier, Jehan Visage, Jehan de Listeville, Bernart de Rue, Ancel Jourdain l'ainsné, Guill. Ausquetil, Raoul Daval, Raoul des Wés, Guill. Lourdel, Guill. Maugier, Michiel Tardieu, Jehan Tardieu, Jehan Tardieu drapier, Jehan Flourens, Jehan du Marchié, Ancel Jourdain le jone, Henry Lorfevre.

Tresoriers a Eu : Jehan Guerart, Jehan de Rue,

Guill. Jebin, Raoul le Selier. Jehan Guerart a les clés des boistez. Jaquez Sarrasin, Hue Roussel ont les clés des chartrez.

Advocas : Jehan de le Berquerie par iiij l. t., Col. du Quesnoy c. s., Henry de Goussouville c. s., Gosce du Til c. s.

Conseil au Tresport : Guill. Siret, Symon d'Abeville, Gontier le Sergant marcheant, Gontier Debras.

Sergans a Eu : Robert Anno, Jehan Lambert.

Esquevins a Pont : Guill. de Gerberoy, Jehan Briquet, Guill. Godin, Enguerren de Frauleux.

Sergant a Pont : Colin le Petit.

Gardes des pains : Jehan de Lespine, Robert ad caperons, Gueroult ad caperons, Jehan du Tilloy, Jehan Coarré barbier, Johan Tardieu sueur, Ambroise le Prevost, Ricart de le Cauchie, Guiffroi Rose, Drouet du Fresne, Jehan le Boulenguier.

Gardes des chervoisez : Guerout ad caperons, Ricart de le Cauchie, Guiffroi le Barbier, Jehan Tardieu, Jehan Carré, Pierres le Mareschal, Jehan Maton, Robert ad caperons, Jaquot de Beaulevrier.

Gardes des chars : Guill. Nichole, Guill. Maugier, Colart Poiletruie, Guerout Walen.

Gardes des poissons : Guiffroi le Barbier, Pierres le Mareschal, Colart le Drogué.

Compteeur de bos : Raoul Faverel.

Mesureeur de carbon : Raoul le Gruier.

Gardes des cuirs : Enguerem Boulon, Jehan de le Fosse, Ambroise le Prevost, Guill. de Mauny, Jehan Roussel, Jehan Tardieu.

Vendeeur de namps : Colart le Prisié plegié par Colart de Beauvez, Guerout le Sauvage, Guill. de S. Ouen et Watier le Prisié.

Courratiers des vins e d'avoir de pois : Jehan de Crasville, Guill. le Gros.

Courratiers de draps : Raoul Petit bon, Colart le Prestre, Jean Tardieu drapier, Raoul Ousguier.

[F° 104 v°.] *Gardes des sueurs de nuit :* Rogier Tyebout, Enguerrem le Checlier, Henry Lasnier.

Gardes du menu venel devant le boucherie : Gosce le Roy, G. Piau de waingnon, Robert ad caperons.

Gardes du menu venel du bourc : Guiffroi le Barbier, Guiffroi Fourré, Raoul Peudelin, Jehan Coarré.

Gardeʒ des sereures : Gosce le Roy, Henry Chordieu.

Gardes des candeilles : Jehan le Candelier, Colin Choporc, Gueroudet Bourgois, Laurens Poiletruie.

Gardes des fourbeurs : Henry Chordieu, Gosce le Roy.

Gardes dè le chincherie : Symon de Gueuteville, Guerout ad caperons.

Gardes des tyeulleʒ : Jehan le Plomnier, Pierres du Fossé.

Gardes des seliers : Pierres le Selier, Guill. Lavenier.

Gardes des pos d'estain : Henry Chordieu, Jehan Poulet.

Gardeʒ et porteeurs du bouion sus les draps et pour seeller les : Jehan d'Aussonneville et gardera le seel, Aubaret de Beauvez, Robert Lortillier, Henriot Jourdain, Thomas Senescal, Jehan Guillot.

Porteeurs du bouion sus les mestiers et pour compter leʒ fils : Hue d'Aussonneville, Guill. de Courbery, Guy Jourdain, Johanin le Gros, Henry le Flament, Pierres le Marquant.

Porteeurs du bouion en le Cauchie : Hue le Porquier, Jehan Hurel, Symon le Messier, Gautier Frechon.

Les voites : Jehan Dauffin, le beffray ; Havet, le Cau-
chie ; Masset à St Pierres ; Jehan le Gruier, le Machue ;
Jehan d'Aut, le Tainture ; Robert Torquetil, saint
Johan ; Climent Couillette, saint Jaque.

Jurati : Nichole Morin coutepointier ; Robert le
Deen, Jehan Ligier, Pierres de dessus l'eaue, Jehan Poil
de cherf, Symon de hors le ville, Jehan Bernart, Guille-
bert le Roux, Guerart Tilleren, Guerout Bourgois, Vin-
chent Papin, Aleaume de le Bretaingne, Bertin Pate-
notre, Jehan le Jumel, Colart le Drogué. *Au Tresport :*
Pierres Desert, Gontier du Fouyer, Guill. Sanrroy,
Jehan Canu, Colin Labbé, Jehan Franchomme, En-
gueren Turgis, Robert Mulet, Jehan d'Abeville, Guill.
Balen, Jehan Frape rue, Jehanin Lagot, Robert le
Praer, Pierres Vistel, Jehan Dehors, Bertin le Rat,
Jehan le Pippeeur, Jehan le Petit, Gautier de Boussey,
Mahiet Troude, Ricart Salvain, Ancel Leclerc, Johan
Lagot, Roger de le Falese, Ernoul le Francheis, Gon-
tier Maton alias Cotrel, Rogier Couya, Jehan Boulachet
dit M...

[F^o 105.] *In maioratu* Domini Radulphi Raye, anno
XLVI, fuerunt *scabini :* Hue de Beauvès, Jehan de Rue,
Guill. Sauson, Pierres Lorfevre, Pierres Triquet, Rogier
Tourneveel, Jehan Guerart, Guille Jebin, Raoul le
Selier, Guiffray Jebin, Laurens Lyon, Bertaut de Rue.

Conseil : Johan de Vymeu, Gautier Adam, Robert de
Listeville, Jehan d'Alenay, Guille de Listeville, Jaques
Sarrasin, Symon Coquet, Colart de Beauvès, Johan
Adam, Hue Roussel, Martin Aubery, Jehan Visage,
Jehan de Listeville, Ansso Jourdain l'ainsné, Guill.
Ausquetil, Raoul des Wés, Guille Maugier, Jehan Tar-
dieu drapier, Jehan Tardieu de Flamengueville, Jehan

Flourens, Jehan du Marchié, Guille Lourdel, Henry Lorfevre, Ancel Jourdain le jone, Philippe de Saint Ouen, Guill. de Courbery, Jehan Roussel.

Esquevins au Tresport de le terre : Gontier le Sergant brasseur, Symon d'Albeville, Guill. Siret, Jehan d'Albeville crisnon.

Esquevins de le mer : Enguerrem Debras, Gontier Debras.

Conseil du Tresport : Robert de Preaux, Johan d'Abeville l'ainsné, Nichole Morin, Johan Croquet, Jehan d'Avrenches, Guille Debras.

Esquevins a Pont : Johan de Beaurain, Laurens le Vaasseur, Guille de Gerberoy, Johan Briquet.

Tresoriers : Symon Coquet, Gautier Adam, Robert de Listeville, Colart de Beauvès.

Gardes des clefs : Robert de Listeville, Martin Aubery, Jaques Sarrasin.

Advocas : Henry de Goussoville, Gosce du Til, Jehan de le Berquerie, Colart du Quesnoy.

Gardes des pains : Jehan de Lespine, Guerout ad caperons, Jehan Tardieu sueur, Ambroise le Prevost, Pierres Vassal, Jehan le Boulenger, Drouet du Fresne, Guiffroy Rose, Climent Demisot, Jehan Gaillarde, Robert Maillart.

Gardes des chervoises : Guerart ad caperons, Jehan Tardieu sueur, Jehan Maton, Alain Baudry, Guy Jourdain, Jehan Daval, Enguerran Boulon, Guille de Mauny, Raoul Quaintin.

Gardes des chars cuitez et crues : Guill. Maugier, Guerout Walen, Guille Nichole, Jehan Maugier.

Gardes des cuirs : Enguerren Boulon, Jehan Tardieu sueur, Ambroise Prevost, Symon de Casville, Jehan de le Fosse, Symon Maille.

Gardes des sueurs de nuit : Rogier Gial, Henry Lasnier, Enguerren le...

Vendeeurs des nans : Guiffroy de Rue et plegié par Guille le Cortillier et Guiffroy le Vendeeur.

[Fº 105 vº.] *Gardes des poissons :* Ancel Becquetrate, Rogier Blondel, Rogier Tyebout.

Gardeʒ du menu venel du bourc : Raoul Peudelin, Jehan Lenglois, Guille Lavenier.

Gardes du menu venel devant le boucherie : Gosce le Roy, Jehan Baudry, Guerout Bourgois.

Gardes des candeilleʒ : Jehan Goscelin dit candelier, Colin Choporc, Guerout Bourgois, Laurens Poiletruie.

Gardes dès sereureʒ : Gosce le Roy, Henry Chordieu.

Gardes des fourbeeurs : Gosce le Roy, Henry Chordieu.

Gardes de le chincherie : Guerout ad caperons, Symon de Gueudeville.

Gardes des tyeuleʒ : Pierres du Fossé, Jehan le Plomnier.

Gardes des seliers : Pierres le Selier, Guille Lavenier.

Gardes des pos d'estain : Jehan Poulet, Henry Chordieu.

Gardes des parmentiers : Guerout ad caperons, Michaut Leleu, Robert Maillart.

Gardes des porteurs du bouion sus les draps : Johan d'Aussonneville, Aubaret de Beauvez, Robert Lortillier, Henry Jourdain, Thomas Senescal, Jehan Guillot.

Porteeurs du bouion sus les mestiers et conter les fils : Hue d'Aussonneville, Guille de Courberi, Guy Jourdain, Jehan le Gros, Henry le Flament, Pierres le Marcheant.

Porteurs du bouion en le Cauchie : Hue le Porquier, Johan Hurel, Symon le Messier, Gautier Frechon.

Courratiers des draps : Raoul Petit bon, Colinet de Beauvès, Jehan Tardieu, Colart le Prestre.

Courratiers des vins : Jehan de Crasville, Guille le Gros.

Mesureur des carbons : Raoul le Gruier.

Compteur du bos : Ricart Plaincoste.

Mesureur de carbon : Jehan Maton.

Voytez : Robert Guerart maistre.

Messiers : pour saint Johan Robert Adam dit laubery, pleges Guiffroy Jebin et Gautier Adam.

Messiers : pour le Cauchie Johan Duval, pleges Bertin le Porquier et Jehan le Cordier.

Jurati in esto anno XLVI : Guille Couillette, Symon Putevaine, Henri Vassal, Jehan le Lonc, Colart du Fossé, Jehan Waleron, Jehan le Potier, Jehan des Quesnois, Robert le Vallet, Guille Carbonnel, Guille de Pinchefalize. *Au Tresport, jurati :* Alexandre Mabille, Jehan Lecot, Guille Valuel, Colin le Picart, Jehan Lieu, Jehan Maaille, Fouquet Cahot, Ambroise Wales. Guille Cavart fix Renier, Jehan Panetier le jone, Ricart Havet, Pierres de le Couture, Jehannin Caizeot fix Regnier, Hamon Doré, Ricart du Mont Huon, Jehan du Marchié ad chevaux le jone dit marquié.

[Fº 106.] L'an de grace mil CCC. XLVI, le jeudy après feste saint Remy, Raoul Raye maire de Eu, fu apportée en plain esquevinage une supplication par Colart le Barbieur, qui contenoit que debat estoit entre li et Johanne sa fame, a cauze d'ichelle d'une part, et Johanne de saint Johan suer de la fame dudit Colart d'autre, sus les parties des biens mueblez qui a ditez famez pooit appartenir, si comme eux disoient, de la succession et descheute de Guille de saint Johan, jadis frere des dictes suers. En la parfin se acorderent que il seroit sceu par l'usage de l'esquevinage de Eu, assavoir comment l'en en a usé en temps passé, et que eux se acordoient a tenir chen

que trouvé en seroit, ou chen que dit en seroit, u jugement des eschevins du lieu et u conseil. Pourquoy et u
conseil sur cen ad sagez, il fu trouvé, sus le cas dessus
dit, que tous meublez estans en le banlieue de Eu se
partent entre les suers aussi comme heritage, de quoy
l'ainsnée choisira aussi comme de heritage, et en cheste
maniere se partiront les muebles houstieux au temps a
venir.

[F° 106 v°.] *In maioratu* GUILLELMI SAUSSON, anno
XLVII, fuerunt *scabini :* Raoul Raye, Jehan de Vymeu,
Hue de Beauvez, Colart de Beauvès, Gautier Adam,
Robert de Listeville, Symon Coquet, Hue Roussel,
Guille de Listeville, Johan Adam, Guille Ausquetil.
Jehan d'Alenay.

Conseil : Pierres Triquet, Guiffroy Jobin, Johan de
Rue, Guille Jobin, Rogier Tournevcel, Bertaut de Rue,
Martin Aubery, Jehan Visage, Jehan de Listeville,
Ancel Jourdain l'ainsné. Raoul des Wez, Guill. Mau-
gier, Jehan Tardieu drapier, Jehan Tardieu de hors,
Jehan du Marchié, Guille Lourdel, Jehan Roussel,
Henry Lorfevre, Jehan Guerart, Ancel Jourdain le jone,
Philippe de Saint-Ouen, Guille de Courbery, Jaques
Sarrasin, Raoul le Selier.

Eschevins au Tresport pour le terre : Robert de
Preaux, Rogier de Preaux, Jehan d'Abeville, Nichole
Morin; *pour le mer :* Jehan d'Avrenches, Guille Debras.

Conseil au Tresport pour le terre : Gontier le Sergant
brasseur, Symon d'Abeville, Guille Siret, Jehan d'Abeville crisnon ; *pour le mer :* Enguerren Debras, Gontier
Debras.

Eschevins a Pont : Guille Loir, Guille Godin, Laurens le Vaasseur, Guille de Gerberoy.

Tresoriers : Jehan de Rue, Jaques Sarrasin, Raoul le Selier, Laurens Lyon.

Gardes des pains : Jehan de Lespine, Guerout ad caperons, Jehan Tardieu sueur, Ambroise le Prevost, Pierres Vassal, Jehan le Boulenger, Drouet du Fresne, Guiffroy Rose, Climent Demisot, Pierres le Selier, Robert Maillart.

Gardes des chervoises : Guerout ad caperons, Jehan Maton, Jehan Tardieu sueur, Alain Baudri, Guy Jourdain, Jehan Daval, Enguerren Boulon, Guill. de Mauny, Raoul Quaintin.

Gardes des chars : Guill. Maugier, Guerout Walen, Guille Nichole, Jehan Maugier.

Gardes des cuirs : Enguerrem Boulon, Jehan Tardieu, Ambroise le Prevost, Jehan de le Fosse, Symon Coaille, Symon de Crasville.

Gardez des poissons : Rogier Blondel, Rogier Tyebout.

Gardes des sueurs de nuit : Rogier Tyehout, Henry Maugendre, Huet Tardieu.

Gardez du menu venel du bourc : Raoul Peudelin, Guiffroy le Barbier, Pierres le Prevost.

Gardes du menu venel devant le boucherie : Gosce le Roy, Guerout Bourgois, Jehan Baudry.

Gardes des candeillez : Pierres Poiletruie, Laurens Poiletruie, Guerout Bourgois.

[Fº 107.] *Gardes des sereures* : Gosce le Roy, Henry le Sereurier.

Gardes des fourbeeurs : Gosce le Roy, Henry le Sereurier.

Gardes des chinchiers : Guerout ad caperons, Symon de Gueuteville.

Gardes des tyeulles : Jehan le Plomnier, Pierres du Fossé.

Gardes des seliers : Pierres le Selier, Guille Lavenier.

Gardes des pos d'estain : Jehan Poulet, Henry le Sereurier.

Gardes des parmentiers : Guerout ad caperons, Michiel Leleu, Robert Maillart.

Gardes et porteurs du bouion sus le₃ draps : Jehan d'Ausonneville, Robert Lortillier, Henry Jourdain, Aubaret de Beauvez, Henry le Cauchois, Jehan Aubery le jone.

Gardes et porteurs du bouion sus les mestiers et compteurs des fils : Hue d'Ausonneville, Guille de Courbery, Guy Jourdain, Henry le Flamenc, Pierres le Marcheant, Jehanin le Gros.

Gardes et porteurs du bouion en le Cauchie : Hue le Porquier, Jehan Hurel, Symon le Messier, Gautier Frechon.

Vendeurs de namps : Guiffroy de Rue aplegié par Guill. le Courtillier et Guiffroy Bauduin.

Courratiers des draps : Raoul Ousguier, Colinet de Beauvès, Robinet de Beauvès, Jehan Tardieu.

Courratiers des vins : Bernart le Barbier, Guillemot le Gros.

Conteur de bos : Ricart Plaincoste.

Mesureur des carbons : Jehan Maton.

Voytes : Robert Guerart maistre. Perrot dessus l'eaue pour le Cauchie; Jehan d'Aut, Havet le Tainture; Guillot le Gros S. Pierres; Robert Torquetil pour S. Jehan; Thomas le Gruier S. Jaque.

Jehan Putevaine, *messier* de le Caucherie, plegié Jehan le Candelier et Guill. Lainsné; Laubain *messier* de S. Johan, plegié par Gautier Adam, Guille le Fevre et Jehan Roussel.

Officiers au Tresport :
Sergans : Duquet, Guille de S. Ouen.

Gardez des pains et des chervoises : Jehan Monissart, Robert Fessart, Guill. Garet, Pierres Tardieu fix Eustace.

Gardes des chars : Adam Croquet, Pierres Malederrée.

Guill. Cardon, *compteur de bos.*

Jehan Cardon, *couratier.*

Jehan Aubelet, *vendeur des nans.*

Laurens Sauville, *couratier de vins et d'autres choses.*

Priseeurs de cordes : Jehan de le Marc, Laurens le Cordier, Guilbert Fauquet.

Gardes de carpenterie : Thomas Fraperue, Gautier le Gruier, Guilbert Fauquet, Ricart Pate.

Gardes des rois et prisées : Guilbert Fauquet, Jehan de le Marc, Jehan Moingne bourette.

Gardes des sueurs de nuit et des cuirs : Pierres Tardieu sueur, Aleaumet Godefroy.

Jurati isto anno : Martin de Listeville, Gautier Bigot, Laurens de Crieil fix Amant, Estienne Douel. *Jurés au Tresport :* Henry Bernart, Cardot Maton, Martin Malapris, Jehan Bonnet, Thomas de S. Riquier, Robert Bataille le jone, Pierres Lombart dit basin, Jaquez Gronier, Robert Bataille l'ainsné, Aleaume Godefroy, Colin Binage, Andrieu Hubert, Colin Brillart, Michiel Harnas dit polis, Andrieu de Port, Jehan Pouchet le jone, Jehan Baillieu, Jehan Lombart, Ricard Dandioque, Raoul le Préé, Robert le Caron du Tresport gendre Adam Douel, Guy le Jumel, Laurens de le Mote, Henry le Lonc, Guiffroy Torquetil, Gautier Lebret, Gillot Foudé, Guill. du Tilloy, Gautier le Saunier, Jehan Canart, Adam de Crasville, Jehan Faidel, Denys Quaintin, Guill. le Picart du Tresport, Jehan Godesbaux, Jehan Noel, Jehan Lenglois fix Jehan, Guill. Leullier fix Hyenart.

[F° 107 v°.] *Copie.* Eddward par la grace de Dieu Roys de France et d'Engleterre et seigneur d'Irlande. A tous nos subgés, ministrez et foiaulx qui chestez lettrez verront salut. Savoir vous faisons que nous avons donné et otroié au conte de Eu connestable de France notre prisonnier pati et souffrance de guerre pour toutez les terrez de luy et de sa mère en Normandie, Poitou, Xanctonge et ailleurs par tout le Royaume de France, hors prise le conté de Guynes, a durer tanquez a la feste de Pasquez prochainz avennant. Si vous mandons et chargeons que meesmez le pati et souffrance faites tenir garder fermemement tant comme a nous attient, sans riens faire ou venir a l'encontre par quelconques maniere. En tesmoingnance de quen chose nous avons fait faire cestez lettrez pattentes. Donné sous notre privé scal, à Caleis le xxviijᵉ jour d'aoust l'an de notre regne de France oictisme, et d'Engleterre vintisme premier.

[F° 15o v°.] Le copie de le lettre que nous avons pour le cause de Guill. Bourgois et des autrez clercs de se condiction.

A tous ceulz qui ces lettrez verront ou orront Guill. le Cauf, bailli de Eu, salut.

Comme descort fust meu entre le maire et les eschevins de le ville de Eu d'une part, et Guill. Bourgois soi disant estre clerc d'autre, sus chen que les dis maire et eschevins avoient fait justichier par leur sergant a leur droit si comme il disoient le dit Guill. pour certains arrerages qui deus leur estoient, a cause des taillez et faisances de le dicte ville, a lequelle justiche ledit Guill. s'estoit opposés, et avoit rescoup ses namps a cri de haro, et pour cheu avoit esté la chose contentieuse en nostre main comme en main souverainne, et sus chen les dictez parties avoient procedé par devant nous es assise de Eu, et s'en estoient

204

sousmis lesdictez parties en l'ordenanche de mon tres cher
et redoubté seigneur monsg^r le conte de Eu et de Guygnez
connestable de Franche, a tenir tout chen qui par mon
dit seigneur en seroit ordené. Sachent tous que oy les dis
maire et eschevins en tout chen que eux voudrent dire,
requerans que eux fussent restablis des dis namps, ou
estre paiés de chen pourquoy la dicte justiche avoit esté
faite. Et aussi oy le dit Guill. en tout chen que il vout
baillier par escript et dire, dit fu que l'execution de le
taille que le dit Guill. pourroit devoir du temps passé et
de cheste année presente seroit faite par les sergans de
mon dit seigneur. Et pour les deniers es temps a venir,
les dis maire et eschevins porront faire justiche et execution de le taille en la maniere que il l'ont acoustumé a
faire sur le dit Guill. et sus chex de la commune de sa
condiction. A chen presentez les parties qui n'y mistrent
nul debat. Donné a Eu le jeudy avant les brandons, l'an
de grace mil CCC quarante sept, sous le seel de la dicte
baillie.

[F° 108.] *In maioratu* RADULPHI RAYE, anno M° CCC°
XLVIII°, fuerunt *scabini :* Guill. Sampson, Pierres Tri-
quet, Robert de Listeville, Jehan de Rue, Martin Aubery,
Guill. Jebin, Jaquez Sarrasin, Guiffroy Jebin, Bertaut de
Rue, Johan Roussel, Raoul des Wez, Laurens Lyon.

Conseil : Jehan de Vymeu, Hue de Beauvez, Gautier
Adam, Symon Coquet, Hue Roussel, Guill. de Liste-
ville, Jehan Adam, Guille Ausquetil, Jehan d'Alenay,
Jehan Visage, Jehan de Listeville, Ancel Jourdain
l'ainsné, Guill. Maugier, Johan Tardieu drapier, Johan
Tardieu de dehors, Johan du Marchié, Guill. Lourdel,
Henry Lorfevre, Ancel Jourdain le jone, Philippe de
S. Ouen, Guill. de Courbery, Raoul le Selier, Jehan de
le Fosse, Johan le Noir.

Eschevins au Tresport : Gontier le Sergant brasseur, Symon d'Albeville, Guille Siret, Jehan Croquet, Guilbert Fauquet, Henry Labbé.

Conseil au Tresport, pour le terre : Robert de Preaux, Rogier de Preaux, Jehan d'Albeville, Nichole Morin; *pour le mer* : Gontier Debras.

Eschevins a Pont : Jehan Briquet, Raoul Briquet, Guille Loir, Laurens le Vaaseur.

Clerc : Victoret.

Sergans : Robert Anno, Robert le Vasseur, Gueroudet Bourgois.

Gardes des pains a Eu : (Guerout ad Caperons), Jehan Tardieu sueur (Jehan de Lespine), Ambroise le Prevost, Pierres Vassal, Rogier Tyebout, Andrieu du Fresne, Guiffroi Rose, Jehan Baudry.

Gardes des chervoises : (Guerout ad caperons), (Jehan Maton), Jehan Tardieu, Pierres le Selier, Gautier le Brasseeur, Alain Baudry, Guy Jourdain, Jehan Daval, Enguerrem Boulon, (Ancel Quevillon), Pierres le Mareschal, Jehan qui tout set.

Gardes des cuirs : Symon de Crasville, Jehan Douel l'ainsné, Enguerrem Boulon, Colin Maillefesse, Jehan Tardieu du bourc, Pierres le Prevost.

Gardes des poissons : Guiffroy de Rue, Rogier Blondel, Gillot Aubelet.

Gardes des sueurs de nuit : Rogier Tyebout, Henry Maugendre, Huet Tardieu.

Gardes du menu venel du bourc : Raoul Peudelin, Pierres le Prevost, Pierres le Mareschal.

Gardes du menu venel devant le boucherie : Guerout Bourgois, Gosce le Roy, Jehan Baudry.

Gardes des candeillez : Pierres Poiletruie, Laurens Poiletruie, Guerout Bourgois.

Gardes des sereures : Gosce le Roy, Henry Chordieu.

[F° 108 v°.] *Gardes fourbeeurs :* Gosce le Roy, Henry Chordieu.

Gardes des chinchiers : Guerout ad caperons, Symon de Gueuteville.

Gardes des thyeulleʒ : Jehan le Plommier, Pierres Corbel, Pierres du Fossé.

Gardes des seliers : Pierres le Selier, Guill. Lavenier.

Gardes des pos d'estain : Jehan Poulet, Henry le Sereurier.

Gardes des parmentiers : Guerout ad caperons, Michaux Leleu, Robert Maillart.

Gardes et porteeurs du bouion sus les draps : Robert Lortillier, Jehan d'Aussauleville, Henry Jourdain, Aubar de Beauvès, Jehan Aubery l'ainsné, Henry le Cauchois, Jehan Aubery le jone.

Gardes et porteurs du bouion sus les mestiers : Hue d'Aussonneville, Guille Courbery le jone, Guy Jourdain, Henry le Flamenc, Pierres le Marcheant, Jehan le Gros.

Gardeʒ des porteeurs du bouion en le Cauchie : Hue le Porquier, Jehan Hurel, Gautier Frechon, Symon le Messier.

Vendeeurs de namps : Guille de Rue aplegié par Guille Le Cortillier, Jean de Rue.

Courratiers de draps : Raoul le Gruier, Colin de Beauvès, Raoul Petit boen, Jehan Tardieu.

Courratiers des vins : Guy le Gros (Bernart le Barrier mort), Jehan Tourneveel.

Mesureeur du carbon : Jehan Maton et fera l'office de luy, se il en veut possesser.

Compteeur de bos : Richart Plaincoste.

Voytes : Robert Guerart maistre (Havet pour le Tainture), Robert Tourquetil pour saint Johan, Robert Cucu pour saint Pierres, Laurens de le Mote pour le Machue, Adam Hasles, Jehan le Clerc pour le Cauchie, Fremin de le Couture pour saint Jaque.

Tresoriers : Gautier Adam, Jehan Adam, Symon Coquet, Guille de Listeville.

Clerc : Victoret. *Sergans* : Robert anno, Robert le Vaaseur, Gueroudet Bourgois.

Conseil : Henry de Goussauville, Gosce du Til, Guille Despinay.

Gardes du pain et des chervoises au Tresport : Jehan Monischart, Robert Loutrel, Gillet Sainroy, Guill. Garet.

Gardes des chars : Adam Croquet, Pierres Male derrée.

Compteur du bos : Guill. Cardon.

Courratier : Johan Cardon.

Vendeur de namps.

Crieur : Laurens Sauville.

Priseeurs de cordeʒ : Jehan de le Mare, Laurens le Cordier, Guilbert Hoart.

Cardes de carpenterie : Symon Fraperue, Gautier le Gruier, Guilbert Hoart, Ricart Pate.

Gardes des reys et priseeurs : Nichole Bataille, Jehan de le Mare, Vinchent Funen.

Gardes des sueurs de nuit : Pierres Tardieu sueur, Aleaumet Godeffroy.

Jurati isto anno : Bertaut de le Porte, Jehan Gripon, Jehan Belye, Jehan Mainart, Jehan de Paris fix de S. Martin, Jehan Morel, Jehan Aubin, Jehan le Creux, Rober de Pynche falise, Laurens Loysel, Laurens Elyes, Jehan de Crieil. *Au Tresport* : Thomas de le Mare, Jehan le Grant le jone, Pierres Cossin, Robert le Gruier, Jehan Gasqueré le jone, Rogier Tardieu, Pierres Potée, Jehan Tripotel, Jehan Petit leu, Jehan Abraham, Eus-tace Maton saunier, Robert Doulliens, Bertin Maunory, Jehan d'Estallonde, Michiel d'Estallonde, Raoul le Villain, Ricart de Romain, Guill. Croquet, Guill. Quesnel, Henry Corbel, Pierres le Selier fix Ricart, Ricart Aubry, Guill. Tourneveel fix Mahieu, Guill. le Grant, Bauduin, Jehan le p., Michiel Aubry mainguier, Pierres de Crasville, Laurens Demisot, Johan de Langle, Robert Fernagus potier d'estain, Guille de sainte Bueve.

[F° 109.] L'an de grace mil CCC XLVIII, le mardy après feste saint Martin d'esté, en l'esquevinage de Eu furent presens sire Raoul Raye adonques maire, Guiffroy Jebin... esquevins, Jehan de Vymeu..., sus cheu que doubte estoit que Guifferot de Velli qui estoit cheu mesel ne fust juré, fureut oys Henry Catel et Johanne jadis fame Pierres Catel les quix jurerent sus saintes esvangillez. Primes le dit Henry dist par son serment et en l'ame de luy que il meismes en se personne le mena en l'esquevinage en le mairie Pierres Lorfevre lan XXXVI et le vit faire le serment de le jurée. Et la femme du dit Pierres Catel dist aussi par son serment que elle vit le dit Guifferot a ij genoux devant les sains et faire le dit serment et baillier ij d. Et après chen le dit maire Guiffroi Jebin, Martin Aubery distrent en l'ame de eux que che estoit mix leur entente et conscience que il fust juré que non juré quant estoient eschevins pour le temps que il fu juré.

En chest an le vendredy avant feste de la Nostre Dame en septembre, en plein esquevinage, presens Guille Sampson... eschevins et plusieurs autres, après chen que Johannin Tardieu prevost de la fraerie saint Loys et les confreres de cheste fraerie d'une part, et Henry le Cauchois prevost de la fraerie saint Laurens et les confreres de la frierie saint Laurens d'autre, se furent comparus l'un vers l'autre sus chen que les freres de le dicte fraerie saint Laurens dessus dis demandoient ad dis freres de

saint Loys une pourchession, 1 drap, une cloquette, que
en temps passé avoient esté bailliez chaiens en garde au
depechement de le dicte fraerie saint Laurens comme en
sanne main ; et lesquix aournemens pourchession et en-
chenssier avoit esté prestés ad freres de le frierie saint
Loys u commenchement d'ichelle par le maire et les
eschevins du temps mil CCC., si comme il appert par le
recort fait et escript en chest papier, u temps dessus dit a
Guilbert de Velli, Rogier Torquetil, Raoul Lefevre et
Johan Alart. Dit fu et jugié par les presens dessus dis,
après plusieurs resons proposées de l'une partie et de
l'autre, que le dicte pourchession, savoir une crois et
1 drap et le cloquette, seroient bailliés ad freires de la dicte
fraerie saint Laurens, u cas que les freres de la frierie
saint Loys ne porroient enssaingnier que aucune recon-
nussion ou satiffation en fust faite, laquelle chose demeure ad dis freres a avoir lieu et valoir en temps a venir
selonc chen que reson devra.

[F° 109 v°.] *In maioratu* Guill. de Listeville fue-
runt *scabini*, anno M° CCC° XLIX, primes, Raoul
Raye, Guille Sampson, Symon Coquet, Gautier Adam,
Johan Adam, Colart de Beauvez, Hue Roussel, Johan
de Vymeu, Hue de Beauvez, Johan d'Alenay, Johan du
Marchié ad chevaux, Philippe de saint Ouen.

Esquevins : Ancel Jourdain, Jehan de le Fosse, Guille
Courbery, Jehan Tardieu drappier, Raoul le Selier, pour
le deffaute de v mors chi dessus.

Conseil : Pierres Triquet, Robert de Listeville, Jehan
de Rue, Bertaut de Rue, Martin Aubery, Johan Roussel,
Raoul des Wez, Laurens Lyon, Guille Ansquetil, Jehan
Visage, Johan de Listeville, Ancel Jourdain l'ainsné,
Guille Maugier, Jehan Tardieu drapier, Jehan Tardieu

dehors, Guille Lordel, Henry Lorfevre, Ancel Jourdain le jone, Guille de Courbery, Raoul le Selier, Johan de le Fosse, Guille Jebin, Johan Guerart.

Conseil fet nouvel par deffaute des mors chi emprès, G. Nicole, J. Delespine, G. Malesars, J. le Prestre.

Eschevins au Tresport : Rogier de Preaux, Guiffray le Sergant, Robert de Preaux, Guiffray de Gregny ; *pour le mer*, Johan d'Avrenches, Guille Debras.

Conseil au Tresport : Gontier le Sergant, Guill. Siret, Johan Croquet.

Eschevins a Pont : Guill. de Gerberroy, Raoul des Estaux, Guille Godin, Laurens le Vaasseur.

Advocas : Guille Despinoy, Gosce du Til, Henry de Goussouville, Colart du Quesnoy, Jehan le Prevost.

Tresoriers : Robert de Listeville, Guille Jebin, Bertaut de Rue, Jehan Roussel.

Jehan Victorin *clerc* trespassé le samedi jour de le s. le Beneet. *Clerc :* Jehan Doullens.

Sergans : Guille le Gros, Robert le Vaasseur, Laurens Basserie, Guill. clerc de le ville juré ex.

Gardes des pains : Jehan de Lespine, Rogier Tyebout, Andrieu du Fresne, Pierrot le Mareschal, Guiffroi Rose, Colart Voysin, Jehan qui tout set, Guiffroi Fourré.

Gardes des chervoises : Alain Baudry, Guy Jourdain, Johan Daval, Enguerren Boulon, Pierres le Mareschal, Jehan qui tout set, Guill. Prentrout, Raoul Quaintin, Raoul Ousguier, Ricaut baton on marie.

Gardes des cuirs : Bertin d'Estallonde, Enguerren Boulon, Colart Maillefesse, Guiffroi Walopin, Evrart Ansguier.

Gardes des chars : Guille Maugier, Guerout Walen, Guille Nichole, Johan Maugier des halez, Rogier Tyebout, Adam Guerart.

Vendeur de nans : Guiffroi de Rue aplegié par Guill. de le Couture et Bertaut de Rue.

Gardes dez poissons : Guiffroi de Rue, Phelippot de Velly, Rogier Blondel.

Gardes des sueurs de nuit : Rogier Tyebout, Henry Maugendre, Huet Tardieu.

Gardez du menu venel du bourc : Guille le Peletier, Pierres le Mareschal, Jehan Baudry.

[Fᵒ 110.] *Gardes du menu venel devant le boucherie :* Thomas Blondel, Ricart de le Cauchie.

Jehan de Berneval dit gouge porteur aplegié par Robert Poiletruie (Jehan de berneval), son frere, et Robert le Vaasseur.

Guille Minet clerc fut juré le vendredi avant le saint Denys l'an dessus dit.

Colin Riote courretier du Tresport l'an XLIX aplegié par Johan de Roognon.

Gardes des draps des poulies : Johan Aubry, Henry le Caucheis, Pierres Torel, Johan d'Ensouleville, Symon du Mesnil.

Jurati isto anno : Anskier Gosselin, Johan Frechon, Johan Puillois, Robert le Prevost, Martin le Boursier, Jehannin de Crasville, Ricart Noel, Hue Abelin, Loys Nichole, Ancel Laingniel, Michiel Morin, Johan Dubus, Guy Occe. *Au Tresport :* Jehan de le Court, Fremin Lenglois, Jehannin de Port, Jehan de Berneval dit gouge, Pierrez le Parmentier fieus Myquiel le Parmentier, Mahieu le Sage, Jehan Doullens juré le mardy après le s. Beneet l'an XLIX, Climent Coullette parmentier, Guillebert Guillot fae, Jehan Banenier, Robert Crupin dit josel, Jehan Bibelote, Henry Lenglois, G. Pouchillon de Pont, Gontier d'Aut, Guiffroy Carbonnel, Guill. le Roux, Nicole de la Couture, Nicole le Lorrain, Ansel de Criel, Ansel de Rue, Bertin Daunys, Colart Lyon, Laurens Dumaine, Aubrenet le Fevre, Johan Lasnier, Jehan du Pont, Johan Davi, Guill. Tallefer, Alieaume Quoquet, Gilles Breton le fiex de Robert Senescal peletier, Simonnet Bourgois, Raoulet Lambart, Bertin le Moygne, Johan Saquespée, Watier Guesdon, Johan Buelin, Colart Maton, Willemot de le Mare, Johan Harenc, Johan Diere, Johan Mallefeu, Mahieu Cardon, Pierres le Fevre, Pierres Mariavala, Will. Debras le jone, Johannin Dossier, Robert Wasse, Pierres Wadinel, Will. Tasset, Johan de le Fosse, Thomas Debras, Johan le Brumen, Bernart le Fort, Vinchant Alis, Benart Galet, Raoul Fremin le jolle fiex Thomas Fremin, Will. Abelin le jolle, Hue le Fevre, Johan de le Porte le jolle fiex Johan de le Porte l'ainé, Guiffroy Douchamie autrement dit le candelier, Johan Erebouque, Johan le Merchier dit noyiet le jolle, Henry du Doit, Johan Coullette fiexLigier (hors de le quemune pour cause), Jehan Gasquerel du Tresport, Gosse de Saint-Ouen, Raoulet de Doumesnil, Laurens Bigot, Will. Dupin, Thomas des Wez, Johan le Gros, Will. Piechon.

L'an dessus dit, le samedi devant l'Acençon, vint Bertremieu le Porquier et jura devant le maire et devant les esquevins que il n'avoit valant que ij^c l., et dist que se on ne l'en creoit et que on y allast tantost, et donna au maire tout le sourplus des dites ij^c livrez. Et fu trouvé que il y avoit lxv l. qui furent aquis a le ville par dessus. Et fu jugié que jamais il n'aroit loy en le ville ne ne seroit jamais oy en nul serment.

L'an de grâce mil III^c XLIX, le mardy après l'Assencion, vint Thomas Belie et jura que il n'avoit vallant que ij^c x l. et tout le sourplus il donnoit a le ville. Et fu trouvé que il avoit plus cent l., et acata son fiex le sour-

plus cent l., et fu Johan son fiex. Et fu dit que il n'aroit
jamais loy en le ville et que il ne seroit oy en nul serment.

[F° 110 v°.] Johan de Rognon doit xl l. des los du
Tresport, plege Guiffroy le Seriant et Guill. Siret, le vendredy après le saint Martin d'esté l'an devant dit.

L'an dessus dit, es assises qui furent a Eu l'an de grace
mil CCC XLIX, le samedi continuant du juedi vj° jour
en janvier, tenuez par Guill. le Cauf bailli du lieu,
furent presens le maire et les esquevinz de le ville
de Eu qui requeroient es dites assises et maintenoient
que dessi lonc temps qui n'est memoire du contraire, il
avoient eu le congnoissance des biens muebles des
enffans en petit aage demourant en leur communauté, et
pour ce que le dit maire et esquevinz avoient requis a
Guill. Savary visconte de Eu qui la congnoissance des
dis biens des diz enffans demourant en la dite communauté disoit a li appartenir, le dit maire et esquevinz
disant le contraire et avoient requis au dit visconte que
le cas fust mis en la dite assise. Oy la requeste du dit
maire et esquevinz et conseil et nous en fourmes dennés
a la dite assise au dit maire et esquevinz que ce n'estoit
pas l'entente de monsg' le connestable de Franche ne de
nous d'empescher la juridiction du maire, et ne meismes
nul debat que le dit maire ne usast des biens muebles
demourant en la communauté. Tesmoings presens les
dites assises, Henry de Gousouville... et Mougnot le
clerc au visconte de Eu et plusieurs autres.

[F° 111.] En chest an, le mardy après feste saint Laurent en mai, presens tous les eschevins et le conseil, fu
dit et acordé en plain esquevinage que les advocas de
chaiens sermentés aront pour les plés et assizes dau il
seront mandez par espetil pour les causez de le ville

toutes fois que ville ara causes, aront x s. pour les plés
ou l'assise une fois paiez sans faire assemblée de despens; et se il se demeurent de bouc avecque le maire l'en
despendra jusquez (ad c. s.).

Cest l'informacion que le maire a fet pour les los de le
ville pour cen que cheux de Mers se voloient franchir.
Et Johan le Merchier dist par son serment que il a
touiours veu que quant cheux aloient sus le mer avec-
ques aucuns maistres, que le maistre paioit le lot tout
plain.

Eustace Tougrez dist par son serment que quant
ceux de Mers aloient sus le mer aveques aucuns
maistres, que quant che venoit ad lot mectre hors, il en
portoient leur part de leur lot en leur ville.

Jehan Cardon dit par son serment que cheux de Mers
le debatissent a paier, et dist quil avoit esté aveques eulx
en le compengnie Bernart Dossier.

Adam le Noir dist par son serment que il ne vit
onques que il ne le paiassent ne que il li meissent debat,
mès dist que il faisoient a leur memore il ne paioient
rienz et quant il li avoit.

En le mairie sire Guill. Jebin, lan LIX, Johannin
Legeret fu mis hors de la jurée pour certaine malefachonn
faite a Johan de Lespine et le navra a sanc et a plaie, et
u tort du dit Legeret et fu aprouvé devant le bailli par un
cri de hareu qui a le malefachonn fu faite, lequel de
Lespine aporta son jugié en plain conseil, et fu la malefachonn faite au dit de Lespine en faisant le labeur de le
ville, et si estoit le dit de Lespine du conseil.

[F° 111 v°.] *In maioratu* GUILL. JEBIN, anno Domini
millesimo CCC° L., fuerunt *scabini* : primo, Guill. de
Listeville, Pierres Triquet, Johan Roussel, Laurens

Lyon, Bertaut de Rue, Henry Lorfevre, Ancel Jourdain le jolle, Gueffroy Maleszars, Johan de Lespine, Johan Tardieu de Flamengueville, Johan le Prestre, Guill. Nycole.

Conseil : Hue de Beauvais, Hue Roussel, Raoul le Selier, Johan d'Alenay, Philippe de saint Ouen, Johan de le Fosse, Johan Tardieu drapier, Gautier Adam, Thomas des Vez, Gieffroy le Candelier, Robert Poiletruye, Johan Roques, Aliaume Coquet, Colart Peletruye, Johan Aubry.

Eschevins au Tresport : primes, Guill. Siret, Gontier le Sergant, Pierres Hachart, Ricart Salvain, Johan Catel, Johan Croquet.

Conseil du Tresport : Johan d'Avrenches, Will. Debras, Guiffroy de Gregny, Gueffroy le Sergent, Johan de Roognon, Guill. de Preaux qui fiex fu du Caruel.

Eschevins de Pont : Guill. Loir et Gilles Breton.

Tresoriers : Gaurier Adam, Thomas des Vez, Guill. de Corbery, Raoul le Selier.

Jurati in isto anno : primo, Colart le Moulier dit molete, Johan Lebas, Jehan Crinon, Jehan Routier, Amant Morin, Regnaut Aubelet, Guill. Rouetier, Pierres Houart, Johan Pequie le jolle, Johan le Franc, Johan Wistel de Pont, Robert Froide, Raoul du Quemin alias sabot, Enquerren Beauvin, Nycolle Batalle, Jehan le Fort, Johan Mellin, Johan Mauchairt, Robert Tardieu le jolle, Johan Beoivin, Enguerren Fruquet, Regnaut le Carpentier, Laurens Mustel, Ricard Canu, Pierres Peulé, Will. le Barbieur dit feret. [F⁰ 112.] Johan Malapris, Jacques Coutel, Rogier Abelin, Henry Lebret, Colart Morin, Alain Coutepoincteur, Pierres Cossin, Johan le Gruyer le le jolle, Pierres Morel, Colin le Personnié, Johannin Guillot, Colart le Sereurier, Johan

Poison, Johan de le Porte, Robert Morin, Will de Preaux su fiex au Caruel, Raoul Aubry, Robert le Minaret, Ernoul Boivin, Johanin de Hory, Johan le Porquier, Will..., Ricart le Fevre, Raoul Ba..., Raoul le Fevre, Denis du Polet, Johan Le..., Philippe de S.-Ouen, Johan de Bas, Aliaumet Dari, Bernard Colin, Symon du Pont, Climeuchon Gontier, Will Maupequié, Pierres Platel, Jaques Lorchere, Lucas du Mont, Raoul Plaiet al. folie. [F° 112 v°.] Robert Wastel, Pierres Wales de Pont, Bertremieu de Rossegny, Bertremieu Brioche, Johan Godart, Laurent le Prevost, Ancel Belin, Fremin de Biaurain, Jehan de le Porte, Gringoret Ligier, Miquiel Luyac, Jehan Mares, Mahieu Houart, Jehan du Nortel, Honouré de Gamaches, Renout des Ventes, Johan Willemot de Aimies, Jehan Couillete fiex Climent, Guieffroy Depuis fourbeeur, Robert de Luchi, Robert Males dit de binois, Jacques Crestien, Jehan de Guillemecourt, Henryot d'Aucommesnil, Alain Jobart, Gilles Fairment.

[F° 113.] *In maioratu* Thomas des Ves, anno Domini milesimo tressentesimo quinquagesimo et uno, *Esquevinz :* Guill. Jubin, Hue de Biauvais, Guill. Sauson, Guill. de Listeville, Hue Roussel, Raoul le Selier, Guill. de Courbery, Philippe de Saint-Ouen, Jehan d'Alenay, Jehan de le Fosse, Gueffroy le Candelier, Robert Poiletruye.

Conseil : Pierres Triquet, Gautier Adam, Laurens Lyon, Bertaut de Rue, Jehan Roussel, Henri Lorfevre, Johan le Prestre, Ancel Jourdain, Johan de Lespine, Gueffroy Maleshaire, Johan Tardieu drapier, Johan Tardieu de Flamengueville, Guill. Nycole, Aliaume Quoquet, Johan le Gros, Johan Aubery, Johan Guerart, Colart Poiletrie, Johan Roques.

Les esquevinȝ du Tresport : Guill. de Preaux fiex de Jehan, Gieffroy de Gregny, Johan d'Avrenches, Gueffroy le Sergant, Johan Maton.

Conseil du Tresport : Will. Siret, Gontier le Sergent, Ricart Salvain, Jehan Catel, Pierres Houart, Jehan Croquet.

Esquevinȝ de Pont : Johan Lagot, Johan Vistel, Will. Loir, Johan Briquet.

Tresoriers : Johan Roussel, Henry Lorfevre, Ancel Jourdain, Johan Tardieu drapier.

Clerc de le ville : Guill. Minet.

Sergans : Robert le Wasseur, Jaques Crestien.

Gardes du pain et des chervoises : Johan de le Fosse le jolle, Raoul Courtin, Robin le Vallet, Watier de Bouschay, Martin Gournevel, Jaquet de Biaulevier, Pierres le Brasseeur.

Gardes de le boucherie de chars crueȝ et cuites : Johan le Saunier, Symon Bourgois, Raoul de Craaville.

Tennerie : Ricart Aubri, Johanin Legeret, Johan Gripon, Enguerren Boulon, Ancelot de Rue, Matelot.

Gardes des draps des poulies : Johan Aubry, Pierres Torel, Pierrot le Blont, Henry le Cauchois, Johan d'Ensonneville, Johan de Paris, Robert le Senescal.

Le vendeeur de namps pour le ville : Thomas Blondel pleigé Will Croquet et Bertin Daunys.

[F° 113 v°.] *Gardes des draps sus les mestiers pour des tisserens :* Henry le Flament, Pierres le Marcaant, Johan Planchon, Hue d'Ensonneville, Ancel de Rue.

Gardes des draps de le Cauchie : Hue le Porquier, Johan Hurel.

Courretiers de vins : Robert le Waasseur, Climent Coullete.

Les messiers : Guill. Yenart pour le Cauchie, Mahiet Troude messier.

218

Bieuieurs pour marchans et des auchiers vins en la ville d'Eu : Climent Coulette aplegié par Gieffroy Maleshars et par Jehan Coullette.

Messiers : Pont, Colin de Pont messier de Pont.

Jure? : Adam Gohart, Michaut Pennier, Gilles de Bruylle, Henryot Cardon, Robin Baart, Johan Guesdon, Johan Paiot dit beneet, Abraham Caletot, Watier Dieve, Guiffroy Morel, Pierres Serée, Johan Marmoulu, Guilebert le Rous dit nupiez, Watier le Barbier dit marchaant, Climent le Roy, Alevair le Blont, Gontier le Mignon, Johan Blondin, Johan Tournevel, Will. Guillot, Laurens le Cat, Johan Cornet, Johan Marmoulu, Aliaume Vastel, Johan Anno fiex Pierres, Johan Fremin, Guill. le Gruyer, Johan Ubert, Johan de Biectel.

[Fº 114.] C'est l'ordenance qui fu faite de la mairie Thomas des Wés l'an LI, le velle saint Mahieu. Primes, le pain le tourte a iiij d. pour le blé qui valoit au dit jour pour faire la dite tourte l s. t. et doit la dite tourte peser ix onches et le pois de v estellins, et le molete de ycellui mesmes blé a ij d. poisse vj onches ; et le seminel a ij d. poise ij onches et le pois de vij estellins et demy, et le blé dont on fist le pain claret valut le dit jour xl s. et pesoit le dit pain xvj onches et le pois de ij estellins et demy, et furent che choses pesées en la maison Henry Lorfevre le jour dessus dit, a le presence de Hue de Biauvès, Guill. Sauson, Gieffroy le Candelier esquevinz pour le temps, et a le presence de boulenguiers c'est assavoir Drouet du Fresne et Johanin Queval et plusieurs autres.

Les clés du cofre ou les chartres sont ont esté balliés l'une a sire Guill. Sanson et a Hue Roussel l'autre. [Fº 114 vº.] Ordonnance des mestiers.

Che sont les commandemens tiex comme on les doit faire an commun par le maire.

Primo, que nul ne vende pain tant que il ara esté veu desgardes, et que le pain soit en farine de cele mesmes forme dont le pain est.

Item que nul tavernier de vin ne vende vin puis a serer sus peine de l'amende celle comme elle y apartient, c'est d'avoir le sous volé.

Item que nul brasseeur de chervoise n'en vende point jusques a tant que elle ait esté regardée des gardes sermentés.

Item que chascun se garde en droit soy d'aler en la garenne du seigneur.

Item que nul boucher ne parte que ij ensemble a une beste morte.

Item que nulle venderesse de char quittez ne souffrent manier leurs chars et que ilz ne leur laissent mennier a aucuns acheteeurs, et que il li mettent larguement du sel au cuyre.

Item que nul boucher ny autre ne vende char soursemée, et que nules chars ne soient venduez que elles ne puissent et doivent estre vendues en ville de lay.

Item que nul poissonniers ne partent que ij ensemble à i aquet.

Item que nulle venderesse de menu venel n'acate nulle denrée fors que ad eurez qui sont ordenéez, c'est assavoir de soleil levant jusques a prime, et de prime jusques a tierche, et de tierche jusques à none, et de none jusques a vespres, de vespres jusques a complie.

Item que nul ne vende blé jusques a tant, que le cloque soit sonnée, et que nul marchaant de blé n'acate blé pour revendre en la journée.

Item que nulle mesuresse ne porte estendele u dit marchié.

Item que chascun soit prest d'aler au haro quant il sera crié.

Item que chascun garde bien sen fu en droit soy, en celle maniere que il ne puisse porter domage, et que nul ne face mulle près de maison.

Item que chascun se close en droit soy, en celle manière que nul ne puist avoir domage l'un de l'autre, et que chascun garde ses bestes en droit soy.

Item que les cuirs soient veus de telle eure que le commun ny ait domage, et que nul ne les vendent jusques a tant que il aront esté veuz des gardes sermentéz.

Item que nul hostelier ne herbegue houlier ne houliere sus l'amende qui y appartient, et que nul ne fuesse gieu de dez dedens sa maison sus l'amende qui y appartient, c'est v s. pour l'oste et xx s. de celi qui ara joué.

Item que nulz mestier ouvrent après les eures deffendues selon l'usages des mestiers.

Item que nul ne porte la juridiction de la ville ailleurs que devant nous.

[Fº 115.] Jehan d'Artois conte de Eu (1) a tous ceux que ces lettres verront ou oirront salut. Comme le maire et eschevins de notre bonne ville de Eu pour eux et pour toute la communalté de la ditte ville et des appartenances d'icelle, se dient avoir plusours franchises usages et libertés a cause de la commune de la ditte ville et des appartenances d'icelle, et de ce dient avoir lettres pour titre de noz predecesseurs les contes de Eu que dieu absolle qui la ditte commune fonderent et establirent, les quiex priviliges sont et ont esté loés et confremez de plusieurs roys mes seigneurs et ducs de Normendie et de plusieurs des contes de Eu et especialement de notre très chier amé cousin feu Raoul conte de Eu et jadis connestable de

(1) Jean le Bon fit décapiter dans sa prison le connétable, Raoul II de Brienne. Il donna ensuite le comté d'Eu à Jean d'Artois, son parent.

France et de ces predecesseurs, les quiex maire et eschevins pour eux et pour toute leur communalté nous ont
requis tres humblement que les dis privilieges et confirmacions vousissiés loer et confremer afin que yceux et
leurs successeurs puissent goir paisiblement de leurs jus-
tices, pocessions, saisines et usages, selon les libertés et
franchises de leurs privilieges devant dis et confirmacions, et nous qui voulons et desvons a tous nos
hommes et subgez garder de pressions et de nouvele-
téz indeuez, considerans la tres grant amour et loialté que
nous entendons et savons de vraie sience que les contes
de Eu noz predecesseurs ont touiours heu et trouvé en la
ditte commune et arons touiours se diex plest devers eux,
voulons et octroions et par le deliberacion de notre conseil que le dit maire et eschevins et toute le communalté
de le ditte ville de Eu aveques les appartenances d'icelle
pour eulx et pour leurs successeurs usent et goissent paisiblement des oremés en avant de leurs usages franchises
et libertez saisines et pocessions en la forme et maniere
que il en ont usé goy et pocessé, sans contredit de nous
ou de noz predecesseurs selon la forme des dis privilieges
et confirmacions, les quiex titres et usages et confirmacion
nous voulons que il vallent et tiengnent a touiours mès
perpetuellement sans ce que nous ne noz successeurs ne
les aians cause de nous y puissent mettre aucun debat ou
contredit en temps a venir. En tesmoin de choses dessus
dictes nous avons donné pour nous et pour nos hoirs aus
dis maire et eschevins pour eux et pour toute leur communalté et pour leurs successeurs ces presentes lettres
patentes seellées de notre propre seel en verte chire et en
las de soye en nom de graigneure confirmacion, qui furent faites l'an de grace mil. IIIᶜ. cinquante et un, le
mardi quinsime jour du moys de novembre.

[F° 116.] *In maioratu* GUILLMI DE LISTEVILLE, anno Domini M°. CCC°. quinquagesimo secundo.

Eschevins : Thomas des Wez, Guill. Sauson, Henry Lorfevre, Jehan Roussel, Ancel Jourdain, Laurens Lyon, Johan Tardieu drapier, Gautier Adam, Bertaut de Rue, Johan le Prestre, Johan Aubry, Colart Poiletruie.

Conseil : Hue de Biauvés, Pierres Triquet, Guil. Jubin, Johan Tardieu de Flamengueville, Raoul le Selier, Guill. Corbery, Hue Roussel, Johan Aubery, Gieffroy le Candelier, Aliaume Coquet, Johan de le Fosse, Johan Belie, Johan Legros, Johan de Lespine, Robert Poiletruye, Johan d'Alenay, Philippe de Saint-Ouen, Hugaut Oudart.

Eschevins du Tresport : Gontier le Sergant, Johan Croquet, Johan Catel, Guill. Siret, Pierres Houart, Guill. Debras le jolle.

Conseil du Tresport : Gieffroy le Sergant, Johan Maton, Guill. de Preaux, Gieffroy de Gregny.

Eschevins de Pont : Johan de Biaurain, Johan Briquet, Gillet Breton, Johan Bigot.

Tresoriers : Raoul le Selier, Guill. Corbery, Gieffroy le Candelier, Johan de Lespine.

Le clerc : Guill. Minet.

Les sergans d'Eu : Robert le Vaasseur, Jacquet Crestien.

Sergant de Pont : Colin le Petit.

Gardes du pain : Roger Thiebout, Pierres le Mareschal, Watier Boulon, Watier de Bouschay, Johan du Creux, Gieffroy Rose.

Chervoises : Raoul Courtin, Rogier Thil, Pierres le Mareschal, Jaquet de Biaulevrier, Pierres Saverel, Raoul Ouguier.

Boucherie : Symon Bourgois, Johan le Saunier, Johan Nicole, Loys Nicole.

Gardes de la tenerie : Enguerren Boulon, Ancel de Rue, Rogier Thiebout, Johanin Bellac.

Gardes de nuyt pour les sueeurs : Hubelet, Johan de le Porte, Guillot Malpequié.

Gardes des poissons : Gieffroy de Rue, Johan Desquois, Johan Baudri alias bebe.

Chincherie : Raoul Courtin, Climent Pevrel.

Gardes du menu venel : Climent Blondel, Pierres le Mareschal.

Gardes de le selerie : Guill. Lavenier, Ricart le Selier.

Che sont les gardes des draps sus les poulies : Henry le Cauchois, Robert le Bevestal, Pierres le Blont, Jehan d'Ensonneville, Johan de Paris.

Gardes des bouions et mis sus les mestiers : Henry le Flamenc, Pierres le Marchaant, Hue d'Ensonneville, Laurens de le Mote.

Gardes des draps de le Cauchie : Hue le Porquier, Johan Burel, Johan de Boueles.

Pour le moustarde et chandeles : Johan Nycole, Loys Nycole, Noe Sore.

[Fo 116 vo.] *Courretiers de draps :* Johan Cachecat, Johan Tardieu drapier, Raoul Ouguier, Gieffroy de Rue.

Vendeeur des wages pleige, Ancel Jourdain et Gontier de Rue.

Courretiers des vins : Robart le Vaasseur, Climent Coulette.

Voites : Robert Guerart, Henry le Flamenc, Courtois, Watier de le Bretengne, Freminet de le Cousture.

Mesureur de carbon : Robin le Barbieeur.

Le Tresport :

Cardin de Fontaines, *le sonier ;* Picart *contier et mesureeur du sel et du carbon.*

Gillet Aubelet *le vendage des namps.*

Laurens Sauville *le caiage.*

Gardes du pain et de le chervoise du Tresport : Watier Batamare, Guillebert du Quesnoy et Colart de le Court, Robert Harenc.

Binois *garde du menu venel.*

Gardes des chars du Tresport : Adam Croquet, Pierres Malederrée.

Gardes des sueurs de jour et de nuit : Aliaumet Dare, Guill. Quaresme.

Priseeurs des domages de l'aplet de le mer : Jehan le Gruyer, Johan Fouquet sans terre, Adam le Noir, Laurenchon le Cordier, Colin de le Court.

Watier le Fevre *conteeur du bos.*

Watier le Fevre, Bouliot, *sergans au Tresport.*

Jurés : Hugaut Oudart, Mahiet de Burez, Guill. Aubry, Pierrot de le Rue, Gautier Desonnes, Johan Lambert, Jone Avisse, Johan Merry, Robert de le Berquerie, Johan des Hales, Johan Vistel le jolle, Michaus Papin, Johan le Maistre, Johan Abelin, Johan le Prevost de Greigeis, Mahieu le Butel, Johannin Tardieu, Johan le Grant, Johan Elies, Guill. Cardon, Guill. Pavé, Colart Oudart, Raoul Ouguier le jolle, Maugier Lecoste, Johan de la Cauchie al. miete, Johan Batulle, Guillebert Mille, Ricart de le Porte, Thomas Enguelevent, Fouques le Villain, Johannin Coullette, Johannin de Ribuef, Johannot le Gruyer, Colard Peudecheir, Muillenes, Johan Nycole le fiex au boucher d'Aut, Pierres le Waasseur.

Johan d'Alenay est rechut a le maladerie de Glans par xvj escus par le consel et de le volenté de ceux de le maladerie.

[F⁰ 117.] Robert le Cordier et Mahaut sa fame furent rechus a l'ospital normant a avoir leur vie et leur demourance en la maniere que les freres et les suers du dit ospital l'ont, par xlij l. une vaque et i porc.

C'est l'ordenance qui fut faite le mardi avant l'Acencion par tout le conseil :

Le tourte a iiij d. pesant x onches, le mine du melleur blé lviij s. tourn.

Le pain claret a iiij d. pesant xv onches, le mine xlviij s.

Item le molete a ij d. pesant v onches.

Item le simenel a ij d. pesant iiij onches.

[F⁰ 117 v⁰.] *In maioratu* THOME DES WEZ, anno Domini M⁰ III⁰ quinquagesimo tertio.

Eschevinȝ : primo, Hue de Biauvais, Guill. Sauson, Guill. de Listeville, Guille Jubin, Raoul le Selier, Guill. Courbery, Johan de Lespine, Gieffroy le Candelier, Hue Roussel, Philippe de Saint Ouen, Guill. Nycole, Hugaut Oudart.

Conseil : Pierres Triquet, Henry Lorfevre, Jehan Roussel, Ancel Jourdain, Laurens Lion, Jehan Tardieu drapier, Gautier Adam, Bertaut de Rue, Johan le Prestre, Johan Aubry, Colart Poiletruie, Aliaume Coquet, Johan de le Fosse, Johan Belie, Johan Legros, Johan Guerart, Gieffroy Maleshars, Guill. le Machom, Johan Tardieu de Flamengueville, Johan Hurel.

Les eschevins du Tresport : premierement, Guill. de Preaux, Jehan Maton, Gueffroy de Gregny, Guill. de Greges, Jehan Fauquet sans terre, Jehan d'Avrenches.

Conseil au Tresport : Gontier le Sergant, Johan Croquet, Guill. Siret, Pierres Houlant, Johan Ancel, Guill. Debras le jolle.

Les esquevinʒ de Pont : Guill. Loir, Regnaut des Ventes, Johan de Biaurain, Colart le Petit.

Tresoriers : Henry Lorfevre, Gautier Adam, Bertaut de Rue, Colart Poiletruye.

Le revendeeur des namps de Eu : p° Pierres le Brasseur et Miquelete sa fame, le fame Cardin de Fontaines.

Les bremens du Tresport : Gontier Aceul apleigié par Henryot Cardon.

Jurés : Colart le jole, Pierres Ougnier, Johan Dandioque, Johan d'Aut, Colart Hardiement, Johan le Gayteux al. compere, Robert de Bieocel, Johan Mares, Rogier le Caron, Colin Esvair, Thomas Marmoulu, Rogier le Mestre, Rogier Roque, Martin le Jumel, Jouen de le Crois, Laurent le Brasseeur, Colart Gasel, Guill. de Mesnival, Pierres Coullete, Bertin le Rous, Huet Couillet, Johan Fauvel, Johan Mairet, Thomas Sorel, Johan Morin, Raoul Mainart, Ricart le Machon, Pierres de Neville, Johan d'Avrenches le jolle, Johan Raisse, Enguerren Duperron, Guill. Pioger, Johan Couricel dit janot, Johannin de Biaurain le jolle de Pont.

[F° 118 v°.] *In maioratu* Guilli de Listeville, anno Domini M° IIIᶜ quinquagesimo quarto.

Esquevinʒ : Thomas des Wez, Guill. Jubin, Gautier Adam, Henry Lorfevre, Johan Roussel, Bertaut de Rue, Colart Poiletruye, Ancel Jourdain, Laurens Lyon, Johan le Prestre, Johan Aubry, Johan Tardieu de Flamengueville.

Conseil : Hue de Biauvais, Guill. Sauson, Raoul le Selier, Guill. Courbery, Hue Roussel, Johan de Lespine, Guill. Nycole, Hugaut Oudart, Pierres Triquet, Johan Tardieu, Aliaume Coquet, Johan de le Fosse, Johan Belie, Johan Legros, Johan Guerart, Gieffroy Maleshars, Guill. le Machom, Johan Hurel.

Esquevinȝ du Tresport : Johan Croquet, Johan Catel, Robert de Preaux, Guill. Siret, Pierres Houart, Guill. Debras le jolle.

Conseil : Guill. de Preaux, Johan Maton, Gueffroy de Gregny, Guill. de Greges, Johan Fauquet sanz terre, Johan d'Avrenches.

Esquevinȝ de Pont : Colin le Petit, Johan de Biaurain, Gilles Breton.

Tresoriers : Guill. Courbery, Raoul le Selier, Gueffroy le Candelier, Philippe de Saint Ouen.

Robert Lunel, *clerc*.

Gardes de pain et de chervoises : Jacquet le Brasseeur, Pierres le Mareschal, Andrieu du Fresne, Gieffroy Rose.

Couretier au Tresport : Robert Mallet dit Binois.

Jurati : Robert de Puis, Guill. Roussel, Fremin de Neville, Johannin le Prince, Johannin Matom, Pierres le Prevost, Enguerren Lengleis, Pierres le Lombart, Mahieu le Brument, Estiene de Malo dit postelet, Pierres de Bleville, Robinet de Leure, Guill. Brioche, Guill. le Pare, Gautier le Grant, Johan le Auriceur, Gillte de le Roche, Guerout Grenon, Johan Coupin, Colin le Waassour, Johan le Conte le jeune, Robert Lunel.

[Fº 119.] Par devant nous Hue de Beauvez lieutenant du maire et devant les eschevins, le samedi avant que on quante Letare Jerusalem, fut present Laurent Bourgois souzaagé mené par Jehan le Saunier plege pour Simon Bourgois conssele par Pierres Bourgois cousin, amis carniex du souzaagé, qui par le consel dezdis meneurs plege et amis quita Rogier Abelin mari de se mere et le dite mere de toutez parties de meubles que il leur povoit demander tant de la sucecion de son pere comme autrement, par ainssi que le dit Rogier li doit trouver touz sez nessezseres de boire de mengier de vestir et cauchier jusques a le fin de iiij ans... et aussi doit tenir le dit

Rogier touz les heritages du souzaagé le iiij ans durans
et paier les rentes et maintenir lez lieux en estat sans en-
pirier et avecq ce doit le dit Rogier baller de present lez
ainnechez au dit souzaagé et doivent estre balliez lez
dictes ainnezches a garde a Simon Bourgois pour le dit
souzaagé...

*Semblable accord pour Perete Courtin, fille de feu
Jehan Courtin, souzaagée, confiée à sa taie Maroie
Courtin.*

*[Fº 119 vº.] La mère de Perete, Maroie Courtin, tient
quite sa propre mère Maroie Courtin de ce qu'elle lui
devoit pour huit escus de rente et lui remet pour
quatre ans les huit escus, s'engageant à la servir durant
ce temps. L'aieule s'oblige à lui trouver tous ses néces-
saires de boire, de manger...*

L'an de grace mil III^c LIIII, le mardi après le St Laurens en may, en le mairie Guill. de Listeville, Loys Vallet
et se fame.

L'an mil III^c chinquante et quatre fu rechut Gilles
le Mignot a l'ospital normant de Eu sans rienz donner,
pour cen que il avoit esté esquevin de la dite ville et d'autre
partie a la requeste messire Challes d'Artois. Le merquedy
iiij^e jor de novembre l'an m. III^c LV, present le maire
Gautier Aden. Guill. Sausso cuita le dit Gillez le dit
hostel por le cause avant par x l. 1 s. et cheli de le male-
derie.

L'an de grace mil III^c chinquante et quatre, le vendredi après le saint Denis fu née Johanne d'Artois (1),

(1) Jeanne d'Artois, mariée en 1365 à Simon de Thouars, comte
de Dreux, et veuve le soir même de son mariage, ne contracta pas
d'autre union. Monstrelet l'appelle Mlle de Dreux (l. I, c. cxii). Elle
servit de tutrice aux enfants de son frère le connétable, et sur la fin
de sa vie eut ses biens confisqués par le vainqueur, Henri V.
(28 avril 1419.)

fille de messire Johan d'Artois conte de Eu, a laquelle
fu donné par tout le conseil de chiens tant a ceux qui
aporterent les nouveles de sa nativité comme quant elle
fu levée, aux quiex pour les nouveles on donna xij escuz,
et au lever d'icelle xij hanas d'argent pesans ix marcs d'argent et cousterent iiij^{xx} j, escus prins a Paris, sans les
despens d'iceux qui les devant dit hanas alerent querir,
c'est assavoir de Listeville, maire, etc.

[F° 120.] *Arbalestes* : Guille Raie baineur, Maistre
Jehan Guillot adj., Thomas Pesquier, Jehan de Bouvelez,
Giffroi Morel, Pierres Doynel, Motin Oudet, Honere de
Guemaitre, Bauduin Belet, Jaquet Dubos.

Matelot : Guill. Routier, Collart le Barbier, Jehan
Equo dit seret, Perrot Adan, Linart Troquelin, Collart
le Caronn, Jehan Cornet.

[F° 121.] *In maioratu* THOME DES WES, anno Domini
M° CCC° quinquagesimo quinto.

Esquevins : Guill. de Listeville, Hue de Beauvès,
Guill. Sausson, Giff. Jebin, Gautier Adam, Raoul le
Selier, Guill. de Courbery, Philippe de S. Ouen,
Giffroi le Candelier, Jehan de Lespine, Guill. Nicole,
Jehan Hurel.

Conseil : Pierres Triquet, Guill. Jebin, Henri Lor-
fevre, Jehan Roussel, Bertaut de Rue, Collart Peletruie,
Ancel Jourdain, Laurens Lyon, Jehan Prestre, Jehan
Obry, Jehan Tardieu de Flamengueville, Hue Roussel,
Hugaut Oudart, Jehan Tardieu drappier, Aliaume Co-
quet, Jehan de le Fosse, Jehan Belie, Jehan le Gros,
Jehan Guerart, Giffroy Malezhars, Guill. le Machon.

Esquevins du Tresport : Jehan d'Avrenches, Guill. de
Greges, Giffroy de Greny, Jehan Maton, Jehan Fauquet,
Guill. de Preaux.

Conseil o Tresport : Jehan Catel, Will. Debras, Pierres Houart, Jehan Croquet, Robert de Preaux.

Esquevins a Pont : Guill. Loir, Raoul Briquet, Jehan de Beaurain, Gillet Breton.

Avocas : Guill. Despinoy, Henry de Mouchy, Henry de Goussouville.

Tresoriers : (H. Lorfevre a les clez). Jehan Roussel, Henry Lorfevre, Ancel Jourdain, Collart Peletruie.

Clerc de le ville : Robin Lunel, xiij l. de gages.

Sergans a Eu : Robert le Waaseur, g. xij l., Perot Conte, g. xij l.

Sergans o Tresport : Engueren Lenglois, Watier le Fevre.

Sergent et messier a Pont : Guill. de Cauvieres.

Gardes des boistes : Jehan de le Fosse.

Voistes pour le ville de nuit : Jeh. Cornet, Jehan le Gruier, Jehan de Criel, Mahieu le Sommetier.

Vendeur de nans : Giffroy Fourré.

Vendeur de nans o Tresport. Compteur de bos o Tresport.

Garde du Foier (1) *o Tresport :* Engueren Lenglois.

[F° 121 v°.] Le maire trouva le ville en debte en iiij^c l. ou environ, forte monnoie estoit pour xv s. Et si devoit on a le ville lxxv l. ou environ forte monnoie. Et si devoit le ville de rentes a vie iiij^c et xx l.

Gardes du pain : Watier de Bouchay, Giffroy Rose, Robert Piguere, Watier Frichon, Pierres le Mareschal, Raoul Courtin, Raoul de Bousseuville, Thomas Oudart.

Gardes des chervoises : Pierres Torel, Noel Sore,

---

(1) Quartier du Tréport situé dans le vallon au-dessus du Musoir : « Les rues du Foyer qui sont en haut, où il y avait trois rangs de maisons. » D. Coquelin, t. I, p. 26.

Jehan Cachecat, Robin le Vallet, Jaquet de Maulevrier,
Alain Baudry, Thomas Oudart, Loys Nicole.

Gardes des chars crue et cuite : Symon Bourgois,
Pierres Peletruie, Maugier Malecose, Jehan le Saunier.

Gardes des poissons : Robert le Barbier, Jehan Baudry dit bébé, Jehan dez Mares.

Gardes des cuirs et des soulliers : Engueren Boulon,
Jehan Done dit matelot, Jehan Grippon, Will. le Couroier, Raoul le Waasseur, Jehan, de le Fosse le jolle.

Gardes des sueurs de nuit : Bertin ad Rues, Jehennin
Tourneveel, Maupequie de le Cauchie.

Gardes des fourbeurs : Michaut Penguier, Collart le
Sereurier.

Gardes de chincherie : Raoul Courtin, Climent
Pevrel.

*Gardes des dras es poulies et pour porter le bouion
ad pouliez et de seeler les dras :* Jehan de Soneville,
Henry Lambert, Pierres le Blont, Jehan Guillot l'ainné,
Jehan Godebaus.

*Gardes pour porter le bouion seur les mestiers et
pour compter lez fiex :* Robert Turquetin, Jehan Guillot
testart, Pierres le Marquant, Robin Josel.

Gardes des sereurez : Denis le Foubeur, Collart le Sereurier.

Gardes des candeles : Raoul de Craville, Jehanin
Nicole, Loys Nicole, Robin le Wallet.

Gardes des tieullez : Symon le Plommier, Giffroy
Obry, Rogier du Foossé.

Gardes des seliers : Will. Lavergnier, Ricart le Selier.

Gardes des pos d'estain : Simon le Plommier, Rogier
du Foossé.

Gardes du menu venel devant le boucherie : Michaut
Penguier, Will. Routier.

Gardes du menu venel du bourc : Adam Guerart, Jehan Baudry dit bébé, Robert le Barbier.

[F° 122.] *Courratiers et aulneurs de dras* : Watier Frichon, Jehan Cachecat.

Lieurs de fain, et aront du chent iiij s. : Ricart Penet, Hue Coulliet.

Gardes des souliers de jour et de nuit : Mahiet le Picart, Ricard Tardieu.

Crieur de vins : Laurens Sauville.

O Tresport.

Gardes du pain et des cervoises : Jehan Obelet le jolle, Vill. le Pare, Jehan le Fort, Laurens Sauville.

Priseur de damage de nés : Robert Tardieu, Robert Wasse, Jehan le Gruier, Jehan Fraperue, Gontier Hoart, Adam le Noir.

Priseur de rois et de cordes : Laurens le Cordier, Collart de le Court.

Geseur de cordes et des leʒses : Collart de le Court.

Gardes des chars crueʒ et cuites : Pierre Malederrée, Jehannin Malederée.

Jurés : Guillaume de S. Martin dit couppe saus, Jehan Loir, Guill. Dubus, Pierres Basset, Will. Lenglois, Vill. Lamant, Raoul le Waasseur, Mahieu le Sommetier, Jehan Merin, Jehan Lione, Watier de le Bretagne, Johan Dally, Jehan Cornet, Bauduin Belet, Jehan Aales, Collin Trachet.

Jurés o Tresport : Jehan Roussel, Jehan Fouache, Jehan Herbert, Jehan Loison, Pierres Lostruche, Will. Benart, Michel Coalle, Robin de Berneval, Robert Quesnel, Jehan Viel le jolle, Pierrez Coquet, Collart Walen.

L'an de grace mil IIIᶜ LV, le juesdi devant le S. Albin, fu present Pierrez Triquet en plain consel, lequel

nous requist a grand utense que nous li vousisons acorder a avoir son vivre en nostre hostel de le maladerie de
Eu, et que de nostre grace nous li vousisons acorder. Sachent tous que nous maire, eschevins et consel, avons
acordé audit Pierrez son vivre u dit hostel, pour les bons
et agreables serviches que le dit Pierres et ses ancheseurs
ont fait a le ville en temps passé, en faisant le dit Pierres
toutes lez faisanches et pourfis du dit hostel, et par che
demeure le dit Pierres frère du dit hostel par si que on
li trouvera des biens du dit hostel tous ses necesseres de
boire de menger de vestir et de cauchier a son avenant
comme ad autres freres.

[F° 122 v°.] Ch'est l'ordenanche que les marcheans,
estranges doivent paier de leur marcheandises alans et
venans o quay de la ville de Eu. Et est l'ordenanche telle
dès le fondation de nostre commune.

Premierement de chascun muy d'ablay ij d.

It. de chascun tonnel de vin ij d.

It. de chascun tonnel de chendre ij d.

It. du caquet ɩ d.

It. de le navée de merrien dolé ij s.

It. de la nauvée de laigne ij s. se elle est entiere, et se
elle n'est entiere de chascun miller une ob.

Item de chascun sac de laingne ij d.

It. de chascune caque de cuir ɩ d.

It. de chascun miller de herenc une ob. de le planque,
iiij. d. du carquier.

It. du descarchier iiij d.

Item de chascun porc sallé une ob.

It. de le vaque sallée une ob.

Item du pois de sieu une ob.

It. du pois d'oint une ob.

Item d'une eskippon de harpeis ɩ d.

It. du cent autretant.

It. du chent de fer ij d.

It. d'une navée de pierre grant ou petite ij s.

It. de chascune meule ij d., d'une meule a feure ı d.

It. de chascune hune a nés ı d.

It. de chascun muy de carbon de terre ij d.

It. de chascune navée de carbon ou grant ou petite ij s., de iiij moutons salés ı d.

It. de chascun chent de livres de fourmage ij d.

It. d'une navée de moules ij d.

It. d'une navée d'oistres ij d.

It. de chescune poise de sel ij d.

It. de chascune navée de tourbe (1) ou grant ou petite ij s.

It. de chent livres de chire ij d.

It. de chascune carque d'alun iij d.

It. de chescune navée de fusuies ij s.

It. de chascune navée de onguiens ij s.

It. de chascune de pommes ij s.

Et se il n'y a navée, il paicra a l'avenant.

Pour le planque iiij d. du metre et de l'isseue iiij d. Et quiconques vourra avoir planque il peut avoir.

L'an de grace mil CCC cinquante et cinq le mardi xxij^e jour du mois de mars, par devant nous Thomas des Wés maire pour le temps furent presens le commun des pareurs et tisserens de le ville de Eu ad quiex nous deimes et quemandasmes a garder et a tenir les ordenanches qui chi après ensuivent lesquelles ordenanches sont faittes et ordenés par le dit maire et eschevins et de l'acort d'iceulx, les quiex ont juré par leurs sermens a tenir et a garder les dites ordenanches en la forme et

___

(1) V. *Actes normands de la Chambre des comptes*, p. 210, un fragment de compte pour l'année 1339.

maniere qui chi après ensuit. Si l'est assavoir que les dis tisserens doivent aller a plache si matin que puissent estre montés sus leurs mestiers a le messe du jour sonnant, et les dis pareurs doivent aller a plache tantost après le Sacrement fait a le messe du jour, et doivent ouvrer tant l'un mestier comme l'autre jusques a none, et doivent iceulx pareurs et tisserens raler a euvre a le cloque qui par le dit maire et eschevins est ordenée. Et ne pourront aucuns d'iceulx prendre plus longue dinnée que de l'espasse que il de nonne jusques a la dite cloque, et doivent les dis pareurs tenir œuvre quant en le fin de leur journée jusques au derrain saint de vespres. Et quant ad dis tisserens, ils tendront euvre tant que en le fin de leur journée jusques a une cloque qui par le dit maire et eschevins est ordenée a sonner environ soleil escousant. Et se ainsi estoit que aucuns des vallés des dis mestiers tant de l'un mestier comme de l'autre prenoient leur dinnée par avant nonne, comme eux font quant il plest ad mestres, eux ne pourront prendre leur dinnée fors que tant d'espasse comme il ara de nonne jusques a la dite cloque qu'eux doivent raler ouvrer de leur dinnée de nonne. Et après che fu dit et ordené que se aucuns des pareurs welle avoir mestiers tissans en leurs mesons, eux pourront avoir 1 vallet tisseren a l'anée qui sera son closier et menera son ceuvre, et après ce peut loer 1 valet a plache si li plet. Et aussi les [f° 120] tisserens pourront avoir 1 vallet pareur pour estre leur closier et mener leur œuvre semblablement comme les dis pareurs. Et ne pourront avoir aucuns d'iceulx que un seul vallet de icelui mestier, se ainsi n'est que eux les voisent prendre a dites plaches ordenées. Et se ainsi est que se aucuns des tisserens ait son fiex ou son aprentis, il pourra ouvrer depuis le messe du jour jusques a tant que eux pourront ouvrer sans prendre dinnée jusques a le cloque de vepre qui leur est ordenée, si leur plest. Et quant ad coses dessus dites tenir et enterignier en le maniere que dit est, les dis pareurs et tisserans sont aubligés par leurs seremens a tenir toutes les coses dessus dites fermement sans enfraindre sus paine de telle amende comme il plezra au dit maire et eschevins a lever et tauxoer, et ycelui qui sera raporteur d'avoir trouvé aucuns qui aroient trespassé les dites ordenanches, il ara deux souls sus le taux de la dite amende telle comme il plera a tauxoer au dit maire et eschevins. Et a toutes ches coses tenir fermement en perpetuité ilz obligerent leurs biens et les biens de leurs hoirs sans jamès de riens aller encontre les ordenanches dessus dites.

[F° 123.] *In maioratu* GALTERUS ADAM, anno Domini millesimo CCC° quinquagesimo sexto.

Esquevins : Jehan Roussel, Henry Lorfevre, Ancel Jourdain, Collart Peletruie, Thomas des Wés, Guill. Sausson, Guill. Jebin, Jehan le Prestre, Jehan Tardieu de Flamengueville, Bertaut de Rue, Jehan de Leffoce, Laurens Lyon.

Conseil : Hue de Beauvès, Giffroy Jebin, Guill. de Listeville, Guill. de Courbery, Raoul le Selier, Giffroy le Candelier, Jehan Obry, Hugaut Oudart, Jehan Tardieu drapier, Alcaume Coquet, Jehan Belie, Jehan le Gros, Jehan Guerart, Giffroy Malezars, Guill. le Machon, Guill. de S. Martin, Jaquet Sorel, Jehan de Lespine, Philippe de S. Ouen, Jehan Hurel.

Tresoriers : Guille de Courbery, Raoul le Selier, Guiffroy le Candelier, Philippe de S. Ouen.

Gardes des cleₓ des boistes : Guill. de Courbery, Raoul le Selier.

Gardes des cle₂ des chartres : Guill. Sausson, Henry Lorfevre.

Clerc : Robin Lunel.

Sergen₂ a Eu : Robert le Vaasseur, Ricart Caliquet, Drouet du Fresne.

Avocas : Guill. Despinoy, Henry de Mouchi, Guill. le Caux.

Esquevins au Tresport : Robert de Preaux, Vill. Siret, Jehan Catel, Guillot de Preaux, Pierres Hoart, Vill. Debras.

Conseil : Guill. de Preaux, Guill. de Greges, Jehan d'Avrenches, Giffroy de Gregny, Jehan Maton, Jehan Fauquet.

Sergens o Tresport : Collart Riote, Engueren Lenglois.

Esquevin₂ a Pont : Jehan Briquet, Jehan Roisse, Jehan de Beaurain, Collart le Petit.

Sergent a Pont : Guill. de Cauvierez.

Gautier Adam trouva le ville en debte de ij^c escus ou environ.

Et on devoit a le ville de mauveses debtez environ viij^{xx} escus.

[F° 123 v°.] *Gardes du pain :* Watier de Bouschay, Giffroy Rose, Robert Piguere, Watier Frichon, Pierres le Mareschal, Raoul Courtin, Raoul de Boussoville, Thomas Oudart, Jehan d'Aut, Jehanin Legeret.

Gardes des cervoise₂ : Pierres le Mareschal, Pierres Torel, Noel Sore, Jehan Cachecat, Robin le Vallet, Jaquet de Biaulevrier, Alain Baudry, Thomas Oudart, Jehan d'Aut.

Gardes des dras es poulie₂ et porter le boulon es poulies et de seeler les dras : Jehan d'Enssoneville, Henry Lanbert, Pierres le Blont, Jehan Guillot l'ainné, Jehan Godebaus.

Gardes des dras suɼ les mestiers et pour conter les fiex : Robert Turquetin, Jehan Guillot testart, Pierres le Marqueant, Robin Josel.

Gardes des candeles : Simon Bourgois, Pierres Peletruie, Maugier Malecose, Jehan le Saunier.

Gardes des cuirs et des soulliers : Engueren Boulon, Jehan Grippon, Jehan Esmerillon, Ancel de Rue, Jehan de le Fosce le jolle, Jehan Done dit matelot.

Gardes des poissons : Robert le Barbier, Jehan Baudry, Jehan des Mares.

Gardes du menu venel du bourc : Adam Guerart, Jehan Baudry bébé, Robert le Barbier.

Gardes du menu venel devant le boucherie : Will. Routier, Denis le Fourbeur.

Gardes des sereuriers : Denis le Fourbeur, Collart le Sereurier.

Gardes des tieulles : Simon le Plommier, Giffroy Aubry, Rogier du Foscé.

Gardes des seliers : Guill. Laveignier, Ricart le Solier.

Gardes des pos d'estain : Simon le Plommier, Rogier du Foscé.

Gardes des chars crueɼ et cuites : Simon Bourgois, Pierres Peletruie, Maugier Malecose, Jehan le Saunier.

Gardeɼ des sueurs de nuit : Bertin a Rues, Jehanin Tourneveel, Maupequie de le Cauchie.

Gardes des fourbeurs : Denis le Fourbeur, Collart le Sereurier.

Gardes de le chincherie : Raoul Courtin, Climent Prevel.

Couratiers des vins : Robert le Barbier, Robert le Waasseur.

Couratiers de dras : Jehan Cachecat, Jehan d'Aut.

Vendeur de namps : Cabaret.

Jurati : Jehan Obry dit meuquen, Jehan Papin, Guill. de Craville, Guill. Oquo, Linart Troquelin, Jehan Leroy dit fourbeur, Guilbert de Preaux, Pierres le Prevost, Laurens Fortvallet, Will. Eudet, Henry le Prevost, Robin du Val, Pierrez le Porquier dit meuquen, Jehan Cabe, Martin Loison, Simon le Persone, Collart d'Auchencourt, Robert Gibout, Fremin le Prevost, Jehan Bachenez fu traché pour che que l'an IIII^{xx} et XII il feru 1 des wardes de nuit 1 nommé Jehan Bulois juré.

[F° 124.] *In maioratu* THOME DES WES, anno Domini millesimo CCC°, LVII°.

Eschevins : Gautier Adam, Guill. Saussonn, Guill. Jebin, Giffroy Douce amie, Raoul le Selier, Philippe de Saint Ouen, Jehan de Lespine, Guill. de Listeville, Hue de Beauvès, Giffroy Jebin, Guill. Courbery, Jaquet Sorel.

Conseil : Jehan Roussel, Henry Lorfevre, Ancel Jourdain, Collart Peletruie, Jehan le Prestre, Jehan Tardieu de Flamengueville, Bertaut de Rue, Jehan de le Fosce, Laurens Lionn, Jehan Obry, Hugaut Oudart, Jehan Tardieu drapier, Aleaume Coquet, Jehan Belie, Guill. le Machonn, Guill. de S. Martin, Jehan Hurel.

Tresoriers : Henri Lorfevre, Collart Peletruie, Jehan Tardieu, Jehan de le Fosce.

Avocas : Guill. Delespinoy, Henry de Mouchy, Guill. le Caux, maistre Giffroy de Bufrezvil.

Clerc : Robin Lunel.

Sergens a Eu : Robert le Waasseur et Ricart Caliquet.

Sergens au Tresport : Engueren Lengleis, Collart Riote.

Sergent a Pont : Guill. de Cauveies.

Eschevins au Tresport : Guill. de Preaux, Guill. de Greges, Jehan Croquet, Jehan d'Avrenches, Jehan Matonn, Jehan Fauquet.

Conseil : Vill. Siret, Jehan Catel, Guillot de Preaux, Pierres Hoart, Vill. Debras.

Eschevins a Pont : Guill. Loir, Gillet Bretonn, Jehan de Beaurain, Jehan Briquet.

Gautier Adam maire l'an LVI dit au commun quant le talle fut assize que il lessoit le ville en debte environ xij^{xx} xvij escus de Johan.

Et on povoit devoir a le ville environ ix^{xx} escus Johannes.

[F° 124 v°.] *Gardes du pain et des cervoises :* Jehan de le Fosce le jolle, Robin le Vallet, Jehan de Paris, Villemot Lagot, Thomas Oudart, Jehan Aales, Martin Gouvernel, Watier de Bouschay.

Gardes de draps es poulies et pour seeler les draps : Henry le Caucheis, Jehan d'Ensoneville, Jehan de Paris, Pierres le Blont, Jehan Guillot l'ainné.

Autres gardes de draps pour porter le bouyon sus les mestiers : Robert Turquetin, Johan Guillot tetart, Robin Josel, Will. Miles.

Autres gardes de draps en le Cauchie pour veir es poulies et porter le bouyon : Hue le Porquier, Watier Frichonn, Gringoret, Robert Pinchefalise.

Gardes des cars crues et cuites : Simon Bourgois, Pierres Peletruie, Maugier Malecose, Jehan le Saunier.

Gardes du cuir : Jehan de le Fosce le jolle, Ancel de Rue, Eugueren Boulonn, Raoul de Craville, Jehanin Legeret.

Gardes des candeles et auxi des moutardes : Jehan Mares, Raoul de Craville, Willemot Abelin.

Gardes du menu venel du bourc : Jehan Desqueznois, Robert le Barbier, Jehan Baudry.

Gardes du menu venel devant le boucherie : Guill. Routier, Denis le Fourbeur.

Gardes des clés et sereures et des fourbisseurs : Collart le Sereurier, Denis le Fourbeur.

Gardes des tieulles : Symon le Plommier, Rogier du
Foscé, Giffroy Aubry.

Gardes des celiers : Ricart le Selier, Guill. Lavergnier.

Gardez des pos d'estain : Rogier du Foscé, Simon
le Ploumier.

Gardes des poissons : Jehan Baudry, Jehan des Mares,
Jehan Desquesnois, Robert le Barbier.

Gardes des sueurs de nuit : Bertin a Rues, Jehan
Tourneveel, Maupequie de le Cauchie.

Gardes des chinchiers : Raoul Courtin, Climent
Pevrel.

[F° 125] *Lieurs de fain :* Ricart Pesnet.

Couratiers de vin : Robert le Barbier, Robert le
Waasseur.

Couratiers de draps et alneurs : Vatier Frichon,
Jehan Coullete.

Priseurs de damages de nez : Robert Vasse, Adam le
Noir, Gontier Houart, Robert Tardieu, Jehan Frape
rue, Jehan le Gruier.

Priseurs de cordes et de roys et ceseur des lezses :
Collin le Mongne, Laurens le Cordier.

Gardes du pain et des cervoisez : Laurens Sauville,
Collart de Mignon, Jehan de Greges, Will. le Pare.

Gardes des chars cruez et cuites : Pierre Malederrée,
Jehanin Tardieu.

Gardes du menu venel : Robin de Binoys, Will. le
Barbier.

Garde du foier : Engueren Lengleis.

Conteur de bos : Collart Riote.

Gardes des sueurs de jour et de nuit : Ricart Tardieu,
Mahiet le Picart.

242

Couratier : Guill. de Greges.

Crieur de vins : Laurens Sauville.

Jurati : Jehan de Toflet, Giffrot Morel, Jehanin Marmoulu, Adam Tourneveel, Jehanin Gregnon, Jehanin Fainient, Jehan Canu, Adam Gebert, Guille de Mares, Guiffroy le Fort, Jehan Lestoc dit bauec, Jehan Cochun, Robert Malerbe.

[F° 125 v°.] Les nons des obligés en corps et en biens vers le conte de Namur et vers madame Katerine de Savoie (1) sa fame et dame vaus a cause du douere de la dite dame :

Thomas des Wés, Gautier Adam, Hue de Beauvès, Giffroy Jebin, Guill. de Listeville, Guille de Courbery, Philippe de S. Ouen, Jaque Sorel, Jehan de Lespine, Raoul le Selier, Guill. Bourgois, Guille de S. Martin, Johan Roussel, Guille Nicolle, Pierres le Mareschal, Johan le Mignot, Johan de le Fosse, Laurens Lyon, Bertaut Donvys, Guill. le Machon, Jehan Hurel, Johan Conte, Johan Roussel dit deen, Guill. Savary baillif, Bertaut de Rue, Mahieu de Bures, Ancel Jourdain, Robert Froide, Giffroy Malessars, Robert Lunel, Johan du Val, Johan Faverel, Johan Bekie, Huart de Moriaucourt, Johan le Prosie.

Tresport : Guill. de Preaus fils Climenche, Guill. de Greges, Johan d'Avrenches, Johan Croquet, Johan Maton, Michiel Malederrée, Johan le Sergent, Guill. de Preaux l'ainsné, Guill. de Preaux le jolle, Rogier Malederrée, Johan Catel, Robert de Preaux, Giffroy de Gregny, Johan Fraperue, Pierres Houart, Ricart Salvain, Johan Fauquet sans terre.

---

(1) Catherine de Savoie, veuve de Raoul II de Brienne, épousa en deuxièmes noces Guillaume de Namur.

En le mairie sire Thomas des Wés l'an LVII fu dit au quemun que le ville devoit xij^{xx} et x escus et on povoit devoir a le ville en viron de ix^{xx} et ij^c escus.

[F° 126.] *In maioratu* GUILLELMI DE LISTEVILLE, anno Domini M° CCC° quinquagesimo VIII°.

Eschevins : Sire Thomas des Wés, Guill. Sausonn, Johan Roussel, Henry Lorfevre, Johan Tardieu, Collart Poiletruie, Ansel Jourdain, Bertaut de Rue, Johan Hurel, Johan de le Fosce, Guill. de Saint-Martin, Johan Belie.

Conseil : Guill. Despisnoy, Gautier Adam, Hue de Beauvez, Giffroy Jebin, Guill. Jebin, Johan Tardieu de Flamengueville, Jaquez Sorel, Giffroy Douce amie, Raoul le Selier, Philippe de Saint Ouen, Guill. Courbery, Johan le Prestre, Laurens Lionn, Johan Obry, Hugaut Oudart, Aleaume Coquet, Guille le Machonn, Johan de Lespine, Henry Lanbert, Bertaut Donvys, Raoul Courtin, Johan de Lespine.

Tresoriers : Guill. Courbery, Giffroi Douce amie, Raoul le Selier, Philippe de Saint Ouen, Jaquez Sorel.

Clerc : Robert Lunel.

Sergens : Johan Lescrivain, Ricart Caliquet, Raoul de Craville.

Avocas : Maistre Giffroi de Bufrevile, Guill. le Caux, Henry de Mouchy, Guill. Despinoy.

Eschevins au Tresport : Guillot de Preaus, Johan Catel, Giffroy de Gregny, Watier Batenmare, Pierres Houart, Will. Debras.

Conseil : Guille de Preaux, Guill. de Greges, Johan d'Avrenches, Johan Coquet, Johan Fauquet, Johan Maconn.

Esquevins a Pont : Collart le Petit, Pierres Walez, Jehan de Beaurain, Gilles Bretonn.

Sergens au Tresport : Engueren Lengleis, Collart Riote.

Sergent a Pont : Guill. de Cauveies.

Vendeur de namps : Giffroi Sourre.

Attourneȝ : Guill. le Machonn.

[Fº 126 vº.] *Vardeȝ du pain et des cervoises :* Johan de le Fosce, Robin le Vallet, Lois Nicole, Johan de Paris, Willemot Lagot, Martin Gouvernel, Watier de Bouschay, Thomas Oudart.

Gardes des draps es poulies et pour seeler : Henry Lambert, Johan de Paris, Pierres Le Blont, Johan Guillot l'ainné.

Gardes des draps suȝ les mestiers : Johan Guillot testart, Robin Josel, Laurens de le Mote l'ainné, Guille Milez.

Gardeȝ de draps en le Cauchie a poulie et sus les mestiers : Watier Frichonn, Hue le Porquier, Gringoret Ligier, Robin Pinchefalise.

Gardes des chars crueȝ et cuiteȝ : Simon Bourgois, Maugier Malecose, Simon Nicole, Johan le Saunier.

Gardes du cuir : Giffreet Morel, Ancel de Rue, Ricart Aubry, Benoit Galet, Bertin a Ruez.

Gardes deȝ candelleȝ : Willemot Abelin, Huet Abelin, Johan Mares.

Gardes du menu venel du bourc : Johan Baudry bébé, Drouet du Fresne.

Gardes du menu venel devant le boucherie : Guill. Routier, Denis le Fourbeur.

Gardes des clés et deȝ sereures : Collart le Sereurier, Denis le Fourbeur.

Gardes des tieulles : Simon le Plommier, Rogier du Foscé, Giffroy Aubry.

Gardes des seliers : Guill. Lavernier, Ricart Le Selier.

Gardes des pos d'estain : Rogier du Foocé, Simonn le Plommier.

Gardeʒ des poissons : Johan Baudry, Johan des Marez, Johan Lestoc dit vanet.

Gardes des sueurs de nuit : Bertin Gosset, Johan Tourneveel, Maupequie de le Cauchie.

Gardes des chinchers : Raoul Courtin, Climent Pevrel.

Courratiers et alneurs de draps : Watier Frichonn, Climent le Clerc.

[Fº 127.] *Regars du pain et des cervoiseʒ au Tresport :* Wille le Parc, Wille le Barbier, Watier Desquauz, Giffrot le Fort.

Priseurs de domages de nés et de rois : Robert Tardieu mouton, Robert Wasse, Adam le Noir, Gontier Houart, Johan Frape rue, Johan le Gruier.

Crieur de vins et vendeur de namps : Laurens Sauville.

Courratier : Johan de Greges.

Conteur de bos : Watier Le Fevre.

Garde du Foier : Engueren Lengles.

Priseur de roys : Collart le Mongne, Laurens le Cordier.

Gardes des sueurs : Mahieu le Picart.

Gardes du menu venel : Wille le Barbier, Robert de Binois.

Gardes des chars crues et cuites : Willemot Loubart, Johanin Malderrée.

Jurati : Pierrez Esmerillon, Jehan le Duc, Bertaut de le Cauchie, Laurens Eude dit soutil, Peret Caynel, Henriet Grignon, Guill. Caperon, Thomas Leureus, Johan Milet boucher, Johan Roussel dit deen.

Jurés du Tresport : Will. Louloit, Rogier Tardieu,

Adam le Mongne, Johanin Tuïn, Motin Wiart, Benoit Conte, Robert Conte, Huet Denis, Guillebert Lagot, Dubos le Huchier, Willemot Fael le Jolle, Johan le Mignot, Rogier Mauchion, Johan Lachece, Johan le Borgne, Johan de Senneville, Johan le Waaseur de Matomesnil, Perot Adens, Will. Valen, Johan Pigoe, Johan de Gally, Robert Lourdel, Lambert Poilevilain, Thomas le Carpentier, Johan le Brument, Huguet le Pipeur, Perot Queval.

Le samedi xxvj^e jour de jung, l'an de grace mil CCC LVIII, requist le commun au maire et eschevins que ceux qui avoient receues les impositions en temps passé rendissent conte par devant hommes esleus de la partie du commun de ceste paroisse.

It. requist le dit commun que les arrierages qui estoient debus en tempz passé fussent estraitez, leur fussent baillés et ils en expleteroient et feroient venir eus.

It. iceux requerans auxi que ceux qui avoient receues les rentes que Johan Despres disoit a li appartenir eutre que le dit Johan et le vile procederont l'un vers l'autre, contassent et monstrassent en clarté les receptes et les mises. Adquellez coses dessus dites le dit commun se restraint a tant et disoient que il leur soufisoit ainsi en estre faitez. Et de present lez coses par avant dites leur furent acordées en le presence de ceux dont lez noms ensuivent, c'est assavoir Guill. de Listeville adonques maire...

[F° 127 v°.] *In meioratu* Guill. Jebin, anno Domini M° CCC° quinquagesimo IX°.

Eschevins : Guill. de Listeville, Hue de Beauvès, Gautier Adam, Guill. de Courbery, Guill. de Preaus fiex Climence, Giffroi Douce amie, Philippe de Saint Ouen, Jaquez Sorel, Giffroi Jebin, Raoul le Selier, Johan Obry, Johan le Prestre.

Consiliatores : Thomas des Wés, Guill. Sausson, Johan Roussel, Henri Lorfevre, Johan Tardieu drapier, Collart Poiletruie, Ansel Jourdain, Bertaut de Rue, Johan Hurel, Johan de le Fosse, Guill. de Saint Martin, Johan Belie, Guill. Dezpinay, Johan Tardieu de Flamengueville, Laurens Lyon, Aleaume Coquet, Guill. le Machon, Johan de Lespine, Henry Lanbert, Raoul Courtin, Bertaut Donvis.

Esquevins au Tresport : Guill. de Preaus, Johan Croquet, Guill. de Greiges, Johan Maton, Gillet Goderen, Robert Tardieu dit moutonn.

Conseil au Tresport : Johan Catel, Giffroi de Gregny, Watier Batenmare, Pierres Houart, Will. Debras, Guill. de Preaux.

Esquevinꝫ a Pont : Guill. Loir, Johan Briquet, Gilles Bretonn, Pierres Wales.

Tresoriers : Johan Roussel et garde dez clés, Henry Lorfevre, Ancel Jourdain, Collart Poiletruie.

Clerc : Robert Lunel. *Sergens* : Johan Lescrivain, Raoul de Caville, Ricart Caliquet.

Sergent a Pont : Guill. de Cauveiez.

Sergens au Tresport : Engueren Lenglois, Johan de Greges.

Avocas : Guill. Despinoy, Henry de Mouchy, Giff. de Bufresvil.

Couratiers de vins : Robert le Barbier.

Mesureur de carbon et compteur de bos : Thomas le Gruier.

Il fu jugé et ordenné par maire eschevins et conseil en ceste mairie que il ne puet partir a vins vendus a detail ne a nul autre denré vendue semblable que de ix personnez ensemble.

(F° 194.) L'an mil CCCLIX xiiij° jour de Javier, le

cauchie de le porte du marchié ad quevaux fut baillié a
Pierres Boistel jusques a ix ans terme commenchant a
pasques ensuivant, par cinquente roiaus d'or qui paia presentement, et wint livres de rente que le ville doit a le
vie dudit Pierres et de Johan son fiex, de quoy le ville
sera quitte les noef ans dessus dis durant. Et se ainsi estoit
que le dit Pierres et son fil alast de vie a trespassement
dedens les ix ans, les hoirs du dit Pierres ou ceulx qui
aroient cause dez dessus dis, paieroient a le ville les wint
livres de rente jusques a le fin des ix ans dessus dis. Et se
ainsi estoit que le porte du marchié ad quevaux fust fremée
et les portes du Tresport ou le porte Moullezte estoient
ouvertez, le dit Pierres peut coisir lequelle que il ly
plezra.

[F° 128.] *Gardes du pain :* Johan de le Fosse le jolle,
Robin le Vallet, Guill. Lagot, Martin Gouvernel, Will.
Abelin, Giffroi Rose.

Gardes des cervoisez : Johan Ales, Johan Maugier,
Noel Sore, Guill. Lagot, Johan de le Fosse, Robert
Lourdel.

Gardes dez draps es poulies : Henry Lanbert, Hue
d'Ensonneville, Johan d'Ensonneville, Pierre le Blonnt.

Gardes dez draps suz les mestiers en le Tainture :
Robin Senescal, Johan Guillot testart, Robin Josel,
Guill. de Neville.

*Gardes des draps sus les mestiers et es poulies en le
Cauchie de Eu :* Guill. du Moulin, Hue le Porquier,
Gringoret Ligier, Robin Pinchefalise.

Gardes des chars cruez et quitez : Johan le Saunier,
Maugier Malecose, Simon Nicole, Simon Bourgois.

Gardes des cuirs et souliers : Ricart Aubry, Pierres
Adens, Ansel de Rue, Giffret Morel, Benart Galet.

Gardes des sueurs de nuit : Bertin a Rues, Johan
Gouvernel, Guill. Maupequie.

Gardes de cuir meguyche : Riquier de Sally, Giffreet Lagot.

Gardes de candeile et moustarde : Johan Baudry, Will. de Mares, Noel Sore.

Gardes du menu venel a le puiec : Johan Baudry, Johan Crestien, Robert le Barbier.

Gardes du menu venel devant le boucherie : Guill. Routier, Collart le Barbier, Johan Bacherie.

Gardes des clés et dez sereures : Johan Viquenel, Denis le Fourbeur.

Gardes des tieullez et sont espionnées a ploime (?) : Simon le Plommier, Giffroi Aubry, Rogier du Fossé.

Gardes des seliers : Guill. Lavernier, Ricart le Selier.

Gardes des pos d'estain : Rogier du Fossé, Simon le Plommier, Johan Ogne dit feret.

Gardes des poissonniers : Johan Baudry, Robert le Barbier, Johan des Mares.

Gardes dez chinchers : Raoul Courtin, Climent Pevrel.

Regars de pain et de cervoisez au Tresport : Watier le Barbier, Laurens Sauville, Moiet Lombart, Will. le Barbier.

Priseur de domages de nés et de rois : Robert Wasse, Adan Le Noir, Gontier Houart, Johan le Gruier, Bertin le Mongne, Johan Fraperue.

Crieur de vin et vendeur de namps : Laurens Sauville.

Couratier : Guill. de Greiges.

Compteur de bos : Mahieu le Picart.

Garde du Foier : Engueren Lenglès.

Priseurs de roys et de cordáiles : Collart Le Mongne, Bertin le Mongne.

Gardes des sueurs : Mahieu le Picart, Rogier Tardieu.

Gardes du menu venel : P. de Binois, Will. le Barbier.

Gardes de chars crues et quitez : Willemot Lombart, Johanin le Malederrée.

Jurez : Johan d'Auquemesnil, Collart le Semeur, Pierres de Croville, Guillot du Nortel, Pierres Blart, Engueram le Carpentier, Adam de le Cambre, Johan Hoche, Pierres Roussel, Pierres Picotin, Robert de Deevile, Guill. du Ponnt dit grand wallet, Simon Morel, Watier de Guemachez, Laurens le Caronn, Guill. de Hornoy dit cahet, Hugaut de Faenche, Johan de Pont de Betencourt, Johan du Pont dit maisinguet, Laurens Wauquet, Guill. Cade, Guill. Hinel.

[F° 128 v°]. En le mairie sire Guill. de Listeville fu dit au quemun que le ville poveit devoir environ iiij° et x escus. Et on povoit devoir a le ville environ ix^xx escus.

Le dimence ij° jour de Jung l'an mil CCCLIX, fu dit et acordé que Guill. Jebin maire et capitain de la ville de Eu ara sus la ville pour ses gages des deux ofices de servir chent et cinquente escus, dont les impositeus courans pour le temps paieront pour cause de le capitainnerie chent et dis escus. Et sus les tailles de l'acelte sera pris a cause de sa merie xl escus. Et fu jugé et ordenné presens ceulx dont les noms ensuivent : Primes : Hue de Beauvez, Guill. Sausson, Guill. de Listeville, Guill. Despinoy, Johan Roussel, Johan Aubry, Henri Lorfevre, Ancel Jourdain, Collart Poiletruie...

Baineurs : Pierres le Mareschal, Johan Maugier, Johan d'Ensonneville, Johan de Paris, Benart Conte, Simon Nicole, Pierres Lescot, Robert Frede et autres.

L'an LIX, en le mairie sire Guill. Jebin fu dit au commun que on deveit a le ville environ ix^xx et x escuz. Et le ville poveit devoir environ v° escus.

[F° 129.] *In maioratu* THOME DES WES, anno Domini M° CCC° LX°, XII° die aprilis.

Eschevinz : Guill. Jebin, Johan Roussel, Guill. de Preaux, Guill. Sausson, Henry Lorfevre, Ancel Jourdain, Collart Poiletruie, Bertaut d'Aulbemalle, Johan de Lespine, Guill. Despinoy, Henry Lanbert, Guill. de S. Martin.

Conseil : G. de Listeville, G. Adam, G. de Courbery, G. Douce amie, Philippe de S. Ouen, Jaques Sorel, Giffroi Jebin, Raoul le Celier, Johan Obry, Johan le Prestre, Johan Tardieu drapier, Johan Hurel, Johan Belie, Johan Tardieu de Flamengueville, Laurens Lionn, Aleaume Coquet, Guill. le Machonn, Raoul Courtin, Bertaut Donvis, Benart Conte, Johan de le Fosce, Simonn Nichole.

Esquevins au Tresport : Guillot de Preaux, Giffroi de Gregny, Watier Batenmare, Johan Catel, Pierres Houart, Guill. Debras.

Conseil au Tresport : Guill. de Greges, Johan Matonn, Gilles Goderen, Guill. de Preaux cainel, Johan Croquet, Robert Tardieu moutonn.

Esquevinz a Pont : Johan Reisse, Pierres de Tourville, Guill. Loir, Gillet Bretonn.

Tresoriers : Raoul le Celier, Philippe de Saint Ouen, Giffroi Douce amie, Jaques Sorel.

Clerc, Robert Lunel. *Sergens :* Johan Lescrivain, Ricart Caliquet, Raoul de Craville.

Avocas demourant au conseil de le ville : Maistre Giffroi de Brufreville, Guill. Despinoy, Henri de Mouchy.

Sergens au Tresport : Engueren Lenglois, Johan de Greges.

Sergent a Pont : Guill. de Cauveies, Robert le Waasseur sergent pour faire venir a trait pour le fort.

Gardez du pain : Pierres le Mareschal, R. Courtin, Giffroi Lagot, Martin Gouvernel, Giffrei Rose, Dubos le Hucher.

Gardes dez draps es pouliez : Johan d'Enssonneville, Pierres le Blont, Johan de Paris, Robert Senescal.

Gardes des draps suz les mestiers : Johan Guillot testart, Giff. Turquetin, Robert Josel, Guill. de Neville.

Gardez des draps suz les mestiers en le Cauchie et es pouliez : Collart le Personne, Hue le Porquier, Gingoire Ligier, Robert Pinchefalize.

Couraties de draps : J. Cachecat, J. Coulliezte.

Gardes des cervoisez : Pierres le Mareschal, Giffroi Lagot, Robert Turquetin, Johan Maugier, R. Lourdel, Johan Cachecat, Jaques de Beaulevrier, Dubos le Hucher.

Gardes des cuirs et des souliers : Giffrot Morel, Ancel de Rue, Peret Adens, Benart Galet, Ricart Aubry.

Gardes des chars cruez et cuitez : Johan le Saunier, Maugier Malecose, Simon Bourgois, Jehan Nicole.

[F° 129 v°.] *Gardes o Tresport du pain et des cervoisez :* Robert de Binois, Johan Le Noir le jolle, Johan Obelet, Giffreet le Fort.

Priseur de domages de nés et de rois.

L'an LX en le mairie sire Thomas des Wés fu dit au comun que le povoit devoir environ viij^c escus et de tant le leissoit en debte les aboutées paiées qui ont estés presentés.

Jurés : Johannin Tardieu, Pierres le Cordier, Michel Lamant, Watier Feret, Collart de Leavis, Johan du Tot, Henry de Rue, Colart Lucas, Johan Remont dit, Ricart Nichon.

[F° 130.] *In maioratu* JACOBE SOREL, anno Domini M° CCC° LX° primo, die quarta mense aprilis.

Eschevins : Sire Thomas de Wés, Guill. Sausson, Gautier Adam, Guill. de Listeville, Guill. de Corbery, Jehen de Saint Ouen, Raoul le Selier, Guiffroy Douce amie, Johan Obry, Johan de le Fosse, Johan le Prestre.

Conseil : Henri Lorfevre, Guill. Jubin, Johan Roussel, Ancel Jourdain, Collart Peletruie, Bertaut de Rue, Johan de Lespine, Guill. Despinoy, Henry Lambert, Guill. de Saint Martin, Johan Tardieu drappier, Johan Tardieu de Flamengueville, Johan Hurel, Laurens Lion, Aleaume Coquet, Guill. le Machon, Raoul Courtin, Bertaut Donvis, Benart Conte, Symon Nicole, Johan Belie.

Eschevins au Tresport : Guill. de Preaulx le jeune, Guill. de Greiez, Johan Maton, Robert Wasse.

Conseil au Tresport : Guillot de Preaulx, Johan Catel, Guiffroy de Gregni, Wattier Batamare, Guill. Debras, Pierres Houart.

Eschevins a Pont : Pierres Walles, Gilles Breton, Guill. Loir.

Tresoriers : Ancel Jourdain, Bertaut de Rue, Henry Lorfevre, Johan Tardieu drappier.

Clerc : Messire Johan le Sergent. *Sergens :* Johan Lescrivain, Guiffrey Morel. — *Advocas demourant au conseil de le ville.*

Sergens du Tresport : Engueren Lengleis, Johan de Greges.

Sergent de Pont et messier : Perrot le Vaasscur.

Gardes de pain : Robin le Vallet, Robin Lourdel, Robin le Boulenguier, Martin Tourneveel, Dubos le Huchier, Wattier de Busseville.

Gardez de draps sur les mestiers : Johan Guillot

testart, Guiffroy Truquetin, Robert Josel, Guill. de Neeville.

Garde de draps en le Cauchie sur le mestier.

Garde de draps es poulies : Johan d'Ensonneville, Pierres Le Blont, Johan de Paris, Robert Senescal.

Courestiers de draps : Johan Cachecat, Johan Coulleite.

Gardes des chervoises : Robin le Vallet, Robin Lourdel, Robin le Boulenguier, Dubos Huchier, Watier de Brusseville, Martin Gournevcel.

Gardes des chars crues et cuites : Guiffroy Morel, Johan Nupiés, Ancel de Rue, Perot Adens, Ricart Obry.

[Fº 130 vº.] *Gardeʒ de pain et de chervoise au Tresport :* Gillot Obelet, Guill. le Barbier, Laurens Sauville, Aden Croquet.

Laurens Sauville *vendeur de namps et crieur de vins.*
Guill. Anesine *compteur de bosc.*

Jehan de Greiges *courestier,* plege Johan Eutel, Guill. de Greiges.

Priseurs de reys : Colin le Mongne, Ricart le Mongne.

Priseurs de nefs et de caulles : Gontier Houart, Aden le Noir, Johan Funcine, Johan le Gruier, Raoulet le Pilleur.

Gardeʒ de chair quites et crues : Aden Croquet, Motet Lombart.

Gardeʒ des soulliers : Colin Harenc, Guill. Anesine.

Gardeʒ de fourmage et de cef.. : Gillot Obelet, Guill. le Barbier.

Jurés : Robert le Boulengier, Pieres le Lonc, Regnaut du Mont Huon, Johannin Faverel, Laurens Bertelot, Guillot Courtin, Johan Jibout alias Blangi, Johan du Pont, Johan Chechille, Guill. le Waasseur.

Jurés au Tresport : Gueroudet le Seic, Guiffroy du Tot, Colin Wasse, Jehan Bochier.

Jurés de Pont : Jehan Briquet le jeune, Jehan de Gueiberoy.

Il fu ordené en plaine esquevinage que lez lieurs de fain aront pour cent iij s. 1 gros tour. a 1 O pour xviij d., 1 franc pour xx s., et fu cheste ordenance faite le iij^e jour de juilet l'an LXI de le mairie sire Jaques Sorel.

[F^o 131.] Le premier jour de decembre, l'an LXI par devant Jaques Sorel maire pour le temps, Johan de Saint Ouen, Johan de le Fosse eschevins, fu present Johan Roguez malade du mal saint Ladre, qui renoncha a le jurée de la communalté, a tous les drois que il peut avoir ne reclamer a drois de le maladerie de Glans, ne que jamès ne reclamera ne riens n'i demandera, ne jamès en cheste ville n'entera, se n'est pas le congié du maire et de ses eschevins qui pour le temps seront. La fu messire Jehan le Sergent, Johan Lescrivain, Robert le Vaasseur sergens, Jehan de le Cousture maistre de le maladerie de Glans. Et fu la fame du dit Johan qui fit prostation que renunciacion que le dit Johan fache ne li fache aucun preiudice pour li ne pour ses enfans pour le temps a venir.

L'ordenanche faite en plaine esquevinage le x jour de javier de le mairie sire Jaquez Sorel sur les bienneus.

Premierement, il fu ordené que il aront de chascun tonnel de vin venus au cay de sairchier de naveaux et de tout nefs a plat sans auchier en careste, et meitre en chelier ou eulz ne metront jamès d'apareil, il aront v gros de flandrez, et se euls il meistent leur appareil, il aront vj gros, et de une nef a quille ou il est arimage, se euls il meitent appareil, il aront vij gros, et se il n'en meitent point il aront v gros, mès il prenderont les vins sur le bort de nef et leur sera mis sur leur mairiens et se il descendent ɪ tonnel de le careste et il ne l'avalent point, il aront ij gros, et se il l'avalent un chelier il aront iij gros, et se il le saquet du chelier et meitent en careste il aront vj gros.

[F° 132.] *In maioratu* Johannis Roussel, anno Domini M° CCC° LXII°, die quindecima mense aprilis.

Scabinos : Jaques Sorel, Guill. Sausson, Guill. Corbery, Henry Lorfevre, Jehan Tardieu drappier, Bertaut de Rue, Jehan de Lespine, Benart Conte, Jehan Hurel, Collart Peletruie, Jehan Tardieu de Flamengueville, Laurens Lyon, Guiffroy Jubin.

Conseil : Thomas des Wés, Henry Lambert, Gautier Aden, Guill. Jebin, Guill. de Listeville, Philippe de Saint Ouen, Jehan Obry, Raoul le Selier, Guiffroy Douce amie, Johan de le Fosse, Johan le Prestre, Guill. Despinay, Aleaume Coquet, Guill. le Machon, Raoul Courtin, Jehan Belie, Guill. Rue, Symon Nicole, Bertaut Donuis, Guill. du Pont, Guill. Nicole, Guill. le Machon le jeune.

Eschevins au Tresport : Guillot de Preaulz, Jehan Catel, Guiffroy de Gregni, Pieres Houart, Guill. Debras, frere d'Avrenches.

Conseil au Tresport : Guill. de Preaux le cainel, Guill. de Greiges, Johan Maton, Robert Wasse, Mouton Tardieu, Gilles Godren, Johan d'Avranches.

Esquevins a Pont : Johan Rasse, Robert Bierestel, Guill. Loir, Gilles Breton.

Les clés des coffres de l'eschevinage sont balliés a Guill. Sausson.

Tresoriers : Philippe de Saint Ouen, Johan de le Fosse, Johan le Prestre, Guill. du Pont.

Le Clerc : Johanin Lescrivain. *Les sergens :* Mailliet, Guiffroy Morel.

Avoquas : Mestre Guill. de Bufresvil, Guill. Despinoy, Henry de Mouchy.

Les sergens du Tresport : Engueren Lenglois, Johan de Greges.

Le sergent de Pont et messier : Le messaige de Pont de l'an LXIII est donné a Pierres le Vaasseur.

Gardes de pain : Robin le Vallet, Robin le Boulenguier, Robin Lourdel, Dubos le Huchier, Martin Gouverneel, Watier de Boissoi, Johanin Coites.

Gardes de draps sur les mestiers : Jehan Guillot testart, Guiffroy Truquetin, Robert Josel, Guill. de Neeville.

Gardes des draps es poulies : Jehan d'Ensonneville, Pieres le Blont, Jehan de Paris, Robert Senescal.

Garde de draps en le Cauchie sur les mestiers et es poulies : Hue le Porquier, Colin le Personne, Robert Pinchefaleise, Gringoret Ligier.

Courestiers de draps : Jehan Aicheart, Jehanin Coulleite.

Couretiers de vins : Jehannin le Sormien, Robert le Barbier.

Gardes des cervoises : Robin Lourdel, Robin le Vallet, Jehan Conte, Robin le Boulenguier, Dubos le Hucher, Watier de Boissoi, Martin Gouvernel.

Gardes des cuirs tennés : Guifferot Morel, Perot Adens, Ricart Obry, Ancel de Rue, Jehan Nuppiés, Guillebert Nuppiés.

[Fº 132 vº.] *Gardes de sueurs de nuit :* Guill. Malpequié, Jehanin Marsignet, Guill. Pinchefaleise.

Gardes de chars cuite : Jehan Nicole, Symon Bourgois, Symon Marc, Mauger Malecose.

258

Gardes de candeiles et de moustarde : Symon Nicole, Noel Sore, Guill. de Mares.

Gardes de menu venel a la piec : Robinet le Barbier, Jehan Baudri, Jehanin Crestien, Pieres de Neeville.

Gardes du menu venel devant le boucherie : Guill. Roitirer, Collart le Barbier, Jehan Bacherie, Denis le Fourbeur.

Gardes de clés et de sereures : Johan Viquenel, Denis le Fourbeur.

Gardes de cuirs meguiche : Jehan du Cruex, Guiffroy Lagot.

Gardes de tieulles : Roger du Fossé, Guiffroy Obry.

Gardes de selliers : (Aden Tourneveel) mort, Matelot et Lorens de le Dolouere.

Gardes de pos d'estain : Roger du Fossé et Guill. Obry.

Gardes de poissons : Jehan Baudry, Jehan de Mares, Pieres le Mareschal, Robinet le Barbier, Jehan Desquesnois.

Gardes de Chincheis : Raoul Courtin, Climent Peure.

Gardes du pain et des chervoises au Troisport : Gillet Obelet, Lorens Sauville, Guill. le Barbier, Guiffroy le Fort.

Gardes des chars quites et crues : Adam Croquet, Motet Lombart.

Gardes des cuyrs et des soulliers : Colinet Harenc, Guillemot Quareme.

Gardes du menu venel : Guillemot le Barbier, Colinet Harenc.

Priseur de reys et d'apleet de mer : Colin le Mongue, Ricart le Mongne.

Priseurs de nés : Johan le Gruier, Johan Frapperue, Gontier Houart, Adan le Noir, Bertin le Mongne.

Crieeur de vins et vendeur de namps au Troisport : Lorens Sauville.

Courretier de vins au Troisport : Johan de Greges.

Et sont demourés tous les dessus dis en office pour cause de che que monsg^r n'estoit point au pais, ne il n'i avoit qui recheut l'eslection qui fecte avoit esté, afin de y mettre maire. Pour quoy il fu requis de madame que le maire gardast le juridiction jusques a tant que monsg^r en aroit ordené.

Jurés : Auber Maton, Benart Tilleren, Jehan Guenit, Watier Dufour, Johanin Bouloche, Fremin de Beaurain, Lorens de le Dolouere, Matin du Val, Martin Boistel, Johan Campion, Gillez Niches, Philippe de Anmib, Pierres le Vasseur, Johan le Vasseur fils Robert le Vasseur, Guill. Prison, Johan le Merchier, Robert de Haudivile, Colin Valen, mestre Johan Loubier.

Jurés au Tresport : Pierres Labbé, Pierres le Mongne, Johan d'Abbeville vilain, Johan Lenglois fils Jaques.

[F^o 133.] *En le mayrie* SIRE GUILL. SAUSSON, l'an LXIII. Et y entra le dyemenche xiij^e jour du moys d'aoust, et fist serment en plain quemun chu jour, et atendi tant a estre fet pour che que monsg^r estoit hors du pais ovec le Roy et demoura Johan Roussel en le mairie jusques au jour dessus dit par le puer de madame, si comme il appert par ses lettres clozes les quelles sont chiens.

Eschevins : Johan Roussel, Gautier Adan, Guill. Jubin, Johan de le Fosse, Philippe de S. Ouen, Johan Belie, Raoul le Selier, Johan Obery, Guill. du Pont, Bertaut Donnelvys, Symon Nicole, Guill. Bonlot.

Conseil : Jaques Sorel, Guiffroy Jubin, Henry Lorfevre, Johan Tardieu drappier, Bertaut de Rue, Johan

Tardieu de Flamengueville, Lorens Lyon, Henry Lambert, Guiffroy Douchamie, Guill. Despinoy, Aleaume Coquet, Guill. le Machon l'ainné, Raoul Courtin, Guill. Nicole, Guill. le Machon le jeune.

Nouvel Conseil en l'an et u jour : Robert le Vallet, Robert Frede, Benart Roussel, Johan Conte, Johan Lagot, Pierres Lescot, Huet Quaqueleu, Guill. du Moulin, Guill. Lyenart, Johan d'Enssonneville, Benart Roussel.

Esquevins au Troisport : Guill. de Preaux cainel, Johan de Lespine, Johan Maton, Robert Vasse, Gilles Goderen.

Conseil du dit lieu : Johan Quatrel, Pierres Houart, Guill. Debras, frere d'Avrenches.

Esquevins de Pont : Johan Bryquet, Pierres Vales. *Consei. du dit lieu :* Colin le Petit, Gilles Berton.

Tresoriers : Bertaut de Rue, Henry Lambert, Henry Lorfevre varde lez clés des boistes et des vages, Benart Conte.

Johan de le Fosse varde les clés des chartes.

Gardes du pain et des chervoises de le ville de Eu : Alain Baudry, Johan Baudry, Guill. Abbelin, Johan Faverel, Robert le Boulenguier, Vatier de Bouchay, Dubos le Huchier, Martin Gouvernel.

It. *Gardes en le Cauchie de Eu :* Guill. Lagot, Johanin Coullete, Johan Quachequat.

Gardes des draps en poulies : Johan d'Enssonneville, Pierres le Blont, Johan de Paris et Vatier de du Seel, Robert Senescal.

Gardes des mestiers de le Cauchie : Johan le Lonc, Colin le Personne, Gringoiret Ligier, Gilles Fainient.

Gardes de porter le bougion sus les mestiers : Guiffroy Tourquetin, Guillemot Guillot, Robin Jozel, Guill. de Neville.

Courretiers de draps : Johan Quachequat, Johan Coullette.

Gardes des cuyrs tanés : Tournaut, Johanin Saitte, Anssel de Rue, Guiffroy Morel, Roger Obery, Pequie.

Gardes des sueurs de nuyt : Tournaut, Guill. Maupequie, Johanin Marsinguet, Colart Done.

Gardes de char cuyte : Symon Bourgeois, Robert Choport, Guill. de Mares, Johan le Merchier.

Gardes des candeilles et de le moustàrde : Guill. de Mares, Guill. Malecose, Johanin Myette.

[Fº 133 vº.] *Gardes du menu venel a le puiec :* Robinet le Barbier, Johan Baudry, Johanin Crestien.

Gardes du menu venel devant le boucherie : Guill. Routier, Colart le Barbier, Johan Bacherye, Denis le Fourbisseur.

Gardes du pain et chervoises du Troisport : Gilles Obelet, Lorens Sauville, Johan le Fort, Nicole Harenc.

Gardes de chars cuytes et crues : Johanin Tardieu, Lorens Sauville.

Gardes du menu venel : Colinet Harenc, Johan le Fort.

Priseeurs de roy d'applet de mer et tesseeur de roys : Colin le Mogne, Ricart le Mongne.

Jurés : Bertaut Anquetin, Johan du Pont, Johan de le Varane, Johan Bryoche, Johan de Myannoy, Mahieu le Picart, Huet le Prevost, Huitasse Vilnel, Robert Lonnel, Raoul Regnout, Robin le Fevre, Guill. Tardieu de Flamengueville, Johan le Wasseur dit saicte, Robert Guerart, Johan le Fevre cangeur, Benart Roussel, Pierres Gavebel, Johan Baillie dit Bt., Guill. Lachore, Bertin le Pasteur, Pierres Lonnel.

[F° 134.] *En le mairie* SIRE JOHAN ROUSSEL, en l'an de grasse mil CCC LXIIII.

Esquevins : Guill. Sausson, Guiffroy Jubin, Guill. Boulot, Jaques Sorel, Henry Lorfevre, Benart Conte, Bertaut de Rue, Henry Savile, Lorens Lyon, Guill. le Machon le jeune, Benart Roussel, Johan Tardieu drappier.

Conseil : Sire Thomas des Wés, Gautier Adam, Guill. Jubin, Johan de le Fosse, Philippe de S. Ouen, Johan Belie, Raoul le Selier, Johan Obry, Guill. du Pont, Bertaut Donnvys, Symon Nicole, Johan Tardieu de Flamengueville, Guiffroy Douchamie, Aleaume Coquet, Guill. Despinoy, Guill. le Machon l'ainné, Raoul Courtin, Robert le Vallet, Robert Frede, Johan Lagot, Pierres Lescot, Guill. du Moulin, Huet Quaqueleu, Guill. Lyenart, Johan d'Enssonneville, Guill. Nicole, Johan Conte.

Tresoriers : Philippe de S. Ouen, et wardera les clés des boistes, Johan de le Fosse, Guill. du Pont, Johan Donvys. — Guill. Sausson ara les clés des chartres.

Esquevins du Troiport : Johan Quatel, Pierres Houart, frere d'Avrenches, Raoul Croquet, Bynois.

Conseil : Guill. de Preaux, Johan de Lespine, Robert Vasse, Guill. Debras, Gilles Goderen, Johan Maton.

Esquevins de Pont : Johan de Guerberoy, Pierres de Tourville.

Gardes du pain : Alain Baudry, Johan Baudry, Guill. Abelin, Robert le Boulenguier, Vatier de Bouchay, Dubos le Huchier, Guillemot Lagot, Johannin Coulliette, Johan Quachequat, Alixandre de Bures, Johaneaux Marmoulu.

Gardes des draps en poulies : Johan d'Ensonneville, et en a le seél, Pierres le Blont, Johan de Paris, Robert Senescal.

Gardes des mestiers de le Cauchie : Johan le Lonc, Colin le Personne, Gringoret Ligier, Gilles Fainient.

Gardes de porter le bouion par les mestiers : Guiffroy Tourquetin, Guillemot Guillot, Robin Jozel, Guill. de Neville.

Courretiers de draps : Johan Quachequat, Johan Coulliette.

Couretiers de vins : Guiffroy Morel, Johan Donc.

Gardes des cuyrs : Guiffroy Morel, Anssel de Rue, Ricard Obry, Saitte.

Gardes des sueurs de nuyt : Tournaut, Johanin Maisingnet, Benart Galet, Colart Done.

Gardes de char cuyte : Symon Bourgois, Robert Choport, Johanin le Merchier, Robert de Deeville.

Gardes des candeilles : Symon Bourgois, Robert Choport, Fac, Johanin Sore.

Gardes du menu venel devant le puiec, et de le moustarde : mestre Johan Loubleer, Johan Baudry, Pierres le Mareschal, Johan des Mares.

Gardes devant le boucherie : Guill. Routier, Colart le Barbier, Johan Bacherye, Denis le Fourbisseur.

[F° 134 v°.] *Offsciers o Troisport. Serians du Troisport :* Johan Trubert, Johanin Lenglois.

Gardes du pain et chervoises : Gilles Obelet, Roger Tardieu, Robert Lonnel, Lorens Sauville.

Gardes de menu venel : Colin le Picart, Johanin le Fort.

Gardes des bouchiers et pour char cuyte et crue : Johanin Tardieu dit malederré.

Conteur de bos : Colart Ryote.

Priseurs de nefs, de caulles, d'avirons et de roys : Johan le Guier, Guillot le gruier, Adam le Noir, Bertin le Mongne, Colin de le Court, Ricard Postel.

Jurés : Adam de Listeville, Guill. le Lacheur, Johan Done le jolle, Pierres de Mares, Colart Done, Robert Bouteleu, Johan Hubert, Anssel le Boucher, Lorens Eude fils Philippe, Johan le Lonc le jolle, Colin Longuet de Pont, Robin Malerbe, Johan Sore fils Noel Sore.

Coppie de l'escrée baillié au procureur, coment on tient le mairie sous monsg^r le conte. Le maire et les esquevins de le ville de Eu tiennent le corps de le commune et le banlieue sous monsg^r le conte de Eu, ovec la court et usage, franchises, libertés a la dite commune appartenans, et en est deu a monsg^r obeissance de li presenter cescun an trois des bourgois de la dite ville. Et mon dit seigneur fait et establist maire lequel qu'il li plest. Et li fait faire serment de bien et loialement garder son droit et le droit de le commune et toutes les choses appartenans a l'office de le mairie. Baillié le samedy iiij^e ior de may l'an lxiiij.

[F^o 148.] Guill. Savary bailli de Eu, a tous les sergans de ladite baillie salut. Les gens du commun de la ville de Eu nous ont donné a entendre et enfourmé suffisamment que il ont commune pasture et marès d'entre Eu et le Tresport pour leur bestes envoier, de le S. Jehan jusques a le mi-mars, et qu'il avoient acoustumé a avoir voie au dela de le riviere qui ceurt par le porte de Glans, laquelle voie leur a esté couppée et empessié pour fere les fortresches et les fossés de la ville de Eu, par quoy bonnement ne pucent aler eulx ne leurs bestes ens leurs dis pasturages, se par justice ne leur est sur ce pourveu. Et nous, en consideracion des choses dessus dites, a leur requeste nous vous mandons a chascun de vous qui requis en sera et commettons se mestier est, que aux gens du dit commun vous bailliés voies au mains dommagable pour eulx que vous pourres pour fere entiere satif-

facion a ceulx a qui il apartiendra, telle que de raison
sera. Et de ce fere vous donnons nous pouoir, mandons
a tous les subgés de la dicte baillie que a vous en ce faisant entendent et obeissent. Ce fectes tellement que par
vous n'y ait deffaute. Donné a Eu le xj^e jour d'octobre
l'an mil. ccc. lxiiij.

[F^o 134 v°.] A tous cheus qui ches lettres verront ou
orront, Guillaume Savary bailli de Eu salut. Savoir fai-
sons que es plès qui furent a Eu tenus par nous baillif
dessus dit, l'an de grace mil CCC LXIIII, le mardi tiers
jour de decembre, après ce que Johan Roussel mayre de
Eu et Jehan le Fevre attournez des eschevins de ladicte
ville eurent voulu savoir que Guiffroy Jubin vouloit faire
vers euls, seur ce que il les avoit fet adiourner a venir
a ces plès seur le fort d'une delivrance que avoit fait
faire le dit Guiffroy, dist que il estoit pruvost de
monsg^r et vouloit que nous li en voissions le procureur
et le conseil de monsg^r a sa collacion, et disoit par plusieurs resons que nous li devions envoier et requeroit que
nous en eussons conseil a la cour, les dis maire et attournez des eschevins disans par plusieurs raisons le contraire
et que led. Guiffroy estoit bourgois et juré de leur communalté. Requerans comme dis est que nous eussons
tenu seur ce conseil a la court. Et les raisons [f° 135] oies
et entendues tant de l'une partie comme de l'autre, nous
eumes por ce conseil aux saiges assistens es dis plès, par
le conseil et jugement des quiex nous leur deimes que
le dit procureur n'estoit tenu aultrement a la collacion
ne au conseil du dit Guiffroy ne soi adioindre au procès
ovec, et ce fet, ledit Guiffroy dist que il se doloit et requist doleance de fourme a estre a l'assise, laquelle li fu
otriée, lesdis maire et attournez des eschevins disans
que a sa doleance n'avoient ils jour ne terme ne n'i vo-

loient a present entendre, mès y retenoient leurs raisons sauves quant temps et lieu seroit. Et seur ce que le dit maire et attournez des eschevins vouloient avoir deffault sor le dit Guiffroy li present, pour ce que il ne vout metre choze due ou faire metre, il fu mis en deffaute en sa presence vers le dit maire et attournez des eschevins et par ichelle deffaute en amende par jugement par le conseil de la court. Et par ladite amende, le dit maire et attournez des esquevins requistrent a avoir ataint que la delivrance que avoit fet fere le dit Guiffroi fust mise au nient et a estre ressaisis des namps que ils avoient seur li pour leurs dictes tailles pour euls en fere explet et excecucion ainsi comme il appartendra... Laquelle requeste leur fu otriée comme advenant par le conseil et jugié des sages estans es dis plès ou cas ou le dit Guiffroy ne fera son devoir. En thesmoing de ce nous avons mis a ces lettres le seel de ladicte baillie, qui furent faites en l'an jour et es plès dessus dis.   Machon.

[F° 136.]*En le mayrie* SIRE JOHAN DE LE FOSSE, en l'an de grace mil CCC LXV°.

Esquevins : Johan Roussel, Raoul le Selier, Bertaut Donvies, Philippe de S. Ouen, Guill. du Pont, Gautier Adam, Guill. Jubin, Johan Obery, Guill. Nicole, Symon Nicole, Johan Tardieu de Flamengueville, Robert le Vallet.

Conseil : Jaques Sorel, Bertaut de Rue, Henry Lambert, Henry Lorfevre, Guill. Sausson, Benart Conte, Lorens Lion, Benart Roussel, Johan Tardieu drappier, Johan Belie, Guiffroy Douchamie, Aleaume Coquet, Guill. le Machon l'ainé, Raoul Courtin, Robert Frede, Johan Lagot, Pierres Lescot, Guill. du Moulin, Huet Quaqueleu, Guill. Lienart, Johan d'Ensonneville, Johan Conte.

Esquevin du Troisport : Guill. de Preaux, Johan de Lespine, Robert Vasse, Gilles Goderen, Johan Maton.

Conseil du Troisport : Johan Quatel, Pierres Houart, frere d'Avrenches, Raoul Croquet, Bynois.

Esquevins de Pont : Johan Bryquet, Johan Viel le viel, Gilles de Bonneles, Johan de Guerberoy.

Tressoriers et preposé a le boiste : Henry Lorfevre, Bertaut de Rue ara la, Henry Lambert, Benart Roussel.

Gardes du pain et des chervoises : Robert de Deeville, Guillemot Lagot, Huet le Prevost, Pierres Lonnel, Pierres de Mares, Robert le Boulengier, Dubos le Huchier.

Gardes des draps es poulies : Johan d'Enssonneville et ara le seel des draps, Perrot Ougier, Guïot Jourdain, Guiffroy Tourquetin.

Gardes de porter le bouion sus les mestiers : Guillemot Guillot, Robin Jozel, Pierres le Blont, le mere Marmoulu.

Gardes des mestiers de le Cauchie : Gringoret Ligier, Gilles Fainient, Colin le Personne, Pierres le Porquier.

Courretiers de draps : Johan Quachequat, Guillemot Guillot.

Courretiers de vins : Guifferoy Morel, Robert le Barbier.

Gardes des cuyrs : Anssel de Rue, Guifferoy Morel, Tournaut, Saitte.

Gardes des sueurs de nuyt : Benart Galet, Colin Done.

Gardes de char cuite et crue : Symon Bourgois, Robert Choport, Johan Nicole de Mers, Robert de Deeville.

Gardes de candeilles : Guillemot de Mares, Alain Baudry, mestre Johan Loubleer.

Gardes du menu venel devant le puiec et de le moustarde : Johan des Quenois, mestre Johan Loubleer.

Gardes devant le boucherie : Colart le Barbier, Guill. Routier, Johan Bicherie, Denis le Fourbisseur.

Vendeurs de namps : Robert Bacheler, plege Johan Boulon.

[F° 136 v°.] *Gardes du pain et des chervoises o Troisport :* Gilles Obelet, Roger Tardieu, Robert Lonnel, Lorens Sauville.

Gardes du menu venel : Colin le Picart, Johanin le Fort.

Gardes des bouchers de char cuite et crue : Johanin Tardieu dit Malederré.

Conteeur de bos : Adam Canu.

Serians du Troisport : Johanin Lenglois, Colin Ryote.

Vendeurs de namps o Troisport : Lorens Sauville.

Priseeurs de nefs, de caulles, d'avirons et de roys : Jehan le Gruier, Guillot le Gruier, Adam le Noir, Bertin le Mongne, Colin de le Court, Ricart Postel.

Jurés : Guill. Angier, Guy Jourdain, Johan Bysage, Pierres le Porquier, Robert Bacheler, Henry de le Porte, Pierres le Jumel, Johan du Quesnoy, Colart Guillot, Johannin le Fevre, Robert le Fevre, Johan Moyton, Engueren Mase, Johan Tuyn, Henry Pippe, Johan le Verrier autrement dit nunet, Robert Morel alias du Quesnoy.

Le taille sont assavoir : a vj d le l., le franc xxv s., le real xx s.

[F° 137.] *En le mayrie* Sire Gautier Adam, en l'an de grace mil IIIᶜ LXVI.

Esquevins : Johan de le Fosse, Guill. Sausson, Jaques Sorel, Henry Lorfevre, Benart Roussel, Benart Conte,

Henry Lanbert, Bertaut Donuys, Johan Conte, Guill. du Moulin, Bertaut de Rue.

Conseil : Johan Roussel, Guill. Jubin, Raoul le Selier, Guill. du Pont, Philippe de S. Ouen, Johan Obery, Guill. Nicole, Symon Nicole, Johan Tardieu de Flamengueville, Robert le Vallet, Johan Belie, Johanin Lescrivain, Lorens Lyon, Guiffroy Douchamie, Aleaume Coquet, Guill. le Machon l'ainné, Raoul Courtin, Robert Frede, Johan Lagot, Pierres Lescot, Guill. de Mouchy, Guill. Lyenart, Johan d'Enssonneville, Johan Moyton.

Esquevins du Troisport : Jehan d'Avrenches le jolle, Johan Quatel, Bynois, Raoul Croquet, Pierres Houart.

Conseil du Troisport : Guill. de Preaux, Johan Maton, Robert Vasse, Gilles Goderen.

Esquevins de Pont : Colin le Petit, Pierres Wales.

Conseil de Pont : Jehan Briquet, Jehan de Guerberoy.

Tresoriers : Philippe de S. Ouen et gardera les clefs, Raoul le Selier, Johan Obery, Robert le Vallet.

Jurés : Pierres Barbery et Simon le Fevre du Tresport, Piere Renier, Aden de Dousmesnil de le paroche S. Pierre, Guill. le Roy de le paroche de le Trinité, Denis de Segi de Brie.

[F° 137 v°.] En le mairie sire Gautier Adam fu dit que la vile povait devoir a plusieurs gens la somme de xj.

[F° 138.] *En le mairie* Sire Jehan Belie, l'an mil CCC LXVII.

Esquevins : Guill. Jubin, Gautier Aden, Philippe de S. Ouen, Raoul le Selier et garde les clés des chartres, Jehan Obry, Robert le Varlet, Lorens Lyon, Jehan Tardieu, Guill. du Pont, Simon Nicole, Jehan Moiton, Johan Lescrivain.

Conseil : Jehan de la Fosse, Guill. Saussón, Henri Lorfevre, Bertaut Donnvys, Bertaut de Rue, Jehan Lagot, Pierre Lescot, Henri Lambert, Bernart Roussel, Jehan Conte, Guill. du Moulin, Guill. le Machon l'ainsné, Raoul Courtin, Robert Frede, Bernart Conte, maistre Jehan Remi, Pierre Lonnel.

Tresoriers : Bertaut Donnevys, Bertaut de Rue, Henry Lambert et gardera les clés de le boiste, Johan d'Ansson-neville.

Clerc : Robinet Obry.

Gardes du pain et des chervoises : Jehan Couillette, Jehan du Val, Hue le Prevost, Jehan Miete, Jacquez de Biauleiler, Thomas Oudart.

Gardes des draps es poulies : Johan d'Ansonneville, Robert Senescal, Pierre le Blont, Johan Guilliot testart.

Gardes de porter le bougon sur les mestiers : Gillies Fesnient, Guillot de Neville, Robin Josel, Guillot Guil-liot, Raoul Ons.

Gardes des mestiers de le Cauchie : Pierres le Por-quier, Gillies Fesnient, Grigoret Ligier, Colin le Per-sonne.

Gardes des cuiers : Jehan Done dit matelot, Ansel de Rue, Ricart Obry, Johan Sante.

Gardes de sueurs de nuit : Colin Done, Laurens d'Estalonde.

Gardes de chars crues et quites : Simon Bourgois, Robin Choport, Guill. Peletruie, Guill. Malecose.

Gardes de chandelles : Raoul Menart, Simon Bour-gois, Pierres le Prevost.

Gardes du menu venel et de le poissonnerie : Robert le Barbier, Johan Baudry.

Gardes devant le boucherie et des barbiez : Johan Visage, Guill. Routier, Denis de Pelevert.

Gardes de tieulles : Rogier du Fossé, Johan le Potier.

Courretiers de vin : Robert le Barbier, Guiffroy Morel.

Gardes de poterie et de sereuriers : Johan Dausses, Denis de Pelevert.

Revendeeur : Cabaret et se fame.

Jurés : Lorens d'Estallonde, jura le xviij⁀ iour de may, Mahieu Briquet, Guill. Passet peletier, Ricart Toupin, Jehan le Prevost, Robin Obry, Guill. Lescuier juré alias Blondel, Watier le Clop, Jehan le Potier coullion.

[Fᵒ 138 vᵒ.] *Esquevins du Tresport :* Guill. de Preaux, Jehan Maton, Gillez Godren, Robert Wasse.

Conseil : Jehan Catel, Robert de Binois, Raoul Croquet, Pierres Houart.

Sergians : Johanin Langlois, Colin Riote.

Gardes de pain et de chervoise : Jehan le Fort, Bernart de le Folie, Rogier Tardieu, Laurens Sauville.

Gardes de bouchiers : Johan Martin, Gillet Obelet.

Gardes du menu venel : Colin le Picart, Johan le Fort.

Conteeur de bos : Adam Canu.

Priseeurs de nefs, d'avirons etc : Johan le Gruier, Estienne Fraperue, Johan Maquefer, Adam le Noir.

Priseeurs de cables et de rois : Colin de le Court, Bertin le Moigne, Raoul le Pileeur, Guiffrey Beufe.

Jurés : Raoul le Pileeur, Guiffrey Beufe, Eude le Noir, Michiel Bachiconne.

[Fᵒ 139.] *En le mairie* SIRE BERTAUT DENNEVYS, l'an mil CCC LXVIII.

Esquevins : Johan Belie, Guill. Jubin et gardera les clés dez chastrez, Johan de la Fosse, Bertaut de Rue, Henry Lambert, Jehan Conte, Bernart Roussel, Guill. Nicole, Guill. du Moullin, Johan d'Ansonneville, Pierres Lestot.

Conseil : Guill. Despinoy, Gautier Adam, Philippe de S. Ouen, Johan Obry, Raoul le Selier, Robert le Vallet, Laurens Lion, Johan Tardieu, Guill. du Pont,

Simon Nicole, Johan Moiton, Johan Lescrivain, Raoul Courtin, Pierres Lonnel, Guill. Sausson, Johan Lagot, Robert Fraide, Johan Roussel, Jaques Sorel, Johan de Lespine.

Tresoriers : Philippe de S. Ouen et gardera les clés de le boiste, Johan Lescrivain, Simon Nicole, Johan Moiton.

Clerc : Robinet Obry.

Jurés : Simon Frechet, Johan Tuyn, Johan Bourdon, Guilliot Legros, Loyset de Roumegnie, Jehan de Berneval, Jehannin Godren, Anssel de Leure.

[F° 139 v°.] *Esquevins du Tresport :* Johan Catel, Robert de Binois, Raoul Croquet, Pierres Houart, Johan d'Avrenches.

Consel : Guill. de Preaux, Robert Vasse, Gilles Godren, Johan Maton.

En le mairie sire Bertaut Donnevys adonc maire, le samedi xxiiij° jour de mars, l'an de grace mil CCC LXVIII, fu receu par tout le consel tant de Eu que du Tresport, que de Pont, en plain esquevinage, Jehan Faverel et sa fame a l'opital normant pour estre frere et seur, et partichipans aux biens du dit hostel. Et fu a cen presens Guill. Lasnier maistre du dit hostel et les freres et seurs du dit hostel qui jurerent que c'en estoit le profist du dit hostel, et les recurent comme freres. Et par cen les dessus dis mariés doivent bailler aux dis maistre et freres dedens pasques prochain venans la somme xxv frans d'or, un lit fourni et estofé. Et avec cen doit asseir le dit Faverel viij s. de rente em perpetuité par., les quieux seront convertis et mis en profist du dit hostel, etc.

[F° 140.] *En le mairie* SIRE JOHAN BELIE, l'an mil CCC LIX.

Esquevins : Bertaut Donnevys, Jaques Sorel et gardera

les clez dez chastrez, Johan Roussel, Phellippe de S. Ouen, Johan Lescrivain, Simon Nicole, Johan Moiton, Johan Obry, Raoul le Selier, Laurens Lion, Guill. du Pont, Robert Fraide.

Consel : Guill. Despinoy, Guill. Jubin, Johan de le Fosse, Bertaut de Rue, Henry Lambert, Johan Conte, Bernart Conte, Bernart Roussel, Pierres Lestot, Guill. du Moulin, Johan d'Anssonneville, Guill. Nicole, Bertaut de Rue, Robert le Vallet, Johan Tardieu, Raoul Courtin, Johan Lagot, Johan de Lespine, Pierres Lonnel.

Tresoriers : Bertaut de Rue, Henry Lambert, Johan d'Anssonneville, Johan Conte et gardera les clés.

Jurés : Johan Morel, Pierres Minedorge, Johan Peletruie, Jouen Regnoult, Simon le Barbier dit lacheron, Guill. Lacheron, Johan Tardieu clerc de paris, Pierres Lermite, Guill. Caletot.

L'an de grace mil CCC LXIX le xvj^e jour de fevrier fu le seel aux causes adiré.

[F° 140 v°.] *En le mairie* Sire Bertaut Donnevys, l'an de grace mil CCC LXX.

Esquevins : Jehan Belie, Guill. Jubin, Jehan de la Fosse, Bertaut de Rue, Henry Lambert, Jehan Conte, Jehan d'Anssonneville, Pierres Lestot, Bernart Conte, Robin le Vallet, Raoul Courtin, Jehan Lagot.

Consel : Phelippe de S. Ouen, Jaquez Sorel, Jehan Lescrivain, Guill. Nicole, Simon Nicole, Bernart Roussel, Jehan Obry, Raoul le Selier, Laurens Lion, Guill. du Pont, Robert Fraide, Jehan de Lespine, Pierres Lonnel, Jehan Moiton, Jehan Tardieu, Jehan du Val, Guill. Abelin.

Tresoriers : Phelippe de S. Ouen et gardera les clefs, Raoul le Selier, Jehan Lescrivain, Robert Fraide.

Jurés : Anssel Maton, Johan de le Cauchie, Fremin Martin, Jehan Lucas al. gosse, Robert Lebret, Guill. Huardel, Tassin Guillebart, Colart Conne, Euliot Adoul, Colin Voisin, Jehan Malederée, Pierres Malliart, Robin Lescripvain, Thomas de Lespine, Giffroy du Pont, Jaquet du Nortel, Guill. de le Cousture, Guill. Fremin, Huet Char de porc, Guill. le Sauvage.

[Fº 194.] L'an de grace mil CCC LXX, le xjᵉ jour du mois de may, le cauchie de le porte du marchié aux quevaulz fu baillié a Laurens Lion jusquez a ix ans, terme commenchant a pasquez deirain passeez, par xxv l. t. de rente cestun an, dont xx l. t. que la ville doit cestun an au dit Laurens et sa fame a leur viez seront rabatuez seur lez ditez xxv l. lez ix ans dessus dis durans, et avec cen baillia le dit Laurens presentement xx l. lez quieux xx l. seront rabatuez seur lez iiij anz prochains venans. Et se le dit Laurens et sa fame aloient de vie a trespassement dedenz lez ix ans dessus diz, la ville ne porroit aucune cose demander a leurs hoirs, et revendroit ladite cauchie en le main de le ville.

[Fº 141.] *En le mairie* Sire Johan de la Fosse, l'en de de grace mil CCC LXXI.

Esquevins : Bertaut Donnevys, Johan Roussel, Guill. Jubin, Raoul le Selier, Phelippe de S. Ouen, Johan Lescripvain, Robert Fraide, Guill. du Pont, Johan Obry, Johan de Lespine, Simon Nicole, Bernart Roussel.

Consiel : Johan Belie, Jaques Sorel, Johan Conte, Bernart Conte, Johan d'Anssonneville, Bertaut de Rue, Pierres Lestot, Raoul Courtin, Johan Lagot, Laurens Lion, Guill. Nicole, Pierres Lonnel, Johan Moiton, Johan Tardieu, Guill. Abelin, Johan du Val.

Tresoriers : Bernard Conte et gardera les clefs, Bertau de Rue, Johan d'Anssonneville, Pierres Lestot.

Eschevins au Tresport : Johan Maton, Gilliez Godren, Robert Wasse.

Conseil du Tresport : Raoul Croquet, Pierres Houart, frere d'Avrenches, Robert de Binois.

Jurez : Jaquet d'Estalonde, Johan Chastelain, Michiaux Gaffe, Johanin le Gay, Johanin des Saux, Colin Wassal, Pierres le Wasseur de Pont, Huet de Franleux, Guiffroy Postel, Evvrart des Meanaux, Jeh. Gaquerel le jolle, Colin le Conte, Hamon Valliant, Guiffroy Lenglaiz, Fremin le Fevre, Jehan de Rue filz Bertaut fu juré en le mairie sire Jehan Roussel en l'an LXXIIII.

[F° 141 v°.] *En le mairie* Sire Guill. du Pont, en l'an de grace mil CCC LXXII.

Eschevins : Johan de la Fosse, Johan Roussel, Bertaut Donnevys, Bernart Conte, Bertaut de Rue, Pierres Lestot, Jaquez Sorel, Johan Conte, Johan d'Assonneville, Johan Moiton, Johan du Val, Pierres Lonnel.

Conseil : Guill. Jubin, Johan Belie, Raoul le Selier, Phelippe de S. Ouen, Jehan Obry, Robert Fraide, Johan Tardieu, Simon Nicole, Johan Lescripvain, Johan de Lespine, Johan Lagot, Laurens Lion, Robert le Vallet, Guill. Abelin.

Tresoriers : Philippe de S. Ouen et gardera les clefz, Johan Lescripvain, Simon Nicole, Robert Fraide.

Jurés : Adam Ledru, Thomas Malle, Jehan Estalate, Thomas le Machon, Pierres le Suer, Laurens le Drapier, Johan Roez, Robert Nicole, Johan Antiaume dit le borgne, Raoul Malet.

Jurés au Tresport : Maiquet Eliez, Johan Leulier, Johan Moicheboe, Johan Labbé, Philippot Maillart, Guill. Maton dit caterel, Martin Houart, Laurens de S. Richier, Johan Pochet le jolle, Pierre Maquefer alias repinche, Willart Caillebaut, Robin le Normant.

[F° 142.] *En le mairie* Sire Bernart Conte, en l'an de grace mil CCC soixante et treze.

Esquevinȝ : Guill. du Pont, Guill. Jubin, Jaques Sorel et gardera les clefs des chastres, Philippe de S. Ouen, Johan Obry, Simon Nicole, Johan Belie, Raoul le Selier, Robert Fraide, Johan Lescripvain, Guill. Abelin, Johan de Lespine.

Conseil : Jehan de la Fosse, Johan Roussel, Bertaut Donnevys, Bertaut de Rue, Pierres Lestot, Johan Conte, Johan d'Anssonneville, Johan Moiton, Johan du Val, Pierres Lonnel, Robert le Vallet, Johan Tardieu, Bernart Roussel, Johan Lagot, Laurens Lion, Henry Lambert, Johan de Biauvez.

Esquevins au Tresport : Johan Maton, Johan Tardieu, Robert Lonnel, Gillez Godren, Robert Wasse.

Conseil : Guill. de Preaulz, Raoul Croquet, Pierres Houart, frere d'Avrenchez.

Tresoriers : Johan d'Anssonneville, Johan Conte, Bertaut de Rue et gardera les clefs, Johan du Val.

Jurés : Guillemot Morel, Gillet Turquetin, Laurens Coispel, Colin Moysant, Johan le Wasseur mesgret, Raoulin Ono, Johan de Biauvaiz, Engueren le Porquier, Johan Crestien, Guill. de le Mare fournier, Motin le Barrieu, Rogier de Moute.

Jurés au Tresport : Adam Hainon le jolle, Jehan Hainon le jolle, Jehanin Canu le jolle.

[F° 142 v°.] *En le mairie* Sire Jehan Roussel, en l'an de grace mil CCC LXXIIII°, furent eschevins cieux qui ensuivent :

Eschevins : Bernart Conte, Guill. Jubin, Jaquez Sorel, Jehan de la Fosse, Bertaut Donnevys, Jehan Conte, Bertaut de Rue, Jehan d'Anssonneville, Jehan du Val, Jehan Moiton, Bernart Roussel, Johan de Byaumaiz.

Conssel : Jehan Belie, Guill. du Pont, Phelippe de S. Ouen, Johan Lescripvain, Johan Obry, Simon Nicole, Raoul le Selier, Robert Fraide, Guill. Abelin, Johan de Lespine, Pierres Lestot, Pierres Lonnel, Robert le Vallet, Henri Lambert, Johan Lagot, Laurens Lion, Jehan Tardieu, Rogier Abelin.

Eschevins au Tresport : Guill. de Preaulx, Raoul Croquet, frere d'Avrenches, Pierres Houart.

Conseil : Johan Maton, Johan Tardieu, Robert Lonnel, Gillez Godren, Robert Wasse.

Esquevins a Pont : Pierres le Wasseur, Jehan Viel.

Conseil : Johan de Guerberoi, Huet Chardeporc.

Jurés : Jehannin Tardieu, Guilliot Parment, Jehannin Lagot, Jehannin Biden, Jehannin Penet, Raolin Senestal, Jehannin de Bourbel, Johan le Petit, Bertren Predare, Johan Bouteleu, Denis de Floz, Henriot le Cordier, Ewrart Grisel, Phelippot le Drappier, Jehan Peudecef dit cornet, Guillebert Pinel, Jehan d'Aucencourt, Jehannin Lebret, Guillemot Guerart, Jehan Durant, Laurens de Byauvaiz.

Jurés au Tresport : Ansel mi filz, Jehannin de le Court, Jehannin Lonbart, Jehannin Harnas, Denys le Glaiz, Guill. de le Court, Mahiu Buleus, Regnout Regnaut, Jehannin de Craville, Jehan de Rue, Guillemot Jourdain, Laurens Jourdain.

[F° 143.] *In maioratu* JOHANNIS DE FOSSA, anno Domini M° CCC° LXXV°, fuerunt *scabini :* Johannes Roussel, Guill. Jubin, Jacobus Sorel, Johannes Belie, Guill. de Ponte, Johannes Obry, Radulffus le Selier, Henricus Lambert, Petrus Lestot, Philippus de sancto Audoeno, Petrus Lonnel et Simon Nicole..

Consiliatores : Bernardus Conte, Bertaudus Donnevys,

Jeh. Conte, Bertaut de Rue, Jeh. d'Anssonneville, Jeh. du Val, Johannes Moiton, Johannes de Byauvais, Bernardus Roussel, Guillus Abelin, Rogerus Abelin, Johannes Tardieu, Robertus le Vallet, Johannes de Lespine.

Tesaur : Johannes d'Enssonneville, Johannes de Valle et custodit claves, Johannes Moiton, Robertus Fraide.

Scabini ad ulterior. Portu : Johannes Maton, Robertus Lonnel, Egidius Godren, Robertus Wasse.

Consiliatores in dicta villa : Radulphus Croquet, Petrus Houart, Johannes Lescripvain, Johannes Tardieu.

Scabini in villa de Ponte : Johannes Briquet, Guills de Nevilla.

Consillatores : Petrus Wawassoris.

Taillia in anno predicto fuit a sex denar.

Consiliatores pro causas ville : Magister Gauffridus du Buz fervil, Henricus de Mouchiaco.

Serviens in villa Augi : Johannes Cornet.

Custodeʒ de nocte : Petrus le Sueur, Jaquet de Cruce, Thomas Senestal, Johannes le Wasseur.

Serviens in villa de Ultriportu.

[F° 143 v°.] *Gardes de pain et de chervoises* : Bernart Roussel, Robert Fraide, Watier de Bouchay, Jehaninaux Marmoulu, Huet le Prevost, Robert le Barbier.

Jureʒ : Michiaux le Wagniée, Guill. de Neville, Jehannin Tourneveel dit navet, Guillot de Neville, Jehannin du Pont, Jehannin le Brumen, Guillemot de Leure, Jehannin Nicole le jolle, Cardin Harenc, Guillemot le Fevre, Jehannin Ligier, Colin Boucher, Raoul Jouinne, Jehan Paris, Jehan Morin.

[F° 144.] *In maioratu* Johannis Roussel, anno Domini M° CCC° LXXVI°, fuerunt *scabini :* Johannes de Fossa, Guill. Jubin, Jacobus Sorel, Bertaudus Donnevys, Johannes de Byauvais, Bertaudus de Rue, Johannes de Valle, Johannes Moiton, Robertus Fraide, Guill. Abelin, Bernardus Conte et Johannes d'Aussonneville.

Jaquez Sorel garde lez cleiz dez coffrez.

Consiliatores : Radulfus le Selier, Johannes Obri, Henricus Lambert, Petrus Lestot, Phellippus de S^{to} Audoeno, Petrus Louvel, Simon Nicole, Johannes de Lespine, Johannes Tardieu, Johannes Lagot, Robertus le Vallet, Bernardus Roussel, Laurentius des Mons, Nicclaus de Foro Equorum.

Tesaur : Jehan Conte et gardera les cleis, Henri Lambert, Simon Nicole, Pierres Louvel.

Avocas : M. Guiffroy du Bus Fresvil, Henri de Mouchi, Guill. Boulot.

Clerc : Robinet Obry.

Sergens a Eu : Jehan Cornet, Michiaux du Perrin.

Sergent a Pont : Colin de Pont.

Esquevins au Tresport : Guill. de Preaux, Raoul Croquet, Pierres Houart, Jehan Lescripvain, Jehan Tardieu.

Coussel : Jehan Maton, Gilles Godren, Robert Wasse.

Esquevins a Pont : Huet Chardeporc, Pierres Walles.

Conseil : Jehan de Guerberoy, Jehan Briquet.

Gardes de pain et de chervoise : Bernart Roussel, Guillemot Lagot, Huet le Prevost, Watier de Bouchay, Pierres le Marescal, Robert le Barbier.

Gardes de cuirs et de souliers : Ricart Obry, Anssel de Rue, Guiffroy Morel.

Gardes de char crue et quite : Simon Nicole, Simon Bourgois, Robert Choporc, Guillemot de Mares.

Gardeʒ de poissons : Robin le Barbier, Johan Baudry, Jehan Crestien.

Gardes de candeliers et de moustarde : Jehan Crestien, Alenart le Blont, Jehan Miete.

Gardeʒ de nuyt : Jehanin de le Cauchie, Fremin Martin, Pierres Torny.

Gardeʒ de menu venel : Johan Crestien, Jehan Baudin, Jehan Bacherie.

Gardes des seliers et de bos : Petit bon, Robert le Prevost.

Gardes de chincherie : Guiffroy Fourré, Pierres du Nortel.

Courretiers des vins : Robert le Barbier, Jehan Done.

Gardes des draps : Jehan Obry, Henri Lambert, Johan d'Anssonneville, Robert Senestal.

Gardes des mestiers de baterie : Henri de Rue, Ricatt le Plommier, Denis de l'elevert.

Gardeʒ de tieule : Ricart Lanchien, Johan le Potier.

Gardeʒ seur leʒ mestiers : Robert Crupin, Jaquet de le Crois, Guillemot Guilliot.

Gardes en le Cauchie seur leʒ draps : Colin le Personne, Prevostel.

Jurés en ceste presente année : Colart du Marchié, Pierres le Prevost, Warin Cossu dit de Monchi, Amadour le Bas, Jehan Mal apris du Tresport, Jehan Roye du Tresport, Jehan le Gagneeur dit ponart, Jehannin le Lacheeur, Laurens Doré, Raolin le Quien dit de sanc roy, Laurens Wyterel, Raoulin Gallet, Phelippot Penet, Colart du Marchié, Pierres le Prevost, Pierres le Wasseur.

[F° 144 v°.] *In maioratu* Bernardi le Conte, anno Domini M° CCC° LXXVII°, fuerunt *scabini :* Johannes Roussel, Jacobus Sorel, Radulphus le Selier, Johannes

Obry, Johannes le Conte, Henricus Lambert, Johannes Moiton, Petrus Lonnel, Simon Nicole, Colardus du Marchié, Bernardus Roussel, Petrus Lestot.

Consiliatores : Guill. Jubin, Bernardus Donnevis, Johannes de Fossa, Johannes de Byauvais, Bertaudus de Rua, Johannes de Valle, Robertus Fraide, Guill. Abelin, Johannes d'Anssonneville, Robertus le Vallet, Laurentius dez Mons, Rogerus Abelin, Johannes Tardieu, Bonnart Roussel, Pierres Walier, Jehan d'Anssonneville le jolle.

Tesaur : Jehan de Byauvais et gardera les clefs, Robert Fraide, Jehan du Val, Guill. Abelin.

Avocas pour leꝫ causes de le ville : Henry de Mouchi, Guill. Boulot.

Esquevins au Tresport : Jehan Maton, Robert Wasse, Gilliez Godren.

Conssel en le dite ville : Guill. de Preaux, Raoul Croquet, Pierres Houart, Jehan Tardieu.

Esquevins a Pont : Gillez Breton, Guill. de Neville.

Conseil de Pont :

Sergens a Eu : Guiffroy Morel, Michiaux Du Perrin.

Sergens au Tresport :

Sergens a Pont : Colin le Petit.

Jureꝫ : Johan Ono, Watier Frechon, Jehan des Cherenz, Guill. Biauviez dit rabachot, Jehan Roussel dit bonnart, Jehan Peudechef, Pierres Walier, Jehan d'Anssonneville le jolle, Guiffroi Adam, Robin le Gruier, Martin Nicole, Pierres Cor, Jehan Belont. l'an LXXVIII, Protin le Blont, Guill. le Wasseur de le Cauchie.

[Fº 145 vº.] *En le mairie* SIRE JEHAN DE LA FOSSE, en l'an de grace mil CCC LXXIX, furent esquevins cieux qui ensievent :

Esquevins : Bernart Conte, Jaques Sorel, Colart du

Marchié, Bertaut de Rue, Guill. Belin, Jehan du Val, Robert Fraide, Jehan d'Anssonneville l'aisné, Pierres Vallier, Jehan Tardieu, Rogier Abelin, Jehan d'Anssonneville.

Conseil a Eu : Jehan Roussel, Guill. Jubin, Bertaut Donnevys, Jehan Obry, Jehan Conte, Henri Lambert, Bernart Roussel, Pierres Lestot, Simon Nicole, Bonnart Roussel, Laurens dez Mons, Guill. le Machon.

Tresoriers : Jehan Conte, Henry Lambert, Simon Nicole, Pierres Lestot.

Esquevins au Tresport : Guill. de Preaulz, Raoul Croquet, Pierres Houart, Johan Tardieu, Johan Harenc, Estolle Frapperue.

Consseil : Johan Maton, Robert Wasse, Gillez Godren, Johan Tardieu dit clerc de Paris.

Jurez en l'an : Jehannin a Eulz, Jehannin de Neville, Esnoulet le Binnier, Laurens Davoust, Guill. du Riu, Martin Brebiz, Perret Bosquet, Mahiet Guiffart, Guiffroi Halot, Guillebert le Mongnier, Colin le Viel, Jehan Regniaume dit bochu, Pierres Gipon, Guiffroi Avril, Johannin Conte, Drouet Coullet, Johan Godart bast. du Tresport, Denis Bourdel de Hairencourt, Jehan Putevaine, Pierres Doré, Jehannin Oudart, Simonet de Eu, Jehan Ioces, Jehan Wystel le jolle, Huet Wastel, Pierres de Mares.

L'an de grace mil CCC LXXIX, le tiers jour de septembre, devant moy Guill. Boulot commissaire de maistre Guiffroi de Buffresvil bailli de Eu, en l'absence de son lieutenant general, sur ce que Johan Harenc le jolle dist vers Johannin Pinel : il est verité que vous avez esté assochié mon compagnon en ceste presente saison d'esté et estes venu avec moy en la mer par plusieurs marées, est assavoir depuis le Pasques, et nagaire de votre auctorité vous estez parti d'avec moi et mes compagnons qui estions prez d'aler en la mer, par votre deffaut moi et sept compagnons demouramez a terre, et aussi le gaeng de la nef fu perdu par votre deffaut. Se vous confesses que vous soiez mon compagnon et mon assochié de ceste presente saison d'esté, je veul que vous vegniez faire votre devoir ou avoir restitucion sur vous du dommage qui s'en est ou pourra ensuir ; et aussi que vous restituez le dommage des dis hommes et de la nef selon ce que par bonne gens en se congnoissanz sera estimé. Et se vous faictes contre-dit de mon propos en tout ou partie affin de venir en mon entente en tant que il me suffira et que en cas appartendra, je vo leys a enseignier. A quoi le dit Pinel dist : Il peut bien estre que j'ay esté votre compagnon de ceste presente saison et aussi devoir estre votre compagnon en karesme prochain venant, mez de ce vous m'avez donné congié. Le dit Harenc dist : je vous confesse que en la derain saison de karesme je vous ay donné congié, mès que la dite saison d'esté presente je vous aye donné congié, je le vous ny. Et le dit Pinel offry a prouver en tant que il li suffiroit. Et après ce la congnoissance de la cause fu rendue au maire de Eu qui la me requist, lequel leur assigna jour a demain heure de prime pour sur ce voir en la dite cause en l'estat que elle est comme de raison sera.

Donné comme dessus.

[Fᵒ 146.] *En le mairie* Sɪʀᴇ Gᴜɪʟʟ. ʟᴇ Mᴀᴄʜᴏɴ, en l'an de grace mil CCC IIIIˣˣ, furent eschevins tieux qui ensuivent :

Eschevins : Johan de la Fosse, Johan Roussel, (Guill. Jebin, Bertaut Donnevys morts), Johan Conte, Simon Nicole, (Henri Lambert mort), Pierres Lestot, Laurens des Mons, Benart Roussel, Bonnart Roussel, Guiffroi

Adam, Jaques Sorel, Johan du Val, Johan d'Anssonneville le iolle.

Conseil : Johan d'Aussonneville l'aisné, (Johan d'Aussonneville le jolle) Bertaut de Rue l'aisné, Guill. Abelin, (Jaques Sorel) Johan Tardieu, Roger Abelin (Johan du Val) (Pierres Valen mort) Robert Fraide.

Tresorier : Johan d'Anssonneville le jolle. *Le clerc :* Bertaut le Fevre.

Avocas : Guill. Busquet. *Attourneʒ :* Guillemin Painnart.

Eschevins au Tresport : Gilles Godren, Robert Vaasse, Johan Maton.

Conseil au Tresport : Johan Harenc, Estienne de Frapperue, Pierrez Houart, Raoul Croquet.

Sergens au Tresport : Fremin le Fevre, Nicolas Harenc.

Echevins de Pont : Hue Chardeporc, Perrotin le Waasseur le jolle.

Conseil a Pont : Johan de Guerberoy, Pierres le Waasseur.

Sergent a Pont : Colin le Petit.

Gardes de pain et de cervoise : Colart Moysan, Watier de Bouchay, Quistaut, Benart Roussel, Pierres Lestot, Robert Bacheler, Raoul de Sanroy, Johan du Val.

Gardes de taneurs : Ancel de Rue, Guiffroi Morel, Ricart Aubri, Colart Done.

Gardes de tieulle : Rogier du Fossé, Johan le Potier coullon.

Gardes de pos d'estain : Rogier du Fossé, Ricart Lanchien.

Gardes de bouelles : Quistaut, Johan Baudri.

Gardes de char cuite et crue et de candelleʒ : Simon Bourgois, Simon Nicole, Robert Nicole, Robert Choporc.

Garde de moustarde : Michel du Perrin, Johan Crespein.

Gardes de sueurs de nuit : Laurens Mares, Cardin Harenc, Laurens d'Estallonde.

Gardes de seliers : Colart Connee, Petit bon.

Gardes de menu venel : Johan Crespein, Quistaut, Johan Baudri.

Gardes de draps : Johan d'Anssonneville, Henry Lambert, Laurens Forvallet, Robert Senescal, Colart le Personne.

Gardes de tisserens : Prevost de le Cauchie, Robert Josel, Jaquet de le Croix, Guill. Guillot, Guiot Jourdin.

Courratiers de draps : Johan Coullette, Robert Bacheler.

Courratiers de vins : Quistaut, Johan Done.

Gardes de pain et de cervoise au Tresport : Johan Maton, Gillot Obelet, Marquer, Johan le Bastier.

Regars de rois et de nefs au Tresport : Estelle Frapperue, Motin le Gruier.

Jureʒ en l'an : Guy de Morlay, Philippe Poulain, Huet Morel, Guillemin le Picart, Perrotin Tardieu du Tresport, Guill. Houart, Johannin Rasquet, Jehonnet Marmoulu, Jehannin Delaire, Jehannin de Granville, Guillebert le Cauchetier, Jehan Checile mercier, Hugaut Nicole, Guillemin le Merchier, Drouet le Conte, Guill. d'Enssonneville, Thomas le Roux, Jehan Triquet, Jehan de Criel, Guill. Sauson, Jehan Boistel.

[Fº 146 vº.] *En la mairie* BONNART ROUSSEL, en l'an de grace M CCC IIIIˣˣ et I, furent eschevins tieux qui ensuivent :

Eschevins : Jaques Sorel, Jehan de la Fosse, Robert Fraide, Bertaut de Rue, Guill. le Machon, Jehan Tri-

286

quet, Jehan de Criel, Jehan Boistel, Guill. Sauson, Jehan d'Anssonneville l'aisné, Guill. Abelin, Robert Aubery.

Conseil : Jehan Roussel, Rogier Abelin, Jehan d'Anssonneville le jolle, Benart Roussel, Jehan du Val (Laurens des Mons mort), Simon Nicole, Pierres Lestot, Jehan Conte, Jehan Tardieu.

Tresorier a Eu : Guiffroi Adan. *Clerc :* Constant.

Sergens : Michaux du Perrin, Guiffrot Morel.

Eschevins au Tresport : Jehan Harenc, Estelle Fraperue, Pierre Houart, Raoul Croquet.

Conseil : Gilles Godren, Robert Wasse, Jehan Maton.

Sergens : Fremin le Fevre, Nicolas Harenc.

Eschevins a Pont : Gillet Breton, Guill. de Neville.

Conseil : Jehan de Guerberoy, Pierres le Vaasseur.

Sergent a Pont : Colin le Petit *et messier.*

Jurés en l'an : Jehan Boucher, Simon de Rimbehen, Roguet, Guillemot de Baali, Jehan Burlois, Guillemot Odion, Colart de Doudeninville, Huet le Fevre de Pont, Robert Vivien, Guillemot Belin, Jehannin le Barbier, Pierre Braquet, Johannin Marcheboee le jolle, Jehan Rogues, Jehan Wasse, Jehan Engerran dit le queu de monsg^r, Simon le Brument. *Tresport :* Guill. de Cany, Adan Braquet, Rogier Houart, Benart Blondel, Jehan Caudel dit fouache.

[F° 147.] Le xxij^e jour de decembre l'an mil CCC IIII^{xx} et I, en la presence de Bonnart Roussel adonc maire de Eu, de Guillaume le Machon... et grant quantité d'autres tous eschevins et du conseil de l'esquevinage, et aussi en la presence de messire Jehan Dragies, Jehan du Pont dit le borgne mareschal, de Phelippe de Saint-Ouen et de leurs fames, de Guill. de Buiville, de Hebert Merlnel et de Damade Courtin et de tous les freres et seurs de l'ostel du Val de Glans, fu ordenné par les dessus dis que dez comptes que Alleaume le Vasseur et Jehan Briquet ont fait pour iij années, c'est assavoir Alleaume pour ij ans commenchant au jour de le S. Thomas le marti après Noel l'an LXXVIII jusques et pour tout au jour de Noel l'an IIII^{xx} ensuivant, et le dit Briquet pour un an depuis le jour de Noel l'an IIII^{xx} jusques a Noel l'an IIII^{xx} et I. Ilz en ont compté bien et deuement tant de recepte que de mise, et pour ce les avons quitté et quittons et volons que cest present fait leur baille quittance toutefais que mestier en sera, et par l'acort des dessus nommés sanz ce que jamès nous ne les dis freres et seurs du dit Val de Glans leur en puissons rien demander puys le bonne satisfacion que eulx en ont fete.

[F° 147 v°.] *En le mairie* Sire Jehan Triquet, en l'an de grace M CCC IIII^{xx} et II, furent eschevins tieux qui ensuivent.

Eschevins : Jehan de Criel, Guiffroi Adan, Jehan d'Ensolleville le jolle, Jehan Conte, Bonnart Roussel, Jehan du Val, Pierre Lestot, Jehan Tardieu, Simon Nicole, Jehan Roussel, Benart Roussel, Rogier Abelin.

Conseil : Guill. le Machon, Jehan d'Anssonneville l'aisné, Jehan de la Fosse, Robert Fraide, Jehan Boistel, Jehan le Grant, Jaque Sorel, Bertaut de Rue, Guill. Sauson, Guill. Abelin, Robert Aubry, Jehan de le Fosse le jolle.

Tresorier garde de clefs : Jaque Sorel. *Clerc :* Constant. *Sergans :* Michaux du Perrin, Guiffrot Morel.

Eschevins au Tresport : Gilles Godren, Robert Wasse, Jehan Maton, Guillebert d'Avrences.

Conseil : Jehan Harenc, Estelle Frapperue, Pierre Houart, Raoul Croquet, Pierre de Preaux, Simon de Rimbehen.

Eschevins a Pont : Perrotin le Wasseur le jolle, Colin Vistel, Jehan de Guerberoy, Pierre le Wasseur l'aisné.

Sergent a Pont : Colin le Petit.

Garde pain, de cervoise, moustarde : Robert Frude, Colin le Personne, Robert Bacheler, Laurens Fortvallet, Laurens Jourdain, Benart Roussel, Watier de Bouchay, Jehannin Nicole le jolle, Colart Moysant, Henry de Rue, Martin Nicole, Jehan Baillet, Huguaut Nicole, Protin le Blont.

Gardes de taneurs : Ancel de Rue, Guiffrot Morel, Ricart Aubry, Colin Done.

Garde de tieulle : Ricart Lanchien, Jehan le Potier coullon.

Garde de pos d'estain : Ricart Lanchien, Guillemet le Magnen.

Garde de sueurs de nuit : Moulin Galet, Fremin Martin, Laurens des Mares, Cardin Harenc.

Gardes de draps : Laurens Fortvallet, Robert Fraide, Jehan d'Anssonneville l'aisné, Jehan Conte.

Garde de tisserens : le maire Marmoulu, Prevost de le Cauchie, Guiot Jourdain, Guillemot Guillot, Robert Josel.

Garde de bouelles : Quistaut, Johannin Crespein.

Garde de char quite et crue et de candelles : Robin Nicole, Simon Bourgois, Jehan Rogues, Huguaut Nicole.

Garde de Seliers : Guill. Yon, Petit bon.

Garde de menu venel : Jehan Crespein, Quistaut, Laurens Coipel.

Courretiers de draps : Robert Bacheler, Colin le Personne.

Courretiers de vins : Quistaut, Prevost de Friville.

Regars au Tresport de pain et cervoise : Jehan Maton,

Guerart de Briqueville, Marquet Noel, Jehannin le Bassier.

Garde de nefs, de tramaux et des dependences : Bertin le Mongue, Motin de le Court, Robin Malapris, Motin le Gruier.

Courretiers : Guerart de Briqueville. *Conteur d'astelle :* Vinchent Pochet.

Jurés en cel an : Protin Guillot, Jehannin d'Arvilliers, Jehannin de Rue, Jehan le Grant, Perrotin le Dien, Guillemot Done, Berthin le Fevre de Pont, Alixandre Quesnel, Jehannin de le Croix, Jehan de le Fosse le jolle, Laurens de le Mote, Johannin Peure, Johan de Listeville, Johan Truquetin, Michaux Limechon, Bertaut de Rue, Laurens le Senestal, Jehan le Cat, Johannin d'Ochancourt, Guill. Papin, Johannin Roussel, Robert de Ribuef, Jehan d'Aut, Jehan du Perrins, Colin Brumare, Colart de Romagne, Regnoult Vistel de Pont, Poitevin, Perrotin Helet.

Jurés au Tresport : Robert Malapris, Pierre de Preaux, Thomas Phelippe dit marescal, Guill. Gobert, Pierre Lepippe, Motin Daval, Jehannin Gebin, Michaux d'Auge, Jehannin Carete, Guillemot Cardon, Guill. le Bingne, Johannin le Boucher, Jehan le Barrier, Rogier Braquet, Guillebert Gibout, Guill. Harnaz, Jehan Pegnart, Eliot Harenc, Hebert Guillot, Jehan Lambart.

[F° 148 v°.] *En la mairie* Bonnart Roussel, l'an mil CCC IIII^{xx} et trois, furent eschevins tieux qui ensuivent :

Eschevins : Jaque Sorel, Jehan de le Fosse le viel, Jehan de Criel, Robert Aubry, Jehan Triquet, Guill. le Machon, Robert Fraide, Guill. Sauson, Jehan le Grant, Jehan de le Fosse le jolle, Jehan Boistel, Guill. Abelin.

Conseil : Guiffroi Aden, Jehan d'Enssonneville l'ainé, Jehan d'Enssonneville le jolle, Jehan Conte, Jehan du Val, Pierre Lestot, Jehan Tardieu, Simon Nicole, Jehan Roussel, Benart Roussel, Rogier Abelin, Bertaut de Rue, Huet de Frauleux, Bernart Tilleren, Colart de Doudenaiville.

Clerc : Constant le Fevre. *Sergens* : Michel du Perrin et Guiffro Morel.

Eschevins au Tresport : Pierre Houart, Raoul Croquet, Perrotin de Preaux, Jehan Harenc.

Conseil : Guillebert d'Avrences, Simon de Ribehen, Estelle Fraperue, Gilles Godren, Jehan Maton, Robert Wasse.

Eschevins de Pont : Guill. de Neville, Hue Chardeporc.

Sergant a Pont :

Conseil a Pont : Jehan de Guerberoy, Pierre le Wasseur le viel.

Garde de pain et cervoise : Benart Roussel, Jehan du Val, Robert Bacheler, Robert Fraide, Quistaut, Watier de Bouchay, Alixandre de Bures, Colin Moysant.

Garde de taneurs : Ancel de Rue, Guiffrot Morel, Ricart Aubry, Jehan Done.

Garde de tieulle : Ricart Lanchien, Jehan le Potier.

Garde de pos d'estain : Ricart Lanchien, Guillemet le Magnin.

Garde de sueurs de nuit : Laurens des Mares, Cardin Harenc.

Garde de draps : Laurens Forvaillet, Robert Fraide, Jehan d'Enssonneville, Jehan Conte.

Garde de tisserens : Le maire Marmoulu, Prevost de le Cauchie, Guiot Jourdain, Guillemot Guillot, Robert Josel.

Garde de bouelles : Quistaut, Joham Crespein.

Garde de char cuite et crue et de candelles : Robin Nicole, Jehan Rogues, Huguaut Nicole.

Garde de seliers : Guill. Yon, Petit bon.

Garde du menu venel : Jehan Crespein, Quistaut, Laurens Coispel.

Courretiers de draps : Robert Bacheler, Colin le Personne.

Courretiers de vins : Quistaut, Prevost de Friville.

Jurés en cel an : Gilles Hourdé, Engueran le Wasseur, Laurens Dauffin, Colin de Canehen, Robert le Doubz, Jehan du Castel, Colin Machuex a broutelotte, Johannin le Lont fix de feu Robert le Lont, Jeham de Beuseville, H. le Porquier, Jeham de..., Mahieu d'Auffy, Berthin le Porquier, Guill. Coulette, Huet Wicart, Johan le Selier, Pierre le Waquié, Jehan le Pelé, Jehan Troquet, Michel Wasseur.

Jurés en cel an au Tresport : Jehannin Huelin, Raoulin Lambert, Ricart Teterel, Robin Pello.

[Attaché au feuillet.] L'an de grace mil CCC IIII^{xx} trois, le mardi xiiij^e jour de juillet, devant nous Robert Dupré, viconte de Eu, sur ce que le procureur de monsg^r acusoit Huet Glanet d'avoir vendu pastez de troite puante merquedi derain passé et voulloit qu'il en feist amende, le dit Huet lui nea et le dit procureur l'offrit a prouver a sa suffisance, terme de la preuve a joesdi prochain, heure de prime; auquel jour de joesdi nous rendismez et renvoiasmez la dite cause au maire et eschevins de la ville d'Eu par le conseil de la court pour ce que la congnoissance leur en appartient; lesquiex maire et eschevinz auront congé assingner jour au dit Huet ad venir ychele heure de prime a estre et comparoir en l'esquevinage de Eu pour faire proceder et aler avant en outre comme de raison sera donné comme dessus.

[F° 149.] *En la mairie* Johan de Criel, l'an mil CCC IIII^{xx} et quatre, furent eschevins ceulx qui ensuivent.

Eschevins : Johan Roussel, Bonnart Roussel, Guill. Sausson, Guiffroi Aden. Benart Roussel, Colart de Doudenaiville, Johan du Val, Pierres Lestot, Simon Nicole, Bertaut de Rue, Johan Conte.

Conseil : Johan de le Fosse, Johan le Grant, Johan d'Anssonneville le viel, Guill. Abelin, Robert Frude, Johan Tardieu, Rogier Abelin, Jehan Boistel, Huet de Frausleux, Johan de le Fosse le jolle, Johan d'Anssonneville le jolle, Robert Aubri, Henri Poitevin.

Eschevins au Tresport : Johan Maton, Robert Wasse.

Conseil : Pierres Houart.

Eschevins de Pont : Robert de Bierestel, Pierres le Vasseur l'ainsné, Pierres le Vasseur le jolle, Johan de Guerberoy.

Jurés en cel an : Raoul le Mercher, Motin Harnas, Johannin Maquerel, Guill. Danger, Guillemin Postel, le maistre Brunel, Robert Morant, Jehan Lermite, Robin Denis, Colart Daval du Tresport.

Le jour de Penthecoustes, l'an mil CCC IIII^{xx} et IIII, Johan le Gruier fu bouté hors de la jurée, et si fu sa maison abatue pour avoir feru Johan d'Anssonneville le jolle, lequel estoit du conseil de chiens et si en a esté eschevin.

[F° 149 v°.] *En la mairie* Sire Guill. Sausson, l'an mil CCC IIII^{xx} chinq, furent *eschevins* ceulx qui ensuivent : Johan Triquet, Johan de le Fosse, Johan de le Fosse, Johan le Grant, Robert Fraide, Johan d'Anssonneville le jolle, Robert Aubry, Johan Boistel, Johan d'Anssonneville le viel, Guill. Abelin, Huet de Fransleux, Henri Petevyn.

Conseil : Bonnart Roussel, Benart Roussel, Gillet Jebin, Jehan du Val, Guiffroi Aden, Colart de Doudeudoville, Bertaut de Rue, Jehan Conte, Pierres Lestot, Benart Tillieren, Roger Abelin, Jaque Sorel.

Eschevins au Tresport : Raoul Croquet, Pierres de Preaux, Pierres Houart, Johan Harenc.

Conseil : Gilles Godren, Johan Maton, Robert Wasse, Thomas le Fevre.

Eschevins de Pont : Jehan Briquet, Guill. de Neville.

Conseil : Pierres le Vasseur le jolle, Pierres le Vasseur l'ainsné.

Jurés en cel an : Johan Bennoi, Aden le Fevre, Jehan le Vasseur machon, Ricart Coulliete, Gilles Gebin, Ricart le Mongnier.

Jurés au Tresport en an : Gontier le Fevre, Jehan Malapris le jolle, Guiffroi Hebert, Colin Benart, Jehan Riolent, Jehan Brisse, Perrotin Cardon, Colin Pipe, Vatier Diene, Jehan Malapris, Raoulin Tardieu, Rogier de le Vyque, Laurens le Cat le plus jolle, Jehannin le Tavernier, Jehan de Poilevert dit le fourbisseur, Jehan Gosse pennetier.

Jurés de Pont : Johan de le Mote, Mahiet Milet.

[Fº 150.] *En la mairie* SIRE GILLES GEBIN, l'an mil CCC IIII^{xx} et VI, furent *eschevins* ceulx qui ensuivent : Johan Triquet, Johan de Criel, Jacques Sorel, Simon de Raimbehen, Guill. Sausson, Robert Aubri, Guill. le Machon, Guiffroi Adam, Rogier Abelin, Guill. Bourgois, Phelippe Jebin, Jehan le Vallet.

Conseil : Jehan de le Fosse, Jehan le Grant, Benart Roussel, Robert Fraide, Jehan d'Aussonneville le viel, Jehan d'Aussonneville le jolle, Benart Tillieren, Guill. Abelin, Huet de Frausleux, Jehan du Val, Jehan Boistel,

Colart de Doudeneuville, Henri Poitevin, Jehan Conte, Hugaut Nicole.

Eschevins du Tresport : Jehan Maton, Gilles Godren, Thomas le Fevre, Robert Wasse.

Conseil au Tresport : Raoul Croquet, Pierrez de Preaux, Jehan Harenc, Pierrez Houart.

Eschevins a Pont : Huc Chardeporc, Guill. de le Cousture.

Conseil a Pont : Jehan Briquet, Jehan de Guerberoy. *Sergent de Pont :* Mahieu Briquet, et *messier,* Guill. Ratier, messier de ceste ville pour cest an.

Jurés en cel an : Regnault de Preaux, Martin Noel, Jehan de saint Saulieu, Phelippot du Nortel, Guill. Vauquer, Engueren le Vasseur, Jehan Labé, Miquiel de la Fosse pelletier, Miquiel de Rue, Martin de Mares.

[F° 152.] *En la mairie* SIRE JEHAN TRIQUET, l'an mil CCC IIII^{xx} et sept, furent esleux eschevins ceulx qui ensuivent.

Eschevins : Simon de Raimbehen, Gillez Jubin, Jehan de Criel, Guill. le Machon, Robert Aubry, Jehan d'Enssonneville l'ainé, Jehan le Grant, Robert Fraide, Jehan du Val, Henri Poitevin, Jehan Boistel, Hugaut Nicole.

Conseil : Guill. Sausson, Jehan Comte, Colart de Donnaiville, Benart Roussel, Roger Abelin, Huet de Fraulleux, Phelippot Jubin, Hugaut Nicole, Jehan le Vallet, Guill. Abelin, Benart Tilleren, Guiffroi Aden, Robert Nicole, Jaques Sorel, Raoul de Sanroy,

Tresorier. Le Clerc. Le receveur de la ville : Bertaut Mustel.

Les sergans de Eu : Guiffrot Morel, Regnaut de Preaux. *Revendeur a Eu :* Colin Liere.

Gardes de nuit de la ville : Martin Loisson, Jehan Brulois, Engueren le Vasseur, Jeham de le Mare.

Eschevins du Tresport : Pierrez de Preaux, Pierrez Houart, Jehan Harenc.

Conseil : Gillez Godren, Jehan Maton, Thomas le Fevre, Bertaut le Mongne.

Sergens du Tresport : Nicolas Harenc, Fremin le Fevre.

Eschevins de Pont : Gillez Berton, Colart Vitel.

Conseil : Hue Chardeporc, Jehan de Guerberoy.

Sergant de Pont : Mahieu Briquet. *Messier de Pont :* Jehan Robin le doux.

Jurés en cest an : Jehan Biaumez, Guill. de Frauleux, Gillet Gondree, Colin Anguier, Guill. Tourneveel, Guill. Peletruie, Bertaut Ruez, Jehan le Boucher, Jehan du Bos, Colin d'Aut.

Jurez au Tresport : Hebert de Leure, Clement..., Gillot Lomelle.

[F° 152 v°.] *En la mairie* Sire Gilles Jubin, l'an mil CCC IIII^{xx} et huit, furent esleus eschevins ceulx qui ensuivent.

Eschevins : Guill. le Machon, Jehan de Criel, Robert Aubri, Jehan de la Fosse, Guill. Sausson, Jaques Sorel, Guiffroi Adam, Phelippe Jubin, Jehan le Vallet, Jehan Triquet, Simon de Raimbehen, Robert Nicole.

Conseil a Eu : Jehan Boistel, Jehan le Grant, Jehan du Val, Hue de Frauleux, Jehan d'Ensonneville l'ainsné, Robert Fraide, Hugaut Nicole, Roger Abelin, Benart Roussel, Guill. Abelin, Henri Poitevin, Colart de Doudelauville.

Clerc et receveur : Guill. le Machon, *Sergens a Eu :* Guiffrot Morel, Regnaut de Preaux. Johan Triquet, *Garde la ville. Messier en le Cauchie :* Johan d'Aut.

Eschevins du Tresport : Pierres de Preaux, Thomas le Fevre, Jehan Tardieu, Frere d'Avrenches.

Conseil : Jehan Harenc, Gilles Godren, Robert Vasse, Bertin le Mongne.

Sergens au Tresport : Nicolas Harenc, Fremin le Fevre.

Eschevins de Pont : Jehan Briquet, Guill. de Frauleux.

Conseil : Gillez Breton, Jehan de Guerberoy. *Sergent a Pont :* Mihiet Briquet.

Jurés en cel an : Adam de Canehen, Jehannin le Jamée dit boucher, Jehannin Huilloi. Laurent le Fevre, Denat Fouque lieutenant de Jehan Lemant, Juisserot le Mengnan dit Aubry, Jehan de Rue, Johan le Vasseur, Lorens le Cat, Robert le Sueur, Romain Mauger, Jehan de Mennival le fiex Tourville, Fremin du Valle le jolle, Colin de Huemeron, maistre Jehan Fremin de Bailly, Jehan Papin, Jehan de Vy..., Robert Triquet, Colart F..., Henri Daufouel de Pont.

Jureʒ au Tresport : Houart, Jehan Canu, Michel Malapris, Guill. Fanoir, Motin d'Auge, Raoulin Fleuri.

[F° 187.] *En le mairie* SIRE JEHAN DE CRIEL, l'an mil CCC IIII^{xx} et neuf, furent esleus eschevins ceulx qui ensuivent.

Eschevins : Guill. le Machon, Guill. Sausson, Jehan de la Fosse, Robert Aubry, Jehan Boistel, Jehan le Grant, Jehan du Val, Jehan Triquet, Hugaut Nichole, Henri Poitevin, Rogier Abelin, Raoul de Sanroy.

Conseil a Eu : Jaques Sorel, Robert Fraide, Guill. Abelin, Jehan d'Anssonneville le jolle, Benart Roussel, Colart de Donnesville, Jehan d'Aussonneville l'ainsné, Jehan Conte, Phelippe Jebin, Benart Tilleren.

Clerc et receveur : Guill. le Machon. *Sergens a Eu :* Guiffrot Morel, Regnault de Preaux.

Eschevins au Tresport : Robert Vasse, Bertin

le Mongne, Gilles Godren, Thomas le Fevre, Pierres de Preaux.

Conseil au Tresport : Johan Harenc, Frere d'Avrenches.

Sergens au Tresport : Nicholas Harenc, Guillemot Quesnel dit Esnellie.

Eschevins a Pont : Bertin le Fevre, Guill. de le Couture.

Conseil a Pont : Jehan Briquet, Jehan...

Jurés en cel an : Pierres le Sueur, Mahaut Bousaut, ..teule Nichole, Jehannin Aubry, Guillemot Risleux, Vinchens Mequit.

Juré au Tresport : Jehan...

[Fº 187 vº.] *En le mairie* GUILL. LE MACHON, l'an mil CCC IIIIxx et X, furent eschevins ceuls qui ensuivent.

Eschevins : Jaques Sorel, Phelippe Jebin, Jehan le Vallet, Robert Nicole, Guiffroy Adam, Guill. Abelin, Jehan de Criel, Jehan Triquet, Guill. Sauson, Robert Aubri, Jehan de la Fosse, Guill. Jebin.

Conseil : Jehan Boistel, Jehan le Grant, Hugaut Nicole, Henri Poitevin, Robert Abelin, Raoul de Sanroy, Robert Freide, Hue de Frauleux, Colart de Doudelainville, Bernart Tilleren.

Eschevins a Pont : Hue le Fevre, Guill. de Frauleux, Jehan Briquet. *Le sergent a Pont :* Mahieu Briquet.

Jureʒ : Gillet de le Couture, Miquelot le Jumel, Regnault du Trauloy, Guiffroy Vinchent, Jehannin de Diepe, Guill. Noel, Guill. Bouteleu, Jeham de Bourvel, Jehanin le Cat.

[Fº 188.] *En le mairie* SIRE GUILL. SAUSON, l'an mil CCC IIIIxx et XI, furent eschevins ceulz qui ensuivent.

Eschevins : Jehan de Criel, Jehan Triquet, Robert

Aubry, Guill. Jebin, Guill. le Machon, Rogier Abelin, Jehan de le Fosse, Jehan le Valet, Jaquez Sorel, Phe-lippe Jebin, Hugaut Nichole, Raoul de Sanroy, Rogier Abelin.

Conseil: Guill. Abelin, Robin Nicole, Robert Fraide, Jehan Boistel, Benart Tilleren, Huet de Frauleux, Guif-froi Adam, Colart de Doudenainville, Jehan Conte.

Sergens a Eu : Regnault de Preaux, Colinot de Humeron.

Eschevins au Tresport : Pierres de Preaux, Thomas le Fevre.

Sergens au Tresport : Nicholas Harenc, Guillemot Quesnel.

Jurés : Gillot Cardon, Jehannin Marchot, Jehannin Bruchet, Jehannin Teterel, Adan Harenc, Gonelet, Jehan du Val, Jehan le Prestre.

Jurés a Eu : Lorens Etart, Jehannin de Douvrendel, Jehannin de Rommeugne, Frimin Double.

Juré au Tresport : Guill. Canu.

[F⁰ 188 v⁰.] *En la mairie* SIRE GUILL. JEBIN, l'an de grace mil CCC IIII^{xx} et douze, furent *eschevins* ceuls qui ensuivent. Lez quatre esleus : Jehan de Criel, Jehan de la Fosse, Guill. le Machon, Phelippe Jebin. Guill. Sauson, Robert Fraide, Jehan Boistel, Bernart Tilleren, Raoul de Sanray, Guiffroi Adam, Robert Nichole.

Conseil : Jehan le Grant, Jehan le Vallet, Rogier Abelin, Guill. Abelin, Robert Aubri, Guill. Noel, Michel de Rue, Hugaut Nichole, Huet de Frauleux.

Eschevins o Tresport : Pierre de Preaux, Marquet Noel, Jehan Harenc, Roger Barbery.

Conseil : Jehan Tardieu, Thomas le Fevre, Abrehen de Port, Pierre Tardieu.

Eschevins a Pont : Berlin le Fevre, Huet le Fevre.

Conseil a Pont : Johan Briquet, Guillemot de le Couture. *Sergent a Pont :* Mahiet Briquet.

Jurés le dit an : Lorens le Grant, Jacquet de le Dolouaire, Phelippot Picot, Robin Bonisse, Johan Baudry, Jaquet Belie, Jehan du Bos de Feuquierez, Climent du Puis, Lorens le Grant, Jehannin du Pont, Guillemot Valon, Jehan Sutart, Colin d'Aut fix Gontier d'Aut, Jehannin Obry l'ainé fix Laurens Obry.

[F° 189.] Le ve jour d'octobre IIII^{xx} et XII, Jehan Bachene fu traché comme pariure pour ce que il avoit feru Jehan Brulois warde de nuit, du mestier de sueur et juré de le ville.

[F° 189 v°.] *En la mairie* SIRE JEHAN DE CRIEL, l'an de grace mil CCC IIII^{xx} et XIII furent *eschevins* ceuls qui ensuivent les quatre eslleus, *primes :* Jehan de la Fosse, Jehan Triquet, Phelippe Jubin, Raoul de Sanray, Guill. du Bus, Guill. Sausson, Guiffroi Adam, Hugaut Nichole, Hue de Fraulleux, Guill. Noel, Robert Aubry, Jehan le Vallet.

Conseil : Jehan Boistel, Robert Fraide, Jaques Belie, Rogier Abelin, Robin Nichole, Colart de Donnesville, Bernart Tilleren, Lorens de le Mote, Guill. Abelin, Jehan Conte, Michel de Rue, Jehan le Grant.

Sergens : Regnault de Preaux, Colinot de Humeron.

Eschevins a Pont : Robert de Brestel, Jehannin de Bourbel.

Conseil : Jehan Briquet, Guillemot de le Couture. *Sergent a Pont :* Mahiet Briquet.

Jureȝ : Mahiet Papin, Huet Roisse, Alyxandre Lagot, Robert le Folle, Aliaumot le Forestier, Jehan le Creu.

300

[F⁰ 153.] *En le mairie* SIRE GUIFFROI ADAN, l'an de grace mil CCC IIII^xx et XIIII, furent *eschevins* ceulz qui ensuivent les quatre eslleus, *primes.*

Guill. Sauson, Guill. du Bus, Jehan Triquet, Jehan le Vallet, Jehan de Criel, Jehan de le Fosse, Robert Nichole, Phelippe Jubin, Lorens de Mote, Bernart Tilleren, Jehan Boistel, Jehan le Grant.

Conseil : Raoul de Sanray, Hugaut Nichole, Hue de Fraulleux, Guill. Noel, Robert Fraide, Jaquet Belie, Rogier Abelin, Colart de Donnesville, Guill. Abelin, Jehan Conte, Robert Obry, Michel de Rue.

Eschevins au Tresport : Marquet Noel, Ricart le Mongnier, Pierre de Preaux, Johan Harenc.

Conseil au Tresport : Jehanin du Four, Abrahan de Port, Pierre Tardieu, Thomas le Fevre.

Eschevins a Pont : Jehan Briquet, Guill. de le Couture.

Conseil a Pont : Huin le Caron, Bertin le Fevre.

Sergens a Eu : Regnault de Preaux, Colene de Huemeron.

Sergens au Tresport : Guillemot Quesnel, Nicholaz Harenc.

Sergent a Pont : Mahiet Briquet.

Jureʒ a Eu : Simonet Legier, Jehannin d'Aut, Jehannin Gabe. *Du Tresport* : Guillemin Massart, Jehannin des Mines, Cardinot Mahomet, Jehan le Gai le jolle, Thomassin Demours vuazois, Colenet Bachelier, Johannot le Mongne, Jehannin Postel, Guillemot Julien, Rogier Houart, Guillemot Labé, Thomassin Labé. *De Eu* : Honoré Paindoul, Mahiot le Dous, Jehan de Mons sucoud, Guill. du Bos, Colin Crupin, Bertaut Faucheur, Colin Quesnel, Jaque le Brumen.

[F⁰ 190.] Le xe jour d'aoust de la mairie de Guiffroi

Adam, fu aporté un drap en couleur de folet qui appartenoit a Colart Obry, lequel drap fu contengné a estre ars pour ce que il estoit tichu en partie de fillache de 1 traime (filloe acordé des croisie) ourdie en lieu de fillache d'estain comme il fu trouvé par plusieurs ticherens et aultres, et fu le jugement par le mains (?) Jehan Triquet.

[F° 153 v°.] *En la mairie* SIRE JEHAN DE CRIEL, l'an de grace mil CCC IIII^{xx} et quinze, furent esleus *eschevins* ceulz qui ensuivent : Jehan Triquet, Jehan de le Fosse, Guill. Sausson, Guill. du Bus, Guiffroi Adam, Hugaut Nicole, Raoul de Sanray, Hue de Frauleux, Michel de Rue, Robert Fraide, Guillemin Noel, Phelippe du Bus, Jehan le Vallet.

Conseil : Lorens de le Mote, Robert Nicole, Guill. Abelin, Colart de Donnesville, Guillemot Peletruie, Jehan le Grant, Rogier Abelin, Bernart Tilleren, Jaquet Belie.

Jurés : Pierres Tardieu dit taquin, Jehan le Mongne dit siret du Tresport, Guillebert Coubery dit baquet, Guill. Malerbe, Guillebert le Sueur fils de Pierres le Sueur, Colin le Vasseur, Jehan du Mont Huon dit le jolle.

[F° 154.] *En la mairie* SIRE GUILL. SAUSON, l'an de grace mil CCC IIII^{xx} et XVI, furent *eschevins* ceulx qui ensuivent : Primo, Johan Triquet, Guill. Jubin, Johan de Criel, Guiffroi Adam, Johan de la Fosse, Johan le Valet, Laurens de la Mote, Robin Nicole, Johan le Grant, Phelippe Jubin, Jaquet Belie, Guillemot Peletruie.

Conseil : Huguault Nicole, Bonnárt Roussel, Colart du Doudenieulle, Raoul de Sanray, Hue de Fraulieux,

Michel de Rue, Robert Fraide, Guill. Noel, Benart Tilleren, Jaques Sorel.

Eschevins du Tresport : Ricart le Mongnier, Pierre de Preaux.

Eschevins de mer : Johan Harenc, Perrotin Tardieu.

Conseil : Marquet Noel, Renoudet Renoult, Johan du Four, Abrahan de Port.

Eschevins de Pont : Primo, Johan Briquet, Guill. de le Cousture, Bertaut le Fevre.

Conseil de Pont : Jaquet le Prevost.

Jurés en icellui an a Eu : Primo, Perrinet le Conte, Jaquet le Prevost, Johan Robillart, Perrotin Lambart, Gillet Boudin, Johan Renoult, Petit de Vely, Guillemot Gosse, Sauson de Sempy, Huet le Vasseur de Pont, Lucas du Castel du Tresport, Jehan Abraham de Pont, Collenet lez Cot, Jehan Daubermer de Herencourt, Lucas Monamie, Baudet Pinel, Jehan du Moustier.

[F° 154 v°.] Le xxv° jour de mars l'an mil CCC IIII^xx et XVI, avant Paquez, chinc aunes de drap fu aporté en l'esquevinage appartenant a Jehanne de la Fontaine dont monsg^r le conte de Eu connestable de France eult la moitié et le sourplus fu ars par le condenacion de tout le conseil. M^e de le cause, Jehan Etart, It de Bacherie.

Par le consel du maire Guill. Jubin, Johan Triquet, Johan de Criel, Guiffroi Adam, Laurens de le Mote, Guillemot Peletruye et plusieurs aultres ordenné fu que du temps a venir l'en ne soufferoit point que nulle personne ne venderoit plus candelles avec signez, et pour ce que plusieurs personnes estoient convenuez de en faire ainsi pour ce que ils jurerent que ilz ne savoient point l'usage, il ons congé de court pour.

Acort pour le berffray. N^e que le lundi xxvij° jour de jung IIII^xx et XVI il fu appointié entre les religieux abbé et couvent de l'eglise de Notre-Dame de Eu et la ville que le berffray d'icelle ville se feroit, est assavoir le machongnerie entre les seulleurez du berffray de ladite abbeie et le berffray de ladite ville par les fondemens, et se fera le goutiere par acort, et ara ceste espasse entre deulx fondemens des machongneriez. A ce present mons^r le Galois cappitaine de Eu, Jehan Triquet... et plusieurs autres. C'est l'espasse du jour entre les ij berffrays entre les ij fondemens a ceste trache qui chy est.

(Au-dessous, une ligne longue de 120 millimètres).

[F° 155.] Chy ensuit le roulle de l'ostel de le maladerie de Eu pour les frerez et seurs comme ilz se doivent contenir ud. Primez se il y a frere ne seur audit ostel qui soit ataint.

[F° 155 v°.] *En la mairie* SIRE GUILL. JUBIN, l'an de grace mil CCC IIII^{xx} et XVII, furent *eschevins* ceulx qui ensuivent : Primo, Johan Triquet, Johan de Criel, Guiffroi Adam, Johan de la Fosse. Guill. Sauson, Bonnart Roussel, Hugault Nicole, Michel de Rue, Phelippe Jubin, Raoul de Sanray, Robert Fraide, Guillemin Noel.

Conseil : Laurens de le Mote, Johan le Grant, Robin Nicole; Colart de Doudenesville, Guillemot Peletruye, Benart Tilleren, Jasques Sorel, Hue de Fraulieux, Jaques Belie, Guillebert de Douvendrel, Morel de Listeville.

Jurés a Eu pour le dit an : Guillot Coulete, Jehan de Mesnival, Jehannin Liger, Pierre Bellicent, Mahiot le Vasseur, Remy du Puy, Morel de Listeville, Houart Gorré, Pierres Jozel, Pierres le Vasseur, Johan Lambert, Huet l'ainsné, Johannin de Blainville, Robert Morel, Protin Bloquel, Jehan Lanier sueur, Guillemot le Lacheur fils Johan le Lacheur, Jehan Obery (1).

(1) En note. Cest année Phelippe d'Arthois deceda a Micalice le 15 juin.

[F⁰ 156.] Le premier jour d'octobre IIII** et XVII, par le conseil de Guill. Jubin... nous pour la ville avons caucionné notre tres redoubté seigneur monsg⁻ Charles d'Artois (1) conte de Eu soubs aagé o son conduit d'une debte par luy prise et levée de Johan de la Tieulle bailli de Rouen et de Guill. Busquet l'ainsné et prommimez a en delivrer Johan Beneet sergent du Roy notre sire qui li explet a fait d'icelle debte.

[F⁰ 157 v⁰.] *En la mairie* SIRE GUIFFROI ADAM, l'an de grace mil CCC IIII** et XVIII.

Eschevins : Guill. Jubin, Jehan Triquet, Guill. Sauson, Jehan Roussel dit Bonnart, Phelippe Jubin, Jaquet Belie, Laurens de le Mote, Johan le Grant, Robin Nicole, Morel de Listeville, Johan de Criel, Huet de Fraucleux, Guillebert de Douvrendel.

Conseil : Hugaut Nicole, Michel de Rue, Raoul de Sanray, Colart de Doudeneville, G. Pelet, Benart Tille-ren, G. Noel, Johannin Lambert, Johan Roguez, maistre Johan Nicole.

Eschevins a Pont : Jaquet le Prevost, Bertin le Fevre. *Conseil* : Huin le Caron, Guill. de le Couture.

Jurez de ycellui an : Gillet Caudel dit fouachot, Guill. le Blont, Laurens Vinquenel, Johan le Lonc, Loichon Jourdain, Pierret Jolet, Pierres de Saint-Ouen, Johannin Hervieu, Colin le Karon fevre.

En la mairie SIRE LAURENS DE LA MOTE, l'an mil CCC IIII** et XIX.

Eschevinz : Guill. Sauson, Guill. Jubin, Bonnart Roussel, Jehan de Criel, Miquiel de Rue, Huguault

____

(1) Fils du connétable Philippe d'Artois.

Nicole, Jehan le Grant, Phelippe Jubin, Guiffroi Adam, Guill. Noel, Robert Nicole, Guill. Pelletruie.

Conseil : Raoul de Sancroy, Benart Tilleren, Jehan Lambert, Huart Gorré, Hue de Frauleux, maistre Jehan Nicole, Jehan Rogues, Colart de Doudeneville, Guill. de Listeville, Guillebert de Douvrendel.

Eschevinȝ au Tresport : Pierres de Preaux, Regnoudet Regnoult, Pierres Tardieu, Pierres le Mongne.

Conseil : Ricart le Mongnier, Marquet Noel, Abrahan de Port, Jehan Harenc.

Eschevinȝ de Pont : Jehan Briquet, Raoul Faverel.

Conseil : Berthin le Fevre, Guill. de le Couture.

Jurés en ycellui an : Jehan de la Fosse pelletier, Guillot Labbé filz Jehan Labbé. Jehan le Gruier, Jehannin Basille, Pierres de Gonneville du Tresport, Colart de Cayeu cousturier, Miquellot Brioche, Martin d'Avesnes, Anssel le Jolle thicherain, Perrotin du Four. Pierrez le Carpentier, Guiffrot le Roux, Jehan Regnoult cordouennier, Jehan Belie, Fremin Mistel, Colin de Blangy, Climent Roussel.

Nᵉ que la mairie de Laurens de la Mote le berffroy de la ville fu couver et ploumez tout de nuef ; et sy fu fait le polliart tout de nuef ou l'on sermente le maire en une fenestre bauvaisine, devers le gardin de l'esquevinage. It. fu fait une galleriez pour mettre lez hoz et lez seaux de la ville a couvert. It. furent fes ving viij hoz. It. x seaux.

[Fᵒ 157 vᵒ.] *En la mairie* SIRE GUILL. JUBIN, l'an mil CCCC.

Eschevinȝ : Jehan de Criel, Bonnart Roussel, Guill. Sauson, Phelippe Jubin, Laurenz de la Mote, Guiffroy Adam, Jaquet Belie, Hue de Frauleux, Jehan Rogues, maistre Jehan Nicole, Raoul de Sauroy, Guill. de Listeville.

Conseil : Robert Nicole, Hugault Nicole, Guill. Noel, Guillebert Douvrendel, Benart Tilleren, Jehan le Grant, Guillot Pelletruie, Jehan Lambert, Miquiel de Rue, Huart Gorré, Colard de Doudeneville, Colart du Marchié.

Eschevinʒ au Tresport : Pierres de Preaux, Ricart le Mougnier, Abrehan de Port, Marquet Noel.

Conseil : Regnouldet Regnoult, Pierres Tardieu, Pierres le Mongne, Miquelot le Mongne.

Sergens au Tresport : Guillot Quesnel, Jehan Godart.

Eschevinʒ a Pont : Jaquet le Prevost, Hue le Vasseur.

Conseil : Jehan Briquet, Guill. de le Cousture.

Messier : Robin Bulot pour le Cauchie.

Jurés : Jehan d'Allongeville, Jehan Fraide, Leger Fourmentin, Guillot Cardin barbier, Jehannin Troussel filz de Monnet Troussel, Symon le Petit, Robin Willart, Vinchent Toupin, Jehan Laingnier de Pont.

[F° 158.] *En la mairie* SIRE LAURENS DE LA MOTE, l'an mil CCCCI.

Eschevins a Eu : Bonnart Roussel, Guiffroy Adam, Phelippe Jebin, Robert Nicole, Guille Jebin, Hugault Nicole, Jehan le Grant, Guill. Noel, Miquiel de Rue, Huart Gorré, Jaquet Belie, Guille de Listeville.

Conseil : Raoul de Sanroy, Maistre Jehan Nicole, Jehan Roguez, Hue de Frausleux, Bonart Tilleren, Guille Peletruie, Jehan Lambert, Colart Doudenauville, Colart du Marchié, Guille Sausson, Jehan de la Fosse.

Eschevins au Tresport : Pierres de Preaulx, Regnouldet Regnault, Pierres Tardieu, Miquiel le Mongne.

Conseil audit lieu : Ricart le Mongnier, Abraham de Port, Marquet Noel, Pierres le Mongne.

Jurés pour le dit an : Jehan Bequet de Pont, Colin

Gosse, Olivier le Fournier, Jehan Crupin, Perrotin
Pellet, Guille Sausson, Miquiel Roier.

Jurés au Tresport : Gilliot le Conte, Huet d'Oninval.

Memore que Guille Jubin a le clef du grand coffre a
chartres.

[F° 158 v°.] *En la mairie* SIRE LAURENS DE LA MOTE.

L'an de grace mil IIII^c et ung. le second jour de
juillet, ou chastel de Moncheaulx (1), a madame la comtesse de Clermont (2) tenant ses conseulx, ad ce presens
mons^r de Lonroy, messire Desiré de Lonroy, l'abbé du
Tresport, le bailli d'Abeville, le viconte de Eu, Jehan
Roussel procureur de madite dame, Blanchet de la Berquerie conseiller, Nicole de Maucliez receveur de Eu,
Berthault Mustel receveur d'Aut et Borgnet Louvel bailli
de la forest, Gillez Hane et plusieurs aultres, fu presentée
une requeste dont la teneur ensuit. Et auxy après ensuit
la responsse qui en fu faite de madite dame et de son dit
conseil.

A madame la comtesse de Clermont. Suplient humblement le maire et eschevinz de la ville de Eu, comme
ilz aient acoustumé de tout tempz faire cueillir et lever
chacun an certaine taille en la ville et communalté
de Eu, pour le maintenement et substentacion d'icelle
sur tous les subgets et habitans en ycelle, sanz ce que
aucun en soit franc ne exempt, excepté le bailli, le viconte,
le receveur, le chastellain et les iiij barriers non marchan-

---

(1) Le château de Monchaux, construit vers 1370 par Jean d'Artois,
devint dès lors la résidence habituelle des comtes d'Eu. (V. *Cartulaire du Tréport*, pp. 302, 304.) C'était, dit Monstrelet, « la plus
belle forteresse de toute la contée d'Eu ».

(2) Marie de Berri, veuve du connétable Philippe d'Artois, rema-
riée à Jean Ier, comte de Clermont, duc de Bourgogne (Estancelin,
Histoire des comtes d'Eu, p. 94).

308

danz, comme ces choses puettent apparoir par leurs privilieges, et il soit ainsy que Roger Malderrée votre tresorier en veult estre franc et exent soubz ombre de son office ou aultre metier qui seroit et pourroit estre ou grant grief, preiudice et dommage des diz suplians, et contre leurs diz privilieges, se par vous ne leur estoit sur ce pourveu de votre gracieux remede, que de votre begnigne grace il vous plaise souffrir et lessier les diz suplians jouir de leurz dis privilieges et faire contraindre ledit Roger de poier ce a quoy il est assis, conciderer les choses dessus dites et auxy quil est marchant de plusieurs grosses marchandises. Et ils prieront Dieu pour vouz et pour votre noble lignie. — Se fachent les maires et eschevinz poier jouxte le contenu es lettres de leurs diz privilieges et usent d'iceulx privilieges comme bon leur semblera.

[F° 159.] *En la mairie* Sire Guiffroy Adam, l'an mil IIII° et deulx.

Eschevins a Eu : Bonnart Roussel, Jehan de la Fosse, Phelippe Jubin, Guille Jebin, Laurens de la Mote, Jehan le Grant, Robert Nicolle, Hugault Nicolle, Colibeaux du Marchié, Guille Sausson, Hue de Frauleux, Guillot Peletruye.

Conseil a Eu : Raoul de Sanroy, Jehan Nicolle, Jehan Roguez, Benart Tileren, Guillebert de Douvrendel, Jehan Lambert, Colart Doudeneville, Jaquet Belie, Miquiel de Rue, Guille Noel, Henry le Conte, Jehanin Obry du bourc.

Eschevins au Tresport : Pierrez de Preaux, Regnoudet Regnault, Miquelot le Mongne, Pierrez Tardieu.

Conseil : Ricart le Mongnier, Abrahan de Port, Marquet Noel, Pierres le Mongne.

Eschevins a Pont : Jaquet le Prevost, Huet le Waasseur.

Conseil : Bertin le Fevre, Guille de la Cousture.

Jurés a Eu : Guille Brioche fu juré clerc de la ville, Henry le Conte, Jehannin Aubry fix Robert Aubry, Jehannin Desmarez dit dupont potier de terre, Johannet le Telier, Guiffroy Fouré, Laurens Frechon, Colin de Guerberoy fu juré a Eu, demeure a Pont, Guille Damours, Jehan de la Cousture.

Jurez au Tresport : Colin le Telier.

[F° 159 v°.] Le xxiiij° iour de septembre, l'an de grace mil IIII° deux, de la mairie Guiffroy Adam par l'acort de Bonnart Roussel, Guill. Jubin... et plusieurs autres tout d'un acort que l'ologe du befray soit faite. Laquelle ologe fu faite et sonnant le xxv° jour de javier l'an dessus dit, et le fist Pierres Mouquet d'Abbeville, et cousta cent et chinc escus et un escu au vin.

[F° 160.] *En la mairie* Sire Laurens de la Mote, pour l'an IIII° et trois.

Eschevins a Eu : Bonnart Roussel, Guille Jebin, Jehan de la Fosse, Guille Sauson, Phelippe Jebin, Guille Noel, Hugaut Nicolle, Jehan Rogues, Miquiel de Rue, Henry le Conte, Morel de Listeville.

Conseil a Eu : Guille Peletruye, Jehan le Grant, Colibeaux du Marchié, Hue de Frauleux, Jehanin Aubry, Jaquet Belie, Colart Doudeneville, Jehan Lambert, Guillebert Douvrendel, Benart Tilleren, Raoul de Sanroy, Jehan Nicolle, Robert de Criel.

Sergens a Eu : Regnaut de Preaux, Bertinet de Rue.

Eschevins a Pont : Jehan Briquet, Guille de le Cousture.

Conseil : Guill. de le Cousture, Huet le Wasseur.

Jurés a Eu : Jehan Polart, Jehannin Bailleu, Perrotin du Bos, Guille Brioche, Bertinot de Rue, Guille le

Conte, Laurens le Marcheant demourant soulx l'abeye, Colin du Pont, Jehan du Bos sueur, Anssel Malet de Flamengueville, Aliaumet Roges, Levrin Leffait de le Tainturie ticheren, Regnaut Hubert corroier, Guille le Sanieur, Jehan le Saneur, Guille Belie clerc, Robert de le Porte, Robert de Criel.

Jurés au Tresport : Jehan des Caus, Jehanin le Demigel, Jehanin Daval.

Juré a Pont : Jehanin Viel.

[F° 160 v°.] *En la mairie* SIRE GUILLE JEBIN, l'an mil quatre cens et quatre.

Eschevins : Guiffroy Adam, Laurens de la Mote, Jehan de la Fosse, Phelippe Jebin, Guille Sauson, Guille Noel, Bonnart Roussel, Jaquet Belie, Colibeaux du Marchié, Jehan le Grant, Hue de Fraulex, Guille Peletruie.

Conseil : Hugault Nicolle, Jehan Roguez, Miquiel de Rue, Henry le Conte, Morel de Listeville, Jehannin Aubry, Colart Doudeneville, Jehan Lambert, Guillebert Douvrendel, Benart Tilleren, Raoul de Sanroy, Jehan Nicole, Robert de Criel, Robert Nicolle, Colart Tardieu.

Jurés : Perrotin Aumont, Jehanin le Fevre, Raoul Lemere, Jehan Le Merchier boucher le jolle, Jehan le Sueur dit Fline dinandier, Climent le Rues, Colart Clay de le rue aux calieux de N. D., Thomas de Senpi de Matomesnil, Gillot le Conte, Gillot Canechon basier, Perrotin Balant de le Cauchie basse, Jehannin le Carpentier de Pont, Guerart de Biaurain, Guille Coillot, Pierres du Ponchel, Jehanin Walet de Pont, Guillot Loison de la rue des Moulins, Jehan Nicolle de N. D.

[F° 161.] *En la mairie* SIRE LAURENS DE LA MOTTE, l'an mil IIII^c et cinq.

Eschevins : Jehan de la Fosse, Phelippe Jebin, Guille

Sauson, Colart Tardieu, Guille Jebin, Robert de Criel, Robert Nicolle, Hugault Nicolle, Henry le Conte, Miquiel de Rue, Jehanin Aubry, Morel de Listeville, Guille Noel.

Conseil : Jaquet Belie, Colibeaux du Marchié, Jehan le Grant, Hue de Frauleux, Guille Peletruie, Colart Doudeneville, Jehan Lambert, Guillebert Douvendrel, Benart Tilleren, Raoul de Sanroy, Jehan Nicolle, Jehan Roguez, Guille Bourgois.

Eschevins au Tresport : Pierres de Preaux, Symon de Haultecresse, Jehan Lotin, Pierrez Tardieu.

Conseil : Regnoudet, Jehan du Four, Jehan Marmoulu, Jehan le Mongne.

Jurés : Regnaut de Brestel, Pierres de Tourabois, Jehan Abelin, Aleaume Borgnier, Mahiot Huardel de S¹ Estienne, Jehan Viel de Pont, Jehan Boistel, Engueren le Fevre, Guill. Godart eullier, Guille Bourgois, Colin Brebis.

[F² 162.] *En la mairie* SIRE GUILL. SAUSON commenchant a quasimodo l'an mil IIIIᶜ et six.

Eschevins a Eu : Guille Jebin, Colart Tardieu, Robert de Cryel, Johan de la Fosse, Laurens de la Mote, Guille Bourgois, Colibeaux du Marchié, Jehan Roguez, Jehan Nicolle, Jehan le Grant, Phelippe Jebin, Guille Noel.

Conseil : Miquiel de Rue, Jehan Aubry, Guille de Listeville, Colart Doudeneville, Jehan Lambert, Raoul de Sanroy, Guillebert Douvrendel, Guille Peletruie, Benart Tilleren, Robert Nicolle, Henry le Conte, Hugault Nicolle, Hue de Frauleux, Jaquet Belie.

Eschevins a Pont : Jaquet le Prevost, Raullin Faverel.

Conseil : Guill. de le Cousture, Bertin le Fevre.

312

Jurés a Eu : Robert le Gros, Raoulin Benart, Vateron Belisert, Laurin Morin dit de Criel, Miquiel du Castel, Colin Goure, Colin Leger, Miquelet le Petit, Pierrez de Tourobos premier arbalestrier, Jehan le Roy parmentier, Jehan Lesniere filz Raoul, Colin de Marez, Robert Galiot, Jehan de le Porte de N. D., Jehan le Vasseur dit tain le dit Vasseur juré arbalestrier, Pierrez Josel arbalestrier, Henry Paumier.

Jurez au Tresport : Jehannin Lami, Jehan du Val, Colart Daval, Jehan Yves.

[F° 162 v°.] *En la mairie* SIRE LAURENS DE LA MOTE commenchant a Kasimodo l'an mil IIII^c et sept.

Eschevins en la ville d'Eu : Guille Jebin, Phelippe Jebin, Robert de Criel, Jehan de la Fosse, Guille Sauson, Guille Bourgois, Guille de Listeville, Miquiel de Rue, Colart Tardieu, Henri le Conte, Robert Nicolle, Hugault Nicolle.

Conseil : Guille Noel, Colibeaux du Marchié, Guillebert Douvrendel, Jaquet Belie, Jehan Aubry, Benart Tilleren, Jehan Rogues, Jehan Nicolle, Hue de Frauleux, Guille Peletruie, Raoul de Sanroy, Colart Doudeneville.

Eschevins a Pont : Huet Le Fevre, Guille de le Cousture.

Conseil : Jehan Briquet, Jaquet le Prevost.

Jurés a Eu : Thomas Lamy, Jehan Aubry, Jehan Babin, Enguerem Moisant tellier, Jehannin Anguier, Jehannin Yves dit paradis.

Juré a Pont : Pierres le Turc.

Jurez au Tresport : Jehan Peloquin, Colin Plomme, Laurens Henniquez, Perrotin Yves.

[F° 163.] *En la mairie* SIRE GUILLE SAUSON commenchant a quasimodo l'an mil IIII^c et huit.

Eschevins a Eu : Guille Jebin, Jehan de la Fosse,

Robert de Criel, Phelippe Jebin, Laurens de la Mote, Guille Bourgois, Colibeaux du Marchié, Colin Tardieu, Guille Noel, Jehanin Aubry, Hue de Frauleux, Jehan Rogues.

Conseil : Miquiel de Rue, Henry le Conte, Guille de Listeville, Robert Nicolle, Hugault Nicolle, Benart Tilleren, Colart Doudeneville, Raoul de Sanroy, Guille Peletruye, Guillebert de Douvrendel.

Eschevins au Tresport : Pierres de Preaux, Regnoudet Regnoult, Jehan Marmoulu, Jehan le Mongne.

Conseil : Symon de Haultecresse. Jehan Lotin, Pierres Tardieu, Pierres Cardon.

Eschevins a Pont : Jehan Briquet, Jaquet le Prevost.

Conseil : Raoul Faverel, Jehan Briquet le jolle.

Sergent : Jehan Briquet.

Jurez a Eu : Johannin le Carpentier dit limechon, Jaquemart Caillieu juré arbalestrier, Robert de Morlay, Jehan Moynel, Roumain Lagot, Colin Clay arbalestrier, Fremin de Rue, Robin Faverel barbier, Jehanin Candel le jolle, Jehannin Noel boucher, Thomas Abraham, Johannin de la Fosse mercher, Jehan Roussel mercher.

Jurez au Tresport : Johannin Diene, Jehan de Guillemetcourt, Johan le Fae, Protin de le Court, Jehan Lamy, Miquelot Roussel.

[F° 163 v°.] *En la mairie* Sire Laurens de la Mote commenchant a Kasimodo l'an mil IIIᶜ et neuf.

Eschevins a Eu : Guill. Jebin, Jehan de la Fosse, Phelipe Jebin, Robert de Criel, Guille Sauson, Guille de Listeville, Guille Bourgois. Henri le Conte. Colart Tardieu, Miquiel de Rue, Robert Nicolle, Hugault Nicolle.

Conseil : Guille Noel. Colibeaux du Marchié, Jehan Aubry, Jehan Roguez, Benart Tilleren, Colart Dodeneville, Raoul de Sanroy, Guille Peletruye, Guillebert Douvrendel, Hue de Frauleux, Jehan Nicolle.

Eschevins au Tresport : Pierres de Preaux, Pierres Tardieu, Jehan Lotin, Simon de Hautecresse.

Conseil : Jehan Regnoudet, Jehan Marmoulu, Jehan le Mongne, Pierres Cardon.

Sergens : Guillot Quesnel, Jehan Batier.

Jurés a Eu : Robert Senescal, Colin Coulon, Benart de Beuf filz Simonnet d'Eu, Martin Coquet, Huet le Vasseur, Aleaumet Vacquier juré le xix^c jour de mars, arbalestrier.

Jurez au Tresport : Hebert Corneille, Regnaut Morin, Tousain le Merchier.

[F° 164.] *En la mairie* Sire Guille Bourgois commenchant a Kasimodo mil IIII^c et dix.

Eschevins a Eu : Guill. Sauson, Jehan de la Fosse, Robert de Criel, Phelipe Jebin, Laurens de la Mote, Colart Tardieu, Johan Aubry, Colibeaux du Marchié, Colart Doudeneville, Raoul de Sanroy, Johan Roguez, Johan Nicolle.

Consel : Guille de Listeville, Robert Nicolle, Henry le Conte, Hugault Nicolle, Miquiel de Rue, Benart Tilleren, Benart Walier.

Eschevins au Tresport : Pierres de Preaux, Regnouldet Regnoult, Jehan Marmoulu, Jehan le Mongne.

Conseil : Pierres Tardieu, Jehan Lotin, Simon de Haultecresse, Pierres Cardon.

Eschevins a Pont : Jehan Briquet l'aisné, Raoul Faverel.

Conseil : Jehan Briquet le jeune, Jaquet le Prevost.

Jurés a Eu : Guillot Lacheur filz Robert, Guillot Guillebert, Jehannin Boquet, Rogier Rues, Gillet des

Meniaux, Roger Rues, Raoul Bleufve, Guiffroy Morin, Huet Labe, Colin Cardon du Tresport, Giesot Hives de saint Jehan.

[F° 164 v°.] *En la mairie* SIRE LAURENS DE LA MOTE commenchant a Kasimodo, l'an mil IIII^c et onze.

Eschevins a Eu : Guille Bourgois, Guille Sauson, Guille de Listeville, Colin Tardieu, Jehan de la Fosse, Robert de Criel, Robert Nicolle, Henry le Conte, Hugaut Nicole, Miquiel de Rue, Benart Tilleren, Benart Valier.

Conseil : Colibeaux du Marchié, Jehan Nicole, Jehan Roguez, Raoul de Sanroy, Colart de Doudeneville, Jehan Aubery, Guille Jebin.

Eschevins a Pont : Jaquet le Prevost, Jehannin Briquet le jolle.

Conseil : Jehan Briquet l'aisné, Raoul Faverel.

Jurés a Eu : Guille Jebin, Andriet Tardieu, Johan de Bailly, Freminot Vitel, Pierres le Cat de Saint Jehan de Eu, Martin Trupin meguicher, Jehan Tierouet fevre, Robin Dalongeville arbalestrier, Charlot Doveraucel porteurs establis pour la ville, Robert le Gruier, Pierres Osmont, Guillot Guillebart, Jehan le Saingneur dit boucherot, Jehan Gorré.

[F° 165.] *En la mairie* SIRE GUILLE BOURGOIS commenchant a Kasimodo dimence x^e jour d'avril, l'an de grace mil IIII^c et douze.

Echevins a Eu : S. Laurens de la Mote, S. Guille Sausson, Jehan de la Fosse, Guille de Listeville, Colart Tardieu, Colibeaux du Marché, Guille Jebin, Jehan Aubry, Guillebert de Douvrendel.

Conseil : Henry le Conte, Robert Nicolle, Hugault

Nicolle, Benart Valier, Benart Tilleren, Jehan Rogues, Jehan Nicolle, Raoul de Sanroy.

Sergens : Regnault de Preaux, Guillebert Peletruie.

Eschevins au Tresport : Pierres des Preaux, Jehan Marmoulu, Jehan le Mongne, Honnere le Merchier.

Conseil : Pierres Tardieu, Jehan Lotin, Pierres Cardon, Jehan Godart dit batier.

Sergens au dit lieu : Guillot Quesnel dit Esnelie, Jehan Lamyde.

Eschevins a Pont : Johan Briquet l'aisné, Raoul Faverel.

Conseil : Jaquet le Prevost, Jehanin Briquet.

Les noms des jurés de ceste mairie. Eu : Guerart le Bourgois, Perrotin le Doux, Robin le Boutelier dit temdem, Jehannet Malerbe, Jehannin Davy, Jouen le Berrier, Roumain le Picart, Guillot Abrahan, Robert de Ramibele, Jehannin le Conte le joule, Perrotin Briquet, Motin Bigot.

Jurés du Tresport : Guille Gosse.

[F° 165 v°.] *En la mairie* Sire Jehan de la Fosse commenchant a le Kasimode, l'an mil CCCC et treize.

Eschevins a Eu : Sire G. Bourgois, sire Laurens de la Mote, Guille de Listeville, Guille Sauson, Colin Tardieu, Henry le Conte, Robin Nicole, Hugault Nicole, Benard Vall'er, Benard Tilleren.

Conseil : Collibeaux du Marchié, Guille Jubin, Jehan Aubery, Guillebert Douvrendel, Jehan Nicole, Jehan Roguez, Fremin Mutel (nouvel).

Sergens a Eu : Regnault de Preaulx, Guille Peletruie.

Eschevins au Tresport : Pierres Tardieu, Jehan Godart, Jehan Lotin.

Conseil : Jehan Marmoulu, Jehan le Mongne, Honnere le Merchier.

Sergens au Tresport : Guillot Quesnel, Jehan Lamyde.

Eschevins a Pont : Jehan Briquet, Jaquet le Prevost.

Conseil : Jehan Briquet l'ainsné, Raoul Faverel.

Les noms des jurés : Robin Heribel, Cardot Caron,
Raoulin Burnel merchier, Robin de Vime cordouennier,
Guillemin Filoche, Jehan le Quien, Jehan du Hamel,
Jehan le Voyte du Tresport.

[F° 165.] *En la mairie* Sire Laurens de la Mote
commenchant a Kasimodo, l'an mil IIII^c et XIIII.

Eschevins a Eu : Jehan de la Fosse, Guille Bourgois,
Guille Sauson (mort), Guille de Listeville, Colart Tar-
dieu, Colibeaux du Marchié, Guille Jebin, Jehan Aubry,
Guillebert de Douvrendel, Jehan Nicolle, Jehan Rogues,
Fremin Mustel.

Conceil : Hugault Nicolle, Robert Nicolle, Henry le
Conte (mort), Benart Valier, Benart Tilleren. (nouvel
mis le) : Jehan de la Fosse peletier, Jehan de Sailli.

Sergens a Eu : Regnault de Preaulx, Guille Peletruie,
il mouru le xx jour de mars IIII^c XIIII.

Eschevins au Tresport : Jehan Marmoulu, Robert de
Ramibele, Jehan Lotin, Jehan le Mongne.

Conceil : Jehan Godart, Pierres Tardieu, Pierres
Cardon.

Eschevins a Pont : Jehan Briquet l'ainsné, Raoul Faverel.

Conceil : Jehan Briquet le jolle, Jaquet le Prevost.

Sergent a Pont : Mahieu Briquet.

Les noms dez jurez : Jehannin Hachart, Jehan Routier boucher, Colin Ravetot, Huet Graveren, Bauduin de
Leulnie merchier, Enguieux d'Aubermez, Bertaut Mustel le jolle, Simon Gosselin, Jehan Misset.

318

[Fo 166 vo.] *En la mairie* Sire Guille de Listeville commenchant a Kasimodo mil IIIIᶜ et quinze.

Eschevins : S. Laurens de la Mote, S. Jehan de la Fosse, S. Guille Bourgois, Colin Tardieu, Jehan Aubry, Hugault Nicolle, Robert Nicolle, Benart Tilleren, Benart Valier, Jehan Nicolle.

Conseil : Guille Jebin, Colibeaux du Marché, Guillebert de Douvrendel, Jehan Rogues, Fremin Mustel, Jehan de la Fosse peletier, Pierres le Cat, Jehan de Sailli.

Sergens a Eu : Regnaut de Preaux, Jehan Maillart.

Jurés a Eu : Raoulin Roze, Jehan du Placeis de Pont, Pierres Laisie, Pierres le Fevre, Raoul de Nouvillier, Jehannin Gagnon barbier, Raolin Dorée, Simon Chaullart, Guillot Anssel, Laurens Coulon, Colin Lagne.

[Fo 167.] *En la mairie* S. Laurens de la Mote commenchant a Kasimodo, l'an mil IIIIᶜ et seize.

Eschevins a Eu : S. Jehan de la Fosse, S. Guille Bourgois, Colart Tardieu, Jehan Aubry, S. Guille de Listeville, Hugault Nicolle, Colibeaux du Marché, Jehan Roguez, Jehan de Sailli, Fremin Mustel, Pierres le Cat, Jehan de la Fosse peletier.

Consel : Robert Nicolle, Jehan Nicolle, Benart Valier, Guille Jebin, Benart Tilleren, Guillebert de Douvrendel (mort).

Sergens a Eu : Jehan Maillart, Regnaut de Preaux.

Eschevins a Pont : Jacquet le Prevost, Jehan du Placeys.

Conceil aud. lieu : Jehannin de le Cousture, Jehannin Briquet le jeune.

Sergant aud. lieu : Mahieu Briquet.

Jurés a Eu : Freminot du Puis, Jehannin du Hamel, Johanet l'ainsné, Jehan Gamin, Cardot Abraham.

[F° 167 v°.] *En la mairie* SIRE GUILLE BOURGOIS commenchant a Kasimodo, l'an mil IIII^c et dix sept.

Eschevins d'icelle mairie : S. Jehan de la Fosse, S. Guille de Listeville, Guille Jebin, Jehan Aubry, S. Laurens de la Mote, Colart Tardieu, Benart Valier, Jehan Nicolle, Hugaut Nicolle.

Consel : Colibeaux du Marché, Jehan Rogues, Jehan de Sailli, Pierres le Cat, Jehan de la Fosse peletier.

Sergens de Eu : Regnaut de Preaux, Jehan Malart.

Eschevins au Tresport : Jehan Lotin, Jehan de Vimeu, Jehan Godart.

Consel : Jehan Marmoulu, Jehan le Mogne, Jehan d'Ault (nouvel), Robert de Ramibele.

Sergens au Tresport : Jehan Lamyde, Hebert Cornelle.

Eschevins a Pont : Johannin de le Cousture, Jehan Briquet le jonne.

Conseil : Jehan du Placeis, Jaquet le Prevost.

Sergent a Pont : Mahieu Briquet.

Jurés en l'an IIII^c et XVII de la mairie SIRE GUILLE BOURGOIS : Regnaut le Bouchier, Robin Mougnot, Martin Tain, Adam Odion, Jehan d'Aut du Tresport.

[F° 168.] *En la mairie* SIRE LAURENS DE LA MOTTE commenchant a Kasimodo, l'an de grace mil IIII^c et dix huit.

Eschevins : S^e Johan de la Fosse, s^e Guille de Listeville, Jehan Aubry, Colart Tardieu, s^e Guille Bourgois (1), Guill. Jebin, Benart Valier, Jehan de la Fosse

(1) Jehan de la Fosse et Guillem Burguoys signèrent la capitulation d'Eu, au nom des bourgeois, le 15 février 1419. (Rôles de Bréquigny, n°s 303, 443, dans *Mém. de la Société des Antiquaires de Normandie,* t. XXIII.)

peletier, Pierres le Cat, Jehan de Sailli, Colibeaux du Marché, Jehan Roguez.

Consel : Hugaut Nicolle, Johan Nicolle, Adam Odion, Guille Nicole.

Sergens pour la ville de Eu : Regnaut de Preaux, Jehan Malart.

Eschevins au Tresport : Jehan d'Aut, Jehan le Mongne, Jehan de Vymeu.

Conseil : Jehan Godart, Jehan Lotin.

Sergens au Tresport : Jehan Lamyde, Hebert Corneille.

Sergent a Pont : Mahieu Briquet.

Jurés en la dite mairie : Gillot Peudechef, Guille Nicolle, Jehan de Gournay dit hustin, Jehan Benet, Perotin Bauduin, Simonet Tuin.

[Fº 168 vº.] *En la mairie* Sire Guille Bourgeois commenchant a Kasimodo, xxiij^e jour d'avril IIII^c et XIX.

Eschevins pour la dite mairie : S. Laurens de la Motte, S. Jehan de la Fosse bourgois, S. Guille de Listeville, Jehan Aubry, Colart Tardieu, Guille Jebin, Hugaut Nicolle, Jehan Nicolle boucher, Pierres le Cat, Jehan de Sailli, Jehan de la Fosse peletier, Guillot Nicolle, Adam Odion.

Conseil : Colibeaux du Marché, Jehan Roguez, Benart Valier, Henry Gommer.

Sergens a Eu : Regnaut de Preaux, Jehan Malart, Estiennot Lefaye.

Eschevins au Tresport pour cest an : Jehan le Mongne, Jehan de Vimeu, Pierres Tardieu.

Conseil : Jehan Godart, Pierres Cardon, Jehan d'Aut.

Sergens au Tresport : Hebert Corneille, Jehan Lamyde.

Eschevins a Pont : Jehan de le Cousture, Jaquet le Prevost.

Sergent a Pont : Mahieu Briquet.

La taille fu celle année a ij s. le livre.

Gardes des clés du coffre pour cest an : S. Guille de Listeville, Jehan Aubry.

Jurez a Eu : Estiennot Lefaye, Jehan du Mesnil, Guillemot le Machecier mercher, Jehan le Coq boulenger, Guillemot le Conte de Matomesnil, Jacob de Pont, Henry Gommer, Polet Geulain.

[F° 169.] *En la mairie* Sire Laurens de la Motte commenchant a Kasimodo, l'an mil IIII^c et vingt.

Eschevins pour la mairie de Eu : S^e Guille Bourgois, s^e Guille de Listeville, Jehan Aubry, Benart Walier, Jehan Rogues, Jehan de la Fosse peletier, Henry Gommer, Adam Odion, Guille Jebin.

Conseil : Pierres le Cat, Jehan de Sailli, Colibeaux du Marché, Jehan Nicolle, Guillot Nicolle.

Sergent pour la mairie : Estiennot le Faye, Jehan Malart, Guillemin le Cauchois ou lieu du dit Malart.

Eschevins au Tresport : Jehan le Mongne, Jehan de Vimeu, Pierres Barberi.

Conseil : Jehan Godart batier, Jehan d'Aut, Pierres le Carpentier.

Sergens au Tresport : Hebert Corneille, Jehan Lamyde.

Eschevins a Pont : Jehannin de le Cousture, Jaquet le Prevost.

Jurés a Eu : Miquelin Nicolle, Jehannin Bignen, Laurens Fouré.

Jurez au Tresport : Quelot le Mongniet, Colin Lamy.

322

[F° 169 v°.] *En la mairie* Sire Guille Bourgois commenchant a Kasimodo CCCC et ving ung

Juré : Miquelot Malerbe.

[F° 170.] *En la mairie* Sire Mahieu Daniel, commenchant a Kasimodo l'an CCCC et XXII, furent fais *eschevins* ceulx qui ensuivent :

S. Guille Bourgois, S. Laurens de la Mote, S. Guille de Listeville, Jehan Aubry, Henry Gommer, Benart Valier, Guille Nicolle, maistre Jehan Nicolle, Jehan de la Fosse plettier.

Conseil : Jehan de Saily, Pierre le Cat, Guiffroy le Rous, Jehan du Bos du Til, Laurens de Buures, Gille Triquet, Fremaut de Pois, Adam Odion, Guille le Lacheur.

Eschevins au Tresport : Jehan d'Aut.

Conseil : Pierre le Carpentier, Colin Gybout.

Pont : Jaquet le Prevost.

Jurés en icelluy an : Miquelot Obry, Angelot Pilefer, Gislot Obry de Pont, Jehannin Monore, Ansiamet Martel, Jehan Fremin, Thomas de Cainoy.

Juré au Tresport : Raoulin Guillot.

[F° 170 v°.] *En la mairie* Sire Guille Bourgois commenchant a Kasimodo, l'an mil IIII^c et XXIII, furent fais *eschevins* ceulx qui ensuivent : S. Mahieu Daniel, S. Laurens de la Mote, S. Guille de Listeville, Guille Tricquet, Guille Nicole, Jehan de Sally, Fremaut de Pois, Guiffroy le Roux, Laurens de Buirez, Guille le Lacheur.

Conseil : Henry Gomer, maistre Jehan Nicole, Jehan de la Fosse, Jehan du Bos, Adam Odion, Jehan de Baally, Guille Boullont, Laurens Fouré.

Eschevins au Tresport : Pierres Carpentier, Colin Gybout.

Conseil : Pierre Cardon, Jehannot le Gay, Jehan le Mongne, Ancellot Pilleur.

Eschevins a Pont : Jaquet le Prevost.

Jurez en icelluy an : Raoullin Lorens, Guillot Cathenoy, Jehan le Gros, Boniface Nicole, Guillemin du Mesnil, Jehannin Escalate sarement.

[F° 171.] *En la mairie* Sire Mahieu Denniel commenchant a Kasimodo mil IIIIᶜ et XXIIII.

Cy ensuivent les noms des eschevins : S. Guille Bourgois, S. Laurens de la Mote, S. Guill. de Listeville, Gilles Triquet, Guille Nicole, Jehan du Bos du Til, Jehan de la Fosse, Jehan de Baali, Laurens Fouré, Guille Boulont, S. Laurens de la Mote.

Conseil : Jehan de Sailli, Guille Lacheur, Laurens de Bures, Guiffroy le Roux, Guille Brioche.

Sergens a Eu : Guille Coulette, Jehan le Fevre.

Eschevins au Tresport : Henry Gommer, Ansselot Pilefer, Jehan le Gay, Jehan le Mogne, Pierre Tardieu.

Conseil : Adam Odion, Colin Gibout, Pierre le Carpentier, Jehan de Vimeu, Jehan d'Aut.

Sergens au Tresport : Jehan Lamyde, Guille Bauchen.

Eschevins a Pont : Jaquet le Prevost, Jehan Walles, Robin de Morelay.

Sergent a Pont : Robin de Morelay.

Jurés a Eu pour cest an IIIIᶜ XXIIII : Jehanot le Petit, Jehan Baillieu, Yvadin Bongart, Jehan Paumier, Perrotin Grissel, Jehanin du Prier l'aisné, Colin de Milleville.

[F° 171 v°.] *En la mairie* Sire Guille Bourgois commenchant a Kasimodo, l'an mil IIIIᶜ et XXV.

Eschevins : Sire Laurens de la Mote, sire Guille de Listeville, Gilles Triquet, Guille Nicolle, sire Mahieu

Denniel lieutenant du maire. Guille Lacheur, Jehan de Sailli, Laurens de Bures, Guiffroy le Roux, sire Laurens de la Mote.

Conseil : Jehan du Bos, Jehan de la Fosse, Jehan de Baali, Laurens Fouré, Guille Boulont, Guille Brioche.

Sergens : Guille Coulette, Jehan Malart.

Eschevins au Tresport : Henri Gommer, Adam Audion, Jehan de Vymeu, Pierre le Carpentier, Jehan d'Ault.

Conseil : Pierre Cardon, Jehan le Mongne, Jehan le Gay, Ansselot Pilefer, Colin Gibout.

Sergens : Jehan Lamyde, Guille Bauchen. *Crieur :* Raoulin Guillet.

Eschevins a Pont : Jaquet le Prevost, Jehan Wallez.

Conseil a Pont : Bertin le Fevre, Robin le Fevre.

Sergent a Pont : Robin de Morelay.

Les nons des jureʒ : Estiennot Bloquiel, Regnaut le Clerc, Miquelot Bloquiel, Guillot de Pont, Robin le Fevre de Pont, Thomas le Fevre d'icellui Pont, Jehan le Semone dit heribel d'icellui lieu, Jehanot le Sueur, Jacquet Bloquiel, Thomas Wasselin, Jehannot Pappin, Hustin le Vasseur, Rogier de le Forge.

Jurés au Tresport : Henriet Dausonel, Simonnet Buichet, Enry Colache.

Jurés a Pont et Herentcourt : Jehanot le Carpentier dit Cœuriaux, Jehan Godart, Roumain Godart.

[F° 172.] *En la mairie* SIRE GILLES TRIQUET commenchant au jour de Kasimodo, vij jour d'avril IIIIᶜ et XXVI.

Eschevins : S. Guille Bourgois lieuten. du maire, sire Mahieu Denniel, sire Laurens de la Mote, sire Guille de Listeville, Guille Nicolle. Jehan du Bos, Jehan de la Fosse, Jehan de Baalli, Laurens Fouré, Guille Boulont, sire Laurens de la Mote.

Conseil : Guiffroy le Roux, Laurens de Burez, Jehan de Sailli, Guille Brioche, Guille Lacheur.

Sergens a Eu : Guille le Cauchois, Jehan Malart.

Eschevins au Tresport : Henry Gommer, Pierres Cardon, Jehan le Mongne, Jehan le Gay, Ansselot Pilefer.

Conseil : Jehan d'Aut, Audam Odion, Pierres le Carpentier, Jehan de Vymeu, Colin Gibout.

Sergens : Johan Lamyde, Guille Bauchen.

Eschevins a Pont : Bertin le Fevre, Robin le Fevre.

Conseil : Jaquet le Prevost, Jehan Vallez.

Sergent : Robin de Morelay.

Les noms de juré pour cest an : Guille de Geuteville, Thomas du Gardin, Guille de Rue, Thoumas Bauduin, Laurens de Moncy, Engueren de Pelevert, Gautier Gosselin.

Jurez au Tresport : Guillemin le Vasseur, Jehannin le Batart, Perrotin Peron, Engueren de Vymeu filz Obert, Guillot de Floquez, Rogon Robechel.

[F° 172 v².] *En la mairie* Sire Mahieu Denniel commenchant au jour de Kasimodo, xxvij[e] jour de avril mil IIII[c] et vingt sept.

Sire Gilles Triquet lieuten., sire Guille Bourgois, sire Guille de Listeville, Guille Nicolle, Jehan du Bos, Guiffroy le Roux, Laurens de Burez, Jehan de Sailly, Guille Lacheur, sire Laurens de la Mote.

Conseil : Jehan de la Fosse, Jehan de Baalli, Guille Boulont, Laurens Fourré, Guille Brioche.

Sergens a Eu : Guille le Cauchois, Jehan Malart.

Eschevins au Tresport : Henry Gommer, Jehan d'Aut, Adam Audion, Pierre le Carpentier, Jehan de Vymeu, Colin Gibout.

Conseil : Pierre Cardon, Jehan le Mongne, Jehan le Gay, Ansselot Pilefer.

Sergens au Tresport : Jehan Lamyde, Guille Bauchen.

Eschevins a Pont : Jaquet le Prevost, Jehan Walles.

Conseil : Bertin le Fevre, Robin le Fevre.

Sergent a Pont et messier : Jehannin Heribel.

Jurés a Eu : Jehan le Clert le jeune, Henri Boulont, Jacob Babin, Jehan du Flo, Euliot Guillement, Laurens du Perrin boucher.

Jurés au Tresport : Simon Rolen, Jehan Maze dit Lasennille, Laurenchon Pilefer, Marthin Crohen, Adam le Merchier marinel, Colin de Marez.

[F° 173.] *En la mairie* Sire Guille Bourgois commenchant a Kasimodo, l'an de grace mil IIII^c XXVIII, furent eschevins et du conseil ceulx qui ensuivent.

Premier., Eschevins : Sire Mahieu Denniel, sire Laurens de la Mote, sire Guille de Listeville, sire Gilles Triquet, Guille Nicolle, Jehan de la Fosse, Jehan du Bos, Guille Boulont, Jehan de Baalli, Laurens Fourré.

Conseil : Guille le Lacheur, Jehan de Sailli, Laurens de Bures, Guiffroy le Roux.

Sergens a Eu pour la mairie : Guille Coulette, Jehan Malart.

Eschevins au Tresport : Henri Gommer, Jehan d'Aut, Jehan le Mongne, Anselot Pilefer, Jehan le Gay, Pierre Cardon.

Conseil au dit lieu : Adam Audion, Pierre le Carpentier, Jehan de Vymeu, Colin Gibout.

Sergens au Tresport : Colin Lamy, Engueren de Vymeu.

Eschevins a Pont : Bertin le Fevre, Robin le Fevre.

Conseil au dit lieu : Jaquet le Prevost, Jehan Walles.

Sergent a Pont : Jehan le Semone dit heribel.

Jurés a Eu pour l'an de ceste mairie : Jehannin de Vyme, Colin de Mesnival, Honnere Hairedin, Watier Blondin, Rogier de Rosay, Colin Tourneveel, Perrotin Peletruie, Jehan le Conte du marchié, Mahiot le Conte, Honnere Carbonnier, Jehannot de Mesnival.

Jurés au Tresport : Bertin Faverel, Guillemin Cardon bouchier, Watiez Alot, Motin Cappel, Wallerie Hebert, Guillebert Gouvernel, Jehanot Doublel, Jehano Tuyn, Guillemin le Vasseur.

[F° 173 v°.] *En la mairie* SIRE MAHIEU DENNIEL commenchant le diemence iiij^e jour de avril, jour de Kasimodo, l'an mil IIII^c XXIX.

Premierement, eschevins d'icelle mairie : Sire Guille Bourgois, sire Guille de Listeville, sire Gillez Triquet, Guille Nicolle, Jehan du Bos. Guiffroy le Roux, Jehan de Sailli, Laurens de Burez, Guille Lacheur, Fremaut de Pois.

Conseil : Guille Boulont, Jehan de Baalli, Laurens Fouré, Jehan de la Fosse peletier.

Sergens d'Eu : Guille Coulete, Jehan Malart.

Eschevins a Pont : Jaquet le Prevost, Jehan Wallez.

Conseil : Bertin le Fevre, Robin le Fevre.

Sergent a Pont : Jehan le Semone dit heribel.

Bourgeois jurez : Robin Guillement, Perrotin Warin tenneur.

Jurés au Tresport : Colin Barberi, Symon Hiderel, Guille Pilefer, Climent Belet.

[F° 174.] *En la mairie* de SIRE FREMAULT DE POYS commenchant le jour de Kasimodo, xxiij jour d'avril mil IIII^c et XXX.

Eschevins d'icelle mairie : S. Mahieu Denniel lieuten. du maire, s. Guille Bourgois, sire Guille de Listeville, sire Gilles Triquet, Guille Nicolle, Jehan du Bos, Guille Boulont, Jehan de Baally, Laurens Fourré.

Conseil : Jehan de Sailli, Laurens de Burez, Guiffroy le Roux, Guille Lacheur.

Eschevins a Pont : Robin le Fevre.

Conseil : Jehan Walles, Jaquet le Prevost.

Jurés a Eu : Jehan de Biens, Johannin le Fevre tainturier, Perrinot Poitevin, Guiffroy Lesclengiac, Jehan Castelain ploumier, Perrotin le Merchier, Jehan de Poys, Perrin Glache, Jehan le Jumel de le Rue aux Caliex, Mahieu Bequet.

Jurés au Tresport : Jehan Mortier, Perrotin Poitevin, Jehannet Gaffe, Rogier Gibout, Guill. Gaffe, Jehan Letelier.

[F° 174 v°]. *En la mairie* SIRE MAHIEU DENNIEL commenchant a Kasimodo mil IIII^c trente et ung.

Eschevins pour cest an : Jehan de Poys, sire Guille Bourgois, sire Gillez Triquet, sire Guille de Listeville, Guille Nicolle, Jehan de Sailli, Laurens de Bures, Guiffroi le Roux, Guille Lacheur.

Conceil : Jehan du Bos, Guille Boulont, Jehan de Baali, Laurens Fouré.

Sergens de cette mairie a Eu : Guille Coulette, Jehan Malart.

Eschevins a Pont : Bertin le Fevre, Robin le Fevre.

Conseil : Jaquet le Prevost, Jehan Walles.

Bourgeois jurés : Jehan Canu boullenger, Jehan le Caretier.

Soit memore que cest present livre fu prins et emporté par les gens de gueres qui prindrent et pillerent ceste ville de Eu au temps que Poton de Saint Eralle la print, qui fu environ la Saint Jehan Baptiste mil CCCC trente ung, et parce que n'y a esté fait deppuis quelque mencion du fait de lad. mairie jusquez a cest an mil CCCC chinquante quatre, et aussi parce qu'il y a eu gouverneurs ordonnez en lad. mairie en l'an IIIIᶜ trente huit (1) jusquez a present que monseigneur le conte a voulu et acordé qu'il y ait ung maire en lad. ville de Eu ainsi qu'il y soloit avoir en temps passé. Et a esté sire Guille Bourgois ordonné et institué maire de lad. ville de Eu pour led. an mil IIIIᶜ LIIII.

[Fº 175.] Quant le mairie fu remise par monsgʳ le conte en la maniere coutumée.

En la mairie SIRE GUILLAUME BOURGOIS commenchant a Kasimodo mil CCCC cinquante quatre.

Eschevins pour le dit an. Lez quatre principaulx : Henry Boullont, Jehan de Pardieu, Simon Landry, Robin Leroy. Guille Brioche, Islardin le Varlet, Martin Acart, Philippot Mustel, Massin Truppin, Miquelot Poulain, Massin Canu.

Conseil : Miquelot Poulain, Colin de Gournay, Linart Daniel, Rogerin de Biaurain.

---

(1) Charles d'Artois, prisonnier à Azincourt, sortit de captivité cette année 1438. Eu semble être redevenu français dès 1435. M. de Beaurepaire a publié dans le *Bulletin de l'Histoire de Normandie*, t. III, p. 286, une ordonnance d'Arthur de Richemont pour la défense et l'administration de la ville d'Eu, datée de Dieppe le 7 juillet 1436. Les archives d'Eu conservent une ordonnance délivrée aux habitants le 8 mai 1436 par Pierre de Rochefort, seigneur de Caux, maréchal de France.

330

[F° 190 v°.] Rentez a vie (1).

Ascencio Domini.

Vers Roen a Pierres de le Riviere xl lbr. Ensi que se il muert au devant de se fame, se fame ne rechevera que xx lbr.

A Esteul le fix Osbert Tardiu xx lbr.

(A le fame Guille de Criel xx lbr.)

Pentecoste.

(A Rogier le seriant xxx lbr.) A le fame Rogier le seriant xv lbr.

A maistre Johan de Forges et a maistre Guill. son frere, l lbr. Et après le mort de maistre Johan le meitié sera morte.

A Ameline fame Osbert Tardiu et a Esteul son fix xl lbr.

Saint Iohan d'esté.

A Michiel Lanstier vers Arras xx lbr de paris.

(A Pierres Pouchin x lbr de paris.)

(A Osbert Tardiu xl lbr.)

A mesire Watier le Clerc x lbr de tournois.

A Guill. du Pont (xx lbr) x lbr. Ensi que cheli qui

(1) « Le *Livre rouge* de la ville d'Eu contient l'indication des rentes à vie constituées sur cette commune de la fin du xiii° siècle à la fin du xiv°. C'est surtout antérieurement à 1300 qu'elles paraissent avoir joué un rôle considérable dans le système financier et économique de cette ancienne municipalité. Les rentiers sont nombreux, plusieurs appartiennent aux bourgeoisies du Tréport, de Dieppe, d'Abbeville, d'Ami... t d'Arras. Le prix de constitution n'est malheureusement pas i... jué. On voit seulement que, d'habitude, lorsque les rentes étaient à la vie de plusieurs individus, elles étaient sujettes à une diminution par suite du décès du premier mourant. » Ch. de Beaurepaire : *Notes et documents sur l'état des campagnes de la Haute Normandie*, p. 157.

premierement mourra x lbr seront amenuisiés et furent esquiz de le mort se fame.

A Pierres Daval l. s.

(A dame Aale Quatremars x lb.)

(A le fame Ricart de le Plache xx lb.)

(Au fix Bernart de Rue ch'est assavoir Rogier x lb.)

A maistre Johan de Goy xl lb a Roen.

(A dame Anne de Berrome cc s. pour le Kay a tous resguelez.)

A le Magdaleine. A Pierres Daval c s.

A Guill. du Pont c s. et a se fame.

Saint Pierres entrant aoust.

Primes, a Raoul de Blangi et a Johane se fame, a le vie de chascun qui plus vivra, xx lb.

It. a Guille du Pont et a Bietrise se fame xv lb, qui plus vivra tout ara, a chu terme de le saint Pierres entrant aoust.

(A Guill. du Pont c s., et se il defaut du dit Guill. le fame au devant de se fame, se fame n'en a que l s.

A Pierres Daval c s.)

Saint Johan issant aoust.

(A Guerout de Flosques xx lbr. Ensi que se Guerout muert anchois que n'aroit se fame x lb seront amenuisiez.)

A Maroie de Flosques x lb et nient plus.

(Saint Remi.

A dame Aalez Quatremars x lbr.)

Toussains. A Pierres Honnouré et a Johene sa fame a leurs ij viez xx lb. qui plus vivra tout ara.

(A Ilare Lespissier vers saint Rikier xxx lbr.)

(A Navissont fame Gilles de Penliu x lb.)

(A le fame Robert du Mesnil x lb.)

Saint Andrieu.

(A Guerout de Flosques xx lbr. Ensi que se Guerout muert avant, x lb seront amenuisiés. A Maroie de Flosques x lb.

[F° 191.] Noel.

(A Guerout Faverel d'Aut xxiiij lbr de par.

A dame Aalis Quatremars xxx lbr.

A Ameline de le Voute xx lb. It. c s. pour le Kay a rendre a tous resguelez, esqui en l'an CCC et quatre.)

A Adan capelain mesire Guerart de Lambert sac vers Amiens xx lb de tour.

A Maistre Guill. de Mortemer en vers Amiens xx lbr de par.

(A Osbert Tardiu xl lb.

A le fame Robert du Mesnil x lbr.

A Huilart du Polet xx lb. Ensi que se il muert au devant de se fame dis lb seront amenuisés. mort).

(Tiesphaine.

Au Ultime ior de Noel.

(A Osbert Tardiu xx lb.)

A Pierres Triquet de Rue xx lb. a se vie pure.

Candeleur.

(A Guerout de Flosques xv lb.)

A Maroie de Flosques vij lb x s. It. a Pierres Daval vij lb x s.

A Johan de Rue x lbr.

A Guill. du Pont (et a Bietris se fame xx lb de par). Ensi que cheli qui premierement s'en yra mort, dis lb seront amentis.

As Brandonz. A Pierres Daval xxv lbr.

Mikaresme.

A Guill. du Pont xx lb et a se fame le meitié se ele le sorvit.

(A mesire Gose de Penli x lb. It. a sire Robert du Mesnil xx lb et a se fame le meitié se ele sorvit.)

A Henri Breton de Meuliers a Eu x lb, qui plus vivra tout ara.

A Gifroi de le Bare et a Jehane se fame xx lbr. Ensi que l'un qui plus vivra tout ara.

(A Robert Elyes x lb) et a se fame le moitié se ele le sourvit et n'ara que c s.

Pasche flouri.

A Ricart Longueroie xx lb et a se fame, qui anchois mourra dis lb seront amenusiés en le vile d'Eu (1).

A Johan Canu clerc xx lb en le vile d'Eu.

It. a Rogier le seriant et a Sarre se fame x lb au diemenche après le miquaresme, qui plus vivra tout ara.

Pasche.

(A Osbert Tardiu xl lb.)

A Guill. et Nicole enfans Lorens Bourgois x lib, ensi qui premier mourra c s. seront amenusiés.

Au diemenche après le Kasimode. (A Thomas Mouton x lb et a sa fame a paier le diemenche après le Kasimode, ensi que chali qui premierement morra c s. seront amenusiés en le vile d'Eu et n'ara se fame que c s.)

[F° 191 v°] Rentes a vie lesquelles le ville doit par an as termez qui enssievent : premierement.

Au diemenche après le quasimode. (A le fame qui fu Thomas Mouton c s.)

(Au terme de l'Ascencion. A Pierres de le Riviere et a sa fame xx lb a Rouen, et est sa fame morte.)

(A Estienne Tardieu fiez Osbert Tardieu xx lb t.)

Penthecoustes.

(A le fame Rogier le seriant qui fu xv lb t.)

(A maistre Joham de Forges et a maistre Guill. son frere l lb, ainsi que se le dit maistre Jeham mouroit au

____

(1) V. p. 53.

devant du dit maistre Guill. il n'en aroit que le moitié.

(A Estieule Tardieu liex Osbert Tardieu xl lb t.)

A Johanne de le Barre xx lb au mardi de Pentec.

A Guill. Bourgois xv lb. A Guill. de Preaus de Diepe.

A Hue le Checlier xv et a Peronnele sa fame a leurs ij vies xx lb. A le Trinité ches iij. Jehanne sa fame.

Au terme de le nativité saint Joham Bauptiste.

(A Michiel Lanstiez vers Arras xxv lb t. et mourut après chen que il fu paié l'an XVI.

A messire Watier le Clerc personne du Mesnil Renaume x lb t.

A Guill. du Pont x lb t.)

A maistre Joham de Quesnoy vers Roen xl lb t.

Au terme de le Magdalaine.

A Guillane du Pont l s. t.)

(A messire Climent Warnier prestre de Mares, xxx lb a se vie a Eu,)

Au terme de le saint Pierre entrant aoust.

(A Raoul de Blangy et a Jehanne sa fame a leurs deus vies xx lb t. qui plus vivra tout ara.

A Guill. du Pont xv lb t.)

A Guiffroi de le Barre et a Jehanne sa fame x lb t.

A messire Raoul Desparois prestre xx lb a le S. Lorens en aoust a Eu.

Au terme de le saint Jehan issant aoust.

(A Fremin le Magnier x lb a Abbeville.

A Maroie de Flosquez x lb t. morte.)

[F° 192.] Au terme de le Toussains.

(A Pierre Honnouré et a Johanne sa fame xx lb a leurs ij vies, qui plus vivra tout ara a Eu.

A Fremin le Magnier x lb a Abbeville.)

Au terme de le saint Andrieu.

A Hue le Checlier x lb tele monnoie comme il courra

a pain et a vin et as marcheandises quant les termes carront.

(A Maroie de Flosques x lb t.)

Au terme de Noel.

Au terme de le saint Hylaire. (A Rogier de Rue xx lb a sa presente vie.)

Au terme de le Kandeleur.

(A Maroie de Flosques vij lb x s. t.) morte.

A Jehan de Rue x lb t.

(A Guillame du Pont x lb.)

(A Hue le Checlier xx lb) a le vie de li et de Guill. sa fame, qui plus vivra tout ara... le dit Guillemete.

(A messire Olivier Warnier prestre de Mares x lb en cheste vile a paier a le Candeleur l'an XVII segond terme aux Bouhourdeys.)

(A Fremin le Magnier d'Abbeville xv lb a p. vers Jaquez a Abbeville, rendues.)

A le mikaresme.

(A Guillame du Pont xx lb t.)

A le fame Breton de Meulliers dit hermen qui fu x lb t. de quoi chent sous sont amenusiez et les autres c s. sont a Jehanne le Laye.

A Guiffray de le Barre et a Johanne sa fame xx lb t., qui plus vivra tout ara.

(A Ade qui fu fame Robert Helyes c. s. t.)

Au dyemenche apres le mikaresme. (A Sarra le seriant xx lb t.)

A Pasquez floury.

(A Ricard Langueroie (mort le dit Ricart) et a sa fame xx lb t. qui le premier mourra x lb seront amenusiés a Eu.)

(A Jehan Canu clerc xx lb t. a Eu).

Au terme de Pasques.

336

(A Nichole et a) Guill. dis bourgois x lb. Eansi que qui premier mourra l'autre n'ara que c. s.

A Johan de Heudelimont et a damoiselle Denise sa fame xx lb a leurs ij vies tele monnoie comme il courra a marcheandises et a pain et a vin quant les termes carront ; en cheste vile paiés.

(A messire Clinent Warnier xx lb a le quasimodo et le monnoie comme les dis Jehan et Denise.)

A Guill. de Preaus de Dieppe demourant au Tresport et a Perronele sa fame a leurs ij vies x lb d'ichele monnoye a le Quasimode,   en cheste vile.

[Fº 193.] Che sont Rentes que le ville de Eu doit a vie par an as termes qui ensuivent premierement.

(A Guill. Bourgois. c. s.

A damoiselle Denise de Heudelimont xx lb. Au jour de Pasques.

A Guill. de Preaus de Dieppe et a Peronnele sa fame a leur ij vies x lb. Au jour de le Quasimode. mort.

A Hue le Checlier et a Johanne sa fame a leurs ij vies xv lb.

A Guill. de Preaus et a Peronnele sa fame a leurs ij vies xx lb. Au jour de le Trinité. mort.

A messire Raoul Desparois prestre xx lb. Au jour de le saint Lorens en aoust.   mort.

A Jehanne Honouré xx lb. Au jour de le Toussains.

A Hue le Chelier x lb. Au jour de le saint Andrieu.

A Jeham de Rue poisonnier x lb.

A Hue le Chelier xx lb.

A Aleaume le Vasseur et a Symone sa fame a leurs ij vies x lb. Vendus l'an XXXIIº. Au terme de le Candeleur ches iij.

A Adam Raye et a Mase sa fame xx lb a leurs ij vies. Au jour des Brandons. Vendus en l'an XXXII.

A Robert de Mares et a Johanne sa fame xv lb. Au jour de feste S. Mathias. Vendus l'an XXXIII. Defunctus est Robert anno XXXVIII die sabbati ante Judica me.

A Aleaume le Vasseur et a Symonne sa fame c s. a leur ij vies.

A Joham de Preaux dit caniel et a Eudeline sa fame a leur ij vies xv lb. A le mi Karesme, mort.

A Laurens Lion et a Maroie se fame a leur ij viez xx lb. A le feste saint Barnabé, mort.

A messire Jehan le Fevre a se vie tant seulement. Le xviij jour de juing xx lb.

A Jaques Sarasin et a Johan son fix né de Erembourc sa premiere fame a leurs ij viez xx lb a paier lendemain de le Candeleur en cel tans que elequié et est assavoir que se les dessus nomez Jaques ou Johan perdoient leur lettre on leur en deveroit fere ı autre et qui plus vivra plus tendra les dis xx lb. Vendus l'an XXXIX.

Amable Maulevant tant comme elle vivra ou au portée des lettres sur chen faites tant comme Marguerite sa nicche vivra tant seulement. Vendus l'an XL. A la saint Jacques et saint Gyoce x lb.

A Jaquez Sarrasin et Jehan son ainsné fix xx lb t. le douzieme jour en l'entrée de may et qui plus vivra si ara le tout et se il perdoient leur lettre on leur en feroit une autre.

A Guill. de Listeville et Jehanne sa fame a leurs deux vies x lb, le veille saint Valentin.

A messire Robert Queval prestre et a Johan Pasté neveu dudit prestre xx lb a leurs deux vies a le vie de chil qui plus vivra xx lb, le tiers jour d'octombre.

A messire Bernart Pinel prestre de Hainsseville xx lb a se vie tant seulement, au jour de la saint Symon et saint Jude.

A Guille de Listeville tant comme il et Robert son fix

338

ainsné vivront... fait par luy xx lb. le veille de le Concep-
tion Notre Dame.

[F° 193 v°.] (A Jehanne Bosquet tant comme elle vivra
xx lb a se vie, au tresime jour du mois de juing. Et après
son dechet il en escarra a nous et a le ville x lb. Et
Bytrix fille de la dicte Jehanne tendra les autres dis livres
tant comme elle vivra tant seulement.)

A Pierrez Boistel et a Jehan son ainsné fix tant comme
eux vivront ensemble ou chescun après ly xx lb, au merquedy apres la saint Johan Baptiste, a v s. de paine le
jour se l'en deffaloit de paiement. Et en ara Perronnelle
fame dudit Pierres le moitié apres le dechet dudit Pierrez
encontre le dit Jehan. Et se il perdoient leur lettre on
leur en feroit une autre de cheste forme.

(A messire Watier Werel prestre et canoine de saint
Ouffirin d'Abbeville a se vie et a le vie de Johan Chevalier son neveu xv lb, le jour saint Jaque.)

A Johan le Flamenc et a Johanne se fame demourant
a Abeville a leurs ij vies xx lb, le jour saint Jaque.

(A Michaus Malderrée a le vie de li et de Maroie sa fame
a celuy de eulx deux qui le plus vivra et le derrain vivant
tout tendra, terme commenche en le saint Martin d'yver
de cy an, les dites viez ou vie durantes c livrez tournois, et
se doivent ceux a qui les los du Tresport sont balliés par
la main du maire obliger a nous et au dit Miguiel.)

(A Johan d'Avrenches et Guillebert son fiex a le vie de
yceluy des deux qui le plus vivra, qui plus vivra tout tendra, et se il avenoit que il perdist sa lettre par feu par eaue
ou par tempeste le ville li soit tenue a refaire, et ay xxv l.
a paier a le mikaresme.)

(A Johan Capougnie et a Maroie sa fame demourant a
present a Abbeville, a le vie des deux qui plus vivra, et qui
plus vivra tout tendra, lx livres de rente a deux termes

l'an, au Noel et a le s. Remy, a chascun terme xxx l. tournois, et se il avenoit que il perdist sa lettre par feu ou par tempeste on li referoit par vj s. par. de paine ou de faute de paiement.)

[F° 194.] (A Guill. de Catheu et a Pierres de Catheu son fiex le plus jolle de sez troix fiex ainnez, demourans a Abbeville a present, a le vie d'eus deux qui plus vivra tout tendra, lx l. tourn. chescun an de rente, le premier terme iiij^e jour de javier et le secont terme xij^e jour du mois de may, a chescun terme xxx l., de ce a esté racaté o dit Pierres xxx l. et n'en doit on a present que xxx l. tant seulement.)

(A Colin le Caron merchier et a Coll. de le Cousture alia d'Aouste fiex de le fame du dit Coll. demourans a Abbeville a present, a le vie d'eus deux qui plus vivra tout tendra, lx l. tournois chescun an de rente, le premier terme iiij^e jour de javier et le secont terme est xij^e jour du mois de may, a chescun terme xxx l.)

[F° 194 v°.] Watier Wastelier, Bertremiu Billet, Robert de Faenche, Ricart Pallet, Guill. Luellier sunt tenus chascun pour tout vers le vile de xx l. pour lez deniers as enfanz Gui de B[eauvès] (1) que il doit tenir un dés enfanz a sez despenz desi a Pasques prochainez, et rendre l'argent a chacun ior, et en durent fere lettre de ballie. Au recort de Iohan du Mesnil adonques maire et de Gifrei de le Bare esquevin d'Eu, en roullé le diemenche devant le saint Lorens le martir, en l'an IIII^xx et quinze.

[F° 195.] Le vile conta az amis des enfanz Gui de B[eauvès] ch'est assavoir, Johan de Vimeu, Gillebert Adan, ch'est assavoir quant Pierres le Clerc fu maire (2), u non de [le dite Johane et] tous les enfanz qui iadis

(1) Gui de Beauvès, mort vers 1289. V. p. 58, 69, 70, 71, 90, 116.
(2) 1294.

furent Gui de B[eauvès], ch'est assavoir pour trois enfanz et Nicole le Merchier paié de xlv l., et demoura que le vile fu tenue envers les trois enfanz en vj^{xx} l. xiiij l. xvij s. vj d. Ch'est assavoir a chascun por se portion xliiij l. xix s. vj d.

Des quiuz deniers Pierres le Clerc en deit xx l. qui li furent balliées.

Johan de Vimeu xxj l. qui li furent ball., solvit xx l.

Johan le Merchier xxv l. qui li furent ball., paié viij l. — (It. paié de Aales le Merchier xxxiij s. v d.) — Nicole le Merchier son frere xx l. qui li furent ball. paié xj l. — (Guill. Luellier xxxiij s. v d. — Ricart Lion xxxiij s. v d.) Sunt et demeure en le main de le vile. R. ix l. que le dit Nicole deit.

It. le vile en doit a une part xix l., ch'est assavoir de le rechete Nicole le Merchier qui deveit xx l. xj l.

It. de le rechete de Johan son frere qui deveit xxv l. viij l.

It. xlviij l. xviij s. vj d. que le vile deit ove lez xix l. devant nommez, paié vj l., a fornir xlv l. que Johan de B[eauvès] eut, et demeure que le vile deit xlij l. xviij s. et vj d.

Johan de B[eauvès] deit a Flourence se suer xlv l. et en est le vile quite vers le dite Flourence, par le plerie de Johan Triquet, de Johan le Marchant, de Ancel de Penli, de Gillebert Adan d'Estalonde, de Johan de Vimeu, et les recheut en cheste maniere, ch'est assavoir de Pierres le Clerc xx l., et de le vile vj l. It. xix l. que le vile wardent, de le main Nicole le Merchier xj l., de le main Johan le Merchier viij l.

(Somme vj^{xx} l. xiiij l. xvij s. vj d. que les trois enfanz doivent aveir.)

Raoul Daval deit pour Guillot de B[eauvès] xxx l.,

solvit, et les rechut Johan de B[eauvès] les quiuz il doit paier a Johanot son frere, se il estoit trouvé que il eust aage.)

Johan de Vimeu deit pro toto xx s.

Nichole le Merchier deit pro toto ix l. par lettrez de ballie.

Le vile deit xxviij l. pro toto.

It. Johan de B[eauvès] doit a le vile pour Johannot son frere xxij l. qui fu mis a mestier a Blangi, dont on rechut xx l. de Johan de Vimeu, somme iiij^xx l. x l. pour deus enfanz.

Johan de B[eauvès] deit a Flourence se suer xlv l. dont l'assenement est en le varde de le vile.

[F° 195 v°] Rechetez des rentez a l'oir Gui de B[eauvès] : Primez, Iohan de Vimeu en rechut de trois termez viij l. v. s. x d. dont il fist paiement a le vile pour le dit enfant a une feis de xxix s. xj d. le samedi après le Nostre Dame sectembre en l'an IIII^xx et onse, en le presence de se mere et de Guill. le Portier et de Iohan Triquet u tenz sire Robert du Mesnil.

It. le mardi devant le saint Luc xl s. Et des autrez deniers il fist conte en le presence d'icheus que il aveit mis es chosez au dit enfant, si que le dit Iohan demoura en dete de chez viij l. v s. x d., en dete vers le vile fors de xj s. en toutez choses.

It. au terme de le saint Remi en chel an, le maire et les esquevins firent revoir les rentes a Ricart de Lespine, de quoi Mahlet du Tresport fu clerc, viij s. viij d., lez rentez paiéez avant.

It. le vile rechut de l'aisneeche a l'oir pour le vente de deux huches et et du couvertoir xvj s.

It. de le main Lienart pour le vente de se queute de se aisnée xl s.

Somme chinquante et sis s. de ches deux ventes.

It. Guill. le Portier est tenu vers les enfanz Gui de B[eauvès] de x l. xij s. vj d. que il rechut de le main Hui Letedouche et Raoul Haterel, pour blé qui fu ballié de le main as amis as devant nommez R. et sire Hui. Et crut chu blé es terres Iohanot de B[eauvès], des quiuz deniers dame Iohane mere au dit enfant, Iohan le Vavassseur, Renaut Remont firent leur dete chascun pour tout a rendre a le saint Denis en l'an IIII^xx et quatorze, sanz che que d'ichu bal les amis Iohan de Vimeu, Iohan Triquet s'acorderent que rienz ne poet perilier seur le vile et le pristrent en main. Au recort de Robert du Mesnil adonques maire et de Nichole Poiletruie esquevin d'Eu adonques. Paié d'icheuz x l. xij s. vj d., iiij l. xv s., ch'est assavoir a Nichole le Merchier iij l. v s. et x s. por i. warnement a Guillemot. It. le vile warde c s. pour Guille le Portier que Iohan de B[eauvès] bailla. It. vij s. vj d.

Le dit Guill. le Portier conta as amis, en le presence de Robert du Mesnil adonquez maire et de Lorens Bourgois, le merquedi après le saint Michiel en l'an IIII^xx et trese pour lez rentez a l'oir que il avoit rechutez, et pour le louage de le meson, ensi que il demoura en dete pour toutez chosez en vj l. xviij s. i d., et fu pour chint termez que il avoit rechut des rentez, et de ches chint termez et du louage de le meson il se paia de xxij l. x s. que on li deveit du vivre as enfans, si que il ne demoura en dete fors es vj l. xviij s. i d.

Paié de le main Ioh. de B[eauvès] pour son parrastre vij l. le velle de l'en en l'an XVII.

[F° 196.] En l'an de grasse mil CC IIII^xx et dis, u tenz Nichole Poiletruie adonques maire, fu ballié a le vile des deniers as enfanz Gui de B[eauvès] viij^xx et dis l. de tourn. It. xxv l. du rapel de bourse de terre que le dit Gui aveit acaté u tenz que il vesqui. It. c s. de le vente d'un cheval.

De chez deniers il fu ballié a mouteplei par l'acort des amis.

A Guill. Lesmontureur xx l. pour xxv l. — A Iohan d'Aulbemalle clerc, xx l. pour xxv l. — A Morisse le Karon xx l. pour xxv l. — A Iohan de Vimeu xx l. pour xxv l. — A Thomas Loffevre xxx l. pour xxxvij l. et demie. — A Iohan Triquet x l. pour xij l. et demie. — It. au dit Iohan en l'autre bal xij l. pour xv l. — It. a Pierres le Clerc x l. pour xij l. et demie. — A Guill. de Wengnez xvj l. pour xx l. — It. pour les rentez rechutez et por dras de lit vendu et pour une queute vendue ix l. xiiij s. vij d.

Somme de tout le bal et des montez xij^{xx} l. ix l. iiij s. vij d.

De che ballié a Iohan de Vimeu c s. seur le buffet pour une pais d'un rapel de bourse que il demandeit a avoir seur Iohanot de B[eauvès].

It. en chel en u tenz du dit Nichole, a Guill. le Portier viij l., que le dit Guill. paia as pledeurs, pour le plet de chele bourse deffendre, et pour autres chosez qui touquerent son hyretage.

It. en le fin de chel en, le dit Guill. eut nanz comme une chainture d'argent et une affique d'or qui esteient tenus en le main de le vile pour xxij l. des deniers du rapel de bourse, les quiuz deniers furent contez vuivre as enfanz, et baillié au dit Guill. en amenusant le somme.

It. en le mairie sire Robert, fu ballié au dit Guill. lxvj s. par l'acort des amis Iohan de Vimeu, Iohan Triquet, pour che que il aveit plus mis que rechut en l'amendement de le cambre de biere qui fondeit vers le riviere, e u costé de le granche ou le feu aveit esté.

It. en le mairie Nichole Poiletruie, en l'an IIII^{xx} et douse, fu ballié au dit Guill. pour le vivre as enfanz x l. de tourn. et quinse s., lendemain que l'un des enfanz fu enteré a Blangi. — It. il rechut xx s. vj d. pour le sepulture a l'enfant.

It. a Robert Gomont l. l. pour le portion Iohan de B[eauvès] hoir au dit Gui, de quei les amis l'aplegierent par lettrez de ballie que u tenz de son aage il se tenroit a paié pour tant et n'en demandereit rienz a le vile pour rentes rechutes ne pour autre cose,

[F° 196 v°.] It. au fouage v s. pour les enfanz. It. iij s. t. pour le reconnissant des l. l. que l'oir eut.

It. iij s. vj d. pour les reconnissant de le delivranche ou Iohan de Vimeu, Guill. le Portier, Iohane se fame, Guill. de Fontainez, Wat. Happecin s'obligierent pour delivrer ent. le vile.

It. xx s. a Lambert le seriant pour le partie as enfanz fete par devant Warnier adonques balliu d'Eu.

It. a Guill. Cachet par l'acort de le mere, ij s.

Somme c l. xxxij s.

Et demoura le vile en dete en vij^{xx} l. vj l. xij s. vij d. des deniers qui premierement li furent balliés.

Et fu chu conte et en l'en XV.

Des quieuz deniers nommez deerainent.

Iohan de Vimeu en doit xx l.

Wat. Wastelier xl l. ove le mouteplei de vij l. de le partie as enfanz, paié xx l. et vij l.

Guill. de le Mote xx l. de tourn. qui li furent ballié pour le petite monnoie sans nul monteploy, paié c s.

Jehan Triquet lxv s. viij d.

It. on balla de petis esc. a Iohan Grinon x l. de tourn. pour xij l. et demie. — Paié.

It. on balla a Ancel Huiart xiiij l. d'ichele monoie pour xvij l. — paiez.

It. on balla a Guill. Luellier vj l. d'ichele monoie pour vij l. x s. — Paié.

It. on balla sanz nul mouteploy des tres petis esc. a Hue de le Hastreie vj l. v s. — Paié.

It. le vile warde lez levéez des rentez et de le vente de le queute et des linchons et du traversain qui monte a ix l. xiiij s. vij d.

Et demeure pour toutez chosez conteez (le vile en dete), ch'est assavoir pour le mouteploy Watier le Wastelier pour tous autrez mouteplois en viij^{xx} l. ı s. vij d. en l'an XVI.

[F° 197.] Paié a Nichole le Merchier ix l. vij s. ı d. moins ı d. pour fournir x l. It. xxj l. et xiij s. It. l s. de le m...

It. c s. de le main Guill. de le Mote. — Somme xl l. iiij s.

It. paié de le main Watier Wastelier xix l. et demie en le mairie Iohan du Mesnil... de mardi devant Rouvoisons. It. iiij l. v s. le samedi après le Trinité par le main Guill. le Portier. It. l s.

It. le vile a paié xxviij d. pour le reconnissant des deniers que Nichole le Merchier eut quant il espousa.

It. le vile doit as enfanz Gui de B[eauvès] lxiij l. v s. de deniers sez rechus u tens Pierre le Clerc. It. le vile a ix l. xiiij s. des rentes a l'oir. It. le rechut de Wat. Wastelier en le main Iohan du Mesnil xix l. et demie. Paié a Nichole le Merchier et Iohane se fame xxxij l. xiiij s.

[F° 197 v°.] ... a fet paiement pour lez enfanz Gui de B[eauvès] de viij par deuz paiemens... It. l. s. Some xx l.

Ancel Huiart a paié vj l. pour chez enfanz. Et Robert du Mesnil en doit vj l., solvit. It. iiij l. par le main Iohan d'Entre deux pons. R. xx s., solvit.

Iohan Grion a fet paiement de c et xvij s. It. xiij s.
It. iij l. et demie. R. xxx s., solvit. Some xij l. et demie.

Guill. Luellier iiij l. et demie. R. lx s., solvit. Some vij l.
et demie.

Hue de le Haistereie lx s. paiez et demoure lxv s.
It. lx s. Somme c s. de paris.

Somme lxiij l. v s. que l'en deit.

Iohan de Vimeu deit xxj l. a paier a le Pasche qui fu
en l'an IIII^{xx} et quatorze.

Pierres le Clerc deit xx l. a paier au Noel en l'an IIII^{xx}
et seze, por chascun ı effant.

Iohan Triquet deit xx l. a paier a le miquaresme en
l'an IIII^{xx} et seze, ensi quite le vile pour chu prest de
toutes usurez. Paié xv l. It. xxx s. It. lxx s.

Le vile deit lxiij lb v s., solvimus xxxv s. Iohanni Triquet cum denariis que recepit videlicet de Guill. de Mota
xv l. et sexaginta et quinque solid. que dictus Iohannes
debebat super currigas.

It. solvimus Nicolao le Merchier xx l. quas ipse debet
reddere ad Pentecostem anno Domini M° CCC° nonagesimo sexto. R. quod debet Pierres quarantes une l. et x s.
It. nous ballamez dis l. ove les quinse l. que Iohan Triquet balla de xx l. que il devoit à Iohan le Merchier.
R. pro toto xxxj l. x s.

Doit Nicholauz le Merchier xx l. a rendre a Pentecoste
en l'an IIII^{xx} et XVII dont le vile se deit souffrir desi a
l'autre terme. paié xj l.

Iohan le Merchier doit xxv l. a rendre a le saint Iohan
en l'en XX. solvit viij l. tourn., xviij s.

Le vile deit as enfanz Gui de B[eauvès] a une part xxxj l.
x s. It. xvij l. xvij s. vj d. Les quiuz xvij l. xvij s. vj d.
furent pris d'argent set en boiste, que le vile vardeit.
Somme que le quemun deit xviiij l. xvij s. vj d. et fu chu

conte fet u tens Pierres le Clerc en l'an XVIII. Paié xxij s. dudit Guillemot eut l. acort de le main Iohan le Merchier. It. vj l. a Iohan de B. du catel de le vile a fornir xlv l. a Johan Lesner.

[Fº 198.] Iohan de Monteigni fist seeler le meson Ernoul le Cartier pour che que il demanda treveez de li, le samedi devant le saint Pol en l'an IIII^{xx} et quinse, et dist Iohan que pour che l'avoit il seelée en le presence du prevost d'Eu et de Pierres de Crasville, et du maire et des esquevins, comme Iohan du Mesnil, Robert du Mesnil son fix, Gifroi de le Bare, et le seela Hue le Barier.

Esqlus de le vile d'Eu :

Primez, Pierres Berte d'Ault por che que il meffait a Pierres de Frieucort et fu es... en l'an IIII^{xx} et sese.

Item, Symon de Marez clerc, Cassin le Borgne, Renaut Quarruier au sire de Mares, pour le meffait Lorens Dandioque.

Item, Iohan le Moigne, Henri son fix por le meffait Huistasse le Couratier.

Bernart Maugier bani pour iu de dés le ior de le saint Marc en l'an IIII^{xx}...

Une partie des aspaus de le court de Roen fez contre Iohan de Preaus, des Marez, Guill. du Mesgnil en l'an XXXIII et se monte le sommé xxiiij l. xij s. et...

TABLE GÉNÉRALE

[Les formes anciennes des mots et les termes locaux sont mis
en italiques].

Eu.

Comtes : famille ducale, *V*. Jean, Henri.

    — de Brienne, *V*. Jean Ier, Jean II, Raoul Ier, Raoul II.

    — d'Artois, *V*. Jean, Philippe, Charles.

Paroisses : Notre-Dame, 40, 110.

— *St Esteul*, 114.

— St Estienne, 174, 311.

— *St Jaques*, 28, 79, 114, 174, 195, 201, 207.

— *St Johan*, 79, 110, 114, 174, 195, 198, 201, 206.

— St Pierre, 46, 62, 79, 87, 114, 174, 195, 201, 207, 269.

— la Trinité, 269.

Murs, 28 ; — (vieux), 106.

Portes : *à Barinel*, 165.

— de glans, 26, 264.

— du *Marchié as chevaus*, 62, 124, 248.

— *Moullexle*, 248.

— du *Tresport*, 191, 248.

Places : *Frammantel*, 125 ; — *frei mantel*, 129.

— *Machacre*, 86 ; — *Machue*, 207 ; — de *le boucherie*, 82, 123.

Pont de pierre, 106.

Quay, 106 ; — *kay*, 130, 331, 332 ; — *cay*, 180, 185, 255 ; —.voutes, 104, 130.

Rues : Barbastre, 24, 31, 32.

— ad *Cailleux*, 310, 328.

— de *le Courdouennerie*, 41 ; — Cordouanerie, 72.

— de *Flamengueville*, 191.

— des Moulins, 310.

— de Saint-Pierre, 62.

— in vico Tinturie Augi, 27 ; — de le *Tainturerie*, 173 ; — *Taintuerrie*, 29 ; — *Tainture*, 89, 114, 201, 206.

— Voie Ramoysiene, 87.

Noms de lieux : Matommesnil, 116.

— Aires (*gardin des*), 192.

— Bequelonde, 28.

— Bretaigne (basse), 45, 75.

—   — (haute), 30, 75.

— Hermontval, 137.

— Mancheville, 191.

— Martinval, 75.

— Parc (le), 191.

— Watanam, 28.

Eullier, 311.

Evremeio (Johannes de), 18.

Fain, 232, 241, 255.

Faine (bateu à le), 148.

Feire, 95.

Fenele, 51, 52.

Fer, 234.

Fereeur, 12.

Féru (juré), 6, 11, 12, 14, 45, 116, 190, 192, 214, 239, 292, 299.

Feudum, 16.

Feure, 234.

Fevre, 123, 145.

Fils (à compter les), sur le mestier, 147, 158 ; — *finx*, 113, 126 ; — *fiex*, 129, 147, 231.

Fortereche, 4, 5, 12 ; — *forteresche*, 10 ; — *fortresches*, 264.

Fouage, 344.

ERRATA

Page 1, ligne 14, *eorum testimonio*, lisez *eorum et testimonio*.

P. 2, ligne 2, *rata*, lisez *rato*.

P. 21, ligne 18, *Chest*, lisez *Ch'est*.

P. 30, ligne 2, *Balommare*, lisez *Belommare*.

P. 54, ligne 29, *repleni*, lisez *replevi*.

P. 86, ligne 26, *tenir et ans*, lisez *tenir et a us et as coustumez*.

P. 95, note, *Raoul d'Issouaun*, lisez *Raoul d'Exoudun*.

P. 110, ligne 27, *cheli qu'che*, lisez *cheli qui che*.

P. 116, ligne 11, *as navaliers*, lisez *as naveliers*.

P. 120, ligne 23, *fornia une ete*, lisez *fornia une dete*.

P. 128, ligne 7, *M° CC°*, lisez *M° CCC°*.

P. 130, note, *1302-1344*, lisez, *1302-1345*.

P. 131, ligne 10, *les petits*, lisez *les petis*.

P. 135, ligne 12, *lesquevinage*, lisez *l'esquevinage*.

P. 136, avant-dernière ligne, *mis empasture*, lisez *mis em pasture*.

P. 157, ligne 29; 173, ligne 12; 178, ligne 21, *fots d'estain*, lisez *pos d'estain*.

P. 180, ligne 3, *les berniers*, lisez *les bermens*.

P. 198, ligne 11, *in esto anno*, lisez *in isto anno*.

P. 201, ligne 29, *le Caucherie*, lisez *le Cauchie*.

P. 213, avant-dernière ligne, *et assizes ddu*, lisez *et assises d'ou*.

www.ingramcontent.com/pod-product-compliance
Lightning Source LLC
Chambersburg PA
CBHW061258030726
47595CB00001B/119